LOS ENEMIGOS DEL GENERAL MORAZÁN

RAFAEL CARRERA. RÓMULO E. DURÓN. FRANCISCO CRUZ. MANUEL JOSÉ ARCE. EMILIA DE WILSON. DAVID CHANDLER. CLEMENTE MARROQUÍN

ERANDIQUE

COLECCIÓN

LOS ENEMIGOS DEL GENERAL MORAZÁN
RAFAEL CARRERA. RÓMULO E. DURÓN. FRANCISCO CRUZ. MANUEL JOSÉ ARCE. EMILIA DE WILSON. DAVID CHANDLER. CLEMENTE MARROQUÍN

©Colección Erandique
Supervisión Editorial: Óscar Flores López
Diseño de portada: Andrea Rodríguez
Administración: Tesla Rodas—Jessica Cordero
Director Ejecutivo: José Azcona Bocock
Primera Edición
Tegucigalpa, Honduras—Diciembre de 2024

UN LIBRO PARA ABRIR EL DEBATE

Admirado por millones de personas alrededor del mundo, en especial en el Continente Americano, el general Francisco Morazán también provocó el odio y el rechazo de algunos sectores conservadores (y oscurantistas) de su época.

Sus enemigos fueron poderosos y terminaron por fusilarlo. Desde entonces, el mito creció a tal punto que el paladín unionista es considerado unánimemente como el personaje más grande que Centroamérica haya parido. Sin embargo…

Como es de esperarse, no todo lo ven como un estadista, un reformador o una mente brillante que se adelantó a los de su tiempo. Este libro es la mejor prueba.

Para un morazanista, la selección de libros, ensayos y artículos que le da forma final a la antología que hoy publicamos, es poco menos que una blasfemia.

Francisco Morazán, no exagero, es, para muchos, sagrado.

En ese sentido, se les pondrán los pelos de punta con solo saber que *Los enemigos del general Morazán* inician con Las Memorias de Rafael Carrera, antiguo criador de cerdos, analfabeto y fanático religioso.

¿Qué sentirá un morazanista cuando aquí se asegura que el vencedor de La Trinidad, Gualcho y San Pedro Perulapán, hizo asesinar injustamente al padre de Carrera? ¿Dónde queda su magnanimidad?

En *Los enemigos del general Morazán* incluimos, además, un ensayo biográfico sobre Justo Milla escrito por uno de los investigadores hondureños más importantes y prolíficos: Rómulo E. Durón.

Asimismo, el texto que el expresidente Francisco Cruz redactó sobre otro exmandatario, Francisco Ferrera.

Interesantes son, también, los datos que aporta el periodista David L. Chandler en un artículo titulado La casa de los Aycinena, referente a la familia guatemalteca conservadora que luchó férreamente contra Morazán y conspiró con él de todas las formas posibles, incluyendo

5

la manipulación mística religiosa de los pueblos centroamericanos, a quienes les hacían creer que todas las desgracias eran castigos de Dios contra el "hereje".

El "hereje", claro está, era Morazán.

Particularmente mordaces y descalificadores son los capítulos que incluimos del libro Francisco Morazán y Rafael Carrera, del escritor y diplomático Clemente Marroquín Rojas (nació el 12 de agosto de 1897 en Guatemala, y falleció en esa misma ciudad el 8 de abril de 1978), quien defiende a capa y espada a Carrera y a todos aquellos que se opusieron a Morazán; y ataca, con la misma vehemencia, a los que se atrevieron a defenderlo, como Lorenzo Montúfar.

Este libro es condimento para el debate de altura entre aquellos que han estudiado con profundidad al general Morazán y sus ideas unionistas.

En ese sentido, aunque debemos aceptar que ciertas apreciaciones que se le hacen a Morazán llegan a incomodarnos, es una recopilación interesante que nos sirve para conocer un poco más a sectores políticos, económicos y religiosos que combatieron las ideas de una Federación Centroamericana.

"Los hombres que han llegado a dominar un pueblo, no advierten el momento en que comienzan a perder terreno. Morazán es uno de estos hombres. No pudo comprender jamás que ya había pasado su hora, que ya Centroamérica estaba cansada de él, decepcionada de él; de la esterilidad de su administración, de la incapacidad en sus actos y, sobre todo, hastiada de la guerra que era él", escribe Marroquín.

¿Es el célebre Manifiesto de David que Morazán escribió en el exilio "un documento vanidoso, literario más que histórico", como lo argumenta el propio Marroquín?

Los expertos tienen la palabra…

Cierto es que ningún personaje centroamericano provoca tantas pasiones (a favor y en contra), que Morazán. A 183 años de su fusilamiento, su figura sigue generando polémica y especulaciones.

Esperamos que la edición que hoy publicamos ayude a descubrir al héroe de carne y hueso.

Óscar Flores López
Editor Colección Erandique

MEMORIAS DE RAFAEL CARRERA (1837 A 1840)

PRÓLOGO

Por Francis Polo Sifontes

Hace ya a algunos años, durante mi tiempo de estudiante en el antiguo departamento de Historia de la Facultad de Humanidades de la Universidad de San Carlos de Guatemala, patentizaba a mi condiscípulo —hoy notable folclorista—Celso A. Lara Figueroa, la constante preocupación que me causaba la dificultad de consultar obras históricas que constituían, en aquel tiempo, auténticas rarezas bibliográficas. Por esa misma circunstancia, constituía para nosotros, estudiantes, una verdadera proeza localizar algunas valiosas piezas de la historia del país.

En aquella oportunidad a la cual me refiero particularmente, hablábamos de un libro pequeño bastante desconocido en nuestro medio historiográfico, que llevaba por título Memorias del General Carrera, y concluimos que si alguna vez se presentaba la oportunidad, trabajaríamos juntos por dar a prensas ésta y otras obras que ya ameritan ver la luz pública de nuevo, después de muchas décadas de haber sido editadas.

En el momento presente constituye para el Instituto de Antropología e Historia de Guatemala, una verdadera satisfacción poner este volumen al alcance de los estudiosos del siglo XIX, y en general de todos los guatemaltecos interesados en conocer su pasado, y por lo tanto, en conocerse a sí mismos; sobre todo porque se trata de un testimonio histórico que particularmente ha permanecido inédito, por las circunstancias que a continuación expondremos:

Me parece que los libros son como las personas: pueden nacer con buena o mala fortuna. Obras hay —como algunos infantes—, que no han visto la luz pública, cuando ya se esperan con elogios y con tales demostraciones de afecto, que ven su porvenir asegurado desde el día mismo de su nacimiento.

Ocurre otras veces el caso contrario de que son tantas las dificultades que deben ser vencidas en aras de dar a conocer una obra, que los autores a menudo optan por dejar las cosas en paz.

Creo que no le vendrá mal al lector conocer las peripecias por las que ha debido pasar este pequeño volumen de Memorias, para finalmente poder ser editadas en este año de 1979:

A poco de haber fallecido en 1865 el Capitán General José Rafael Carrera, fundador y presidente perpetuo de la República de Guatemala, llegó a oído del insigne polígrafo guatemalteco don Ignacio Solís F. (1839—1912) la existencia de un cuaderno de Memorias, referente a los graves sucesos políticos que vivió el Estado de Guatemala entre los años de 1837 y 1840. Bastante empeño puso el señor Solís en establecer la veracidad de aquella información; y más aún lo tomó en recabar testimonios valederos, que certificaran la paternidad de aquel interesante documento. Sus indagaciones lo llevaron a preguntar a don Mariano Noriega, joven amanuense de la secretaría particular del extinto presidente Carrera, quién le confirmó el hecho: a veces era llamado al despacho presidencial en donde el General—Presidente le dictaba pasajes de las campañas sostenidas en su tiempo de joven faccioso. La vez que más le dictó hasta concluir, fue cuando se suscitó la guerra de 1863 con El Salvador, en ocasión de haber permanecido Carrera en Jutiapa, preparando su segunda incursión a territorio salvadoreño, luego de la derrota sufrida en Coatepeque.

En los días que siguieron a la muerte del Presidente Carrera, se hizo cargo provisoriamente de la presidencia del país el Ministro de Relaciones Exteriores, don Pedro de Aycinena, quién comisionó al conocido polígrafo y archivero, don Francisco Gavarrete, para que hiciera un registro minucioso en los papeles del desaparecido gobernante, a efecto de separar los de interés oficial de los que fueren puramente personales. El Señor Gavarrete, habiendo hecha la clasificación solicitada, encontró allí, el cuaderno que contenía los dictados presidenciales, copiadas de puño y letra del citado amanuense Noriega. En confianza y por deferencia, Gavarrete prestó ese original al caballero antigüeño, don Manuel de Bengoechea, quién sacó una copia de aquel, misma que conservó y que posteriormente prestó a don Ignacio Solís F., quién a su vez, con el cuidado y rectitud que eran proverbiales en su persona, sacó para sí otra copia, de la cual se sirvió para intentar publicar las citadas Memorias en el año de 1906. Tal como lo pensó lo hizo, ya que la Tipografía de Sánchez &

de Guise se hizo cargo de aquella primera edición en el año citado; desafortunadamente un incidente, que narraremos a continuación, llevó a desaparecer en las llamas la casi totalidad de aquella primera edición; y fue ello que gobernando el país el Licenciado Manuel Estrada Cabrera, quién a su vez se hacía llamar Jefe del Partido Liberal, tenía a su alrededor una pléyade de colaboradores de corte liberal, quienes no vieron con buenos ojos la edición de aquel opúsculo, dictado por quién había sido el líder máximo del partido conservador y que tan malos ratos había hecho pasar a los liberales centroamericanos del siglo XIX.

Uno de tales allegados a Estrada Cabrera era don Juan Barrios M. —hijo del expresidente J. Rufino Barrios Auyón—, a quién sindica como responsable de la incineración de la obra el conocido historiador don Antonio Batres Jáuregui:

"A tal extremo abusaba de su posición Barrios M. que sabiendo que don Ignacio Solis, notable por sus servicios prestados a la Sociedad Económica, había mandado reimprimir las Memorias del Padre Lobos, dictadas por Carrera personalmente, refiriendo el desarrollo de la sublevación de la montaña, ordenó don Juan llamar a don Naco; y después de amenazas y reprimendas —sin jurisdicción para ello—le previno que en el acto le llevase la edición.

Quiso Solís dar explicaciones, y ya lo mandaba preso. Ese folleto nada tiene de revolucionario, sino que es una pieza histórica. Pero don Juan tenía rasgos de una libertad para sí, contra la libertad de los demás. Es decir, que paraba por no hacer nada bueno. Dispuso inquisitorialmente quemar los folletos"[1]

Ahora ya puede el lector comprender cuando menos dos cosas: primeramente, que lo anterior explica el porqué de la escasez del librito, y segunda, la razón de que los editores consideremos a ésta, como la primera edición.

[1] BATRES JAUREGUI, Antonio. La América Central ante la Historia, Tomo III. Guatemala, Tipografía Nacional, 1950, p.657.

COLECCIÓN DE DATOS HISTÓRICOS Y BIOGRÁFICOS

INTENTO

Aficionado en tiempos lejanos a reunir papeles viejos que contuvieran algo útil y hacer apuntamientos de datos de la misma índole, costumbre que siento haber abandonado hace mucho, me encuentro poseedor de varias páginas históricas y biográficas que, coordinadas y revisadas, pueden servir de base para formar una pequeña colección, cuya publicidad podría ser conveniente. Ahora pretendo la impresión de aquella clase de documentos que, dada su antigüedad o el carácter de los sucesos a que se refieren, no pueden lastimar las retinas más susceptibles. No obstante mi estudiado respeto a las suspicacias de las gentes de ambos partidos, me prometo desistir si noto que carezco del tino que requiere mi labor, porque no está en mi modo de ser, ni me conviene acaparar desagrados en mis últimas horas.

¿Pero encontraré el número de suscriptores que se necesita? Temo que no.

Sin embargo, quiero probar si puedo vencer éste y el primer obstáculo apuntado. Comenzaré con las curiosas memorias del origen de la personalidad histórica del General Carrera (1837—40) que fueron dictadas por él mismo siendo ya Presidente, según comprobaciones que lo evidencian y que publicaré. Salvo la expresión breve y calmada de las causas e intentos de la revolución, esas memorias no contienen otra cosa que muy gráficos detalles e interesantes relatos de hechos de incultos guerrilleros montañeses.

Para constatar la verdad o la inexactitud, les he agregado notas tomadas en su mayor parte de las Efemérides de Marure y de las Memorias de García Granados, etc., etc.

Daré en seguida, si es que no desisto antes, algunos datos biográficos del Doctor Don Mariano Gálvez, ex—Jefe del Estado de Guatemala, y después iré escogiendo los de otras personalidades, entre ellas, la del insigne literato Don José Milla y Vidaurre, de quien guardo abundantes noticias no publicadas aún, lo mismo que del memorable y valiente orador y jurisconsulto Doctor Don Andrés Andreu. Recordaré las útiles labores de Don Julio Rossignon, benemérito de la Agricultura; del Maestro Falla, quien tanto debieron las artes; de Don Valentín Escobar, que con sus ideas, sus hechos y su dinero, se afanó siempre por el progreso económico de los Altos. Trataré de esclarecer algunos puntos oscuros que hay en sucesos históricos como la batalla de la Arada, la personalidad del General Guzmán, la fusilación del Padre Durán, la decapitación del Mariscal Cruz, la lealtad del General Paredes en la Presidencia de la República, etc. Todo en el caso inesperado de que pueda realizar mi intento. Entonces tendría la satisfacción de consignar algunos hechos notables que honran a sus autores, y apuntar el origen de varias cosas que o se ignoran o se han olvidado.

Por ahora, me aventuro únicamente, a invitar a la suscripción a las Memorias del General Carrera. Por ser extensas y la imprenta cara, valdrá cada ejemplar un peso en plata o seis en billetes de banco, pagaderos al recibir el folleto.

Las personas que quisieran suscribirse, se servirán dar aviso al infrascrito en la casa número 18 de la 7a. Avenida Norte.

ORIGEN DE CARRERA

CAPITÁN GENERAL, PRESIDENTE PERPETUO DE LA REPÚBLICA DE GUATEMALA, CABALLERO GRAN CRUZ DE LA ORDEN DE SAN GREGORIO, MAGNO EN LA CLASE MILITAR, GRANDE OFICIAL DE LA DE LEOPOLDO DE BÉLGICA, ETC., ETC.:

SINOPSIS

Antes: "Un patojo relamido y pendenciero".

Altruista (sin comprenderlo,) atrevido, mandón y organizador.

1837: A los 18 años se le proclama Jefe absoluto de los sublevados. Derrotado al principio, más veces que vencedor, logra éxitos por el esfuerzo, la tenacidad, el arrojo y las estratagemas ingeniosas. Seduce a las masas y las domina. Fusila a los que se le oponen. Su proximidad a las ciudades las hace temblar de pavor. Permite a veces el saqueo a los suyos y otras los hace trabajar sus siembras. Capturado, se impone por la impavidez a sus aprehensores y los hace sus cómplices.

1838: Lo traen en su auxilio algunos liberales para derrocar al Doctor Gálvez, lo logra, da plenas garantías a la Capital, que cae en sus manos, y se prestigia. Vuelve al Oriente con sus numerosas hordas, llevando dos mil fusiles nuevos. Acepta honroso nombramiento del Gobierno; pero no se aviene con los liberales y continúa sublevado y es ya "el caudillo adorado de los pueblos" de Oriente. Viene a perseguirlo Morazán, no logra dominarlo, es del todo vencido por él, se adueña de la situación y entroniza la reacción que dura treinta años.

Guatemala, Septiembre de 1906.

AUTENTICIDAD DE ESTAS MEMORIAS

Recién muerto el General Carrera, en 1865, llegó a mi noticia que había dejado escritas unas memorias sobre la sublevación de los pueblos, que él capitaneó el año de treinta y siete. Al principio no hice caso de aquel dato creyéndolo destituido de toda veracidad, porque me parecía imposible que, dada la vivacidad del carácter del General y su falta proverbial de ilustración, le hubiera ocurrido dictar parte tan curiosa e interesante de su biografía y consiguientemente de la historia del país. Hubo empeño en sacarme de mi error y se me invitó a hablar con el amanuense de la Secretaría particular del Presidente Carrera, el joven Don Mariano Noriega, que fue después escribiente de la Comandancia General hasta que murió próximo ya el año de 80.Hablé con Noriega y como él no conociese la importancia del documento á que me refería, y que en realidad le había dictado el General Carrera, algún trabajo me costó que me suministrara los detalles que le pedía y que, en suma, son los siguientes:

El General le dictaba a veces cartas particulares, aunque la generalidad de éstas las escribía el secretario privado Don Mariano Cheves; pero de cuando en cuando lo llamaba a su escritorio y le dictaba datos minuciosos de sus primeras campañas de faccioso. A poco rato suspendía el trabajo, recogía los papeles y los guardaba en un armario. Semanas o meses después sacaba los papeles aquellos, hacía que le leyera lo escrito, le dictaba otros párrafos y volvía a suspender, hasta otra vez. Inquiriendo yo en qué época y en qué circunstancias se ocupaba el General Carrera de sus memorias, me dijo Noriega que cuando más le dictaba era fuera de Guatemala, cuando andaban de visita de pueblos, pero que la vez que más le dictó hasta concluir, fue en Jutiapa en aquella estadía de varias semanas que hizo allí, meses después de la derrota célebre de Coatepeque, cuando desde Jutiapa amenazaba invadir el territorio salvadoreño sin hacerlo, sólo por mantener la alarma y alentar la rebelión de Cojutepeque, mientras se reorganizaba el ejército guatemalteco para la campaña definitiva que derribó al General Don Gerardo Barrios de la Presidencia de El Salvador.

No podía dudarse, pues, de que el General Carrera había dictado sus memorias de la época en que fue guerrillero montañés. Pero, ¿qué suerte habría corrido ese documento curioso e interesante, ¿quién lo tendría?

Antes del año de ochenta y ocho un periódico de Nicaragua estuvo publicando unas "Memorias del Padre Lobos". ¿Serían esas? Pero el Doctor Lobos tomó parte en la facción de Carrera, y aún fue su segundo, en los últimos tiempos de la revolución. No era natural que hablase de los comienzos y de los sucesos subsiguientes de la campaña con la minuciosidad y acopio de detalles de lugares y de personas consignados en las páginas que ahora doy a la prensa. Son copia literal de un interesantísimo manuscrito que en la Antigua Guatemala me proporcionó mi querido e inolvidable amigo el venerable anciano Señor Don Manuel de Bengoechea, que, a su vez, lo copió del original que, como una muestra de mucha deferencia, le prestó, al efecto, el Señor Don Francisco Gavarrete, antiguo y distinguido empleado del Gobierno conservador. Cuando murió el General Carrera, de acuerdo con su familia el Señor ministro Don Pedro de Aycinena, en ejercicio provisoriamente de la Presidencia, comisionó al Señor Gavarrete para que haciendo un registro minucioso de los papeles en casa del General, dejara allí los de interés privado y llevara al Gobierno los demás. Así lo hizo y en un armario nuevo en el Salón del Consejo de Estado se custodiaron con el rótulo de "Archivo particular del General Carrera". De allí sacó Don Francisco Gavarrete el cuaderno manuscrito original de puño y letra muy conocida del amanuense Don Mariano Noriega, que prestó al Señor Bengoechea para que tomara la copia, que más tarde aproveché para sacar la que ahora doy a la prensa. Aunque no me ha cabido duda de su autenticidad, he querido aumentar las pruebas de ella para otras personas.

Pidiéndole que lo leyera y me diera sobre el particular su tan autorizada opinión, presenté el manuscrito al Señor Licenciado Don Manuel Echeverría, ministro que fue del General Carrera y de su sucesor General Cerna. Dos veces lo leyó complaciéndose en tan sencillo e interesante relato (que nunca había conocido antes) y adquirió la convicción de que no era ni podía ser producción de otra persona distinta del protagonista.

La circunstancia que me refirió Noriega de haberle dictado los datos en cuestión, por partes, y principalmente en las ocasiones en que se hallaban visitando ciertas poblaciones de Oriente, hace pensar que entonces refrescaría la memoria en vista de las localidades y hablando con testigos presenciales, acaso con compañeros de armas de las hazañas del relato; pues sólo así se explica tanto lujo de detalles, expresión de fechas, puntualidad de lugares, citas de nombres propios de personas que figuraron de modo insignificante etc., etc.

Presenté al Señor Echeverría varias objeciones en contra de la autenticidad, y me las desvaneció; y no porque él tuviese otros datos distintos de los míos, sino por la minuciosidad del relato, por la puntualidad de los sucesos históricos, la cita de lugares, de fechas (por más que en ellas haya frecuentes inexactitudes) acordes en su mayor parte con referencias oficiales que fácilmente haría le leyesen.

Pero ¿cómo el Señor Echeverría ministro tanto tiempo de Carrera, gozando de toda su confianza, no supo de él mismo que hubiese redactado esas Memorias? "Están en grande error me dijo, los que piensan que nada hacía el General Carrera por sí solo sin contar con sus ministros: tenía un carácter muy independiente y tal vez cierta cortedad de genio para las cosas en que pudiera aparecer un tanto incorrecto, como podría haberse exhibido pretendiendo ser escritor, dando importancia a sus actos de faccioso".

Una última objeción. ¿Cómo el Señor Gavarrete no dio parte a los Señores del Gobierno del hallazgo de las Memorias? La importancia de éstas se ha hecho notable con el transcurso de los años y de los sucesos. Quizás en aquella época no se vio en esas páginas más que un documento curioso. Por otra parte, la situación de los ánimos en los días en que se encontró el manuscrito y en los subsiguientes, no eran para ocuparse de él: 1ª muerte del General Carrera presagiaba la perturbación inmediata del orden público y la atención se tenía fija en la actitud de los pueblos con los que no había la facilidad de comunicaciones que hoy, que la sola existencia de la red telegráfica es un inmenso incalculable medio de gobierno y de conservación de la paz, amén de los demás elementos poderosos con que cuenta hoy la autoridad para mantener el orden público. Aparte de esas preocupaciones que absorbían la atención de los Señores del

Gobierno, y a el par de ellas, era natural que los preocupase la elección del sucesor del General Carrera y sus inmediatas consecuencias, etc.

No fueron, pues, aquellas circunstancias y las subsiguientes a propósito para que diesen al hallazgo de las "Memorias" ni poca ni mucha atención, y, o no se los comunicó el Señor Gavarrete, o si se los dijo no pararon mientes en ello.

A mayor abundamiento aduciré otra prueba de la autenticidad de las "Memorias de la revolución de Mita," como las llamó su autor. Esa prueba es el testimonio irrecusable del Señor Doctor Don Carlos Salazar Loranca, mi estimado amigo que acaba de morir, sin que hubiéramos cumplido (por dejar las cosas para otro rato) nuestro propósito de poner por escrito y bajo su firma lo siguiente: Di a leer al Doctor Salazar el documento en cuestión y le pareció estar oyendo de boca del General Carrera el relato de muchos de los acontecimientos, como se los oyó allá en su juventud cuando fue segundo médico y cirujano del ejército y lo acompañaba en expediciones departamentales. El General Carrera le tuvo deferencia, era muy comunicativo y gustaba de recordar sus hazañas. Cuando caminaban por algún lugar de ellas paraba un momento su caballo, llamaba junto a sí al Doctor Salazar y le refería a él y a ciertas otras personas que lo acompañaban, el acontecimiento que aquel lugar había presenciado, y naturalmente el hecho le hacía referir otros análogos, llamando siempre la atención de sus interlocutores la frescura de su memoria.

Habrá lectores a quienes interesándoles la autenticidad del documento en cuestión duden de ella porque las personas cuyos testimonios he aducido han muerto todas. No soy tan modesto para pensar que duden de mis aseveraciones las pocas personas que de cerca me conocen hace tiempo; para las demás agrego la consideración que los Señores Noriega, Gavarrete, Bengoechea, Echeverría y Doctor Salazar hablaron con parientes y amigos suyos del curioso documento. Por otra parte, el citado amanuense del General Carrera, de su orden, sacó una o dos copias del borrador original: una de ellas perteneció a su muy íntimo amigo y compadre Licenciado y Coronel Don Domingo Vásquez; entre los papeles de cuya mortual encontró esa copia su inmediato deudo Don José María García Salas, el antiguo pedagogo y autor de varias obras de indisputable utilidad, que vive hoy cargado de años y merecimientos, retirado en el Ingenio de Pantaleón. Del Señor García Salas adquirió dicho manuscrito original el Coronel Don José Víctor Palacios, quien lo cedió para su rica e importante colección histórica a Don Gilberto Valenzuela.

Huelga la protesta de estar lejos de mí el propósito de afirmar ni negar la exactitud de los hechos referidos en el documento que presento al público. Lo que sí puedo afirmar, basándome en las pruebas que he aducido, es que fue dictado por el General Carrera. Coopera un tanto a esa creencia el empeño que se advierte en las primeras páginas de excusar en Carrera el acto de rebelarse contra la

legítima autoridad, tratando de aparecer comprometido á hacerlo para evitar mayores males. No es natural que un gobernante como él lo era cuando dictó esas memorias, emita ideas favorables á los actos de rebelión.

Guatemala, Septiembre de 1906.

Ignacio Solís.

REVOLUCIÓN DE MITA

Nota[2]

I

Cuando a los pueblos se les quiere atacar en sus costumbres y variárselas repentinamente, causa en ellos una emoción, que por sana que sea la intención con que se quiere variar sus instituciones y costumbres añejas, se sublevan. Tal fue lo que sucedió el año de 1837 en el Distrito de Santa Rosa, en cuya época mandaba el Doctor Gálvez el Estado de Guatemala, uno de los que componían la República de Centro—América, el más rico y poblado de la Federación, siendo Presidente de la República el General Morazán. Muchas causas habían preparado de antemano el disgusto de los habitantes del Estado: una de ellas fue la contribución personal que se había asignado por aquel Gobierno a cada uno de los habitantes, a quienes se les señaló dos pesos por persona que pagaban anualmente. Sufrieron este gravamen con resignación, sustituyendo el tributo antes abolido desde que se hizo la Independencia del Gobierno Español. En seguidas jefes militares, no de muy buena conducta fueron desacreditando al Gobierno por el despotismo y arbitrariedades con que obraban, hechándose[3] la odiosidad de sus Gobernados.

Otras de las causas que contribuyeron no menos que las primeras, fue el establecimiento del Código[4] en que se variaba enteramente la

---

[2] Este es el título que tiene el manuscrito. Para ayudar a los lectores a formar juicio del grado de exactitud que, en general, hay en estas Memorias, se han confrontado a algunos de sus pasajes con lo que sobre los mismos hechos históricos refieren Marure en sus Efemérides, García Granados en sus Memorias y dos o tres testigos presenciales. Este es el objeto de la mayor parte de las notas que contiene esta publicación. Hay otras que llevan la idea de esclarecer más, sucesos de algún interés. —El editor.

[3] Conservamos generalmente en esta copia la ortografía del original.

[4] 1837—Enero 1o. "Se verificó en Guatemala la solemne promulgación de los Códigos de Livingston, adoptados en Abril de 834y Diciembre de 35 por la Legislatura del Estado, con el objeto de establecer en él el sistema de Jurados para la administración de justicia. El 23 del mismo mes comenzó á plantearse el nuevo sistema, abriendo sus audiencias la Corte del primer distrito en la nueva Guatemala

administración Judicial y la Religiosa, autorizando a los Jueces para casar y descasar a su antojo echando por tierra de un golpe a la Religión y sus ministros, y variando el sistema, estableciendo solamente por influencia de unos pocos a quienes parecía bueno el Código, que ellos mismos no entendían; esto causó una alarma general en todo el país, en que por naturaleza las gentes son religiosas. Todavía sufrieron tal providencia; pero en seguidas la cosa subió de punto; sobre tanto conjunto de males, vino la epidemia del Cólera

---

y sucesivamente las demás en los otros diez distritos del Estado. Tristes fueron los resultados de este ensayo prematuro y tan grande el descontento de los pueblos y tan universal el clamor contra los nuevos Códigos, que fue preciso en 13 de Marzo de 1838 mandar suspender su ejecución que ya lo estaba de hecho. Únicamente se dejó en vigor el Cap. 6 tit. 2 del libro 10. del código de procedimientos criminales, que se mandó rigiese en el Estado como ley del Habeas Corpus. El Gobierno Federal adoptó también para el Distrito los Códigos de Livingston en el mismo año de 37; pero allá tampoco pasó el establecimiento del nuevo sistema de un ensayo malogrado, aunque no produjo los fatales efectos que en Guatemala.

Marzo 6. El primer tumulto á que dio lugar el establecimiento del sistema de Jurados en el Estado de Guatemala, fue el que se verificó en el Pueblo de San Juan Ostuncalco, cabecera del circuito del mismo nombre. Exasperados con las muchas vejaciones que les hacía sufrir el encargado de la construcción de las cárceles, los vecinos de aquel pueblo, casi todos aborígenes, se levantaron en masa y acometieron en su misma morada al Juez y al Fiscal que componían la corte del circuito, y los habrían sacrificado indudablemente si no se ponen en salvo por medio de una precipitada fuga. Comprometidos ya con este primer acto de rebelión, los Ostuncalcos no titubearon en consumarla. En efecto, cuando se aproximó al pueblo el Magistrado Ejecutor del distrito y les dirigió algunas intimaciones a nombre del Gobierno, hicieron llover sobre él y su escolta un diluvio de guijarras siguiéndose a este ataque un combate bastante serio, entre los amotinados y los dragones de la escolta; más al fin, hubieron de ceder aquellos y dispersarse, dejando en el sitio de la refriega un idolito y una tinaja llena de piedras de río. Se les había hecho creer por uno de sus agoreros que quebrándose la tinaja al momento de la pelea, lanzaría rayos contra sus agresores, al mismo tiempo que de un monte vecino saldrían muchas culebras a morderlos; todo lo cual debía verificarse por ministerio de uno de los dioses de su antiguo culto. El idolillo que los Ostuncaltecos habían llevado consigo al combate y cuya descripción se hizo en un periódico oficial de aquella época, es de piedra finísima de color obscuro y de gran peso: representa un hombre de formas monstruosas sentado sobre sus propias piernas, con la cabeza reclinada sobre las espaldas y los brazos circundando un enorme vientre que le pende de la garganta; denota ser antiquísimo y haber andado de mano en mano. Esta figurilla se conserva en la Biblioteca de Guatemala."—(Marure, Efemérides § §213 y 215.)

morbus,[5] epidemia desconocida en este país, y estando todos mal prevenidos con los sucesos anteriores, a la primera orden que dio el Gobierno para despejar los pueblos, botar toda la arboleda de dentro de ellos y sus inmediaciones, cercar las fuentes de agua de que se surtían los habitantes y de establecer cordones sanitarios para evitar la comunicación de unos pueblos con otros, subió de punto la agitación general y el 6 de Mayo de 1837 tuvo lugar el primer levantamiento en Mataquescuintla contra el Gobernador que lo era Don Francisco Aqueche contra quien se amotinaron más de 1,800 personas de ambos sexos. Dicho Gobernador se favoreció en el Convento cuyas puertas forzaban para sacarlo y asesinarlo en la plaza. En medio de tal desorden y no logrando que atendieran a sus súplicas, un Tío suyo que era el Párroco de aquella población, en tal aprieto ocurrió a un Joven que reunía bastante opinión en aquel Pueblo y a quien consideraban los habitantes, porque a muchos que se hallaban presos por la contribución los sacaba de la Cárcel pagando por ellos y desembargando de esta manera sus fierros de labranza y los trastos más precisos para vivir de que se servían privados por los Alcaldes de sus propios Pueblos, quienes acosados por las multas que les imponían sus superiores obraban tan inhumanamente. El Joven de que hemos hablado anteriormente era Don Rafael Carrera, hijo de Guatemala, con dos años de vecindario en dicho Pueblo y casado con una de las principales familias bastante acomodadas: [6]su edad era de

---

[5] "Abril 19. —Se manifestó en Guatemala el primer caso del Cólera morbus. Ya desde últimos de Febrero esta terrible epidemia había comenzado a desolar las poblaciones más próximas a las costas del Norte y sucesivamente fue propagándose por todos los pueblos del Estado hasta fines del mismo año en que desapareció totalmente. Es de notarse que los estragos que se experimentaron en la capital de Guatemala fueron incomparablemente menores, en proporción, que los que se sufrieron en otras ciudades de Centro—América, excediendo muy poco el número de muertos, que fue de 819, en todo el período de la invasión, de una 44a. parte de su vecindario, no obstante ser el más numeroso de toda la República."— (Efemérides de. Marure §218.)

6 "¿Pero ¿quién era Rafael Carrera, y cómo se encontraba en Mataquescuintla al tiempo de la sublevación? Carrera era natural del barrio de Candelaria de la Capital de Guatemala; el tercero según entiendo, entre los varones de su familia. Siendo aún muy joven, su genio inquieto lo hizo abandonar el hogar paterno, y trabajó como peón en varias fincas, distinguiéndose siempre por su carácter un tanto

diez y ocho años y a pesar de esto ocurrió inmediatamente a salvar al Gobernador lo que logró pues luego que el tumulto le vio, se dirigió a él dándole sus quejas y diciéndole estas palabras: "No somos contentos hasta que no hagamos pedazos al Gobernador en la Plaza.

---

díscolo, y por su genio vivo y atrevido. Rodando de lugar en lugar fue dar á Mataquescuintla donde el Cura Aqueche lo protegió y lo hizo contraer matrimonio con una de las principales del pueblo, Petrona Álvarez (cuyo padre tenía por apodo Chua) de condición bastante superior a la de Carrera, y de carácter altivo y resuelto. Esta fue la causa de que Carrera se hallase en Mataquescuintla al tiempo de la sublevación de Santa Rosa y demás pueblos de oriente. Ha habido la costumbre, de llamar a Carrera "indio," pero, sin duda, estaba lejos de ser de raza pura aborígenes bien que, tal vez, esa fuese la que más predominase en su familia. Es de notarse sin embargo que en sus otros hermanos no aparecía predominar esa raza, aunque, sí, una mezcla de las tres: española, aborigen y africana. Carrera, en lo físico, tenía una de las constituciones más privilegiadas que sea posible encontrar. El Doctor Drivon, hombre sumamente ilustrado, que algunas veces lo asistió, me dijo, que no había encontrado hombre alguno que bajo este respecto se le igualase."—Memorias del General Don Miguel García Granados, 2a. parte p. 169).

Sotero Carrera, hermano de Rafael, vecino de Candelaria, maestro talabartero con taller abierto, parecía de raza poco mezclada.

No es cierto que haya tenido sólo 18 años Rafael Carrera al ponerse al frente de la facción, he aquí su fe de bautismo:

José Rafael Carrera: Año del Señor de mil ochocientos catorce, el 26 de Octubre, yo el Doctor Don Antonio Cróquer, Cura Rector de la Parroquia de los Remedios y encargado de esta de Candelaria, baptizé subconditione a un niño a quien le echó el agua una persona que no conozco y nació a 25 de este mes, a quien puse por nombre José Rafael hijo legítimo de Simeón Carrera y Juana Turcios, fue su madrina Manuela de la Cruz Carrera, á quien le advertí lo necesario y lo firmo: Diciembre 13 de 1844.

Navarro   Antonio Croquer.

Este documento lo conseguí hace pocos días después de haber dado a luz en los Diarios de la Ciudad los primeros párrafos que se leen en el presente folleto. En el párrafo que lleva por mote "Sinopsis" repetí el error que ahora desvanezco porque hacía un ex tracto de ajena producción y porque carecía, aun de la fe de bautismo que hoy agrego.

¿Por qué en vez de 23 años, que era la verdadera edad del protagonista, dice 18 años la memoria? No puede menos de creerse que fue equivocación del amanuense y no una falsedad voluntaria de Carrera para hacerse más interesante, porque ese intento habría sido una tontería ridícula y ya se sabe que lo que menos tenía era ser tonto; por otra parte, en la época en que dictó sus memorias ya conocía su fe de bautismo, pues consta en la nota marginal de la misma; que fue compulsada el año de 1844.

"El los oyó con calma, y les dijo: ¿Qué es este desorden? Sosiéguense no pierdan Udes. la justicia que les asiste: todo se puede hacer sin estrepito: este es un funcionario, y si ha delinquido, el Gobierno lo juzgará; si ustedes cometen un crimen no se quedará sin castigo. Ellos respondieron diciendo: nos está envenenando las aguas y nos quiere matar. Él les respondió: no, son preocupaciones, pues el Gobierno quiere la felicidad de Udes. —El Gobierno y este, dijo la multitud en alta voz, todos son unos y hemos de acabar con ellos. ¡Aquí está el cloruro... ¡Aquí el veneno! Entonces Carrera les dijo: ¿Y tienen confianza en mí? Sí, exclamaron todos: pues entréguenmelo, que yo dará cuenta de lo sucedido y para todo habrá perdón. Yo lo llevo preso a mi casa mientras el Gobierno toma una providencia; pero Udes. me ofrecen no asesinarlo. Sí, contestaron, con tal de que quede preso. Entonces Carrera le dijo al Padre: Que salga su Sobrino. ¡Me asesinan, me asesinan! dijo el Gobernador. No, va Ud. conmigo y la Municipalidad le acompañará en unión de mis mozos que están armados. Entonces salió, aunque el Pueblo amotinado, tiraba piedras y palos; pero después de haber llegado a la casa de Carrera el Gobernador, todos los amotinados, se fueron a sus casas ya tranquilas, quedando sumamente agradecidos el Padre por este servicio.

A pocos días vino el Gobernador a dar cuenta a la Capital de lo sucedido: en seguidas mandó el Gobierno una partida de tropa al mando de un jefe prudente, y este no se dio por entendido de lo sucedido; trajo al Señor Oliveros para establecer los cordones de nuevo; y para poner quien los mandara se informó con el Cura y los vecinos de qué personas eran a propósito para tal comisión. El Cura y vecindario dijeron que Carrera podía desempeñar uno de los puntos que se le encomendaban. Le llamó inmediatamente Oliveros, y le nombró para la Sierra. El nombrado se escusó manifestando que no tenía más de tres meses de casado y que sus intereses demandaban su presencia. Oliveros le obligó y esto no dejó de causar algún desagrado en términos que dio lugar a que se le apercibiese seriamente. Carrera manifestó que por la fuerza no iría; pero su Padre político, un poco más prudente lo obligó a ir[7]; y allá permaneció 18 días. Luego fue

---

[7] En el cordón sanitario tuvo el grado de Sargento y constantemente se mantenía instruyendo á la tropa en el manejo de las armas, en las maniobras, etc. Dicho de don Benito Mejía, testigo presencial, al que firma.

llamado por el Teniente Don Ignacio Pérez para tener una conferencia. El Pueblo entendió que era para ponerlo preso y se veía grupos por las esquinas de la Plaza. Pérez le ofreció una pensión de 30 pesos al mes y el nombramiento de Comisionado del Pueblo. El no aceptó manifestándole que no quería destino: que serviría por poco tiempo; y en efecto se le varió de punto y fue a la hacienda del Potrero con su misma comisión. Mientras todo esto pasaba un indígena de Mataquescuintla, de bastante viveza y actividad, llamado José María Zapata, había recorrido los pueblos de Santa Rosa, Jumaytepeque, Jalpatagua, Moyuta y Conguaco y había ya preparado la rebelión, aunque ésta permaneció secreta, hasta el 20 de Junio que fueron dos comisionados de Santa Rosa á Mataquescuintla a invitar a aquella Municipalidad para que los auxiliase, pues todos aquellos Pueblos estaban ya listos para levantarse. Esto sucedió en ocasión que el Señor Pérez se había venido para Guatemala. Los comisionados tuvieron una larga conferencia con la Municipalidad y sus habitantes: fue llamado Carrera inmediatamente al Cabildo en donde conferenciaron largamente con los comisionados y el vecindario: reprobó la sublevación manifestando que aquellos pueblos iban a comprometerse: que el Gobierno tenía demasiados elementos para castigarlos, y que ellos no contaban con ningunos para su defensa. Entonces manifestaron que no variarían de propósito: que no podían sufrir las contribuciones, el Código y todos los gravámenes que pesaban sobre ellos. Carrera se retiró a su casa manifestándoles: que sentía mucho aquel acontecimiento; pero a las tres de la tarde del mismo día, el Pueblo en masa y a su cabeza la Municipalidad le nombraron Capitán de una Compañía que se iba a organizar en dicho pueblo. E les dio las gracias por la deferencia y consideraciones que le guardaban, pero manifestó no poder obsequiar sus deseos. Todos le vitoreaban y le suplicaban aceptase. A la negativa no dejó de haber personas que le amenazaban su existencia si se reusaba; pero entonces éste les contestó, diciéndoles: "Yo no puedo ir contra mi Patria:[8] soy guatemalteco; y si por esto me quieren asesinar, aquí estoy",

---

[8] El Dr. Gálvez en un mensaje que el 16 de Junio de 1837 dirigió a la Asamblea Legislativa dijo, "los enemigos del Estado han logrado concitar la opinión haciendo entender malignamente que sólo son guatemaltecos los vecinos de la capital. En los Altos, en Chiquimula y Verapaz se ha propagado este contagio infernal".

asomándose a las ventanas de su casa que caen a la Plaza en donde el Pueblo estaba reunido.

Estos manifestaron que le querían y que nunca atentarían contra su vida. Carrera les dijo: Cómo quieren Uds. que yo vaya contra Guatemala; si tan Pueblo es aquél como éste. Si Uds. están oprimidos, lo mismo está Guatemala. Yo quiero á Uds. y estoy dispuesto a hacer cesión de todos mis bienes en recompensa de las consideraciones que me han guardado. Denme mi pasaporte que estoy dispuesto a irme de aquí. Entonces contestó un individuo de la Municipalidad: —Señor, no nos sabemos explicar, queremos a los Guatemaltecos, no vamos contra ellos, sino contra la mala administración que nos cargade contribuciones y nos quiere destruir: queremos que Ud. nos mande, pues de Ud. esperamos nuestra felicidad. La contestación fue decirles: mañana daré mi última resolución. La cosa urge, contestaron; nuevos comisionados de Santa Roca han venido a solicitar el auxilio. Entonces Carrera se dirigió al convento a consultar con el anciano Párroco y éste le dijo: no vaciles en aceptar porque esto puede tomar crecimiento y sólo tú contendrás con tu opinión un Pueblo amotinado: puedes hacer mucho bien si quieres: evitarás mucha sangre además de los robos y asesinatos: no hagas el mal, la causa que vas a defender es justa, si te sabes conducir; trata luego de ponerte en relaciones con el Gobierno, que yo hablaré por ti. Entonces Carrera regresó y manifestó a la Municipalidad que ¿cuáles eran los principios que iban a sostener, ¿cuáles los elementos que iban a poner en sus manos para la defensa? Yo no veo les dijo, armamento ni recursos de ninguna clase. Entonces contestó la Municipalidad y el Pueblo: nuestras vidas y propiedades ponemos en sus manos: sálvenos de cualquier manera. Entonces les dijo: yo moriré por Uds. aunque me comprometan, porque todo pueblo es ingrato. En el primer revés que suframos, Uds. mismos me abandonarán y serán los que me persigan después. No, contestaron, le seremos fieles y moriremos por Ud.

No había un cartucho ni un grano de pólvora; pero Carrera dictó todas sus providencias desde el momento de aceptar, armó ocho hombres con armas de su uso, y a las tres de la tarde del 30 de Junio, salieron comisionados para todos los Valles y Aldeas a recoger todas las escopetas que hubiese en aquellas inmediaciones. Esto dio por resultado reunir treinta de las antes indicadas en muy mal uso, mandándose construir igual número de lanzas para montar lanceros, lo que se hizo en el momento, montando los vecinos en caballos propios. Bien les dijo, ya hay un pie de fuerza; ahora les voy a proponer las bases á que todos deben sujetarse, si les parece, y si no hay nada de lo que hemos hablado, y son las siguientes: 1a. Solicitar del Gobierno la abolición del Código; 2a. Dar protección a todas las personas y propiedades; 3ª. Pedir la vuelta del Señor Arzobispo y restablecimiento de los conventos de Religiosos; 4ª. La abolición del Decreto que impone la contribución de dos pesos por persona; 5ª. Que el Gobierno dé un Decreto de amnistía para que vuelvan a Guatemala todas las persona expatriadas de 1829; 6ª. Mis órdenes serán respetadas como una ley, y el que robare o vejare a alguna persona honrada, u obrase arbitrariamente contrariando mis disposiciones, será infaliblemente pasado por las armas. Si el Gobierno aceptare esta propuesta, que se comunicará al momento, se hará la paz. La Municipalidad y el pueblo en masa, aprobaron y aplaudieron esta resolución. Las disposiciones fueron dando cada día mejores resultados, y Zapata de quien antes se ha hablado, marchó al momento á mover todos los Valles, Aldeas, Pueblos y rancherías haciendo publicar los puntos acordados y levantar nuevas tropas.

II

Apenas estaban organizadas las Compañías de arma blanca, treinta fusileros y treinta lanceros cuando se presentaron el 8 de Julio los Comisionados de Santa Rosa, manifestando que tropas de Guatemala se aproximaban a aquella Villa, que el pueblo en masa estaba dispuesto a salir a su encuentro, y que no tenían más que cuarenta armas en muy mal estado y sin parque: que estaban dispuestos a defenderse y que esperaban el auxilio de Mataquescuintla.[9] Los apuros crecían, y el nueve del mismo mes

---

[9] Junio 9. —Esta fecha señala una época memorable en nuestra historia y recuerda el origen de una de las más grandes convulsiones que han agitado a los pueblos de Guatemala. Mal prevenidos estos contra el sistema de Jurados (cuyo establecimientos en dicho Estado coincidió con la invasión del cólera asiático) y mucho más aún contra los agentes del Gobierno encargados de distribuir medicamentos en las poblaciones infectadas, comenzaron á reunirse en grandes

marchó Carrera con veinte caballos y treinta hombres de arma blanca en auxilio de Santa Rosa, dejando el resto en el pueblo para su resguardo.

En el camino encontró tres correos comunicándole que el enemigo estaba a la vista, y en efecto a las tres de la tarde pasó de la población bajo una recia lluvia hasta incorporarse con el pueblo de Santa Rosa, que todo entero, hombres y mujeres habían salido al lugar de Ambelis: Ya estaban 60 Dragones veteranos del Gobierno en el extremo de la llanura formados en batalla y su Comandante había intimado rendición al pueblo amotinado. Comandaba el pueblo y sus bisoños soldados como su General, Don Teodoro Mejía, propietario y hombre honrado, siendo su segundo Don Antonio Rivera, había sobre ochenta hombres montados de todos los vecinos del lugar; siendo entre éstos

---

masas y a perseguir a los funcionarios del nuevo sistema. Entre las reuniones que se formaron de esta manera, en el distrito de Mita, la que tuvo lugar en la Villa de Santa Rosa en la misma fecha que encabeza este párrafo, fue la que llamó particularmente la atención, así por ser la más numerosa, como porque ya se dejaban traslucir en ella designios y planes de gran trascendencia. El Gobierno se creyó, por tanto, en el caso de desplegar todos los resortes del poder para suprimir unos conatos cuyas tendencias, no en vano, lo alarmaban. Con efecto, luego que se tuvo noticia de la reunión de Santa Rosa, se, hizo marchar al Magistrado Ejecutor del distrito, a la cabeza de una partida de cuarenta dragones, y con orden de deshacer por la fuerza aquella reunión sino podía conseguirse esto mismo por los medios prescritos en el Código de Procedimientos. Aquel funcionario, sin dar tiempo a que se le reuniese una partida de cien infantes que con ese objeto había salido de la capital, se adelantó incautamente hasta los llanos de Ambelis á donde le salieron al encuentro los de Santa Rosa; pero bien había llegado a aquel punto y comenzado a practicar las formalidades del Código, cuando de improviso se vio cercado por la multitud, que, prorrumpiendo en gritos contra el Jurado y los envenenadores, acometió a los soldados de la escolta, mató a algunos, hirió a otros y puso en fuga á los demás. He aquí como tuvo principio el levantamiento de los habitantes del distrito de Mita, ese gran movimiento popular, que dirigido por un caudillo animoso y emprendedor (el Señor Rafael Carrera, hoy Teniente General y General en Jefe del Ejército de Guatemala) ha efectuado en menos de dos años de lucha un cambio absoluto en la marcha y administración de los negocios públicos."—(Marure, Efemérides, párrafo 220.)

Como se ve, concuerda en sustancia y en general la narración de estas Memorias con las Efemérides, hasta en el día del encuentro, pero no en el mes; el error es sin duda de las Memorias, porque al hablar de los sucesos subsiguientes los pone en el mes de Junio de acuerdo con las Efemérides en este particular, pero no en las fechas. —El editor.

los más notables Don Antonino Solares y sus hermanos Don Manuel y Don León que estaban avanzados a la vanguardia; pero nadie sabía de milicia, ni habían visto nunca disparar un fusil. Sin embargo, se le había contestado al Comandante del Gobierno con dignidad; pero todos estaban hechos grupos en el mayor desorden, cuando llegó Carrera con la fuerza que antes se ha dicho y preguntó quién era el que allí mandaba; e impuesto de quien era le entregó la nota que la Municipalidad remitía a Santa Rosa. Se recibió con indiferencia y se le dijo. ¿Por qué viene Ud. tan tarde? —¿Porque hasta ahora me han mandado? — ¿Ud. es el que manda esta fuerza? —Sí, ¿A dónde me coloco? —estese Ud. por "hay", contestó Mejía. Como Carrera había estado en la campaña del año de 29[10] hallándose en las acciones de Arrazola, de Chalchuapa, Mejicanos, de la Agua—escondida etc., y en ésta había ascendido hasta Sargento, viendo el desorden que allí reinaba, se dirigió a Mejía y a Rivera, y les dijo: Señores, bueno era que toda esta gente formara, que se coloque la que está armada adelante, los de á caballo a un flanco y la gente de arma blanca á retaguardia. Se le contestó que allí no venía a variar disposiciones;

---

[10] Aquí hay un error de fechas, pues según las Efemérides de Marure la acción de Arrazola fue al filo de 1827, el 23 de Marzo, hubo 86 muertos y 90 heridos, rechazando la guarnición de la Capital al ejército salvadoreño que repentinamente y con velocidad llegó a sorprender al Gobierno del Presidente de la Federación, General Arce.

El año de 27 Carrera, según su fe de bautismo tenía trece años de edad.

La batalla de Chalchuapa, ganada por el ejército de Guatemala contra el Salvadoreño, y la más sangrienta de aquellos años, tuvo lugar el 10. de Marzo de 1828. Hubo 500 muertos.

La de Mejicanos adversa al ejército guatemalteco ocurrió el 3 de Abril de 1828. Hubo 51 muertos y 185 heridos.

La acción de la Agua Escondida en el Estado de El Salvador, fue el 7 de Mayo de 1828, y hubo once muertos.

Es sabido que Carrera, en conversaciones familiares, refería sucesos de sus primeros tiempos, gloriándose de haber comenzado muy niño sirviendo de tambor de un batallón. En dos ocasiones me tocó oírlo: la segunda vez conoció casualmente a un joven José Loranca y al saber que su padre había sido Don Marcos Loranca, lo acarició diciéndole que era hijo de un hombre muy valiente que había muerto en una batalla por arrojado, que lo recordaba mucho porque había sido su Comandante, y luego agregó: "el único hombre que me ha pegado y con razón, porque yo era su tamborcito, en una acción de guerra equivoqué un toque importante y él me hizo advertir mi error á cintarazos".

hubo algunas razones fuertes, y Carrera concluyó diciéndoles: dejemos la cólera para el enemigo que está al frente, permítaseme disponer mi gente y señáleseme el punto que he de defender. Bien, le dijeron, tome Ud. la derecha que está descubierta y marchemos sobre el enemigo. Carrera fue buscando la orilla del bosque que cubría su derecha con el fin de apoderarse de los Corrales de la hacienda de Ambelis, y si era rechazado favorecer su gente y cubrir la retirada, librando la llanura que tenía una legua. Los santaroseños marcharon a medio llano y al frente del enemigo: éste hizo una retirada falsa y rompió el fuego dividido en tres trozos haciendo algún estrago en las tropas de Mejía y Rivera, de que resultaron cuatro muertos y algunos heridos, lo suficiente para que a la tres descargas se pusieran en fuga, haciendo alguna resistencia Soleres, sus hermanos y otros vecinos, dejando a su izquierda á Carrera, con los suyos. [11]Pronto se encaminó

---

[11] ¿Cómo y en qué ocasión asumió Carrera el mando de los santaroseños, quedando bajo sus órdenes Don Teodoro Mejía, que había comenzado á ejercerlo?

Dice Don Miguel García Granados en sus Memorias (2a.parte folio 168)"Don Manuel Arrivillaga, que tenía medios para conocer los sucesos que tuvieron relación con la facción, y que conoció personalmente a casi todos los principales cabecillas que en ella figuraron, por tener su familia fincas en las inmediaciones de Santa Rosa, me refirió: que el cuerpo de Mataquescuintla lo mandaba Rafael Carrera: que derrotada la facción en Santa Rosa, Mejía, no creyéndose a propósito, o apto para seguirla capitaneando, y habiendo observado en Carrera condiciones de valor, actividad y viveza, lo nombre General en Jefe de las fuerzas sublevadas, y ordenado a los pueblos y aldeas que lo obedecieren, cuya orden fue acatada, y desde entonces reconocido como tal. General en Jefe en toda la facción."

Pero ¿qué autoridad tenía Don Teodoro Mejía para nombrar a Carrera General en Jefe de toda la facción y ordenar a los habitantes del Departamento que lo reconociesen y obedeciesen como tal? Él había llegado a Santa Rosa a auxiliar a Mejía, a la cabeza de la fuerza de Mataquescuintla, y al mando de ella continuaba con el éxito que a los de Santa Rosa les faltaba.

Tuve ocasión de tratar a Don Benito Mejía hermano de Don Teodoro, y constante compañero de armas de Carrera en toda la facción; y empeñado yo en investigar lo referente a ésta en sus principios, interrogué, allá por el año de 70, a Don Benito, y, en lo conducente, me refirió: que hallándose su hermano Don Teodoro y los suyos derrotados y ocultos entre el monte, llamó a Carrera y estuvo conversando con él buen rato y después de almorzar juntos reunió á todos por medio de palmadas por temor de ser descubiertos, los rodearon y el viejo Don Teodoro les dijo: "muchachos, yo no estoy bueno para Jefe, necesitamos un joven como Rafael Carrera y yo desde luego me someto a él y quiero que todos ustedes hagan lo mismo,

el enemigo sobre éste sin perseguir a Mejía: hubo poco fuego, luego se unieron a el arma blanca y se emprendió una refriega obstinada de una y otra parte. Solares contuvo la gente que huía y regresó a auxiliar a Carrera que estaba cuasi rodeado con los suyos resistiendo y ya con un balazo en el costado izquierdo, la obstinación de éste y el regreso de los dispersos puso en fuga al enemigo que fue perseguido por los Oficiales Hipólito Flores, José Reynoso y varios de Santa Rosa y Mataquescuintla, dejando en el campo nueve muertos, cuatro prisioneros, catorce caballos y veinte carabinas. La población que presenciaba todo esto, dio gran crédito a los Mataquescuintlas y su caudillo, lo cual no dejó de causar algunos de los á los Jefes que allí mandaban: hubo muchos obsequios y grandes algazaras por aquel pequeño triunfo que en realidad era nada.

El 10, la Municipalidad de Mataquescuintla llamaba con argucia a los soldados de aquel pueblo, y el 11 salieron estos para sus hogares. Esto causó gran desaliento y consternación en Santa Rosa, porque ya allí se sabía que una expedición formal se organizaba sobre aquella Villa y sobre Mataquescuintla. Marchaba sobre ella efectivamente el Coronel Martínez. Andrade con 60 hombres y algunas armas para apoderarse de Mataquescuintla después de armar a los patriotas de San Guayabá suponiendo que los Mataquescuintlas estarían en Santa Rosa, para donde marchó el General Salazar con quinientos Infantes, cien Dragones y una pieza de artillería. Martínez se aproximó a las

---

y que sólo haya una cabeza que mande como absoluto General". Todos aprobaron y ofrecieron obediencia.

Pero, ¿qué circunstancias concurrían en Carrera para ese nombramiento? le pregunté a mi interlocutor. Él ya sabía algo de milicia, me contestó; últimamente había estado de Sargento en el Cordón Sanitario y no cesaba de estar enseñando á su escuadra el manejo del arma y el ejercicio, y se había mostrado muy valiente en el encuentro con las fuerzas del Gobierno al frente de los mataquescuintlas, que mandaba con buen orden en la acción.

¿Antes de todo esto, ¿qué era Rafael Carrera? pregunté á Don Benito. Su respuesta fue lacónica, diciéndome: había sido un "ischto" (indizuelo) relamido y pendenciero. El respetable anciano Don Lorenzo Zepeda y Coronado estaba presente tomando parte en la conversación, había conocido muy bien á la familia de Carrera, dijo que era vecina de Candelaria en la Capital y no india, como se creía; que cuando Rafael era muy joven realmente fue como decía Mejía "relamido y pendenciero," pero que su permanencia en el cuartel con el oficio de tambor lo había corregido un poco por la subordinación de la ordenanza. —El editor.

alturas del Gavilán con la mira de apoderarse de la hacienda de San Miguel, punto fuerte; sabedores de esto los Mataquescuintlas y su caudillo, marcharon a su encuentro con sesenta hombres armados entre caballería é infantería, y trescientos de arma blanca, mandando a situarse a la hacienda indicada diez tiradores y ocho lanceros, mientras llegaba el resto de la gente. Esta medida dio buen resultado porque Martínez permaneció en el Gavilán en donde fue atacado por el frente y uno de los flancos sobre el que cargó la caballería. Fue esto el día 18 de Junio[12] Martínez fue derrotado, dejando en el campo trece muertos, diez y ocho prisioneros y cuarenta y tres fusiles, un cajón de parque, dos cajas de guerra y un clarín, haciendo sido perseguido tres leguas, cayendo prisionero Andrade y muerto Martínez en la persecución. Al regreso para el pueblo se supo que los Santa Rosas habían sido derrotados el mismo día, apoderándose de la población las personas del Gobierno, la que saquearon completamente tanto de bienes de campo, como cuanto tenían en sus casas. Los Jutiapas que habían venido en su auxilio en número de ochenta una tercera parte con armas, se habían retirado para su pueblo haciendo una vigorosa resistencia con su Capitán Don Cipriano Ordóñez.

Los Santa Rosas todos huyeron á los montes en donde permanecieron ocultos, teniendo de pérdida sobre diez muertos y algunos heridos. Los Mataquescuintlas tuvieron en el Gavilán tres muertos y siete heridos. El 18 marchó el General Salazar con su fuerza y pernoctó en la hacienda de Don Juan. El 19 se habían colocado los Mataquescuintlas en los Tempisques a donde llegó el General Salazar. Rompieron el fuego los Mataquescuintlas a la vanguardia que se componía de una Compañía la que fue rechazada. Entonces el Comandante de Caballería que era Don Vicente Cruz recibió orden de cargar sobre el camino con cuarenta lanceros para proteger la infantería; pero ésta habiéndose encontrado con fuerzas superiores y una pieza de artillería, retrocedió a sus puestos y cargando con denuedo los Guatemaltecos, pusieron en desorden a los

---

[12] García Granados dice que esta acción fue el 18 según el parte del General Salazar, quien confiesa tan pocas pérdidas que García Granados, cree que eso no es exacto y concluye diciendo que sobre el particular le faltaron datos. El no conoció las Memorias de Carrera. —El editor.

Mataquescuintlas. Carrera a la cabeza de su tropa resistió tres cuartos de hora; pero la Caballería y cien infantes cargaron por un flanco y envolvieron á Carrera cortándole la retirada completamente, teniendo que abrirse paso y resistiendo el fuego por los costados en su fuga con una herida leve en la cabeza. Natural era que como tropas montañesas se llenasen de terror y así fue que huyeron a los montes. Carrera tomó el camino de las Flores, solo, y fue perseguido por veinte y cinco Dragones hasta tres leguas de distancia, habiendo tenido por su parte veintisiete muertos y un número considerable de heridos. De cerca de 80 armas que tenía perdió algunas de ellas. Los Guatemaltecos no tuvieron mayor pérdida, pues la arboleda y un cerco de piedras los favorecían.[13] Entraron a la población sin obstáculo alguno y esta corrió la misma Suerte de Santa Rosa, todo lo robaron y acabaron con cuanto allí había, saqueando la casa del Padre político de Carrera, de donde sacaron un entierro de dinero como de 18,000 pesos como igualmente otras casas de vecinos acomodados. La población quedó sola; pero a los pocos días publicaron un bando para que presentasen las armas quedando todos perdonados; presentaron algunas, y otras quedaron ocultadas. Carrera después de haber visto a su familia, se dirigió a la montaña de Jalapa y de allí a la piedra de cal a unas casas que había inmediatas a Sansaria. Al ver un hombre desconocido dieron parte que estaba en dicho lugar y por las órdenes que tenían de las autoridades de Jalapa, marcharon las de Sansaria a capturarle en número de ocho hombres armados de pistolas y machetes.

Este estaba recostado con sus pistolas y su espada en la cabecera, a las tres de la tarde, cuando llegó el alcalde, rodeó la casa y le dijo:

—En nombre de Dios y de la Nación, Vd. se da preso.

Carrera, tomando sus pistolas y su espada, le repuso:

—¿A mí?

---

[13] Cuando Carrera comenzó a fungir como General en Jefe de la facción, tendría 22 a 23 años. Luchó por algún tiempo con solo una pequeña partida mal armada, y tal vez debió, en gran parte, a los desórdenes y desmanes de los jefes militares que el Gobierno mantenía en los lugares sublevados, el que se hubiese ido engrosando y crecido su popularidad, y que las fuerzas de Guatemala se hiciesen más odiosas. Otra circunstancia que lo favoreció fue que Gálvez, por atender y hacer frente a la oposición, que contra su administración se organizó en Guatemala, desatendió a la facción con lo que dio jugar a que esta tomase más cuerpo.—Memorias de García Granados, parte 2a. f. 170.

—Sí, a Vd. —dijo el alcalde.

—¿Y por qué causa? —repuso Carrera.

—Lo ignoro —contestó el alcalde.

—Pues yo soy Carrera —dijo este—, soy el comandante nombrado por los pueblos para defender sus derechos, y cuando todas las autoridades me prestan sus auxilios, Uds. me tratan como un criminal. Muchos de los habitantes de Sansaria han estado conmigo en la acción que se acaba de dar.

—Sea lo que fuese —dijo el alcalde—, yo lo llevaré a Vd. preso y nada más.

—Llevaría mis pedazos —dijo Carrera—. ¿Lo ha Ud. bien?

Y montando sus pistolas añadió:

—Si no entramos en un acomodamiento razonable, la vida del señor alcalde y de los que le acompañan está más expuesta que la mía; o me escucha o hay aquí desgracias.

Entonces dijo la casera:

—Señores, yo no quiero nada en mi casa.

—Sí —dijo el alcalde—, pero el señor es muy altanero.

—Y Vd. es muy atrevido —dijo Carrera—. Mi vida la venderé muy cara, tengo inmensos recursos, no crea Vd. que la guerra se ha acabado; muy cerca de aquí están las tropas que mando, y a los tiros que yo les haga vendrán inmediatamente, y si yo fuere muerto, mi sangre será bien vengada.

Entonces dijo el alcalde:

—¿Qué, señor Carrera, tiene Vd. tropas?

—Sí, 200 hombres.

—Pues entonces —dijo el alcalde—, platiquemos. Si Vd. me hubiera mandado avisar se hubiera evitado esto.

—No, porque aguardo la noche para entrar en Sansaria —contestó Carrera.

A todo esto, los que acompañaban al alcalde estaban todos en la puerta con él, y a su presencia les dijo Carrera:

—Pues bien señores, aquí están los puntos de la causa que defiendo, léanlos Uds. y si les parecen justos me contestan; pero antes les suplico no vayan a cometer una felonía conmigo.

Estos, para satisfacerle, arrimaron sus espadas junto al cerco, y hubo una larga conferencia, concluyendo por decir que bajara con su gente para pronunciarse, y él les dijo entonces que lo hicieran ellos. Se manifestaron muy anuentes, se regresaron y lo hicieron en la noche. Carrera volvió a Las Flores, en cuya montaña estaba su familia con su padre político.

Este había sido siempre opuesto a que tomara parte en la revolución, por cuyo motivo le reprendió seriamente, concluyendo por manifestarle que se darían pasos para obtener el perdón del Gobierno: que no fuera ya más la ruina de su familia siguiendo una causa descabellada. Carrera le dijo:

—No estoy en disposición de presentarme al Gobierno: no da garantías y mejor quiero morir que sufrir una humillación que cargaré hasta los últimos días de mi vida.

El anciano le contestó:

—¿Y qué piensas hacer? Tus amigos te han abandonado; todos los Mataquescuintlas se han presentado y existe una guarnición en el pueblo.

Carrera le repuso:

—En el término de dos días serán batidos los de esa guarnición: yo seré dueño de las armas que tienen, reuniré nuevas tropas y continuaré la guerra hasta perder la vida.

Entonces le contestó su padre:

—Yo no hablo con mentecatos, tú has perdido el juicio y siento que seas víctima de tu temeraria empresa.

—Pues bien —dijo Carrera—, parece que hemos concluido. Le recomiendo a Vd. mi familia, porque con la misma fuerza con que me rehúse a entrar en esta empresa, hoy la tomo por mi cuenta.

A las ocho de la noche, mal montado y sin mudar caballo, emprendió su marcha con dirección a Mataquescuintla, formando el plan más temerario y atrevido de que vamos a hacer mención.

IV

Este plan era de reunir cuatro o seis hombres y echarse sobre la guarnición que había allí, sorprenderla al silencio de la noche y pasar a cuchillo los treinta hombres que la componían. Apoderándose de las armas de estos y de los sobrantes. El 1.° de julio ya daban todos por concluida la revolución y todos disfrutaban de la mayor confianza, pues los patriotas los habían retirado. En dicho día, a las nueve de la mañana llegó Carrera a las inmediaciones de Mataquescuintla, y un indígena a quien encontró, le dijo:

—Señor, ¿a dónde va?

—A Mataquescuintla —le contestó.

—No vaya —replicó el indio—, porque allí piden su cabeza, todos se han presentado y el Gobierno ofrece una suma de dinero porque le cojan vivo o muerto.

—Nada importa —contestó Carrera—, hoy serán atacados y destruidos los que hay en el pueblo; para el efecto traigo 200 hombres y 2 piezas de artillería y si no se me vienen a reunir todos los del pueblo, con ellos comienzo.

El indio, lleno de contento, dijo:

—Yo aquí estoy y disponga Ud. de mí.

—Pues anda a llamarme —dijo Carrera—, a la señora Dominga con toda reserva y guárdala tú también.

El indígena partió inmediatamente y cumplió con exactitud su comisión. Carrera se quitó de aquel punto y se fue más arriba a aguardar el resultado. No tardó en llegar la señora y cuando la vio sola se dirigió a hablarle y ella con admiración le dijo:

—¿Qué anda Ud. haciendo por aquí?

Él le contestó:

—Vengo a averiguar cómo andan las cosas.

Entonces ella le contestó:

—Mal, todos se han presentado y varios con armas.

—¿Dónde está Higinio de la Cruz, Mariano Casunes y todos los demás? —preguntó Carrera.

—Todos se han presentado —dijo la señora— y están en el pueblo.

—¿Podría Ud. írmelos a llamar guardándome el secreto? —dijo Carrera—, y hablándoles con disimulo: si están en buen sentido, les dice que aquí estoy: también es bueno que me consiga con los soldados algunas paradas de pólvora de las que venden, para lo cual tenga Ud. dinero.

—Yo he comprado algunas —replicó la Dominga—, y seguiré comprando; no es necesario.

Partió inmediatamente y desempeñó el encargo con tanta astucia, que nada se podía desear. Luego vinieron cuatro individuos de los llamados y conferenciaron largamente a orillas de la montaña. Carrera les dijo:

—¿Quieren Uds. seguir?

—Sí, hasta morir —contestaron.

—Pues aún todavía tengo yo armas y varios de los muchachos están armados; pues a reunirlos pronto.

Entonces contestaron:

—Bueno sería que nos fuéramos a la orilla del pueblo para que a Ud. lo vieran.

Así lo hicieron y se fueron todos y allí se reunieron ocho individuos por todos con armas y seis sin ellas.

El indígena, de contento, empezó a divulgar que en la noche atacarían la población; que un individuo de Sansare le había dicho que hacía cuatro días que había pasado Carrera con 200 hombres por Alzátate y que venía atrás más fuerza y dos cañones. Esta voz se propagó con rapidez en toda la población.

El comandante de la fuerza llamó al indígena, lo examinó y se ratificó en lo que había dicho, añadiendo que el individuo que se lo había contado, aseguraba que también el pueblo concurriría al ataque, y que sería imposible que escapase nadie. El comandante, con pretexto de reunir gente, salió de la población a las cinco de la tarde solo con su asistente, encargando a un oficial del destacamento y diciendo que él volvería pronto, y que guardara precauciones durante su ausencia. Carrera no perdió tiempo e hizo venir al sacristán de la iglesia y le pidió dos cámaras grandes que allí había. Fueron traídas y al momento, con disimulo, en ocasión que la señora llegaba con veinte paradas, todo se fue combinando y a las ocho de la noche ya estaban los catorce hombres listos para dar el asalto.

En la tropa de la guarnición corrían rumores y unos opinaban por rendirse en caso de ataque y otros por retirarse y, en fin, nada resolvieron. A las nueve y media fueron cargadas muy bien las dos cámaras y los seis individuos con otras dos cargas de reserva se fueron al campanario a aguardar que se rompiera el fuego para quemar las cámaras y formar algazara repicando, echando vivas y diciendo que entre la caballería y la compañía de Zacapa: que franquee que ya están rodeados.

Cuando se le dio aviso a Carrera que todo estaba, se dirigió al cuartel con los ocho hombres y apoderándose de unos árboles inmediatos al reducto, sorprendió al centinela y avanzando lo desarmó y rompió el fuego sobre el cuartel. La tropa hizo poca resistencia aterrorizada con los gritos de la plaza, los repiques de las campanas, el estruendo que hacían las cámaras, en cuyo conflicto Carrera les intimó rendición, la que aceptaron pidiendo garantías para sus vidas. Algunos soldados que no pasaron de seis brincaron el reducto, sin armas, y se fueron rindiendo los otros. Carrera y los suyos gritaban:

—Que hagan alto las compañías de reserva porque ya se rindieron: que permanezca la tropa formada en la plaza.

Los soldados decían:

—Señor, nos matan, sus soldados no nos conocen.

—Pues bien —les dijo Carrera—, arrimen las armas y salgan todos a formar sin ellas: mis edecanes les conducirán a mi casa para que nada les suceda.

Así se verificó. Luego vinieron los seis soldados desarmados y se armaron allí y varios vecinos que ocurrieron al ruido se armaron también, ascendiendo ya el número de tropa a veintidós individuos. A los primeros se les dijo que aquellos ocho hombres los conducían, eran conocidos y que si los otros los veían los mataban: que quedaban libres y que se fueran al momento.

A las once de la noche partieron estos por donde cada uno pudo, quedando los vencedores dueños de la población. Con el parque que allí se cogió se cargaron varias cámaras y su estruendo se oía a larga distancia. Los que estaban ocultos en las montañas ocurrieron al momento en la noche y, cuando amaneció, ya las armas estaban en mano y equipados cincuenta y ocho hombres. Todos preguntaban dónde estaban los cañones y la tropa con que se había dado el asalto, y se les dijo que habían regresado a reunir más por el río Colorado, Nubes y San Guayabá; pero al fin se fueron desengañando y todos se admiraban del atrevimiento de la acción.

Los soldados dispersos tomaron el rumbo del Potrero, y uno de ellos se dirigió a la Laguna de Ayarza, donde estaban Belches y Flores con 200 hombres, para informarles de lo acontecido, exagerando como tienen de costumbre los dispersos. Este aseguraba que a las diez de la noche habían sido atacados por un número de 300 a 400 hombres: que traían artillería y que el reducto había sido demolido; que todos sus compañeros habían sido muertos y que aún no había acabado de entrar la gente, pues él había salido por la mañana oyendo varios tiros de cañón y repiques de campanas; y, finalmente, que no le cabía duda de que era Carrera el del asalto, pues él mismo lo había desarmado con una escolta como de 50 hombres muy bien equipados, no habiendo hecho fuego toda la tropa, pues esta quedó en la plaza.

Semejante noticia causó una grande alarma en los doscientos hombres y en sus jefes, y dispusieron dirigir a Carrera la comunicación siguiente:

"Cuartel General en marcha. Laguna de Ayarza, julio 4 de 1837. —Al Señor Don Rafael Carrera, Comandante de los pronunciados.

Autorizados por el Gobierno para hacer la pacificación de estos pueblos, no hemos omitido medio alguno para conseguir la paz a costa de cualquier sacrificio, siendo en honor del Gobierno y en bien de estos pueblos; por tanto, invitamos a Ud. para arreglar la paz y evitar los males que ocasiona la guerra. Si Ud. se hallase en disposición de aceptarla con el fin de evitar nuevos derramamientos de sangre, puede nombrar sus comisionados para la hacienda del Potrero, adonde mandaré yo los míos; pero si Ud. se negare, tendré que ocurrir a las armas para escarmentar su audacia y solo Ud. será responsable ante Dios y los hombres de las víctimas que se sacrifiquen. —Manuel Flores.—Rafael Belches.".

Contestación:

"A los Comandantes de la División Expedicionaria.—Cuartel General en Mataquescuintla, julio 6 de 1837.

Hoy he recibido la apreciable comunicación de Uds., fechada en la Laguna de Ayarza, con el objeto de manifestarme que se hallan autorizados por su Gobierno para arreglar la paz, concluyendo con manifestarme que, si estoy anuente, mande mis comisionados a la hacienda del Potrero para conferenciar con los suyos. En contestación debo decir a Uds. que el único arreglo que puedo aceptar es la entrega de las armas de la tropa que Uds. mandan, y que el Gobierno conceda los puntos que los pueblos le han dirigido por mi medio, pues de no verificarlo yo continuaré la guerra y haré uso de grandes elementos con que cuento para tal empresa. —Rafael Carrera.".

V

Irritados los comandantes Flores y Belches, marcharon sobre Mataquescuintla con el objeto de no atacar, sino de reconocer el número de tropas que allí había. El día 7 se situaron en la Cruz Alta y Carrera desocupó el pueblo y se colocó en las alturas de la Tierra Colorada a la boca de la montaña, teniendo la fuerza del Gobierno al frente. Esta no intentó atacarlo, pues una guerrilla que bajó de la Tierra Colorada a tirotear, otra de las tropas del Gobierno la replegó al centro de su fuerza. Carrera con los suyos tomó para la montaña de San Sur y de allí pasó a Las Nubes, y enseguida a San Guayabá, permaneciendo en San Sur, haciéndose de recursos, mientras que Flores y Belches ocuparon Mataquescuintla hasta que, el 14 de agosto, marcharon para la Agua Caliente.

El día 18, Carrera se dirigió al mismo punto con setenta hombres de infantería, y en el lugar llamado Los Copales se encontró con las tropas del Gobierno en número de 250 hombres. Al trabarse un tiroteo entre las descubiertas de ambas fuerzas, se emprendió formalmente una refriega, y aunque al principio fueron rechazadas dos guerrillas de los flancos de las tropas del Gobierno, apoyado el centro en una grande arboleda, contuvo al intrépido Higinio de la Cruz y a Don José María Morales, que ya se había apoderado de algunos caballos y parte del tren.

Desembarazado Carrera de la izquierda, ocurrió a proteger la derecha; pero su tropa, mal armada y formada de soldados bisoños, se dispersó, quedando dueños del campo los guatemaltecos. Carrera se situó con los dispersos en una loma llamada El Soyatillo, habiendo dejado en el campo cuatro muertos y tres heridos que salvaron milagrosamente. De allí regresó y se situó en las lomas del Camotillo cerca de San Guayabá. En ocho días reunió su gente, reemplazó sus bajas y se puso en relaciones con sus amigos.

Don Antonio Solares, hombre honrado y capitalista que había sido robado y perseguido sin dar motivo alguno —solo por haber concurrido con sus hermanos a la acción de Ambélis—, apoyó a

Carrera. Además, Carrera mandó comisionados a todos los pueblos para que lo auxiliasen, exagerándoles que tenía un gran número de fuerzas considerables. Nombró capitanes de partidas y autorizó al coronel Muñoz para levantar las tropas de la hacienda de Las Nubes, del río Colorado y Sombrerito. Envió a Mejía a mover los habitantes del Pulté, Cereso y Palencia, y a Mangandi para que levantase los habitantes de San Pedro Pinula y Montaña de Jalapa.

A Don Pedro Mejía, que había permanecido con Rivera sin mezclarse en nada desde la derrota de Ambélis, le dio orden para que levantara a todos los santarroseños, jumaytepequeños y a los habitantes del Naranjo. A Don Rito Revolorio, para que levantara a los habitantes de la montaña de Fraijanes; y a Chavarría, para que organizara dos compañías en las cumbres del Rosario, Varillas y las Chichimecas. Todos estos puntos estaban muy cerca de la capital. Carrera, enseguida, recorrió las poblaciones de Santa Rosa, Jumay, Ixguatán, Jalapa, Conguaco, Moyuta y Azulco, publicando en todos estos pueblos y lugares por bando que todos los habitantes debían levantarse contra el Gobierno porque los quería envenenar. Se ordenó que todo el que fuera enemigo de la causa que se sostenía debía salir de los pueblos revolucionados en el preciso término de ocho días a incorporarse con las tropas de Guatemala, dándoles seguridad a sus personas e intereses. Se advirtió que todo aquel que no lo hiciera y diera noticia de los movimientos de las tropas de los pueblos sería pasado por las armas, confiscándose sus bienes para el sostenimiento de las tropas.

En efecto, fue tomando incremento cada día la revolución y los soldados, sin sueldo y con poca disciplina, cometían algunos desórdenes, robos y asesinatos; pero Carrera reprimía rigorosamente tales abusos. Su nombre era tan respetado en todos los pueblos, valles y aldeas, que todos acudían a donde él se hallaba a exponerle sus quejas, y él, a pesar de ser escaso de conocimientos y cometiendo muchas veces disparates, les oía con justicia, quedando todos muy contentos. La guerra se propagaba admirablemente y Carrera adquiría tal prestigio que era imposible que ningún habitante de las montañas diera noticia de los lugares donde se hallaba él y sus soldados. Los pobladores sufrían toda clase de castigos y hasta se dejaban fusilar antes que confesarlo.

De noche, partidas de todos los pueblos caminaban por las montañas a dejarle víveres y el producido de las rentas del Gobierno. Todos lo auxiliaban; y él se mantuvo desde la derrota de los Copales por las montañas de Las Flores, Nubes, Aguacate, Jumaytepeque e inmediaciones de Mataquescuintla, hasta diciembre, sin emprender acción alguna, acompañado solo de 50 hombres y organizando compañías de caballería de lanceros, haciéndose conocer hasta que pasó a las montañas de Jutiapa.

Allí nombró por comandante de aquella gente a Don Cipriano Ordóñez y de capitán a Don José María, su hermano, ambos naturales de Jutiapa y hombres atrevidos y de un valor extraordinario. Levantaron estos 200 hombres y los armaron como pudieron, reuniendo 50 escopetas y el resto con arma blanca.

Carrera regresó a Mataquescuintla, burlándose siempre de todos los movimientos que hacían las tropas del Gobierno en su persecución, y luego desapareció por uno o dos meses sin que nadie diera razón de su paradero, de tal manera que el Gobierno creyó que la guerra había concluido y disminuyó sus destacamentos.

Sus agentes circulaban papeles del mismo Gobierno desde el principio de la guerra, en los que se hacían a Carrera las más atroces calumnias, tratándolo de ladrón y asesino, y suponiéndole el designio de emprender una guerra de castas, divulgando que forzaba y violaba impunemente. Pero en todos los pueblos que veían lo contrario, hacían mofa y fueron cayendo en tal descrédito dichas publicaciones, que cuando hablaban alguna verdad, nadie la creía.

El prestigio de Carrera aumentaba en todo el departamento con los robos y violencias, incendios y asesinatos que cometían las tropas del Gobierno y la desmoralización de sus jefes. Por lo tanto, este proceder le aumentó el prestigio a Carrera y obligó a muchos hombres honrados y capitalistas a unirse con él y a aumentar las filas de los voluntarios, pues hasta aquella época habían permanecido indecisos.

Disgustado Don Clara Lorenzana con la persecución y vejamen, organizó una partida de acuerdo con Muñoz en Las Nubes, y Sebastián Bellis, por la misma causa, organizó otra partida en la montaña de San Sur, haciendo sus correrías por el río Grande, Tocoy y San Raymundo.

Cada día aumentaban los apuros del Gobierno y, cuando sus partidas de tropas eran batidas por algún punto, sus dispersos eran muertos por todos los habitantes de los pueblos y rancherías, pues había un odio general contra los que servían al Gobierno.

Solares se vio obligado a unirse con Carrera, aumentando en sumo grado su prestigio por su conducta ejemplar y buen comportamiento, haciendo un gran contrapeso al Gobierno. Don Mariano Álvarez, que era paisano y sin tomar parte en causa alguna, había marchado para San Salvador a traer a sus hermanos Don Manuel y Don Clemente, vecinos de Santa Rosa, que habían sido presos en aquel Estado por haber ido de comisionados de la municipalidad de Santa Rosa en unión de Francisco Ordóñez, quien fue por Jutiapa a exponer sus quejas al Gobierno General de la Nación.

Después de cinco meses de estar en la cárcel, fueron puestos en libertad por Morazán, que era presidente de la República. Vinieron llenos de indignación y, a su regreso, se incorporaron con Carrera en unión de Solares y lo acompañaron en todas las acciones hasta concluir la guerra.

A principios del año de 1838, Carrera dispuso pasar a la costa de Chiquimulilla, haciéndolo en medio de todos los destacamentos. Por una marcha atrevida logró sorprender a aquel pueblo y a dos magistrados del Gobierno que estaban allí, siendo uno el licenciado Don Juan García Parra y el otro Don Vicente Bolaños. Salió herido de un balazo Don Francisco Rueda, que era alcalde, por haber intentado hablar con Carrera, con quien tenía amistad.

Los magistrados pasaron grandes aprietos: había opinión por fusilarlos; pero Carrera los trató bien, les manifestó lo que lo había obligado a tomar las armas y les ordenó que fuesen para Guatemala, y así lo hicieron. Exigió, además, 200 pesos de cuotas de estancos y se retiró para la hacienda de Buena Vista con dirección a Pasaco. De allí recorrió la montaña de Jutiapa y se dirigió a Chingo, frontera del Estado de El Salvador, pasando enseguida a aquel Estado; y, habiendo llegado a Atiquizaya, regresó para Jalpatagua, pueblo de Guatemala.

Al entrar en dicho lugar, salió a encontrarlo el jefe político Zapata, y preguntándole de dónde venía, se le contestó que de El Salvador.

—¿Que vienen a perseguir a Carrera? —preguntó Zapata.

—Sí —se le dijo.

—¿En dónde anda? —preguntó él.

—Nadie da razón de ese bribón, es un pillo y yo acompañaré a Uds. hasta cogerlo.

—Y si cayera él en sus manos, ¿qué haría Ud. con él? —preguntó el mismo Carrera.

—Fusilarlo al momento —contestó Zapata.

Entonces le dijo Carrera:

—Yo soy, y voy a hacer de Ud. lo que Ud. hubiera hecho conmigo; pero antes de verificarlo, entrégueme Ud. el Código, que me servirá para hacer cartuchos.

Después de verificado, fue Zapata pasado por las armas a las tres de la tarde. En verdad, fue una acción poco generosa y aún se vacilaba si se fusilaría o no. Carrera permaneció allí dos días, agasajado por la municipalidad y todos los habitantes. Se le unieron algunos hombres aunque sin armas, y al siguiente día se dio parte de que las tropas del Gobierno venían a batirlo.

Él salió a su encuentro y en la orilla del pueblo comenzó un fuerte tiroteo, habiendo sido arrojado aquel pequeño puñado de hombres por doscientos que le atacaron. Carrera se vio envuelto y corrió gran peligro, pero se retiró por la hacienda del Soyate, habiendo sido derrotado completamente, pues solo le acompañaron 14 soldados y sus oficiales.

Un sargento, con el resto de la fuerza, hizo una vigorosa resistencia en el camino de San Marcos, salvando un barril de pólvora y otros elementos de guerra. Tuvieron poca pérdida los del Gobierno, pues solo perdieron un capitán y algunos soldados.

De allí regresó a Jumaytepeque, y bajando a Santa Rosa, mandó fusilar a un espía del Gobierno para animar a la población, donde el general Solares tenía ya organizada alguna fuerza aunque carecía de armas. Conferenciaron largamente y de allí regresó al pie de las lomas de Jumay, donde fue atacado por una fuerza muy superior, pues él solo contaba con 40 hombres armados y unos 20 con arma blanca, por lo cual se dispersó toda la gente.

Ya se le había incorporado Don Mariano Álvarez, y este logró salvarse con 18 hombres para la montaña de Belén. El sargento Higinio de la Cruz fue reuniendo a los dispersos por El Chupadero, donde se juntó con Álvarez a los dos días.

De Carrera no se volvió a saber. Este tomó la montaña inmediata con su edecán Don José María Morales y tres soldados. En la noche, se colocaron 200 hombres de Guatemala en la punta del llano del Chupadero y, sabedor de que venía Flores con otros 200 por el camino de Varillas, Carrera dijo a Morales:

—Vamos a atacar esta fuerza al juntarse las dos divisiones.

Valiéndose de la oscuridad de la noche y apoderándose del espeso bosque, bajaron y se situaron a medio tiro del campo de los guatemaltecos. Morales y Carrera, con los tres soldados, hicieron fuego. Carrera disparó con un soldado y sus pistolas a los que estaban acampados, justo cuando ambos bandos se echaron el ¡quién vive! Morales hizo lo mismo con Flores y, cuando estos hicieron fuego creyendo que eran enemigos, Morales, Carrera y sus tres soldados se separaron del centro y se colocaron en una lomita a divertirse con la destrucción de las dos fuerzas enemigas.

Al toque de cornetas, se reconocieron, pero después de haberse hecho bastante estrago. Flores culpaba a Belches y Belches culpaba a Flores, sin saber lo que realmente había pasado.

Ellos hicieron noche allí, y al otro día enterraron a sus muertos y condujeron a sus heridos a Santa Rosa. Carrera se fue a Jumay y de allí al Salitre, a incorporarse con Álvarez, contándoles el suceso y la burla que les había hecho.

Habiendo sido retirado el destacamento de Mataquescuintla, Carrera se encaminó hacia la hacienda del Potrero, donde permaneció componiendo sus armas, ya desembarazado de las fuerzas que lo perseguían. Levantó nuevas tropas, hizo venir a Ordóñez con cien hombres de Jutiapa y quedó dueño de todas aquellas poblaciones, pues las tropas fueron llamadas a la capital por estar insurreccionadas también las montañas inmediatas.

Chavarría había levantado su partida en la cumbre del Rosario; Revolorio, en Fraijanes; Mangandi, en la Hacienda Nueva; Lorenzana, en Las Nubes y Palencia; y Bellis, en San Sur.

Los aprietos del Gobierno crecían y la facción progresaba. Por todas partes había levantamientos difíciles de sofocar. Se incorporaron vecinos de la capital, entre ellos Don Doroteo Monterroso, que fue nombrado inmediatamente comandante de caballería. Don Domingo Palencia, hombre activo y sagaz, fungía como mayor general.

Monterroso recorría las haciendas y sacaba caballos para montar a sus dragones, logrando equipar 200 lanceros.

Ordoñez, en Jutiapa, organizó dos compañías entre Jalpatagua, Jutiapa y los valles de Achuapa, Limones, etc. Lorenzana permanecía aumentando su fuerza en la hacienda Las Nubes y Mangandi levantó a los pueblos de Pinula, Santo Domingo, Sansaria, Sanarate y la montaña de Jutiapa. Las tropas del Gobierno estaban ya reconcentradas en Guatemala, quedando solo dos pequeños destacamentos: uno en Mita Grande y otro en Jalapa, comandado por el magistrado Don José Solís.

Carrera, para despejar su línea y ponerse en relación sin obstáculos con todos los comandantes de partidas y las autoridades de las poblaciones, ordenó una reunión de toda su gente en Mataquescuintla. A esta junta asistieron todos los comandantes, y Carrera les manifestó la necesidad de atacar Mita, poniendo en ejecución el proyecto de inmediato.

Marchó Carrera con 400 infantes y 200 caballos, ocupando la villa de Jutiapa. A marchas forzadas, llegó a las inmediaciones de Mita, donde se le unió Don Miguel Calidonio con sus hijos. Conduciendo a la fuerza por un camino oculto, rompieron fuego a las once del día sobre la población y sus reductos. Con poca resistencia, se apoderaron de ellos, mientras los defensores y habitantes huyeron a los montes. En la persecución, hubo muchas desgracias.

La gente de Carrera, tropa sin sueldo y sin disciplina, saqueó y cometió excesos en la población tomada. Al día siguiente, se dirigieron a Santa Catarina, donde no causaron daño alguno, aumentando su fuerza considerablemente y ganando nuevos adeptos. En el tránsito, regresaron a Mataquescuintla y Carrera ordenó a los comandantes de partidas que se retiraran a sus hogares, manteniendo sus fuerzas listas para cualquier orden y autorizándolos a racionar a sus tropas con ganado de haciendas y víveres que llegaban abundantemente de todas partes.

Se acordó apoderarse de la plaza de Jalapa y, para ello, Carrera reunió a todas sus tropas a principios del mes siguiente, marchando con ellas a Las Flores.

Una partida interceptó una comunicación del Gobierno para Solís, en la que se le ordenaba marchar sobre Mataquescuintla con el refuerzo de 200 hombres que partirían desde Sampaquisoy. Solís, sin aguardar confirmación, señaló el día, ignorando que Carrera ya se había enterado del contenido de la nota. El correo fue interceptado, impidiendo que el Gobierno recibiera noticias del movimiento de Solís.

Carrera se dirigió de noche a situarse en Sampaquisoy para esperarlo, enviando 200 infantes y 100 caballos por el camino real, mientras él tomaba posición en el río Ustena. Sin embargo, al llegar primero una fuerza que otra, a las once de la noche, las tropas de Carrera se enfrentaron entre sí en Sampaquisoy, suspendiendo el fuego tras tres heridos.

Solís estaba a una legua de distancia y, a las nueve de la mañana, bajó creyendo que era Flores quien estaba allí. Carrera, aprovechando la confusión, emboscó a parte de sus hombres en el bosque de Piedras Negras y envió a un oficial para informar a la descubierta de Solís que no abriera fuego, pues Flores estaba acampado en el lugar. Solís creyó la noticia y continuó su marcha hasta llegar al llano de Piedras Negras, donde fue atacado por los flancos y el centro.

Intentó retirarse a Jalapa, resistiendo el ataque, pero Carrera lo persiguió durante nueve leguas, causando numerosas bajas y capturando todo su armamento.

A las cuatro de la tarde, Álvarez, con parte de la fuerza, se apoderó de la villa de Jalapa. Carrera acudió en su auxilio, aniquilando los restos derrotados del otro lado de la llanura. Solís huyó con tres oficiales por el camino de San José.

Se capturaron 240 fusiles, cuatro mil cartuchos, monturas, lanzas y otros pertrechos. Se saquearon varias casas y tiendas de ropa, pues Carrera, haciéndose el desentendido, permitió que sus soldados robaran en la población, considerada enemiga.

Desde allí, Carrera tomó la montaña de Tatacirire con dirección a Mataquescuintla, pero a las tres de la tarde fue atacado por 400 hombres en la montaña de La Soledad. Su tropa venía dispersa y desordenada; sin embargo, los primeros cien hombres, bien organizados, resistieron durante más de una hora y media. La batalla se libró intensamente en el espeso monte, dificultando cualquier maniobra táctica.

Ambos bandos fueron rechazados tres veces. Carrera quedó con solo 22 hombres, acompañado por Don Mariano Álvarez y Don José María Morales. La mayoría de sus soldados, cargados con botín, se dispersaron por la montaña hacia sus hogares.

Las tropas del Gobierno recogieron a sus muertos y heridos. Carrera, internándose en la montaña, dejó pasar a las fuerzas. Al quedar solo la retaguardia, Álvarez, con diez hombres, y Carrera, con Morales y Dávila (que se incorporó con seis soldados), atacaron a la caballería, capturando 46 caballos, dos cajas de parque, 500 piedras de chispa, dos tambores de guerra y 400 pesos en efectivo.

La tropa de avanzada no regresó a proteger la retaguardia, ansiosos sus jefes de salir de la montaña. Carrera quedó dueño del campo y del botín abandonado.

Sin medios para transportar los caballos y pertrechos, Carrera permaneció allí, esperando que llegaran dispersos. A las seis de la tarde, otra fuerza del Gobierno que se había quedado en la hacienda de La Soledad atacó a Carrera, recuperando los caballos, aunque no el parque ni las municiones.

Carrera no les hizo resistencia y solo tomó a pie, junto con sus oficiales, por un barranco inmediato sin ser perseguido. Atravesaron toda la montaña buscando a Flores, enterrando los despojos que no podían llevar. Muy pronto les cayó la noche: durmieron entre el monte y, caminando todo el día siguiente por elevación sin comer, alimentándose solo con chicuilote, lograron salir a las cuatro de la tarde a unas casas de los hermanos de Morales, que estaban en medio de la montaña.

Allí les dieron víveres, pues ya llevaban dos días sin comer, y bestias para montar. Carrera no perdió un fusil porque los de sus muertos eran recogidos por los de arma blanca y se llevó siete tercios que enterró a la orilla de la montaña, pertenecientes al enemigo. De allí se situó en Las Flores, donde mandó reunir de nuevo, a fines de aquel mes, a toda su gente.

Las tropas del Gobierno pasaron por Jalapa, armando a aquellos vecinos para su defensa, y regresaron por Sansaria y Sanarate a Guatemala. Sabedor Carrera de que había otro destacamento en Jalapa, reunió 200 hombres que mandaba Lima, de Santa Rosa, y en unión de Don Andrés Monreal y con una compañía de Mataquescuintla y San Sur, marcharon a sorprender a la pequeña guarnición que allí había, compuesta por 80 hombres. A las tres de la mañana atacaron la plaza en unión de Lima o Sarco Gallo, distinguiéndose los santarroseños en la acción y regresando a Mataquescuintla con parte del armamento que allí existía.

Solís marchó solo a Chiquimula y no volvió a pensar más en Jalapa. Los habitantes de esa región se unieron por convencimiento o por la fuerza a los sublevados, levantando una compañía de tropa en dicha villa bajo el mando del oficial Cruz, quien se condujo con valor extraordinario en todas las acciones hasta su muerte en la acción de Los Chicos.

VI

Ya no quedaba fuerza alguna del Gobierno en todas aquellas poblaciones y distritos, salvo un pequeño destacamento en Acasaguastlán, inmediato a Zacapa y Chiquimula, comandado por Don Alejandro Morales.

En esos días, llegó de Guatemala Laureano Carrera, hermano de Rafael Carrera. Laureano recibió el mando de una sección de 200 hombres. Era un hombre de mucha actividad, sin vicios, amable de carácter, valiente y querido por su tropa. A diferencia de su hermano, Laureano era amante del orden, enemigo del derramamiento de sangre y no perseguía a nadie por cuestiones políticas.

Laureano solía tener roces con Rafael porque deseaba manejar las tropas con disciplina de línea, procurando dar seguridad a las personas y propiedades sin permitir excesos de sus soldados.

Entre sus oficiales destacaban Don Juan José Flores, Don Mariano García y Don Lino Herrera. Laureano tenía gran amistad con Don Doroteo Monterroso, comandante de caballería. Formaron su cuerpo por separado, buscando dar mayor disciplina y organización.

Para estimular a las masas levantadas, Carrera apelaba a la religión, celebrando constantemente funciones de iglesia en los pueblos. Respetaba a los curas y ordenó que todas las tropas de su mando cantaran la Salve por la noche y al amanecer, costumbre que se estableció con entusiasmo.

Pronto, Carrera y su hermano dirigieron una campaña contra Acasaguastlán. Carrera ocupó Sanarate, y Monterroso y Laureano ocuparon Guastatoya. Allí se unieron y marcharon sobre San Agustín a Magdalena, y luego a Acasaguastlán, distribuyendo su fuerza en tres secciones de 300 hombres cada una, entre infantería y caballería.

Carrera comandaba la primera sección como general en jefe; la segunda estaba al mando de Laureano y Monterroso, y la tercera era dirigida por Don Mariano Álvarez y Don José María Morales.

El comandante de Acasaguastlán, al saber del inminente ataque, se retiró a Chiquimula, siendo perseguido hasta Uzumatán. Las fuerzas de Carrera regresaron a Las Ovejas, donde fusilaron a un vecino y saquearon tres casas, tomando bestias en el tránsito.

Parte de la fuerza se situó en Mataquescuintla y el resto en las montañas inmediatas, donde permanecieron acantonados. Todo el oriente, desde Uzumatán hasta la costa de Chiquimulilla, quedó sin presencia del Gobierno y bajo control de los pronunciados.

Por esa época, surgía oposición al Gobierno de parte de Don José Francisco Barrundia y otros líderes, provocando deserciones. A fines de diciembre de 1837, estalló un pronunciamiento en Antigua Guatemala, liderado por Don Mariano Padilla y los coroneles Carballo y Carrascosa, quienes habían servido al Gobierno.

Levantaron una fuerza de 1,500 hombres, estableciendo contacto con Carrera y recibiendo apoyo desde Chiquimula. El Gobierno quedó aislado, reducido a la capital.

Los antigüeños atacaron Guatemala el 2 de febrero de 1838. Carrera recibió la orden de aproximarse a la capital, avanzando con sus tropas al amanecer.

Sin embargo, las tropas del Gobierno salieron de la ciudad y atacaron a los antigüeños en la plazuela de San Francisco. Se entabló un intenso fuego de artillería y fusilería. Los antigüeños fueron rechazados y parte de su fuerza derrotada.

La caballería huyó hasta El Guarda Viejo y la infantería emprendía su retirada cuando los antigüeños solicitaron auxilio a Carrera.

Este envió a su hermano Zotero, quien recientemente se había unido, al mando de 700 infantes y 300 caballos. Zotero reforzó a los antigüeños y, al entrar en la ciudad, atacó vigorosamente el convento de Santo Domingo, desalojando a las tropas gubernamentales y capturando cinco piezas de artillería.

Zotero continuó su avance hasta tomar el convento de La Merced y la plazuela de San Sebastián, cubriendo toda la línea y estableciendo su cuartel general en Santo Domingo.

Las tropas de la plaza hicieron fuego todo el día y ejecutaron varias salidas en la tarde haciendo gran estrago en las tropas de Zotero; pero los antigüeños, con el descalabro del día anterior, ya no dieron ataque alguno y estaban en tratados con el Gobierno. Al día siguiente llegó Carrera con 1500 hombres entre infantería y caballería y, con su llegada, se dieron nuevos ataques a la plaza hasta apoderarse de todo su recinto, estando los sitiadores a distancia de una cuadra de ella. Formaron una trinchera que estaba en El Carmen con dos cañones y luego trataron de apoderarse de la Casa Nueva, Santa Teresa y La Concepción[14].

---

[14] Penetraron abriendo un boquete en el muro Norte del monasterio de la Concepción, hoy callejón del Manchén. Dieron golpes llamando que les abrieran la puerta que comunicaba ese solar (de 100x 100 varas), con el resto del convento; al oírlos acudieron en grupo algunas monjas, temblando de miedo, con sus velos sobre la cara, abrieron la puerta y una de ellas (muy alta y de voz gruesa) les preguntó qué querían. Imaginaron que era un hombre disfrazado y la amenazaron: ella levantó el velo y en el acto unos le rindieron las armas á sus pies y otros se las presentaron; pidiendo permiso para pasar al frente de la Casa Nueva, prisión de mujeres que estaba resguardada por tropa (5. C. P. hoy Dirección de Policía) y así se apoderaron de ese puesto y se les facilitó llegar á la plaza de armas.

En la casa del capellán del convento, Dr. D. Pedro Bustamante, se hallaban ocultos el Dr. Gálvez y su suegro D. Rafael Figueroa, cuyas hijas con otras señoritas, se habían asilado en el interior del monasterio. En los otros conventos de monjas de la Ciudad se hallaban asiladas muchas jóvenes.

Dice el Dr. Montúfar (T. II, pág. 582) "que hubo una parte de que una partida de los cachurecos (1a. entrada Feb. 28) se hallaba cometiendo excesos en la casa del ciudadano J. Francisco Barrundia." Eso no era natural porque Barrundia con D.

Allí desplegaron todo su brillo los guatemaltecos y la refriega fue sangrienta durante tres días. Varios soldados de la plaza se empezaron a pasar a los sitiadores y, con la pérdida de heridos y muertos diarios, se debilitaba su fuerza, no quedando más que restos del batallón permanente y otras tropas cuyo número ascendía poco más o menos a 500 hombres, los que se negaban a rendirse y defendían palmo a palmo calles y casas, haciendo grande estrago a las tropas de Carrera, que mal armadas y peor municionadas, muchas veces fueron rechazadas con gran pérdida de heridos y muertos.

Miguel García Granados, D. Lorenzo y D. Miguel Zepeda, trajo á Carrera y á sus hordas para que ayudaran á botar al Dr. Gálvez. Carrera almorzó ese día en la casa de los Zepedas en compañía de Barrundia. D. Miguel García Granados en sus Memorias nada dice de atropellos á la casa de Barrundia, sino todo lo contrario, que no hubo exceso alguno de parte de las tropas cachurecas.

En el f. 583 No. 12, dice el Dr. Montúfar "El mismo Carrera pidió el saqueo. —Fue preciso muchos esfuerzos para aplacarlo."—Calumnia, que desvanece en sus Memorias (T. II) D. Miguel García Granados, testigo presencial, afirmando que Carrera evitó todo desmán. "No me deshonoren," era la recomendación que Carrera repetía a los suyos. Agrega el Doctor Montúfar que ya rendida la plaza Carrera se enfureció creyendo que le habían matado un hermano, y después que estaba preso, y que solo se calmó cuando lo vio aparecer y asegurarle que nadie lo había ofendido de manera alguna. —García Granados lo que dice es que creyó que lo tenían á la fuerza defendiendo la plaza, y que el mismo hermano le desvaneció el error asegurándole que había estado por su libre voluntad. —El Editor.

No ha quedado constancia de un incidente ocurrido en casa del Jefe del Estado. Fue invadida por una partida de cachurecos que to buscaba para fusilarlo; pero el Dr. había sido trasladado á última hora precipitadamente por sus amigos para salvarlo y no tuvieron tiempo de conducir á su familia á otra casa. Los cachurecos exigieron á la señora que entregase á su esposo amenazándola con fusilarla en el acto si no daba razón de su paradero. En el momento que se disponía á disparar sobre ella rodeada de sus cuatro hijos en la niñez que gritaban de congoja, apareció el Padre Viteri les dio á los agresores un grito conteniéndolos, pero una bala le atravesó la falda del manteo. La turba aquella con algazara había roto á culatazos los armarios para extraer el contenido, destruyeron otros muebles; hicieron fumigaciones de chile en cada cuarto procurando escuchar si así, tosiendo alguien en los tapancos ó escondites se delataba la presencia de la persona que buscaban. Subieron á los techos; con lanzas exploraron el interior de los escusados y de las pilas cubiertas de agua. El señor Viteri envió aviso á Carrera de lo que hacían los suyos y acudió en persona á poner orden.

(Tradición en la familia de Doña María de la Cruz Figueroa de Gálvez.)

Los antigüeños permanecieron espectadores del ataque porque se cree que algún dinero habían recibido sus jefes, dando por excusa que estaban en tratados y que no podían atacar. Las tropas de Carrera ocupaban una parte de la ciudad y las de los antigüeños otra, estando ambas separadas y en completo desacuerdo por ser muy distintos los principios de los opositores con los de Carrera y sus huestes.

Unos querían una reforma sólida que les diese garantías y los jefes de la Antigua no querían más que variar el personal del Gobierno, apoderarse de los destinos y seguir el mismo sistema después de servirse de Carrera y quitarse de él enseguida.

Sin embargo de esto, se celebró un convenio y se ajustó la paz, saliendo los sitiadores con los honores de la guerra y sus armas a situarse en el convento de San Agustín, en donde fueron desarmados al siguiente día, habiendo entrado al mando el vicepresidente Valenzuela.

Las tropas de la Antigua se apoderaron de la artillería y del cuartel de San Francisco, y Carrera del Palacio Arzobispal[15] y del Cabildo.

Mangandi, hombre influyente y de malas ideas que venía con Carrera, invitó a toda la tropa a saquear la ciudad, estando de acuerdo todos los soldados antigüeños y los de Carrera en el terrible plan de Mangandi.

Los jefes antigüeños ignoraban lo que intentaban los soldados y Carrera desconocía el plan de Mangandi y los suyos. No tardó este en poner en planta su descabellado proyecto y, habiendo salido a formar la tropa, esta se sublevó en la plaza y comenzó a hacer fuego, aguardando los antigüeños el movimiento para secundarlo; pero Carrera ocurrió inmediatamente a la plaza en unión de sus edecanes y, con su presencia y espada, cortó el desorden, amenazando a Mangandi con fusilarlo, rompiendo tres espadas en las costillas de sus oficiales y soldados y obligó a sus tropas a salir a las once del día con dirección a Mataquescuintla.

La energía de este joven de 19 años de edad salvó a Guatemala de tan funestas consecuencias.

---

[15] En el Palacio Arzobispal estaban las oficinas del Gobierno y en una de las bóvedas tenía el Doctor Gálvez dos mil fusiles nuevos de los que Carrera se apoderó para mejorar y aumentar el armamento de sus montañeses.

En la toma de la Ciudad había cambiado todo su armamento y ya contaba con dos mil fusiles útiles y una pieza de artillería que se trajo. Las tropas de los Pueblos cada una se fue con sus Jefes al lugar de su residencia y Carrera con 300 hombres a Mataquescuintla. En seguidas sus amigos le manifestaron desde Guatemala que pronto sería atacado, y él lo presumía desde su salida; pero el Gobierno le nombró Teniente Coronel y Comandante de aquel Distrito y se manifestaba muy deferente; no obstante que al mismo tiempo pedía tropas al Salvador y a los Altos. Las unas vinieron al mando del Presidente de la República que era Morazán, y las de los Altos al mando del General Guzmán. Morazán trajo mil hombres y con tres mil que organizó en Guatemala abrió la campaña en Marzo de 1839, mandando previamente a Zotero Carrera para proponer a su hermano un arreglo. Carrera se reusó, regresando su hermano a Guatemala con una contestación evasiva y proponiendo los mismos puntos que había indicado al comenzar la campaña en 1837. Morazán, al ocupar Santa Rosa y Santa Isabel, mandó de nuevo al Doctor Quiñónez, al Canónigo Castilla y a Don Francisco Barrundia de comisionados para que conferenciaran con Carrera; esto lo verificaron en el Convento de Mataquescuintla, a donde concurrió el P. Don Francisco González Lobo Cura de Santa Rosa que había venido en esos días a unirse con Carrera,[16] los dos Alvares, Morales, Palencia y otros Jefes y oficiales que acompañaron a Carrera, presenciaron la conferencia en la cual ofrecieron a Carrera grandes sumas de dinero porque prescindiera de la guerra; más como éste las desechase y propusiese los mismos puntos que antes había indicado, irritado el General Morazán, dio orden al Coronel Carrascosa para que se moviera de Jalapa por la Soledad á Mataquescuintla, mientras que él atacaba por el camino de Santa Rosa. Carrera después de haber mandado a su hermano Laureano con la Caballería para Salamá, se colocó con 600 hombres en las alturas del Cerro grande inmediato a Mataquescuintla, y el Coronel Don Antonino Solares y el Teniente Coronel Mangandi, se situaron con 400hombres en el camino de la Sierra. No tardó Morazán

---

[16] Las personas que creían que era el P. Lobo el autor de estas Memorias, deben fijarse hasta cuando ingresó dicho Presbítero en las filas de Carrera, y que por consiguiente no era natural que hubiera descrito con tanta minuciosidad como lo están los sucesos anteriores, y ni aún aquellos que presenció de cerca. —El editor.

en ocupar el Pueblo sin ninguna resistencia y entonces el Coronel Solares cayó sobre la retaguardia de la fuerza enemiga y les quitó un convoy de víveres que conducían.

Habiendo sido reforzada la retaguardia, Solares se retiró al puesto que guardaba. Al día siguiente, a la madrugada, atacó Morazán a Carrera con dos mil quinientos hombres en las posiciones que guardaba. La acción duró hasta las once del día y Carrera sostuvo con denuedo el combate en toda la línea, distinguiéndose en él Don Mariano Álvarez dirigiendo una pieza de artillería con la que contuvo al enemigo hasta que fue reforzado por el mismo Carrera y rechazadas las columnas del frente y flancos, que fueron perseguidas hasta las orillas del pueblo.

Al día siguiente emprendieron un nuevo ataque, situando un batallón en las alturas. Altenosco, al mando del coronel Saget, mientras que las otras tropas atacaban por el camino de Jalapa y una loma inmediata. Habiéndose acabado el parque a las tropas de Carrera, abandonó estos puntos, enterró un cañón que tenía y se retiró por Ciénega Grande a Las Flores. Solares, que atacó por el poniente del pueblo, habiendo visto que se suspendían los fuegos ya de las alturas, se replegó a Las Nubes con Lorenzana, que tenía allí su fuerza. En seguida se puso en relaciones con el coronel Batres y el teniente coronel Rueda, que estaban en la costa de Chiquimulilla.

Carrera, estando en Las Flores, mandó al teniente coronel Don Cipriano Ordóñez para la montaña de Palencia; en unión de Navas Yañes y otros oficiales de Jutiapa, dándoles instrucciones para que todos fueran a sembrar sus milpas y disolviesen su fuerza. También mandó al coronel Velis, a Quiñones y a Baldonado para la montaña de Sansur con igual objeto. Así fueron mandadas todas las partidas para sus respectivos puntos, y él quedó en dicho lugar con el P. Don Francisco González Lobo, los oficiales Álvarez, Morales, Palencia, Saravia, Higinio de la Cruz, ocho soldados y un corneta que acompañaban a su madre, esposa y dos hermanas.

En la tarde del día siguiente se divisó una partida como de 200 hombres que venían en su persecución. Él se internó a la montaña de Orutapa por La Soledad y, habiendo sido perseguido muy poco, se situó en una altura en donde permaneció tres días y, concluidos los pocos víveres que tenía, continuaron atravesando la montaña con mil trabajos y llegaron a Ustená a los ocho días, habiéndose mantenido todos ellos cinco días con café, chiquilotes y otras plantas.

Cansados de hambre, salieron al río abajo de Ustená, dispuestos a atacar una avanzada de 100 hombres que había en dicho río; pero esta, afortunadamente, se acababa de retirar de allí y salieron a situarse a los encuentros del río de Las Flores y Ustená, en un rancho de una familia de Pedro Segura que estaba oculta en aquella remota región. Esta les prestó toda clase de auxilios y les informó que por todos aquellos puntos había destacamentos de tropa para capturar a los dispersos. Los tuvo escondidos en una loma inmediata, a donde llegó el padre político de Carrera a hacerle nuevas instancias para que se presentara.

Habiéndose negado este, su suegro regresó aquella misma tarde por el lugar llamado Cedros, donde estaba oculto. Allí fue capturado en la noche y, habiendo sido presentado al general Morazán, fue examinado; y, a pesar de que los vecinos manifestaron que aquel anciano respetable era de distintos modos de pensar que su yerno, fue pasado por las armas[17] a presencia de su esposa y de un hijo de catorce años en la plaza pública, en unión de un amigo suyo, a quien obligaron a cortarle la cabeza y en seguida fue pasado por las armas él también.

Al conducirlo al patíbulo, el inocente reo llamado Pascual dijo al general Morazán:

—No soy culpable; pero estas injusticias perderán su causa.

Entonces, dirigiéndose a su esposa que tenía un hijo de Carrera, dijo:

—Estos tiranos tendrán el castigo del cielo. Te recomiendo la familia y dirás a Carrera que siga la guerra, que me arrepiento de no haber tomado parte con él y que continúe hasta que concluya el último de la familia.

La cabeza de este anciano fue frita en aceite y colocada en un palo en la esquina de su casa, quedando presa la señora y su hijo. Había proyectos de fusilar también a este; pero al poco tiempo fueron puestos en libertad unos y otros.

---

[17] Del fusilamiento del suegro de Carrera ejecutado de orden expresa del General Morazán, habla, como testigo presencial, D. José Timoteo Solís en carta particular a su hermano D. Ignacio, en manos del editor de estas Memorias.

Sabedores los habitantes de El Jute y de la montaña de Jalapa de que Carrera estaba oculto con su familia y varios oficiales, fueron a traerlo de noche y lo escondieron en un barranco inmediato, llevándole víveres, dinero y toda clase de auxilios. Allí permaneció más de veinte días y, cuando calculó que ya todos los habitantes habían hecho sus siembras, fue sacado por aquellos habitantes para Las Cofradías con dirección a Cerro Verde, después de haberlo llenado de obsequios y favores en tan triste situación.

De Cerro Verde partió para la montaña de San Sur, después de haber dejado a su madre, esposa y hermanos en un bosque donde había una ranchería. Empezó sus movimientos, dando a todos los comandantes orden para un nuevo levantamiento general. Sabedor de la conducta que había observado el jefe enemigo con su padre político, lleno de indignación ofreció vengar su sangre a todo trance.

En la montaña de San Guayabá se le unió su hermano Laureano, que había regresado con su fuerza de Salamá sin obstáculo alguno. De allí partieron para Las Nubes, adonde acudieron todos los comandantes de partidas, y en esos días llegó Zapeta, indígena de Mataquescuintla, con grado de sargento, quien tenía gran prestigio entre los pueblos y había prestado grandes servicios a la causa de Carrera.

Había sobre 900 hombres de todas armas en dicho punto y, habiendo llegado porción de indígenas de todas partes con auxilios de víveres, en la noche fue asesinado Del Cid por Zapeta creyéndolo enemigo y espía del Gobierno. El muerto era hombre honrado y de influjo y, a la madrugada del día siguiente, dieron cuenta del desgraciado suceso de la noche. Del proceso resultó que el autor había sido Zapeta y se supone que fue por influencias de Mangandi. El reo confesó y dijo que lo había asesinado porque era enemigo de los pueblos y espía del Gobierno. Laureano pidió que fuera pasado por las armas inmediatamente, y dirigiéndose a su hermano le dijo que aquel hecho escandaloso no debía quedar sin castigo. Igual petición hicieron muchos oficiales, aunque el presbítero Lobos dijo que aquel hombre era muy ignorante, y que no sabía lo que había hecho.

Carrera oyó con calma todas las peticiones de su hermano y oficiales, y siéndole muy duro fusilar a un hombre que le había servido tanto durante la guerra, pues su actividad y valor eran sin par, retardó su ejecución para otro día. Al sacarlo al patíbulo, el reo pidió perdón a su jefe e iba tan conforme a morir después de despedirse de sus amigos, que, movido a piedad, Carrera dijo a su hermano y demás compañeros:

—Vamos a perder un valiente; conozco que es un criminal y que merece la muerte; pero de un momento a otro nos batiremos con el enemigo y entonces se le pondrá delante.

Laureano dijo que de no fusilarlo se separaría al momento, igual cosa manifestaron los demás oficiales; pero Carrera salvó la vida a Zapeta.

VII

A los tres días dispuso Carrera un movimiento sobre Salamá, dejando al comandante Lorenzana en Las Nubes y otras partidas en las montañas y valles inmediatos. Marchó con 300 infantes y 100 caballos para San Sur y de allí a Sanarate. En dicho pueblo hizo venir la compañía de San Agustín y Magdalena, ascendiendo su fuerza a 550 hombres, aunque escasa de parque.

Reunió en seguida una junta de guerra en Sanarate y propuso atacar la plaza de Salamá, donde había un depósito de pólvora y armamento, y solo la guarnición de 300 hombres, aunque muy bien fortificados. Su hermano Laureano y el coronel Monterroso desaprobaron el movimiento; pero Carrera lo llevó a cabo, y al siguiente día ocuparon Tocoy y, sin dar descanso a las tropas, continuó para la hacienda de San Gerónimo, donde llegó en la noche del 4 de junio.

A la madrugada tomó la llanura y, a las siete de la mañana, arrolló una partida de caballería que estaba situada en las orillas de la ciudad de Salamá; llamó la atención a la plaza y mandó a su hermano a tomar El Calvario con 200 hombres. Este se apoderó de él con poca resistencia: la tropa que lo guarnecía se replegó a los atrincheramientos de la plaza, generalizándose la acción en toda la línea hasta reducir a los sitiados a su recinto.

El presbítero Lobos, Monterroso y Palencia atacaban la derecha de la iglesia y estaban ya a media cuadra de las fortificaciones. Carrera atacaba el centro y su hermano el poniente de la ciudad. Se dieron tres ataques y Laureano tomó los atrincheramientos avanzados; Palencia, Lobos y Monterroso se pegaron a la iglesia; pero los salamatecos defendían con denuedo las casas que tenían agujeradas, haciendo algún estrago en las tropas de Carrera.

Un cañón, situado en las bóvedas de la iglesia, y los rifles manejados con destreza por algunos extranjeros causaban gran daño. Laureano pidió a su hermano orden para tomar la plaza, manifestando que el parque era poco y que era necesario hacer uso del arma blanca; pero Carrera se rehusó diciendo que era bueno intimar rendición para evitar nuevas desgracias.

Entonces su hermano le dijo que iba a atacar y que se le auxiliara con nuevas tropas y que otros llamaran la atención por el lado del río. Pronto se verificó este plan, tomando Laureano con su sección parte de los últimos atrincheramientos que cubrían la entrada de la plaza; se vieron allí grandes hechos de valor, ya por parte de los salamatecos, ya por los soldados de Carrera.

Estos agarraban los fusiles que sacaban los de la plaza por las claraboyas y, rompiendo las casas en la continua lucha, solo los dividía el grueso de los parapetos.

Tres veces intentaron asaltar las trincheras, desalojando a los soldados de la plaza de algunas de ellas; pero de la iglesia se hacía un incesante fuego y, en seguida, fueron rechazados los sitiadores. Laureano regresó a decirle a su hermano que debido a su moralidad se perdería la acción, que las municiones se agotaban y que pronto se verían obligados a retirarse.

Laureano dispuso entonces internarse en la plaza rompiendo una manzana y agujereando casas hasta caer en ella, mientras que el resto de las tropas atacaban por las calles; pero 25 hombres que estaban en una sala que daba a la plaza, al forzar la puerta Laureano con los suyos, hicieron una descarga y, pasando la madera, dieron un balazo a este en el costado izquierdo.

No obstante su herida, apoyándose en su espada, sostuvo el fuego, rompiendo la puerta y tomó la sala; pero desmayado por la sangre que perdía, cayó y lo sacaron sus soldados cargado contra su voluntad, pues él decía:

—No tengo nada, aunque muera quiero tener el gusto de verlos tomar la plaza.

Luego se supo la herida de Laureano en todas las tropas y tal noticia causó desaliento general; sin embargo, el sitio continuó, aunque no con todo el vigor con que se había comenzado. Pronto se notó en la plaza la falta de aquel intrépido jefe, lo que fue compensado con la muerte del coronel Córdoba, que defendía los atrincheramientos.

En seguida tomó Palencia el mando de las fuerzas de Laureano y en el segundo ataque fue herido de gravedad. Lo reemplazó Mejía y este fue herido enseguida. Ya eran las tres de la tarde y las cosas estaban en el mismo estado que las había dejado el primer jefe herido. Los salamatecos habían vuelto a ocupar la casa donde había sido herido Laureano. Entonces Carrera tomó una compañía de Jalapa y Mataquescuintla y, a la bayoneta, tomó dicha casa pasando a cuchillo a todos los defensores; pero pronto fue reforzada la puerta que caía a la plaza por nuevas tropas enemigas.

Durante la refriega en aquel lugar, que duró más de una hora, los soldados, irritados por la herida de su jefe, prendieron fuego a la casa antes de abandonarla y con sus fuegos evitaban que los de la plaza la apagaran. El incendio se comunicó a todas las casas inmediatas a la plaza, ascendiendo el número de las quemadas a 48, todas de bastante capacidad.

En tal aprieto, los salamatecos hicieron una salida al norte de la ciudad. Carrera acudió con la caballería y 200 infantes, los arrolló y se vieron obligados a replegarse con gran pérdida. Los vecinos apoyaban esforzadamente a la guarnición y otra parte de la ciudad auxiliaba a Carrera.

Después de haber sido batidos los que salieron de la plaza, Carrera y Álvarez atacaron el poniente, punto débil, intentando apoderarse de una trinchera que enfilaba las paredes que circunvalaban una casa que caía a la plaza. Allí hicieron una vigorosa resistencia los salamatecos, ocurriendo la mayor parte de su fuerza a aquel punto. Entró el desorden en los mataquescuintlas y, enseguida, en el resto de la tropa, habiendo sido muerto en aquel acto el caballo que montaba Carrera, y el de Higinio de la Cruz y el de Álvarez.

Carrera, a pie, resistía con 30 hombres y algunos oficiales en una esquina y estaba dispuesto a abandonarla. Viendo su poca fuerza, los de la plaza cargaron sobre él dándole un balazo, aunque leve, en el hombro izquierdo. En tan apurado lance, ocurrió Zapeta con 56 infantes mataquescuintlas y un caballo para que montase, suplicándole que se salvara, que él defendería aquel punto hasta morir. Poniéndose a la cabeza de los mataquescuintlas, y en medio de un horroroso fuego de frente y flancos, logró apoderarse de una casa inmediata, obligando a los salamatecos a retroceder, recogiendo un cajón de parque y el armamento que dejaron los muertos y heridos.

Pronto llegó nuevo auxilio y continuó el ataque por aquel lado hasta tomar una trinchera que caía al zanjón inmediato. Durante toda la noche no cesó el fuego en toda la línea, distinguiéndose Zapeta en los puntos de más peligro, conservando siempre lo que tomaba.

Al amanecer del 6 de julio, tuvo noticia Carrera de que venían tropas de la capital por el camino que él había traído. A las nueve de la mañana emprendió su marcha por San Gerónimo con todos los heridos en el centro, conduciendo a su hermano en camilla y colocándose él en la retaguardia con la caballería, situando 200 hombres en la vanguardia. Tomó la llanura a la vista de la plaza y nadie intentó perseguirle. Así concluyó esta acción.

Permaneció en San Gerónimo hasta las dos de la tarde y continuó su marcha por el camino de Cacao. A media legua se le avisó desde San Gerónimo que habían llegado 200 hombres al mando de Escalón y que marchaban a su alcance. En efecto, desde la altura inmediata se vio venir la fuerza, con cuyo motivo situó dos compañías en la orilla del bosque mientras el resto de la fuerza y los heridos caminaban.

Pronto se rompió el fuego en retaguardia hasta que fue rechazado Escalón y regresó a San Gerónimo, continuando Higinio de la Cruz y el coronel Álvarez hasta incorporarse con Carrera, que estaba ya acampado en la aldea del Pozo de Agua. Allí pasaron la noche.

A la madrugada del 7, Laureano despertó a su hermano, que dormía cerca de él, para asistirle. Le encargó a un hijo que tenía, dispuso de sus intereses como si no hubiera tenido nada, y a los pocos minutos murió.

Con su muerte se disolvió parte de la fuerza, yéndose las compañías de San Agustín y Magdalena por las serranías hacia sus pueblos con sus armas. Carrera, después de haber enterrado a su hermano en el oratorio, emprendió su marcha con 260 hombres y, habiendo sabido en el camino que había 500 hombres en Tocoy, varió de dirección y tomó por el Chichicaste con el fin de pasar el río.

Como este estaba grande y encajonado, no fue posible pasarlo y regresó para tomar el paso de Los Chicos. Allí fue informado por un vecino de que en la hacienda de ese nombre había 300 hombres y que una avanzada de 60 estaba en el paso del río. Carrera no tenía salida, con fuerzas a retaguardia y frente a él. A las siete de la noche dispuso atacarlos para abrirse paso, enviando a Álvarez con 150 hombres río abajo, mientras el resto de la tropa se preparaba para la sorpresa.

Álvarez rompió el fuego a las ocho y al momento atacó Carrera la avanzada del río, que logró vadear a pesar de su anchura, con pérdida de algunos que, arrastrados por la corriente, se ahogaron. Desalojó a la fuerza que guarnecía el paso y pronto se apoderó de los corrales de la hacienda, donde comenzó un fuego vivísimo de una y otra parte. Este se prolongó hasta las dos de la mañana, habiendo sido muerto en la acción Don Bartolo Saravia, que había acompañado mucho tiempo a Carrera; y heridos de gravedad por dos balas el teniente coronel Higinio de la Cruz y el comandante de los Jalapas, José de la Cruz.

Carrera sacó a Saravia, que al momento murió, y enseguida a Higinio, montándolo en las ancas de su caballo y sacándolo de entre el enemigo. La tropa de Álvarez creyó que Carrera se había apoderado de la hacienda y, suspendiendo el fuego, marchó hasta los corredores. Al llegar, creyendo que hablaban con los suyos, manifestaron que ya no tenían parque. El comandante enemigo, creyendo también que eran de los suyos en la oscuridad de la noche, mandó abrir dos cajones para equiparlos, ordenándoles que hicieran fuego. Estos se retiraron al momento a avisar a Álvarez que era tropa enemiga la que estaba allí y que ya les habían dado parque.

La mayor parte de la fuerza del Gobierno ya se había dispersado; solo quedaban como 100 hombres en la hacienda y el trapiche. Carrera, igualmente engañado, creyendo que Álvarez estaba en la hacienda, llegó montado con unos 30 hombres hasta el patio de ella, donde el fuego era ya muy poco. Al llegar, los soldados enemigos agarraron el fiador de su caballo; pero uno de ellos le tiró un tiro que espantó a la bestia, y regresó con tres hoyos en la levita de los balazos que le tiraron.

La tropa de Álvarez y Mangandi se había ya retirado y Carrera continuó atacando hasta que, a las tres, recogió a sus heridos y se fue con dirección a Sanarate. A la misma hora, el comandante se retiró hasta la orilla del río y la hacienda quedó sola con los muertos de uno y otro bando. Al llegar parte de la fuerza de Tocoy para auxiliarlo, reconocieron el campo y, encontrándolo desocupado por el enemigo, después de haberse dado por derrotados los unos y los otros, hallaron a Zapeta gravemente herido.

No encontraron armas porque habían sido anticipadamente escondidas por los vecinos del lugar. A Zapeta lo condujeron los enemigos a la hacienda tratándolo bien, y preguntándole quién era, dijo su nombre, que era sargento de las tropas de los pueblos y que suplicaba al comandante que lo mandara fusilar pronto. Este le dijo que no, que le salvaría la vida y que lo iban a curar. Zapeta se negó, contestando que no quería deber ningún favor a sus enemigos, que ya que había tenido la desgracia de caer vivo entre ellos, verlos le era peor que la misma muerte.

El comandante, que era chiquimulteco, se manifestó muy generoso y se esforzaba por salvar la vida de aquel hombre tan valiente, pero murió a la hora y media de haber llegado a la hacienda.

Carrera llegó a Sanarate durante el resto de la noche, después de dar sepultura al comandante Cruz, que mandaba a los Jalapas. Estos se fueron a sus hogares con el nuevo jefe nombrado, y Carrera se dirigió con 100 hombres hacia San Guayavá, llevando a su tropa con, a lo sumo, dos tiros de fusil por soldado, pues la escasez de parque había llegado a su último punto. No había esperanzas de conseguir plomo ni pólvora, pues hasta las redes de pescar se les había quitado el plomo que tenían.

Estando distintos destacamentos en aquellos puntos, él se situó en las lomas del Camotillo, lugar desierto y sin recursos. Al día siguiente de su llegada, las tropas del Gobierno ocuparon San Guayavá, Palencia, Las Nubes y El Socorro. Al saberse que había pasado por dicho lugar, todas estas fuerzas circunvalaban la montaña a media legua, imponiendo castigos a los vecinos para que dieran noticia del lugar donde se hallaba; pero todos decían que lo ignoraban.

De los víveres que hacían para el enemigo, remitían a Carrera los necesarios para su tropa, comprando paradas de parque a los soldados y enviándoles lo que podían. Los jefes enemigos enviaban espías tomados de los mismos vecinos y estos iban a consultar con Carrera qué debían responder. Él les aconsejaba que dijeran que estaba muy lejos y por puntos opuestos. Sin embargo, los enemigos lograron saber a los doce días el lugar de su residencia y realizaron un movimiento a la madrugada sobre el Camotillo.

Pronto se le dio aviso a Carrera por los vecinos de San Guayavá y de todos aquellos lugares, quienes lo sacaron con dirección a Las Nubes por la montaña inmediata, mientras las tropas ocupaban la hacienda para dirigirse al Camotillo. De allí bajaron a Mataquescuintla y Carrera pasó enseguida por la montaña de Santa Marta con dirección a la de Jalapa, y luego se situó en las alturas de Alzatate, donde permaneció todo aquel mes.

Los guatemaltecos no tardaron en subir a Alzatate, incendiaron aquella población y todas sus trojes de trigo y maíz. Carrera no los atacó por falta de municiones y ellos ignoraban que se hallaba en aquellas alturas.

Los vecinos vieron con paciencia la destrucción de sus granos y continuaron facilitando recursos y víveres a su caudillo, a quien tanto amaban.

Allí dio orden para la reunión de la tropa de Ordóñez que estaba en las montañas de Palencia, la de Santa Rosa, San Sur y Montaña de Jalapa y convino un movimiento sobre la guarnición de Mataquescuintla, sorprendiéndola a las nueve de la mañana a favor de los bosques inmediatos y atacándola con las pocas municiones que había reunido. Se apoderó del convento y de toda la población haciéndoles gran estrago y matando a los soldados que andaban en el pueblo.

El capitán Paredes, con unos 60 hombres, se encerró en la iglesia que estaba defendida por una pieza de artillería en el cimborrio; el fuego duró todo el día y, por la tarde, se intimó rendición a Paredes. Este se negó y la acción continuó. Sabedores los sitiados de que venían tropas de Santa Rosa en auxilio de aquella plaza, se retiraron a las ocho de la noche por el camino de la Sierra.

Al día siguiente, a las nueve de la mañana, emprendió su marcha tomando el camino del Sombrerito. En dicho lugar encontró una partida del Gobierno que venía de la Hacienda Nueva en auxilio de la plaza de Mataquescuintla. Su comandante adelantó un oficial a avisar que era tropa del Gobierno creyendo que era Paredes; dicho oficial fue capturado y, enseguida, marcharon con él hacia donde estaba la tropa formada a las orillas del río del Sombrerito.

Llamando al comandante por su nombre, se le hizo venir con cuatro oficiales y, al llegar, fueron reducidos a prisión. Marcharon enseguida tres guerrillas de cien hombres para envolver la fuerza en caso de resistencia. Carrera marchó con doscientos hombres por el frente hasta llegar a ponerse a cuatro varas de distancia de la formación. La tropa del Gobierno permanecía con las armas descansando, cuando recibió una descarga, quedando casi todos heridos y muertos sobre la línea.

Los que huyeron fueron capturados por 300 hombres que ya les habían cortado la salida, salvando únicamente uno que fue enviado a Guatemala para dar parte. Con el equipo que se les tomó, se municionaron los que venían desprovistos, armando a los que no tenían armas. De allí pasó a la Hacienda Nueva, cinco leguas de la capital.

En dicha hacienda racionó su tropa con ganado que tomó en ella y, después de darle descanso, continuó para Palencia, pasando por las armas al que parecía sospechoso. De allí tomó el camino del Sayate con dirección a Sanarate para batir el destacamento de dicho pueblo; pero el comandante Pedro Criollo y Hernández habían desocupado la plaza para ir a perseguir a Carrera.

Sabedor este de que los enemigos traían el camino del Chorro, se situó en una loma inmediata dejándolos pasar. Luego se colocó a la retaguardia y los atacó en La Yerbabuena. La fuerza de Criollo, que constaba de 250 hombres, resistió dentro de un trigal desde las ocho de la mañana hasta la una de la tarde. Al tiempo de ser flanqueada y arrollada, cargó la caballería de Monterroso y la del coronel Batres, quienes luego dieron alcance en las milperías de San Sur a los dispersos, muriendo en dicho lugar el segundo de Criollo con el resto de la fuerza. Criollo salvó con ocho hombres únicamente.

El armamento y municiones quedaron en poder de los sublevados, así como 58 prisioneros que fueron puestos en libertad al momento, después de haber sido socorridos con un peso cada uno para su camino. Este paso dio mucho honor a Carrera, pues los prisioneros fueron a exagerar el número de tropas que llevaba, su brillante armamento y el buen orden que reinaba en sus filas.

Después de enterrar a sus muertos y remitir a sus heridos a las rancherías inmediatas, marchó para Agua Caliente y de allí a Jalapa. En dicha villa estaba el 11 de agosto por la noche cuando un vecino le informó que el destacamento de Jutiapa, al mando del coronel Bonilla y el teniente coronel Granados, debía atacarlo en la madrugada. Carrera, a las diez de la noche, desocupó el pueblo y se situó al final de la llanura, donde colocó en un bosque a su tropa, situando a Monterroso con 100 lanceros a la derecha, al coronel Batres con 60 caballos al centro apoyado por 200 infantes mandados por el presbítero Don Francisco González Lobos, que era mayor general, y Carrera a la izquierda con el resto de la fuerza.

Allí pasaron la noche y, a la madrugada, Bonilla ocupó la villa que había sido desocupada. A las seis de la mañana hizo pasar por las armas a un oficial con cinco soldados que allí tomó y luego envió una partida de caballería al mando de Zepeda para que explorara el campo.

Al divisar unos pocos dragones al final de la llanura, cargó sobre ellos y avisó a su jefe que el enemigo estaba al frente. Bonilla envió dos compañías de infantería a reforzar a Zepeda. Carrera trató de batirlos y, cargando Monterroso con 100 lanceros, sostuvo el fuego en el llano. Cuando empezaban a arrollarlo, cargó el centro mandado por Batres y el padre Lobo. La izquierda, mandada por Carrera, rompió el fuego por un flanco.

Viéndose atacada aquella fuerza por más de 600 hombres, intentó retirarse, pero fue perseguida hasta encontrarse con Bonilla en las orillas del pueblo. Allí se trabó un combate reñido y sangriento, flanqueando Monterroso, Álvarez y otros oficiales la izquierda del enemigo, quien se vio obligado a abandonar sus puestos, retirándose en cuadros y grupos con sus valientes infantes al mando del teniente coronel Don Ignacio García Granados.

Con tales triunfos, la facción tomó incremento. Carrera ocupó Jutiapa, engrosó sus fuerzas y continuó su marcha con dirección a Santa Rosa, situando su cuartel general en Las Nubes y San Guayavá. Desde dicho punto dispuso una expedición sobre la ciudad de La Antigua y, reuniendo sus fuerzas, se dirigió al pueblo de Santa Inés con 700 infantes y 200 caballos, donde llegó el 8 de septiembre. El 9 se le informó que el coronel Fonceca, con 500 hombres, había ocupado Petapa para impedirle el paso.

A las siete de la mañana, Carrera marchó con una parte de la fuerza por el río del Ingenio, en unión del coronel Álvarez, Morales, Palencia y otros jefes. El coronel Batres y el teniente coronel Rueda marcharon por otra parte, por el camino de Pueblo Viejo, con dirección a Petapa. En la cuestecita y entrada del pueblo encontraron la descubierta de los guatemaltecos, se rompió el fuego y, al principio, Batres arrolló las primeras guerrillas; pero enseguida toda la fuerza logró rechazarlo. En ese momento, Carrera atacó la izquierda del enemigo, reforzó a Batres y restableció el orden en su línea.

Los guatemaltecos, apoyados en un zanjón y en el cabildo, hacían una vigorosa resistencia, favorecidos por las calles y casas del pueblo, y Batres fue rechazado por segunda vez. Álvarez acudió en su auxilio con la reserva. La acción se intensificó en el llano; fueron muertos tres caballos que montaba Carrera, uno tras otro; pero, al ser rechazado, acudió en su socorro el teniente coronel Don José María Ordóñez y, conteniendo al enemigo, recibió un balazo en el costado izquierdo que le causó la muerte al tiempo de dar a su jefe el caballo que montaba.

La falta de tan valiente oficial, comandante de los Jutiapas, causó algún desaliento en la tropa; pero al momento tomó el mando su hermano Don Máximo y continuó la acción. Ordóñez manifestó al morir que fallecía contento por tan justa causa y al lado de tan valientes soldados.

En seguida, Álvarez y Batres cargaron con la infantería, y Monterroso, con 200 caballos, flanqueó la izquierda del pueblo y envolvió al enemigo. En vano quiso este retirarse, pues sufría un intenso fuego sobre el frente y los flancos, salvando únicamente Fonceca con 30 o 40 hombres y perdiendo el resto en la acción.

Los derrotados fueron perseguidos hasta las inmediaciones de Castañaza, habiendo quedado en el campo muchos oficiales de Guatemala, entre ellos Flores, quien había comenzado la campaña desde 1837, además de Orantes, Guzmán, Criollo, Quintanilla, Batres y otros muchos. Así concluyó esta acción tan funesta para Guatemala.

Carrera tuvo en ella la pérdida del teniente coronel Ordóñez, excelente jefe y de mucha honradez. Este era hermano de Don Cipriano, natural de Jutiapa, y que murió en la acción del 21 de mayo en Comapa. En esa acción, que dio él por sí solo contra una fuerza muy superior, habiendo sido rodeado, hizo cinco muertos con su propia espada y siete heridos sin tener quien lo auxiliara. Hubiera salvado su vida de no haber recibido un tiro de fusil que le quebró un brazo, impidiéndole defenderse.

En la acción de Petapa, la fuerza de los pueblos tuvo una pérdida de 27 muertos y 62 heridos, entre ellos el coronel Figueroa, el capitán Don Mariano García y 5 o 6 oficiales subalternos.

Mientras se desarrollaba la acción, Mangandi, Lorenzana y el coronel Don Antonio Solares amenazaron la capital bajando con 500 hombres a la Villa de Guadalupe. Carrera continuó su marcha hacia La Antigua Guatemala y el día 10 atacó la plaza, desalojó a los que la defendían, les tomó cuatro piezas calibre de seis y saquearon algunas casas. Regresó conduciendo la artillería y se situó en el pueblo de Santo Tomás, donde llegó el 11.

El 12 ocupó la Villanueva, acompañado en su tránsito por el padre Don Mariano Durán y el general Don Jerónimo Pais. A la madrugada del 13 fue atacado en Villanueva en medio de una espesa niebla. Los guatemaltecos, en número de 800 hombres, comenzaron un intenso fuego que fue contestado por artillería y fusilería en la plaza. La acción se intensificó y los guatemaltecos fueron rechazados dos veces; pero la falta de experiencia de algunos jefes determinó la pérdida de la acción.

Descubierta la derecha, una parte de las fuerzas de Guatemala se aprovechó de este descuido y, al haber salido casi toda la fuerza a la orilla del pueblo, Carrera fue envuelto y arrollado. En ese punto se hizo una vigorosa resistencia y en ella fue muerto el teniente coronel Don Domingo Palencia, jefe de gran actividad y prestigio entre las tropas de los pueblos. Cayó mientras comunicaba una orden.

Los Jutiapas habían ya tomado un cañón del enemigo que estaba casi derrotado; pero, al ver que se suspendía el fuego, cargaron de nuevo y se apoderaron de la plaza. Fueron muertos tres caballos que consecutivamente montaba Carrera, quien para la defensa solo contaba con cien hombres. El coronel Pais resistía con los Jutiapas.

Los guatemaltecos tomaron cuatro piezas de artillería al hacerse dueños de la plaza. Al intentar recobrarla, Carrera recibió un balazo en el muslo izquierdo que, aunque grave, no le impidió continuar atacando. Viéndose casi solo, se retiró por la hacienda de Bárcenas sin ser perseguido.

Al estar casi entre el enemigo y con su caballo muerto, acudió el tambor Mariano Estrada con otro caballo para que montara, diciéndole:

—Monte, señor, que mientras a nosotros nos matan, usted se puede salvar.

Carrera le rehusó y le dijo: "Yo he de morir con Uds." La resistencia continuó en aquella calle sin avanzar los guatemaltecos ni media cuadra de la plaza, y continuaron sin molestar su marcha como 600 hombres hasta entrar en la ciudad de Amatitlán.

Cuando la acción se concluía el coronel Solares llegó hasta la orilla de Villanueva a auxiliar a Carrera; pero visto que la acción era perdida se regresó sin ser molestado. Carrera continuó con dirección a San Carlos, y antes de llegar a dicho pueblo empezó a desmayarse por la sangre que perdía y lo grave de su herida, lo cual lo puso en imposibilidad de continuar montado. Allí se le formó una camilla; después de haber dejado puesto en seguridad al teniente coronel Palencia a quien asimismo fue imposible caminar por lo grave de su herida que le causó la muerte a los cinco días. El coronel Monterroso tomó el mando de la fuerza y conduciendo a Carrera en camilla cargándolo en sus propios hombros él, otros jefes y oficiales le condujeron a la cumbre del Rosario, lugar en donde se le unió el coronel Solares con 400 hombres hasta ponerlo en Santa Rosa.

En todo el tránsito recibió por los vecinos mil consideraciones y obsequios manifestándole el sentimiento de su herida. Mangandí y Lorenzana llegaron hasta Ciudad Vieja, inmediaciones de la capital en donde permanecieron hasta que supieron la derrota y se retiraron a Las Nubes y Hacienda Nueva. Los guatemaltecos no dieron cuartel a los prisioneros, cosa que nunca hacían las tropas de los pueblos, así fue que la guardia que custodiaba la casa de habitación de Carrera se negó a rendirse atacada por una fuerza de más de 200 hombres y prefirió por no rendirse primero perecer con su jefe D. Cecilio Morales primo hermano de Carrera que fue muerto con 25 hombres más. En seguida fue presentado a Don Carlos Salazar, general en jefe, el presbítero Don Mariano Durán [18]que había salvado a un oficial prisionero pues en unión de este estaba oculto dicho eclesiástico y salió de la Antigua Guatemala con las tropas de los pueblos después de evitar saqueos, robos y asesinatos que sin la presencia de este respetable eclesiástico hubieran cometido en aquella ciudad infaliblemente.

En seguida de su presentación fue conducido a esta capital en donde se le juzgó atribuyéndole complicidad en la facción, en la que no había tenido participio alguno, pues el único objeto con que había venido era el de evitar desórdenes en el tránsito y en esta capital en caso de ataque. Fue sin embargo destituido de su fuero y juzgado en consejo de guerra y sentenciado a prisión durante la campaña, hasta que vino el general Morazán como a auxiliar a esta capital con tropas de El Salvador y éste arrancó repentinamente de la prisión al señor presbítero Don Mariano Durán sin conocimiento de las autoridades del Estado, lo condujo por los Huages y de allí a Fraijanes en donde le formó un consejo de guerra a su antojo y consumó su asesinato. Era tal el odio que tenía este jefe a la religión y a sus ministros que ultrajó del modo que quiso al presbítero D. Ciriaco Jirón y al anciano cura D.

---

[18] Ese oficial era Don Eugenio López Teniente de un escuadrón del Gobierno, a quien el P. Durán escapó de la muerte llevándolo consigo y manteniéndose con él hasta la terminación de la acción, en que fue presentado el oficial a su General C. Salazar manifestó que el P. Durán quería hacer lo mismo, pero que temía de su tropa. Ofrecido que se le trataría bien y asegurado de su vida, el mismo General le sacó y le llevó consigo hasta por la tarde que le remitió preso a esta Ciudad. Puesto en consejo de Guerra por la noche fue sentenciado al último suplicio después de las diez. Así consta de documentos auténticos, lo mismo que lo siguiente: Dicho consejo fue anulado por no haberse observado ciertas formalidades legales. Por esta misma causa se anularon sucesivamente tres consejos más, en que también fue condenado a muerte. A los dos días lo hizo salir Morazán con su ejército y al llegar a Fraijanes le hizo otro consejo de guerra que lo condenó a muerte, y Morazán lo hizo fusilar en el camino dejando el cadáver tirado y enviando orden al Cura de Santa Rosa para que le diera sepultura. El último balazo se lo dieron al cadáver, de cerca, en la cabeza, en la tonsura sacerdotal. Hay inexactitud en el relato que hace Carrera en sus Memorias, en lo relativo al proceso y fusilamiento del virtuoso y benéfico Padre Durán, a quien condenó la ley y absolvió el público. ¡Lo que son los cadalsos políticos!

Francisco Aqueche que murió de resultas de la prisión en que lo puso. Igualmente hizo pasar por las armas al padre D. Rosa Aguirre en Cuajiniquilapa sin fórmula alguna.

Estos asesinatos incrementaron la revolución que dio por resultado la caída del jefe salvadoreño.

Carrera continuó de Santa Rosa con sus tropas para Mataquescuintla a organizar de nuevo las fuerzas de aquellas inmediaciones y permaneció en las montañas de San Sur haciendo sus excursiones por Jalapa. Sabedor de que Morazán regresaba para el Estado de El Salvador, reunió su gente para impedírselo; pero ya llegó tarde y Morazán logró pasar. Más en octubre de 1838, regresó con más tropas de aquel Estado para éste y entonces Carrera formó un consejo de guerra para resolver si atacaba o no. Resuelto esto desaprobó la opinión de sus oficiales de atacar a Morazán en Cuajiniquilapa aunque para el efecto fue necesario dar orden a 500 hombres que estaban situados en Barillas con el objeto de cortar la fuerza salvadoreña al momento que iba a ser atacada por el Ojo de Agua por 600 caballos y 400 infantes. Morazán hubiera sido infaliblemente deshecho; más considerando Carrera de mayor interés apoderarse de la plaza de Santa Ana, marchó el 25 de octubre con dirección a aquel Estado, a donde llegó en tres días con 600 infantes y 200 caballos. La distancia no impidió la rapidez del movimiento que se hizo y el 29 en la madrugada distribuyó sus tropas sobre la población sorprendiendo al destacamento que existía en aquella plaza, el que no hizo resistencia porque huyó al momento, y tomó prisionero al comandante apoderándose de 300 fusiles y una pieza de artillería calibre de a seis. En seguida se dirigió para Chalchuapa, Atiquizaya y Ahuachapán. En esta villa se le quiso poner resistencia y batió en el llano de la Laguna a Rivas que mandaba aquella fuerza: éste fue derrotado tomándole algunos elementos de guerra; haciéndole algunos muertos; y repasando el río de Paz volvió al terreno de Guatemala dirigiéndose por Moyuta a Pasaco, el 3 de noviembre ocupó Chiquimulilla y el 4 fue atacado por el coronel Carballo que mandaba 800 hombres.

Fueron derrotadas las tropas de Carrera después de un obstinado combate, perdiendo una pieza de artillería. Se vio obligado a tomar el camino de Ixpaco. El Coronel Álvarez atacó la retaguardia del enemigo, lo rechazó y quitó 14 tercios de fusiles, los instrumentos de banda y algunos prisioneros. Álvarez se retiró por Conguaco con dirección a Mataquescuintla. Carballo permaneció en Chiquimulilla sin poderse mover por las muchas heridas que tuvo en la acción, y por haber sufrido un descalabro una parte de su fuerza que atacó Álvarez. Carrera en seguida se encontró con 900 hombres que mandaba Morazán en Ixpaco y aunque herido dispuso atacarlos. Hubo un pequeño encuentro y habiendo sido rechazadas dos guerrillas de Morazán, este permaneció en las alturas inmediatas sin hacer movimiento alguno hasta aguardar otro día el movimiento del General Guzmán que mandaba 600 hombres que estaba situado en San Sebastián. Ambas fuerzas permanecieron a la vista hasta que entró la noche. Carrera, conociendo su posición, herido desde la acción de Chiquimulilla, con Carballo a retaguardia, Morazán al frente y Guzmán cubriendo un flanco, vio que quedaba completamente cercado y dispuso atravesar la montaña de Chantercos en la noche con 400 hombres que tenía disponibles. Para ocultar su movimiento mandó juntar fogatas en la línea que ocupaba, dejó una escolta de diez dragones que estuvieran tirando tiros en la noche con orden de retirarse a las cuatro de la mañana en alcance de la fuerza. Así lo verificaron y dio esto los mejores resultados. Morazán permaneció en el punto que ocupaba hasta las 9 de la mañana del siguiente día y cuando bajó a ocupar el punto en que permaneció el enemigo, Carrera estaba a 4 leguas de distancia, burlándose del movimiento de Guzmán que se dirigía a Ixpaco. Entretanto las fuerzas de Carrera pasaban muy cerca de él observando su movimiento. Tomó por la montaña de Tiansul, atravesó la llanura del pino y se dirigió al Naranjo. Desde la altura vio venir por Malpaís una partida de caballería que custodiaba el convoy que iba para el Ejército de Morazán y dio orden al Comandante de Caballería Don José Clara Lorenzana para que atacara con su escuadrón a la partida, lo que verificó inmediatamente. La derrotó, tomó el convoy y se fue a unir a Carrera al Naranjo; de allí tomaron para Santa Rosa y pernoctaron en el lugar llamado la Casita. La herida de Carrera lo ponía en peligro y causaba algún desaliento en las tropas de su mando.

El 26 a la madrugada fue atacado en dicho lugar por las fuerzas del Gobierno, pero habiéndosele incorporado Álvarez, este se resistió vigorosamente en unión del Capitán Don Ruperto Montoya y el Comandante Solares que llegó en su auxilio con otros oficiales. De allí mandó a los de Jutiapa para la montaña de Palencia y a Rueda con los de Santa Rosa para las lomas de Jumaytepeque y él quedó con una pequeña fuerza y sus oficiales curándose en la montaña inmediata a Belén, en donde estuvo asistiéndolo el Coronel Solares, el Capitán Don Antonio Rivera y sus familias. Restablecido de su herida se dirigió para Las Nubes y de allí reuniendo alguna fuerza partió para Palencia. En dicho lugar recibió pliegos del Gobierno que le invitaba para la paz, proponiéndole una suspensión de armas mientras se arreglaba esta. Carrera la aceptó y dio orden a todas las partidas de su mando para que no hostilizaran a las tropas del Gobierno, pero Don Cruz Cuéllar aprovechándose de la suspensión de hostilidades quiso sorprender a Carrera que estaba situado en El Zapote y ocupó el 15 San Guayabá y el 16 fue atacado por las fuerzas de los pueblos, habiendo sido Cuéllar derrotado completamente por Carrera, cayendo prisioneros los Capitanes Torres, Padilla y otros oficiales, no salvándose más sino un puño de aquella división, pues murió el resto.

De allí continuaron los vencedores para la hacienda de Las Nubes y habiéndose puesto en libertad a todos los prisioneros, estos fueron socorridos para su camino, pues eran del Estado del Salvador, y se les custodió para que no fueran perjudicados al paso por San Ignacio en donde existía una división de Quezaltenango. Esta al saber que se aproximaban las tropas hizo salir al Coronel Corzo con una sección a las llanuras del Rinconcito. Carrera al ver venir estas tropas se preparó a resistirlas y Corzo antes de atacar, viendo la ventajosa posición que ocupaba, mandó un parlamentario para proponer la paz y después de algunas contestaciones tuvo una conferencia con Carrera con dos edecanes, y Corzo con otros dos en medio del campo, de lo que resultaron los tratados llamados del Rinconcito con los que terminó la guerra que causaba tanto estrago a Guatemala.

Dado cuenta por el General Guzmán al Presidente de la República con el convenio ajustado, este lo ratificó por decreto que fue expedido el 25 de diciembre de 1838. Las fuerzas de Quezaltenango se retiraron para los Altos y Carrera para Mataquescuintla después de haber entregado 500 fusiles, conservando 400 con lo que marchó al lugar de su residencia. Continuó en paz por algún tiempo aquel distrito y habiendo sido destituido el Presidente Don Mariano Rivera Paz por el General Morazán el 30 de enero de 1839, este jefe solicitó una conferencia con Carrera, pero habiéndose negado a ella, marchó Morazán un poco disgustado para el Estado del Salvador, dejando en el Gobierno a Don Carlos Salazar. Entonces Carrera, que veía como infalible la destrucción de su patria, hizo un pronunciamiento el 24 de marzo desconociendo a Salazar y los actos de la Asamblea ordinaria, y antes de darle publicidad, marchó rápidamente sobre la Capital, la que ocupó con poca resistencia a la madrugada del 13 de abril de 1839, restituyendo en el mando al Consejero Jefe Rivera Paz y continuó respetando las autoridades y dando seguridad a todas las personas y propiedades del Estado. Una nueva Asamblea fue convocada y esta, en premio de sus servicios, lo nombró General de Brigada expidiendo un decreto con tal objeto.

En los Altos, que se habían separado anteriormente de Guatemala, organizaba tropas Guzmán para obrar de acuerdo con el General Morazán sobre Guatemala y, sabedor de esto, Carrera hizo marchar por la costa a Monterroso con 700 hombres y él tomó con 500 por el camino real, saliendo de esta Ciudad el 18 de enero de 1840. El 26 atacó y derrotó al General Guzmán que guardaba las alturas de Sololá con 800 hombres. En cuya acción fue hecho prisionero Guzmán, dejando más de 300 muertos en el campo y multitud de prisioneros. Continuó Carrera su marcha para Quezaltenango, capital del Estado, y ocupó aquella ciudad el 30 del mismo mes destituyendo a Don Marcelo Molina que era presidente. El 4 de febrero se le unió el General Monterroso que venía por la costa, después de atacar en la hacienda Vejucal el 28 del mismo mes al Coronel Corzo, muriendo este y quedando en poder de Monterroso todos los elementos de guerra que había reunido para la defensa.

En seguida organizó una guarnición en aquella ciudad; nombró a Don Mariano López de Corregidor y regresó para esta capital trayendo la artillería y armamento que le entregó el jefe Molina, a quien se le ordenó viniese a presentarse a esta capital, a cuyo efecto se le condujo con una escolta hasta Chimaltenango, y presentado al gobierno se le intimó que permaneciese en esta ciudad en donde estaba preso Guzmán. Después del regreso de los Altos licenció sus tropas, y el general Morazán queriéndose aprovechar de esto, marchó rápidamente del Estado del Salvador con 1,500 hombres sobre Guatemala. Carrera organizó la defensa en tres días, se situó en Aceituno con 700 hombres dejando 500 en la plaza de Guatemala fortificados.

Morazán llegó el 17 a una y media legua de distancia de esta ciudad, y dejando a Carrera a su derecha que observaba sus movimientos, atacó vigorosamente la plaza a las siete de la mañana. El coronel Don Vicente Cruz que la defendía hizo una resistencia obstinada; pero Morazán después de hora y media de fuego se apoderó de ella y de sus reductos arrojando a los defensores, tomó 22 piezas de artillería y todos los elementos de guerra con que se contaba para la defensa. Solo quedaba el teniente coronel Ramírez que defendía el convento de Santo Domingo con 100 hombres y se negó a rendirse hasta que se incorporó a Monterroso y tomó parte en toda la acción.

Carrera mandó al general Monterroso y otros jefes que atacaran con 350 hombres por el Guarda del Golfo mientras él se dirigió con el coronel, su hermano, por San Pedro a atacar El Calvario y Guarda de la Barranquilla en donde estaban situados 800 salvadoreños al mando de Morazán. Monterroso encontró los soldados desbandados por la ciudad, los atacó en las calles y los obligó a reconcentrarse a la plaza la que guarnecía el coronel Rivas y Lucero. Carrera atacó a Morazán en El Calvario en donde este hizo dura resistencia; pero luego Monterroso auxilió a las fuerzas que atacaban El Calvario y habiendo sido derrotado Morazán se retiró para la plazuela del Santuario y Hospital General y perdiendo su tren fue obligado por los diferentes ataques que sufría a encerrarse a las once de la mañana a la plaza con gran pérdida de tropa.

En dicha plaza fue enteramente circunvalado por los sitiadores: el fuego continuó todo el día y toda la noche: diferentes veces fueron tomados los atrincheramientos por los guatemaltecos y otras tantas reconquistados por los salvadoreños, hasta que a las cuatro de la mañana haciendo un vivo fuego de artillería y de fusilería y después de encargar a sus soldados que defendieran los atrincheramientos, manifestándoles que iba a hacer una salida, logró Morazán escaparse en unión de Guzmán emprendiendo su fuga con 300[19] hombres por la Escuela de Cristo, tomando el Guarda del Incienso y saliendo con dirección a la Antigua Guatemala dejando a sus soldados comprometidos.

A las seis de la mañana del 19 fue tomada la plaza a vivo fuego quedando en ella 414 muertos y 396 prisioneros, con lo cual concluyó la campaña emprendida contra Guatemala[20]. Morazán continuó su fuga, pasó por la costa y aunque se le persiguió hasta 20 leguas de esta capital, no se le dio alcance. Habiendo llegado a San Salvador se embarcó con dirección al sur. Carrera sin embargo continuó para El Salvador y ocupó aquella ciudad a fines de abril sin resistencia alguna, marchando en su compañía como comisionado del gobierno de Guatemala el licenciado Don Joaquín Durán.

Dicho señor evitó los males que podían haber causado en aquel Estado en venganza de los que habían causado ya y hubieran repetido las tropas de El Salvador en Guatemala, si hubieran triunfado por segunda vez, pero seguramente se hubieran renovado las escenas del año 1829. Carrera regresó para Guatemala con el Sr. Durán, después de haber hecho un tratado con el señor Cañas que era jefe de aquel Estado. Su marcha la verificó por Izalco, Sonsonate, Ahuachapán en cuya villa mandó a las tropas del volcán pertenecientes a Santa Ana para aquella ciudad, dejando al Estado de El Salvador completamente libre y en paz.

---

[19] Al mando de un valiente oficial Molina, hijo del Dr. Don Fedro Molina, con la consigna de sostener el fuego hasta perder más de la mitad de la fuerza. Derrotado el oficial huyó por los barrancos del Incienso con dirección á Chinautla, en donde se hallaba de temporada la familia del Licenciado Don Manuel Beteta que le dio hospitalidad amistosa.

[20] Al ocupar la plaza los vencedores no daban cuartel. Por fortuna aparece el Padre Dr. Don Basilio Zeceña tratando de amparar a los vencidos, envía a llamar a Carrera, cubre con su persona y su manteo á las víctimas y en él recibe algunas balas y bayonetazos, llega al fin Carrera y hace cesar la salvaje carnicería. Desde ese acto el Padre Zeceña tuvo la predilección del General Carrera. Durante muchos años aquel manteo, que yo tuve en mis manos, fue conservado con veneración y en él se notaban los rasgos de las bayonetas y de los balazos y las señas de donde hubo sangre. Las pilastras del portal municipal fueron los testigos de tanto horror.

JOSÉ JUSTO MILLA: ESTUDIO BIOGRÁFICO por Rómulo E. Durón

Al Señor Doctor y General

DON TIBURCIO CARÍAS ANDINO
Presidente Constitucional de la República de Honduras, a quien
se debe la edición del presente estudio, tengo a honra dedicárselo, en
testimonio de profunda gratitud.
Su verdadero amigo y respetuoso servidor.

RÓMULO E. DURÓN

PRÓLOGO

El día de hoy la Municipalidad de San Pedro Perulapán está celebrando solemnemente, conforme a un espléndido programa, el centenario de la batalla que en aquella ciudad libró Francisco Morazán contra las fuerzas aliadas de Honduras y Nicaragua que, al mando de Francisco Ferrera, invadieron el Estado del Salvador, por segunda vez, con el objeto de destruir el Gobierno Federal de Centro—América, y en la que las sienes del gran guerrero fueron coronadas por los laureles de la victoria, como lo habían sido, en la primera invasión, en la batalla del Espíritu Santo.

Luego celebraremos en Honduras el 3 de Octubre, en que se cumplen 147 años del nacimiento del héroe, hijo y orgullo de Tegucigalpa, y el 11 de Noviembre, centésimo duodécimo aniversario de la batalla de la Trinidad, en que nació a la gloria, defendiendo la Constitución Federal.

En la conmemoración del 15 de Septiembre, magno aniversario de la Independencia, el pabellón nacional estuvo izado a media asta, en este Distrito, al lado del monumento que perpetúa y consagra la gloria del ilustre hondureño, significando el duelo de la Patria por su muerte en el cadalso, en San José de Costa Rica, en el que selló con su sangre su amor a la causa de la Unión Centroamericana.

Para concurrir, por mi parte, humildemente, a los homenajes al héroe y mártir de la Unión, publico el presente estudio biográfico de la personalidad de José Justo Milla, que fue el jefe vencido en la batalla de la Trinidad.

En este estudio se verán las causas que dieron origen a la invasión de Milla a Honduras con tropas federales; la actuación de éste; el juicio que tal actuación le mereció al Presidente Arce y el juicio de Arce sobre Morazán, que son objeto de mi examen.

Esta publicación me da oportunidad para referirme a un interesante folleto que ha aparecido recientemente y que contiene la biografía del historiador, Lic. D. Jerónimo Pérez, escrita por la exquisita pluma del Dr. D. Pedro Joaquín Chamorro, por encargo de la Academia Nicaragüense de la Lengua, seguida de tres cartas sobre

Morazán y su obra, dirigidas al Dr. D. Modesto Armijo, y de otros notables trabajos históricos; folleto que tuvo la fineza de enviarme, avalorado con afectuosa dedicatoria, su docto autor, a quien le rindo por ello las más expresivas gracias.

Las cartas sobre Morazán y su obra se publicaron en 1936; pero no me fueron conocidas hasta que recibí el valioso folleto. Como en ellas formula el Dr. Chamorro varios cargos contra Morazán, sobre los que siento que estemos en desacuerdo, voy a contestarlos, por interés histórico, siquiera sea ligeramente, porque son de tal naturaleza que, de tratarlos en toda su extensión, tendría que escribir un libro. Algunos de los cargos del señor Chamorro son los mismos que lanzó contra Morazán, en sus Memorias, D. Manuel José Arce. Respecto a éstos mi contestación está ya anticipada en el presente estudio biográfico, al rebatir los juicios de Arce; pero la ampliaré en lo que sea preciso al contestar a los del Dr. Chamorro. Espero que, por mi tarea, el distinguido escritor no me incluirá entre las "personas tan susceptibles, que se amoscan por el solo hecho de que alguien no comparta sus ideas o sentimientos".

En la primera de las cartas, el Dr. Chamorro expone que la unidad del Imperio Español lo rompió la independencia de América; pero no se rompió en América sino en España, y lo hizo precisamente el espíritu de oposición a las nuevas ideas anticristianas que invadieron a España y que aún no llegaban a América: que la separación de América se debe a la extrañeza que a los criollos produjeron las novedades introducidas en el gobierno por los virreyes y gobernadores del siglo XVIII, novedad histórica que está bien demostrada por el francés Mario André y el inglés Cecil Jane: que en 1797 Miranda y dos jesuitas se juntaron para hacer una alianza defensiva entre Inglaterra, los Estados Unidos y la América Meridional; y en el proyecto escribieron estas palabras que expresan la razón por la cual la América española se lanzó a la separación de la Madre Patria: "Se puede decir confiadamente que es la última esperanza que resta a la libertad audazmente ultrajada por las máximas detestables profesadas por la república francesa": que la Independencia se llevó a cabo para librar a América de aquellas "detestables máximas"; pero después América fue cayendo en las redes de ellas y a esto debemos muchos de nuestros males que perduran hasta hoy día; y que cree que a esta revolución se refería Morazán cuando iba a subir al patíbulo.

Y concluye con este párrafo:

"El error de Morazán, su carrera revolucionaria, como él mismo la llamó en los supremos momentos en que renegaba de ella, consistió en no haber comprendido la razón de la existencia del Imperio Español del cual formábamos parte, y en haber roto aquella tradición que no tanto consistía en la forma de gobierno, como en los principios religiosos. Destruidos los diques que se oponían al mal, nos dejó a merced de las tempestades suscitadas por espíritus perversos, y de las ambiciones personales, a quienes enseñó el mismo Morazán el camino del poder ·conquistado por la revolución armada, al lanzarse él por los atajos de la rebelión contra la autoridad legítimamente constituida".

Estos cargos están contestados en el presente estudio biográfico; pero hay que decir algo más.

Morazán no rompió la tradición a que se refiere el señor Chamorro: él no cerró los templos: no persiguió las creencias religiosas: era un verdadero católico, y una prueba de ello son estas palabras con que encabezó su testamento al prepararse a morir: "En nombre del Autor del Universo, en cuya religión muero." También lo demuestran estas otras, que son sublimes, inspiradas en el más puro cristianismo: "Declaro que no tengo enemigos ni el menor rencor llevo al sepulcro contra mis asesinos: que los perdono y les deseo el mayor bien posible". Otra prueba fue su preocupación, después de la ocupación de Guatemala, por el arreglo de las cuestiones eclesiásticas. El Arzobispo Casaus, a excitativa suya, nombró Provisor del Arzobispado al Dr. D. José Antonio Alcavaga, y Gobernador del Obispado de Honduras al Presbítero D. Francisco Antonio Márquez.

Lo que sí hizo fue expulsar al Arzobispo Casaus y a los Regulares; pero éste no es un acto de persecución religiosa. La causa de la expulsión fue el haber ellos tomado parte en la guerra civil. En Tegucigalpa escribió, bajo el seudónimo de Un militar, lo siguiente[21]:

---

[21] Revista de la Universidad, tomo VII; página 465.

"Ellos negaron la absolución a los penitentes que manifestaban deseos de ser libres y los denunciaron revelando el secreto de la confesión. Ellos los cargaron de maldiciones en los púlpitos como conspiradores contra el Gobierno español y les fulminaron anatemas como enemigos de la religión; ellos, en fin, nada omitieron que les pudiera hacer odiosos ante el sencillo pueblo; y en nuestra República llegó el atrevimiento hasta el grado de preparar el apoteosis de una fingida santa (cuyos hechos callo por pudor) que, engañando a los incautos con sus falsos milagros, prevenía la opinión en favor de los enemigos de la Independencia[22].

"La Constitución fue por algún tiempo el objeto de sus más profundas meditaciones, y el fallo de muerte fue la obra de su cálculo. Era necesario comenzar por desacreditarla y acabar por destruirla; pero la opinión puso un baluarte inexpugnable a sus miras hasta que hallaron en la ambición de un Gobernante y de una nobleza resentida el mejor apoyo de sus ideas y el instrumento a propósito para poner en práctica sus planes. No contentos con hacer uso de todos los recursos de su hábito para obligar al pueblo con sus consejos que fuese a morir al campo de batalla, le dieron también ejemplo con sus obras, alistándose como soldados y tomando las armas para sacrificar a los amigos de la libertad; y esta conducta dio a la guerra un carácter religioso y produjo la violación de todos los derechos que ha establecido la ilustración".

"La ocupación de la plaza de Guatemala por las armas de los Estados aliados puso término a estos males y el Arzobispo y todos los Regulares recibieron de sus vencedores, el tratamiento que no merecían. Pero esta conducta sólo sirvió para alentarlos a cometer nuevas faltas, que acercaron el día de su expulsión."

"No es ya, pues, una cuestión, si los Regulares de Centro—América han sido expatriados injustamente, como el genio de la calumnia pretendía hacer creer, ni si carecían de facultades los que decretaron su expulsión y ocuparon sus temporalidades, después de haber demostrado la mala conducta que observaron los unos y el derecho de que hicieron uso los otros."

---

[22] Véase sobre esto, el tomo I de la Reseña Histórica del Doctor Montúfar; páginas 38 a 41.

"Pero haría una injusticia a los verdaderos religiosos si no concluyera con su apología. Esos pocos que han conservado hasta hoy intactas las buenas costumbres en medio de la misma corrupción, y ocultado en su corazón los sentimientos más puros de la sana moral: que han resistido a los atractivos de la licencia, al mal ejemplo de sus prelados y a las más fuertes excitaciones de sus compañeros, debían existir en los lugares que han merecido aquellos que, teniendo acaso menos obstáculos que combatir, la fortuna y sus méritos han colocado en medio de los Santos".

En el discurso que Morazán pronunció al tomar posesión de la Presidencia de Centro—América, dijo, refiriéndose a la Constitución:

"Ella establece como una de sus bases la santa religión de Jesucristo. Esta ha triunfado del fanatismo que la desacreditaba; y muchos de sus ministros, que excitaban en su nombre a la matanza y a la destrucción, han justificado con su conducta la providencia que los separó de la República y han descubierto desde el lugar de su destierro las miras criminales del tirano español a quien servían. La religión se presenta hoy, entre nosotros, con toda su pureza, y sus verdaderos enemigos, que la tomaban en sus labios para desacreditarla, no la harán aparecer ya como el instrumento de las venganzas. Yo procuraré que se conserve intacta y que proporcione a los centroamericanos los inmensos bienes que brinda a los que la profesan. Las comunicaciones que van a establecerse con la Silla Apostólica aquietarán las conciencias de los verdaderos creyentes y harán cesar la orfandad en que se halla nuestra iglesia".

Morazán, pues, con la expulsión del Arzobispo y los Regulares, no rompió la tradición de la fidelidad a los principios religiosos que formaban el alma y la unidad del Imperio Español, como no la rompió Carlos III con la expulsión de los jesuitas. Por otra parte, los expulsos no eran de aquella pléyade formada por los buenos frailes que vinieron a civilizar América, aprendiendo las lenguas de los indios y enseñando a éstos, por tal medio, el catecismo: los expulsos que tomaron las armas no se pueden colocar al lado de aquellos venerables religiosos, para quienes la gratitud del Nuevo Mundo será ilimitada e inmortal.

Queda demostrado que el señor Chamorro no tuvo razón para decir en el párrafo copiado arriba: "El error de Morazán, su carrera revolucionaria, como él mismo la llamó en los supremos momentos en que renegaba de ella, consistió en no haber comprendido la razón de la existencia del Imperio Español del cual formábamos parte y en haber roto aquella tradición, que no tanto consistía en la forma de gobierno como en los principios religiosos. Pero hay que observar otro punto en ese párrafo. La expresión del señor Chamorro en sus primeras líneas no corresponde a la de Morazán. Este dijo:

"Muero con el sentimiento de haber causado a algunos males a mi país, aunque con el justo deseo de procurarle su bien; y este sentimiento se aumenta, porque cuando había rectificado mis opiniones en política, en la carrera de la revolución, y creía hacerle el bien que me había prometido para subsanar de este modo aquellas faltas, se me quita la vida injustamente".

La frase del señor Chamorro parece que quiere hacer aparecer a Morazán como revolucionario de oficio, lo que no es exacto. Morazán se refiere a haber rectificado sus opiniones políticas en la carrera de la revolución, esto es, la de Centro—América, la que se desarrolló a partir de 1822 y que comenzó con la anexión al Imperio de Iturbide, y fue provocada por los conservadores.

Y por último, las causas por las cuales apareció Morazán en la revolución están explicadas en el presente estudio biográfico y ellas demuestran que no la realizó por llegar al poder. En cambio, quien sí hizo la revolución en 1832 para volver a la presidencia fue Arce; pero fue derrotado en Escuintla de Soconusco.

En la segunda carta, el señor Chamorro vuelve a referirse al aparecimiento de Morazán, en la revolución. Dice que apareció en los momentos en que Arce derrotaba a los salvadoreños en Arrazola e invadía el Salvador para deponer a Prado, y en que D. Dionisio de Herrera estaba sublevado contra el Presidente Constitucional, listo a participar en la guerra civil que había encendido el Jefe Prado. Y expone, además, que Herrera había terminado su período como Jefe del Estado de Honduras; pero lejos de practicar elecciones y dejar el mando al electo, se declaró dictador y mandaba como soberano absoluto, y afirma que esto lo dice Marure, en el tomo II de su Bosquejo Histórico, página 28.

La cita es incompleta y no es exacta.

Marure, a las páginas 27 y 28 de la obra que él cita, dice:

"Arce, considerando como una parte esencial de sus planes, la reorganización del Estado de Honduras, bajo una administración que le fuera enteramente adicta, tomó sus medidas para destituir del mando al Jefe Herrera y verificar la renovación total de las autoridades de Honduras, bajo la influencia de los enemigos de aquel Gobernante. El estado anárquico en que se hallaba aquella provincia favorecía los designios del Presidente y al mismo tiempo suministraba un pretexto especioso para cohonestar su ejecución.

"La primera legislatura ordinaria del Estado de Honduras, dominada por el partido servil, había decretado a mediados de 826, la cesación en el mando del Jefe Herrera y prevenido que se hiciesen nuevas elecciones para primer Jefe Constitucional, en el supuesto de que el que lo era debía reputarse como provisorio. Herrera hizo ilusorias estas resoluciones que, aunque conformes con la convocatoria de la Asamblea Nacional Constituyente, estaban en contradicción con lo que se había practicado en los demás Estados, pues en ninguno de ellos se había procedido a la renovación de los individuos que ejercían el Poder Ejecutivo en virtud de las elecciones verificadas antes de la publicación del Código constitucional. Herrera, pues, continuó con el mando, eludiendo el decreto de su renovación; y como la Asamblea había ya terminado sus sesiones ordinarias, Consejo no lo había, ni tampoco Corte de Justicia, el mismo Herrera acumuló en su persona las atribuciones de todas estas autoridades, y mandaba en todo el Estado como un soberano absoluto".

Esto es lo que dice Marure; y como se ve, no habla de que Herrera haya estado sublevado contra Arce. Y a la verdad no lo estaba. En cuanto a lo demás que relata aquel historiador al final del párrafo copiado, hay que observar que si no había Consejo, no era por culpa de Herrera, sino porque se había disuelto por obra del Diputado Lindo, quien logró que el Consejero Ciriaco Velásquez se retirara de él: que si no había Corte era porque los Magistrados electos no se presentaban en Comayagua a desempeñar sus destinos, lo que motivó que la Asamblea les hiciera prevenir que si dentro de quince días no comparecían, los declararía indignos de la confianza pública; y que si permanecía Herrera en su cargo, en el que no es verdad que hubiera acumulado en su persona las atribuciones de aquellas autoridades, era porque, habiéndolo renunciado, nunca hubo número en la Asamblea para conocer de su renuncia y así, quedó ejerciéndolo, en el concepto de que el período de cuatro años para que había sido electo terminaría el 16 de Septiembre de 1828, conforme al Art. 39 de las Bases de la Constitución Federal, al 187 de ésta y al 41 de la del Estado.

El señor Chamorro, dando por cierto que Herrera se declaró dictador, comenta con Mencos así: "Morazán ayudó a este golpe de Estado, que fue también un golpe al régimen federal y a la ley constitutiva".

Y continúa:

"La intervención militar de Morazán fue definitivamente favorable para la causa que había abrazado, pues desde entonces se reveló su talento militar. Y por ese camino, que no puede llamarse de otro modo que el de la usurpación, llegó al poder, si bien sancionado por una especie de elecciones que podemos calcular cómo fueron, siendo candidato el vencedor y estando proscrito el partido adversario.

"Primer ejemplo funesto que tenemos de Morazán: se puede llegar a la presidencia por medio de una revolución injustificada, con tal de tener una buena espada y fortuna o talento en los campos de batalla".

"El liberalismo había cometido un fraude electoral para poner a un liberal como primer Presidente de Centro—América; el liberalismo había hecho una guerra civil para colocar en la presidencia de Centro—América al segundo Presidente de la Federación, liberal también, pero no tan moderado y tradicionalista como Manuel José Arce".

Vuelvo a decir que Morazán, al armarse para lanzar de Honduras al ejército federal enviado por Arce, a las órdenes de Milla, no lo hizo en solicitud de la Presidencia de la República. Véase el siguiente manifiesto, casi desconocido, en el que no se advierte el menor asomo de ambición al primer puesto de Centro—América:

"EL GENERAL EN JEFE
del Ejército aliado habitantes de Centro—América.

CIUDADANOS:

El Estado de Guatemala, que ha sido por tanto tiempo la propiedad de los tiranos, ya pertenece a los libres, y su administración a las autoridades legítimas.

Ayer ha ocupado la capital de la República el ejército que tengo el honor de mandar; allanando antes con sus armas las fortificaciones que los enemigos creyeron inexpugnables, y hoy se ve humillada y abatida, a sólo el peso de sus propios crímenes, esa cerviz altanera de la aristocracia que insultaba al hombre libre y le presagiaba los males de su futura suerte.

El deseado día de la paz ha llegado; el sagrado código de nuestras instituciones que ha conservado el patriota a costa de su sangre, lo presenta como un don precioso para los pueblos, y a su vista desaparece el tiempo de las desgracias.

A este tiempo de ruinas y de horrores, de devastaciones y de crímenes, se sucederá el del orden, y en él tendrá su trono la justicia y la ley que osaron destruir los tiranos de Centro—América.

Los poderes legítimos de la Federación y del Estado de Guatemala, que he convocado, volverán en breve a ocupar los asientos de que fueron arrancados por la violencia del primer funcionario de la República, y a esta triste lección desaparecerán las esperanzas de sus cómplices y las miras ambiciosas del usurpador:

Cuando el orden constitucional esté restablecido: cuando el que deba servir el Poder Ejecutivo de la Nación sea electo por el Congreso Federal, según la ley, se restituirá el ejército protector a sus respectivos Estados; y yo iré a dar cuenta de todo a sus Gobiernos, llevando la gran satisfacción de haber llenado sus deseos y cumplido con mis obligaciones.

Nueva Guatemala, Abril 14 de 1829.

F. MORAZÁN".

D. Manuel Montúfar que, con tanta acritud trata a Morazán en las Memorias de Jalapa, no le hace el cargo que le formula el Dr. Chamorro, y no es posible—dudar de que estaba bien enterado de los sucesos de entonces. El no haber habido presión en las elecciones para Presidente lo demuestra el hecho de haber surgido las candidaturas de Morazán y de D. José del Valle, habiendo estado éste a punto de ganárselas a aquél. D. Manuel Montúfar, comparando la elección de Morazán y la de Arce, dice:

"La operación del Congreso de 1830 fue enteramente contraria a la del de 1825 en la elección de D. Manuel José Arce: entonces formándose la base de los sufragios que deben emitirse, se declaró que no había elección popular en favor de Valle; y computándose ahora solamente los sufragios emitidos, declaró el Congreso que Morazán estaba electo popularmente y que no estaba el mismo Congreso en el caso de elegir. Esta segunda operación es conforme a los fundamentos que expuso Valle en 1825 contra la constitucionalidad del nombramiento de Arce".

Valle no reclamó.

No es cierto, pues, que Morazán se enfrentó a Arce, en la revolución, en busca d, la Presidencia de la República. No es cierto que el liberalismo, que había cometido un fraude electoral para poner a un liberal como primer Presidente de Centro América, haya hecho una guerra civil para colocar como segundo Presidente a un liberal también, pero no tan moderado y tradicionalista como Manuel José Arce. Si apareció después de la campaña la candidatura de Morazán, este suceso no fue previsto cuando se libró la batalla de la Trinidad, y obedeció a causas de última hora, bien justificadas por el éxito de las elecciones. Y así, es un error decir que Morazán llegó al poder por el camino de la usurpación y que dio el ejemplo de que se puede llegar a él por medio de una revolución injustificada, con tal de tener una buena espada y fortuna o talento en los campos de batalla. Que la revolución fue justificada, está bien demostrado en el presente estudio biográfico.

El señor Chamorro dice que Morazán se engolfó en las peligrosas aguas de las transformaciones violentas, las cuales en el primer momento causan terror, pero concluyen por soliviantar peligrosas y furibundas reacciones: que rompió la capitulación de Guatemala y descargó un terrible golpe en sus enemigos, enviándolos al destierro, desde donde se convertirían en la amenaza para la paz; y repite que se echó sobre los representantes de las creencias populares y arrojó a los frailes que había en Guatemala y al Obispo Casaus, lo que fue su mayor error porque además de que con esto azuzaba la reacción que pronto llegó y dio en tierra no sólo con su régimen sino también con la Federación, dejó sin educadores al pueblo y rompió la tradición de la raza que había formado un imperio invencible sobre la base del catolicismo; concluyendo por afirmar que la expulsión de los frailes era al mismo tiempo la expulsión de muchas generaciones de maestros, de aquellos mismos que habían construido el alma y la cultura de América y la mantenían viva como fuego sacro; y a ello se debe que con la colonia se acabaron los sabios estilo Miguel Larreinaga, José Cecilio del Valle, Manuel Barberena y estadistas como Manuel José Arce, José Francisco Barrundia, Dionisio de Herrera, José Matías Delgado, Felipe Molina y tantos otros.

Sobre la expulsión del Arzobispo Casaus y de los frailes creo haber dicho lo bastante al referirme a la carta primera. En cuanto a la capitulación, Morazán mismo dice en sus Memorias que fue religiosamente cumplida aún después de haberse derogado, pues garantizando la vida y propiedades de todos los individuos que existían dentro de la plaza, a nadie se castigó con la pena de muerte ni se le exigió por parte de él ninguna clase de contribución. Que los jefes enviados al destierro iban a convertirse en amenaza para la paz es bien cierto, pero si no lo hubieran sido, la situación no habría cambiado, pues la amenaza habría quedado latente en el interior, y prueba de ello es que, pocos días después de la ruptura de la capitulación, ya se estaba conspirando en Guatemala y, desde la entrada de Morazán, había pretendido el Vice—Presidente Beltranena continuar en el ejercicio del Poder Ejecutivo de la República. También se convirtieron en amenaza para la paz los que llama el señor Chamorro "representantes de las creencias populares", y la reacción llegó y derribó el régimen de Morazán y con él la Federación. Si no se les expulsa, habría ocurrido lo mismo: eran los aliados del partido vencido a quien le habían ayudado en la guerra contra Honduras y el Salvador; y como aquel partido la había desatado con Arce contra la Constitución Federal, nunca se hubiera conformado, como en efecto no se conformó, con la derrota. Y quedándose los frailes en Guatemala, la obra de la reacción habría tenido en su favor mayores facilidades, porque aquellos sagaces aliados dominaban las masas por medio del fanatismo; y así la facción de Carrera quizás habría aparecido antes.

No es creíble que la expulsión de los frailes haya dejado a Guatemala sin educadores. Morazán, en el discurso citado, reconoce que había religiosos de costumbres puras que merecían ser tenidos entre los santos, y éstos deben haber continuado la obra de cultura; y otros educadores existían acaso, con quienes contó D. Mariano Gálvez para poner en práctica el magnífico plan de estudios con que su Gobierno dotó al Estado.

¿La falta de sabios y estadistas como los que cita, se debe a la expulsión de los frailes? ¿Y se debe a los frailes expulsos que haya habido sabios y estadistas como aquéllos? Para referirme sólo a uno, a don José del Valle, diré que él debió su ilustración a la Universidad. Su biógrafo, el Dr. D. Ramón Rosa, dice que Valle estudio gramática latina en el Colegio Tridentino y siguió después los cursos de filosofía, de derecho civil y de derecho canónico en la pontificia Universidad encargada de proporcionar la enseñanza secundaria y profesional. Y refiriéndose a la transformación social que, en materia de enseñanza, se operó en Guatemala a fines del siglo XVIII, escribe: "Esa transformación dichosa fue la que dio a Valle oportunidad de cultivar su claro talento bajo los auspicios de la verdadera ciencia. Valle, en aquella época esencialmente revolucionaria, y que, en términos ortodoxos, podría llamarse herética, apenas salido de la escuela primaria, fue el discípulo de Rayón, de Escoto y del gran Reformador Fr. José Antonio de Liendo y Goicoechea. Goicoechea abrió las anchas y despejadas vías que debía recorrer como hombre de ciencias y de letras José del Valle....... Sin la reforma, sin las enseñanzas del franciscano Goicoechea y sus adeptos, no puede explicarse, ante la Filosofía de la Historia, cómo en aquella oscurísima época colonial, cómo en Guatemala, uno de los limbos más remotos de los pueblos colonizados por España, pudo formarse un hombre que, a principios de este siglo (el XIX), divulgó, en todos los ramos de las ciencias, verdades tan útiles como trascendentales, que hoy mismo tan sólo las comprenden y popularizan los más célebres y afamados escritores del antiguo y nuevo continente".

¿Habría entre los frailes expulsos algún educador, algún profesor de la Universidad, capaz de rivalizar con Goicoechea?

Por lo demás, no creo que la falta de sabios ý estadistas como los que nos dejó la colonia, a que se refiere el señor Chamorro, se debe a la famosa expulsión: para mí la explicación está en que es muy difícil alcanzar la altura de aquellos hombres, que eran verdaderamente excepcionales, y tenían el afán y el don de superarse.

En la tercera carta, el señor Chamorro dice que nadie puede negar a Morazán sus talentos militares, los que no le reconoció Mencos, observando además que hasta sus más adietos historiadores han contribuido a presentarlo como un inspirado por el militar francés Raoul.

Este militar acompañó a Morazán en la campaña de 1829 y se retiró de Centro—América en 1832: así es que pudo inspirarlo en aquella campaña; pero no en las anteriores y posteriores. Morazán reconoce que fue su maestro, expresándose así:

"A la experiencia y conocimientos militares de este Jefe (el más instruido que ha venido a Centro—América), de los que siempre he hecho uso en lo que ha estado a mi alcance, debo en gran parte no haber sido nunca sorprendido, ni sufrido jamás una derrota, en trece años de guerra casi continua, provocada por los desafectos a la República".

Antes de la presencia de Raoul se habían librado las batallas de la Trinidad, Gualcho y San Antonio; y después de ella, las de Jocoro, San Salvador, el Espíritu Santo, San Pedro Perulapán y otras. Aquellas palabras y estas batallas caracterizan definitivamente a Morazán como militar.

Dice luego el señor Chamorro que "de sus hazañas sólo queda ahora la gloria personal suya que como toda gloria guerrera no deja más saldo que desgracias" las cuales fueron para Centro—América "como una fatal herencia: la ruptura del pacto federal y el odio y rivalidad que se profesan los Estados, que ha dificultado, hasta hacerla imposible, la reconstrucción de la República Federal de Centro—América".

Y prosigue:

"La expulsión de los frailes trajo la reacción religiosa y así nada extraña que la sublevación que se suscitó contra Morazán tuviese ese carácter, al paso que las persecuciones, confiscaciones y demás actos de despotismo provocaron la protesta armada, no sólo en Guatemala sino en otros Estados.

"Ya tenemos una de las causas que ocasionaron la disolución del pacto, causa creada por el liberalismo cuando comenzó su guerra injustificada contra Arce y seguida por Morazán, a pesar de haber conseguido una victoria definitiva y haber echado a sus adversarios del poder y del país".

El señor Chamorro atribuye primero a Morazán la ruptura del pacto federal; en seguida habla de una de las causas de tal ruptura, atribuyéndola al liberalismo, quien la creó, aunque luego dice que la siguió Morazán; de donde viene a resultar que si hubo varios factores de aquella causa no se puede atribuir la responsabilidad de ella, si la hubo, a uno solo.

No puede sostenerse que haya sido injustificada la guerra que Morazán hizo con motivo de las invasiones de Arce. ¿Cómo pudo aquél ponerse del lado de este ante la campaña de Milla, que se relata en esta obra? ¿Era Arce autoridad legítimamente constituida? El mismo señor Chamorro dice que dos representantes de las tendencias en choque se disputaron la presidencia de la Federación: D. José Cecilio del Valle, que era conservador y D. Manuel José Arce, que era liberal: que ganó el primero; pero, mediante un fraude electoral, recayó el poder supremo en el segundo. Luego Arce, deseando, como dice Marure, organizar en Honduras una administración que le fuera enteramente adicta, invadió al Estado para deponer al Jefe Herrera; y en esta invasión, en la que Milla traía instrucciones de perseguir a los que Herrera protegiera, se sufrieron muchos males, entre ellos, el incendio de Comayagua. Si hubo actos de Morazán que motivaron la protesta armada de que habla el señor Chamorro, no debe éste extrañar que los realizados con la invasión de Milla hayan dado origen a la protesta armada que Morazán inició con la batalla de la Trinidad.

Lo de que la expulsión de los frailes dio carácter religioso a la sublevación hace recordar que también tuvo carácter religioso el movimiento armado que el Provisor y Gobernador del Obispado, Canónigo D. José Nicolás Irías, hizo contra el Jefe Herrera por no obedecer las leyes emanadas de la Asamblea para el cobro e inversión de la renta decimal. Y entonces todavía no había ocurrido la expulsión. Si en el movimiento contra Herrera hubo interés, también lo hubo en el otro: había cierto sacerdote que, a favor de la facción a la cual ayudaba y dirigía, aspiraba a la mitra de Guatemala.

Pero hay que ir a lo principal, que el señor Chamorro presenta en su segunda carta en estos términos: "Fácil es notar que esta contienda, aparentemente sólo política, era el choque de dos ideas: las tradicionales españolas cuya esencia era el catolicismo, y las ideas volterianas que habían triunfado en Europa y comenzaban ya a infiltrarse en América. Constituida Centro—América en República Federal, lógicamente debió haber terminado aquella lucha; pero no fue así, porque, como he dicho, en el fondo de aquella cuestión había un choque de ideas, que es el que ha caracterizado la realidad de nuestras cuestiones políticas, aunque algunas veces parezca que sólo se tengan intereses personales".

Planteada la cuestión así, está resuelta, llegándose a la conclusión de que, habiendo dos partidos, forzosamente ha de haber pugna entre ellos, porque cada uno quiere ver triunfantes sus tendencias; y entonces, sea lo que fuere lo que haga un partido, el contrario dirá siempre que está mal hecho. Arce propendió al centralismo contra el federalismo: el federalismo quedó triunfante con la victoria de Morazán en 1829. El partido vencido no se conformó con la derrota, y empezó a bregar por derribar al vencedor. Con los encendidos y sofísticos folletos del ex —Marqués de Aycinena: con el aparecimiento del cólera, que esgrimieron como un arma contra el Gobierno, imputándole que la peste provenía del envenenamiento de las aguas ordenado por él: con la escisión entre los liberales Barrundia y Gálvez, a favor de la cual empezaron a entrar al Gobierno los conservadores: con los tratados de Rinconcito en que hubo influencias aristocráticas y que hicieron de Carrera un poder: con los decretos que segregaron del Gobierno Federal a los Estados de Honduras y de Nicaragua, a los que siguió la alianza entre estos dos Estados para extinguir aquel Gobierno: con la irrefrenable ambición de Francisco Ferrera, que se convirtió en implacable caudillo del separatismo: con la derrota de Cabañas por fuerzas nicaragüenses en el Llano del Potrero; y con las hábiles intrigas y medios de que se valía en su actuación el partido conservador, llegó éste a ser el más fuerte, y así, aunque Morazán venció a las fuerzas aliadas de Honduras y Nicaragua en las memorables batallas del Espíritu Santo y de San Pedro Perulapán, éstas no fueron decisivas para cambiar el rumbo de la política, hubo de fracasar en la última expedición a Guatemala y luego tomar el camino del destierro.

Después de esto no se acumulen cargos contra Morazán, diciendo que su caída y la de la Federación se debieron a la persecución religiosa y política con la expulsión de frailes y adversarios políticos: a fusilamientos y confiscaciones: a la conquista del poder por medio de una guerra contra la autoridad constituida y entronización de la casta militar: a la descristianización de Centro—América, atribuyéndosele que le arrebató sus naturales instructores tan sólo porque eran religiosos: a las contribuciones forzosas: a la creación de rivalidades entre Guatemala y el Salvador (que ya existían desde la lucha por la anexión al Imperio Mexicano): al empobrecimiento general de Centro—América; y a la oposición obstinada a la reforma constitucional, que quizá habría salvado a Centro—América de la escisión.

Los más de esos cargos están desvirtuados en lo que dejo ya dicho. En cuanto a los otros, no ha demostrado el señor Chamorro la entronización de la casta militar de que habla. Lo de la expulsión de los naturales instructores, sólo porque eran religiosos, no tiene prueba en qué apoyarse: ya se ha visto la causa de la expulsión.

No se puede acusar a Morazán de fusilamientos, como nota característica de su política.

En el tomo II del Bosquejo Histórico, de Marure, página 127, dice este historiador:

"Sin ser vengativo ni sanguinario, Morazán, demasiadamente apasionado a la gloria militar, ha aprovechado con ansia las ocasiones de ejercitar sus talentos guerreros y de humillar con sus triunfos a los que alguna vez le han agraviado".

Morazán no hizo fusilar a ninguno de los vencidos en la campaña de Guatemala en 1829, ni en 1832 en la rebelión de D. José María Cornejo, Jefe del Estado del Salvador.

En cuanto al empobrecimiento general de Centro—América, éste dependía de las pasiones y de las resistencias políticas intestinas con que entorpecían la acción del Gobierno, los que, con tesón, estaban acumulando en las sombras los elementos de que iban a echar mano contra él y la Federación.

Y respecto a la reforma constitucional, no es cierto que Morazán le hiciera obstinada oposición. En su Mensaje al Congreso Federal, instalado en San Salvador el 21 de Marzo de 1836, le decía, hablando de los males que

amenazaban al Gobierno: "Atacarlos en su origen reformando la Constitución Federal, es el único medio de prevenirlos y el modo más seguro de evitar que se reproduzcan en lo sucesivo". Y tomó sus medidas, pero se frustraron por los acontecimientos que produjeron los decretos de separación de Honduras y Nicaragua del Gobierno Nacional y por la guerra a que se había lanzado Rafael Carrera en Guatemala.

Pero de todos modos, suponiendo que el de Morazán hubiera sido un Gobierno modelo, contra el cual no pudiera dirigirse la más leve censura y que la Constitución Federal hubiera sido un dechado de perfección, el partido vencido en 1829 no se habría conformado con ello, y todo lo hubiera encontrado malo; y en tal concepto, aferrado a sus indeclinables propósitos, habría sido lo que fue y habría hecho lo que hizo.

Creo haber comprobado que no es a Morazán a quien se debe la caída de la Federación. Y una prueba más de que no fue el autor de ella, la da D. Miguel García Granados, en la segunda parte de sus Memorias (página 271), en donde dice: "Morazán recibió. noticias de lo que había pasado en el Congreso Federal, noticias que lo obligaron a romper abierta y definitivamente con los conservadores, pues que de ellas resultaba que D. Juan José de Aycinena, lejos de oponerse a que se diese el Decreto disolviendo el pacto federal, según selo había ofrecido (en Guatemala) el día que se despidió de él, ya en San Salvador se unió con los promotores de la medida, los capitaneó y aún, según entiendo, redactó el dictamen de la comisión que dictaminó en la proposición que al efecto se hizo.

"En una nota al pie añade: "Al año siguiente, habiéndose hecho en un papel publicado en San Salvador, cargos a D. Juan José Aycinena por la falta de cumplimiento en la palabra que dio a Morazán, Aycinena confesó ser cierto el hecho; pero dio, para haber obrado así, disculpas, a la verdad, poco o nada satisfactorias". La ruptura del pacto se debe pues, a la mala fe de los conservadores, y de ello no es responsable Morazán. Tampoco lo es del odio y rivalidad entre los Estados que, a juicio del señor Chamorro, ha dificultado, hasta hacerla imposible[23], la reconstrucción de la República Federal de Centro América. Esto, suponiendo que existan tal odio y rivalidad, de lo que, por mi parte, dudo.

No se puede afirmar, en cuanto al rechazo de la dictadura ofrecida a Morazán, que sólo habría sido laudable en otro que no hubiera cometido actos de usurpación ni destituido y proscrito funcionarios, en circunstancias menos graves y cuando sólo se trataba de afianzar la dominación de un partido o de hacer prevalecer un sistema a que en verdad no estaba vinculada la salud del país. Marure, que opina esto y a quien cita el señor Chamorro, no tiene razón esta vez: un acto noble siempre será un acto noble, sea quien quiera el que lo realice. Por lo demás, las palabras de Marure justifican, sin que él lo quiera, los hechos de que acusa a Morazán: si esos hechos se realizaron fue por afianzar la dominación de un partido: este partido era el de la Constitución: si la Constitución no estaba vinculada a la salud del país, era siempre la Constitución y era obligación de todos los centroamericanos cumplirla, mientras no se derogara.

Con todo y los cargos del señor Marure, D. Miguel García Granados, en la primera parte de sus Memorias, página 278, hace de Morazán este juicio de conjunto: "Debo sin embargo reconocer que Morazán era uno de aquellos hombres que van formándose en la práctica de los negocios y ganan con el tiempo; en los últimos años de su corta vida cometió menos faltas, y su personalidad fue haciéndose más simpática".

Ahora bien: si algunos de sus discípulos no han sabido seguir sus huellas, esto no le es imputable. El en su testamento dijo: "Excito a la juventud, que es llamada a dar vida a este país, que dejo con sentimiento por quedar anarquizado y deseo que imiten mi ejemplo de morir con firmeza, antes que dejarlo abandonado al desorden en que desgraciadamente hoy se encuentra".

En estas vibrantes palabras no hay una enseñanza indigna. Ellas están en armonía con la declaración que hizo en el mismo testamento y que inserto otra vez: "Muero con el sentimiento de haber causado

---

[23] No creo en esta imposibilidad. La reconstrucción es posible. ¿Cuánto tiempo tardó Italia para recobrar su unidad? Y llegó la hora. También llegará, para nosotros.

algunos males a mi país, aunque con el justo deseo de procurarle su bien; y este sentimiento se aumenta, porque cuando había rectificado mis opiniones en política en la carrera de la revolución y creía hacerle el bien que me había prometido para subsanar de este modo aquellas faltas, se me quita la vida injustamente".

Todo esto revela que había rectitud y honradez en la política de Morazán. Y sin ello no habría tenido la adhesión de personas como D. Dionisio Chamorro y su familia y lo que en Granada se ha llamado Partido Conservador, como lo relata el ilustrado autor de las cartas, quien además da a conocer dos párrafos de un escrito de D. Dionisio, referentes al regreso y muerte de Morazán, que son una consagración, y que me complazco en transcribir siquiera en parte.

He aquí:

"...Se concibieron grandes esperanzas de que aquel caudillo, amaestrado por la experiencia adquirida en países extraños, lograra la reorganización del Gobierno Federal, salvándonos así de las cinco tetrarquías que se habían establecido en los cinco Estados de la Unión; y por lo mismo fue un motivo de duelo su fin trágico.

"Después de la catástrofe del 15 de Septiembre en Costa Rica, emigraron para esta República los señores D. José María Cacho, D. Antonio Milla, el General D. José Antonio Ruiz, D. Antonio Rivera Cabezas, D. Mariano Quezada, D. Esteban Prado y otros varios de los jefes y oficiales que acompañaban al malogrado Gral. Morazán...

El General Ruiz podrá decir si en mi casa fueron hospedados y tratados por mi familia como amigos y compartidarios, arrostrando las iras del Gobierno Liberal que los perseguía y que nos obligó a llevarlos a esconder a la hacienda San Roque".

¡Nobilísima conducta, digna de la gratitud inmortal de Centro— América, que sólo pudo ser inspirada por los verdaderos merecimientos del ilustre Patriota, héroe y mártir de la Unión Nacional!

Rómulo E. Durón.

Comayagüela, D. C., 25 de Septiembre de 1939.

CAPÍTULO: JOSE JUSTO MILLA: MILLA EN GUATEMALA

Entre los jefes de las tropas que salieron de la ciudad de Gracias a Dios a echar a los ingleses, enemigos de la corona de España, del castillo de San Fernando de Omoa en 1779 y de la isla de Roatán y de Que priva y La Criba en la costa oriental de Honduras en 1782, habiendo regresado victoriosos en ambas ocasiones, se distinguió por sus proezas el Sargento Mayor D. José Antonio Milla, descendiente de D. Juan Manuel Milla y Da María Josefa Villa, de las antiguas familias españolas de aquella ciudad. Por su comportamiento en aquellas brillantes campañas, obtuvo el grado de Coronel; y por sus aptitudes y honorabilidad, fue nombrado por el Gobernador—Intendente de Comayagua en 1790, Sub—Delegado del partido de Gracias, puesto en el cual supo prestar importantes servicios.

El Coronel Milla contrajo matrimonio con Da Feliciana Arriaga, también de antiguas familias españolas, y uno de los varios hijos de ese matrimonio, fue D. José Justo, quien nació en Gracias en 1794.

D. José Justo fue enviado a Guatemala a hacer sus estudios. En 1818.y mientras seguía la carrera militar, tuvo la desgracia de perder a su progenitor. Cuando se proclamó la Independencia del Reino el 15 de septiembre de 1821, ya había obtenido el grado de Sargento Mayor de Caballería. La colonia, pues, lo dejaba con aptitudes para servir al régimen que iba a establecerse en la nueva Nación, y ya se verá cómo lo hizo.

CAPÍTULO II: MILLA EN TEGUCIGALPA

La provincia de Comayagua, respondiendo al Acta del 15 de Septiembre, proclamó su independencia el 28; pero declarándose sujeta al gobierno que se estableciera en México. La provincia de Tegucigalpa hizo su proclamación el mismo día, reconociendo el gobierno que se organizara en Guatemala. Ante esta disidencia, el Gobernador de Comayagua, Brigadier D. José Gregorio Tinoco de Contreras, pretendió someterla por la fuerza. El Comandante de la plaza de Tegucigalpa D. Francisco Aguirre dirigió en noviembre una comunicación al Capitán General D. Gabino Gaínza en la que le manifestaba las vehementes amenazas de invasión que hacía a ella el Brigadier Tinoco; y al saberlo, el Sargento Mayor D. José Justo Milla se ofreció a aquel Jefe Superior para que lo comisionase con tropas a su auxilio. Véase aquí a Milla en favor de la independencia absoluta de Centro—América

Gaínza acordó el auxilio y mientras, por una parte, enviaba a los Llanos de Gracias al Sargento Mayor D. Rafael Montúfar con 200 hombres del batallón de Chiquimula, por otra, dio las órdenes necesarias para que Milla pudiera sacar fuerzas de San Salvador, San Vicente y San Miguel; y éste a la cabeza de 400 hombres, se dirigió con rapidez a Tegucigalpa, a donde llegó el 16 de diciembre.

A los dos días llegó a esta plaza el Coronel D. Simón Gutiérrez, nombrado por Gaínza Comandante de Armas de la provincia, en sustitución de D. Francisco Aguirre. El nuevo Comandante, de acuerdo con el Ayuntamiento, dispuso que las tropas auxiliares de Milla quedasen acuarteladas y despidió la gente de Olancho, Cantarranas y Texíguat, que habían venido en socorro de la ciudad, pero dejando una de las compañías nacionales de esta plaza, formada de los individuos más aptos para el servicio. A la vez hizo colocar vigías en Támara y Río Hondo para prevenir una sorpresa de parte de las fuerzas de Comayagua.

El Gobierno de esta provincia trató de entrar en arreglos con el Comandante Gutiérrez a quien propuso una entrevista en la ciudad de Comayagua. En Tegucigalpa se temió que esto no fuera más que un lazo imaginado por la astucia de D. Juan Lindo para lograr la sumisión deseada, y se manifestó a Gutiérrez que, en caso de acceder a la proposición, debía ir con él una parte del Ayuntamiento y una fuerza respetable. Gutiérrez se retrajo de asistir a la entrevista y habiéndole dado cuenta a Gaínza de lo sucedido, éste le aconsejó que diera aquel paso instando al Gobernador Tinoco a asistir a un punto medio.

Mientras tanto se había promovido la anexión de Centro—América a México, y Guatemala, cuya causa seguía Tegucigalpa, lo que hizo surgir el conflicto con Comayagua, la decretó el 5 de Enero de 1822. San Salvador representó a Gaínza que no reconocía en él, ni en ninguna otra autoridad de cuantas había constituidas, facultad para derogar el artículo 2º del Acta del 15 de Septiembre de 1821, y consecuente con esta actitud ordenó a Milla el 10 de Enero, repitiendo la orden el 19 de Febrero, regresar con sus tropas. Milla eludió todo lo que le fue posible cumplir la orden recibida, haciendo que los Oficiales y tropa permanecieran en la guarnición de Tegucigalpa hasta el resultado de la entrevista de los señores Gutiérrez y Tinoco; pero repetida la orden del Gobierno de San Salvador directamente a los Oficiales, las tropas marcharon, habiendo sido el último en retirarse el escuadrón de San Miguel. Al mismo tiempo recibió Milla invitaciones del Gobierno de San Salvador, que no lo estimularon a seguir su partido en desobedecimiento del Gobierno Superior que lo había mandado.

No siendo ya absolutamente necesaria la permanencia de Milla en Tegucigalpa, el Comandante Gutiérrez le permitió regresar a Guatemala. Y en la creencia de haber dado a su comisión todo el lleno que le fue posible, pidió al Ayuntamiento un atestado de ello, para acreditar ante el Superior Gobierno con documentos su conducta militar y procederes en el primer encargo que mereció a su confianza. El atestado le fue extendido, pero de él sólo he encontrado el siguiente fragmento:

"El Ayuntamiento Patriótico de esta Ciudad de Tegucigalpa

Certifica: que el Sargento Mayor D. José Justo Milla entró a esta ciudad el día diez y seis de Diciembre del año ppdo. con cuatrocientos hombres armados, con el objeto de auxiliarla de las invasiones que la amenazaban los Gobernantes de Comayagua, habiendo desempeñado su comisión con la mejor conducta, observando en todo este tiempo la mayor adhesión a la Independencia del Gobierno Español y al Imperio Mexicano: que aunque los de San Salvador le hicieron varias invitaciones, no quiso marchar con su tropa sino antes bien rodeando caminos se regresó a Guatemala.

El resto del atestado debe de haber sido igualmente satisfactorio para Milla, y éste tenía razones para esperarlo todo así, porque sabía el aprecio de que era objeto, del que fue una de tantas muestras la comisión que, para evacuarla al paso, le dio el Comandante Gutiérrez respecto a la seguridad de una remesa de 132 mil pesos y 42 frascos de azogue, destinados a la Casa de Rescates de Tegucigalpa, cuyo envío se había anunciado de Guatemala desde el 22 de Octubre de 1821 y que había salido el 7 de Febrero, pues corrían voces de que las fuerzas de Comayagua acechaban esta remesa y de que ofrecían que cuando llegara dispondrían de ella para pagar sus gastos.

Milla salió el 4 de Marzo para Guatemala.

CAPÍTULO III: MILLA EN SAN SALVADOR

La provincia de San Salvador, firme en su resistencia a la anexión al Imperio Mexicano, sosteniendo su independencia absoluta, había organizado una Junta de Gobierno y elegido Jefe Superior de ella a D. José Cecilio del Valle. Este no quiso aceptar el honroso puesto ante la perspectiva de la lucha fratricida que habría de emprenderse contra Guatemala. Entró a ejercer aquel cargo el prócer, Presbítero D. José Matías Delgado.

Pronto habrían de romperse las hostilidades. El Departamento de Santa Ana se manifestó en favor del movimiento anexionista, y para apoyar esta determinación el Gobierno de Guatemala envió con un batallón al Sargento Mayor Nicolás A. Padilla. Este fue derrotado por el Coronel D. Manuel José Arce en la acción de El Espinal, al Occidente de Ahuachapán. Gaínza, que ya entonces ejercía el Gobierno interino de Centro—América por nombramiento del Gobierno de Nueva España, envió sobre San Salvador un ejército al mando del Coronel D. Manuel de Arzú. Este Jefe sorprendió aquella ciudad el 3 de Junio, entrando por el camino del volcán, pero acosado por las tropas salvadoreñas se retiró dejando su artillería abandonada.

El Brigadier D. Vicente Filisola, enviado por D. Agustín de Iturbide, quien se había hecho proclamar Emperador en México el 19 de Mayo, entró a Guatemala al mando de seiscientos hombres el 12 de Junio y el 22 reemplazó a Gaínza en su puesto.

Filísola trató al principio de entenderse con los salvadoreños para obtener la incorporación a México pacíficamente; pero las negociaciones fracasaron, y aquél recibió órdenes terminantes del Emperador para someter por la fuerza a la provincia disidente. Dejó en Guatemala en el Gobierno al Coronel Felipe Codallos y en Noviembre ocupó Santa Ana con su ejército. Incorporado a éste venía, como Ayudante del segundo Comandante General, el Sargento Mayor D. José Justo Milla, quien no había querido en Tegucigalpa aceptar las invitaciones que se le hicieron para abrazar la causa de San Salvador. Así fue de los Jefes que entraron a esta ciudad el 7 de

Febrero de 1823, con Filisola. Las fuerzas vencedoras se componían de gente de México. Guatemala, Santa Ana y San Miguel y de la provincia de Honduras. Dos días después Filisola hizo levantar un acta de reconocimiento y obediencia al Imperio; luego la provincia toda lo juró y juró al Emperador. Los restos del ejército vencido se dirigieron a Gualsince, pueblo de Honduras, en donde el 21 los hizo capitular Filisola. Llamado Codallos a Guatemala, se le confirió el mando de la provincia de San Salvador el 7 de Marzo; pero no tardó en pedir constancia ser relevado y lo fue por el Sargento Mayor Milla. Este, viendo las rivalidades entre el pueblo y las tropas mexicanas que estaban allí de guarnición, las hizo salir para Guatemala. Milla, como se dijo antes, se negó a seguir el partido de San Salvador por creer que sería en desobedecimiento al Gobierno Superior de Guatemala que lo había mandado a Tegucigalpa en apoyo de la actitud de esta provincia, que se oponía a la anexión a México. Ahora, formando parte del ejército que invadió San Salvador en favor de la anexión, se le confiere el mando de dicha provincia. Entretanto la revolución iniciada con el movimiento de Casa Mata de 6 de Diciembre de 1822 había hecho caer el Imperio, y Filisola dictó un decreto el 29 de Marzo en que ordenaba que, con arreglo al Acta del 15 de Septiembre de 1821, se reunieran en Guatemala a la mayor brevedad todos los Diputados de las provincias que hasta el 5 de Enero de 1822 se mantuvieron unidas y adictas al Gobierno independiente e invitando también a las provincias que habían estado por la anexión, a hacerse representar, por ser comunes e idénticos sus intereses. El Congreso se instaló el 24 de Junio, adoptando la denominación de Asamblea Nacional Constituyente y el 29 del mismo dictó la famosa Acta que declara que las Provincias Unidas del Centro de América son independientes de España, de México y de cualquiera otra Nación.

En la nueva organización, cesó Milla en el mando de la provincia de San Salvador.

CAPÍTULO IV: MILLA EN LEÓN

El 10 de Julio de 1823 empezó a funcionar el Poder Ejecutivo creado por la Asamblea Nacional Constituyente. Lo ejercían el Dr. D. Pedro Molina, D. Juan Vicente Villacorta y el Lic. D. Antonio Rivera Cabezas. A este Gobierno sucedió a causa de la asonada de Ariza y

Torres verificada el 14 de Septiembre, el que ejercieron los señores D. Tomás Antonio O' Horán, D. José Santiago Milla y D. Juan Vicente Villacorta.

En Nicaragua ardía la guerra civil. Había sido expulsado el Intendente D. Miguel González Saravia y el gobierno político de la provincia estaba a cargo de una Junta Gubernativa, con aprobación del Poder Ejecutivo. El 13 de Enero de 1824 el pueblo leonés se levantó en masa contra el Teniente Coronel Basilio Carrillo que había permanecido con el mando general de las armas y pidio su deposición; la Junta la acordó y designó sucesor suyo al Jefe Político, Carmen Salazar. El 18 llegó a León D. José Justo Milla, nombrado Intendente por el Poder Ejecutivo y comisionado para pacificar la provincia y reunir bajo una sola autoridad a los pueblos disidentes, pues había otra Junta Gubernativa en Granada y Managua se preparaba para sustraerse del gobierno de León, en tanto que las demás ppoblaciónes se hallaban también insubordinadas y se agregaban ya a un partido ya a otro, cambiando de autoridades y jurisdicciones.

Milla—dice Marure, de quien tomo los anteriores datos— "para llenar los objetos de su misión recorrió los principales partidos de la provincia y se puso en comúnicación con las autoridades de Granada, de quienes recabó, como asimismo de los de la villa de Nicaragua (hoy Rivas) y otros puntos, que celebrasen un convenio, obligándose a reconocer un solo Gobierno central que residiría en Managua; más cuando volvía a la capital, muy satisfecho de los felices resultados de su expedición, ya se le tenía allí preparada su caída. El 4 de Mayo las tropas de León, unidas al populacho, se insurreccionaron y pidieron tumultuariamente el despojo del Intendente y Comandante de Armas; ambos quedaron depuestos y ocuparon sus destinos el Alcalde Pablo Meléndez: y el Teniente Coronel Domingo Galarza".

El Poder Ejecutivo, formado ahora por D. José Cecilio del Valle, quien se había incorporado el 5 de Febrero, D. Manuel José Arce y D. Tomás Antonio O'Horán, dictó, con vista de estos acontecimientos, un acuerdo en que mandó que una junta general compuesta de dos vocales por cada una de las que existían en León, Granada, Managua y Segovia, gobernase política y militarmente toda la provincia mientras se verificaba la elección de sus autoridades constituciónales; más nunca llegó a reunirse tal junta y los trastornos continuaron.

El Lic. D. José Santiago Milla, hermano de D. Justo, que acababa de ser individuo del Poder Ejecutivo y debe de haber concurrido al nombramiento de él para Intendente de León, salió a su defensa. Aludiendo a la deposición de D. Juan Lindo de la Gobernación de Comayagua y comparando con ella la de su hermano, decía en una publicación fechada el 19 de Mayo: "El 4 y 5 del corriente se han repetido en León de Nicaragua los desagradables sucesos de Comayagua del 11 de Febrero. Una facción depuso del mando militar y político de aquella provincia al C. teniente coronel José Justo Milla y de la Intendencia al C. José del Carmen Salazar. Es muy sensible que se sucedan con tanta rapidez unos acontecimientos que destruyendo la moral de los pueblos lisonjean a los que, enemigos del sistema, se empeñan en persuadir que jamás hallaremos el medio de hacer respetables Milla, me intereso en dar a luz el parte que ha dirigido al Ministerio sobre su separación de aquel mando". En seguida inserta el parte, el que probablemente conocio Marure para hacer la relación que de él queda copiada. Contestó aquella publicación D. Benito Benavent en León el 10 de Junio, reproduciendo la nota dirigida por el C. Pablo Meléndez al Poder Ejecutivo sobre aquellos sucesos[24].

Impresa en San Salvador apareció una "Breve Historia del Gobierno del C. José Justo Milla en la Provincia de Nicaragua", por El Observador Leonés. Allí se hace un breve relato de la manera cómo llegó Milla a posesionarse del mando en Nicaragua, de su actuación y de los sucesos del 4 y 5 de Mayo que ocasionaron su caída y la del Intendente D. José del Carmen Salazar. Termina el relato con unas "Notas que sirven de complemento a la "Historia", firmadas "El amigo del observador". Hablando del carácter de Milla dice: "Tiene facilidad para hablar, pero no sirve para mandar"[25]. La falta de estos documentos me impide formar juicio acerca de su contenido.

En cuanto a Milla, hay que notar que ya ha adelantado en su carrera, pues ha obtenido el grado de Teniente—Coronel. Por: otra parte, dados los términos del párrafo copiado de la defensa de su

---

[24] La Imprenta en Guatemala, por Gilberto Valenzuela. —Guatemala, C.A.—1934.
[25] Obra citada.

hermano, aparece que ambos figuran entre los que profesan las ideas liberales. ¿Permanecerá Milla en estas filas? El relato lo dirá.

CAPÍTULO V: MILLA, VICE—JEFE DEL ESTADO DE HONDURAS

La Asamblea Nacional Constituyente había aprobado el 17de Diciembre de 1823 el Proyecto de bases constitucionales para las Provincias Unidas del Centro de América. En esas bases se adoptaba el sistema federal de Gobierno. Mientras se redactaba el Proyecto de Constitución dictó el 5 de Mayo de 1824 un decreto en que mandó que en todos los que debían ser Estados se procediera a elegir y reunir sus Congresos Constituyentes y a nombrar los Jefes y Vice—Jefes que debieran ejercer provisionalmente el Poder Ejecutivo. Habiendo terminado los desacuerdos. entre las provincias de Comayagua y Tegucigalpa, se convino en que el Congreso de Honduras se reuniría en Cedros.

Practicadas las elecciones, el Congreso se reunió en el punto convenido y el 29 de agosto se declaró legítimamente constituido e instalado. El día siguiente decretó que el Congreso residiría alternativamente un año en la ciudad de Tegucigalpa y otro en la de Comayagua, habiendo correspondido a la primera de estas ciudades el primer año, por haberlo decidido así la suerte. Dictado este decreto, el Congreso se trasladó a Tegucigalpa, en donde el 16 de Septiembre abrió sus sesiones solemnemente. En el acto procedió a abrir los pliegos que contenían las elecciones de Jefe, segundo Jefe y Senadores del Estado. No habiendo mayoría absoluta de votos, nombró entre los ciudadanos que allí se designaban, conforme al artículo 12 del decreto de 5 de mayo, Jefe del Estado a D. Dionisio de Herrera y Vice—Jefe, a D. José Justo Milla. Conviene ver los términos de la parte resolutiva del decreto:

"1º Que el ciudadano Dionisio Herrera sea reconocido por Jefe del Estado con las atribuciones que le designa el artículo 34de las bases sancionadas por la Asamblea Nacional en 17 de Diciembre de 1823 y las que le designe la Constitución del Estado.

"2° Que el ciudadano José Justo Milla sea reconocido por segundo Jefe del Estado, con las funciones señaladas en las mismas bases y las que le señale la Constitución del Estado.

"3° La duración de ambos Jefes será la de cuatro años, conforme al artículo 39 de dichas bases".

Este dice:

"Artículo 39. —El Jefe y segundo Jefe del Estado durarán en sus funciones cuatro años y podrán reelegirse sin intervalo, una vez".

Los Senadores nombrados por el Congreso fueron el Lic. D. Juan Esteban Milla y don Jerónimo Zelaya, y Suplente el Dr. D. Juan Miguel Fiallos.

Herrera entró el mismo día al ejercicio de sus funciones, y el 28 nombró Secretario de Estado y del Despacho General al ciudadano Francisco Morazán. Milla contestó de Guatemala, en Octubre, agradeciendo su nombramiento.

La Constitución Política de la Nación fue decretada el 22de Noviembre, debiendo ser sancionada por el primer Congreso Federal. Este se instaló en Guatemala el 6 de Febrero de 1825e hizo la sanción el 19 de Septiembre. En 21 de Abril había declarado electo Presidente de la República de Centro—América al General D. Manuel José Arce, defraudando la voluntad popular que se había manifestado en favor de D. José Cecilio del Valle. El 29 de Abril tomó Arce posesión del alto cargo, y no obstante la irregularidad de la elección, fue reconocido sin dificultad ninguna por las autoridades del Estado de Honduras, aunque hubo, según se dijo, quienes ofrecieran veinte mil pesos a ciertos funcionarios para que sostuvieran el partido de D. José del Valle, pero no encontraron eco. El mismo Jefe Herrera, que era primo—hermano de Valle, hacía, en carta a su amigo el Presbítero D. Francisco Antonio Márquez, esta declaración: "Ya sabrás que se escribe mucho contra la elección de Presidente. Pórtese bien el que lo sea y tenga el nombre que tuviere, es insignificante cuál sea este nombre, con tal que haga felices a los pueblos. Lo que hay de cierto es que con Arce no ha de haber revoluciones porque lo temen bastante".

El Congreso Constituyente de Honduras que, desde fines de Febrero, había adoptado el nombre de Asamblea Constituyente, mandó el 28 de Julio proceder a elecciones de Diputados para la primera Asamblea ordinaria del Estado, con total arreglo al decreto de la Asamblea Nacional Constituyente de 5 de Mayo de 1824, instrucción y tabla que le acompañaban. En el mismo decreto estableció que habría un Consejo Representativo que, mientras se hacía la división del Estado conforme al artículo 179 de la Constitución Federal, se compondría de cuatro individuos para los casos que previniera la Constitución. Se elegirían dos suplentes. Por un decreto particular serían llamados los Diputados para la Asamblea ordinaria y los individuos del Consejo que resultaran electos conforme a esta ley.

El 11 de Diciembre decretó la Constitución del Estado. Y en esta fecha practicó el escrutinio de los votos para individuos del Consejo Representativo y declaró electos como propietarios a los ciudadanos Deán D. Juan Miguel Fiallos, D. Vicente Ariza, D. Francisco Morazán y D. Ciriaco Velásquez; y como suplentes, a los ciudadanos D. Felipe Reyes y Presbítero D. José María Rivera. En el mismo decreto dispuso que el Consejo se instalara el día siguiente al de la apertura de las sesiones de la primera Asamblea ordinaria. Y cerró sus sesiones.

El 5 de Abril de 1826, se instaló en Comayagua la primera Asamblea ordinaria y el día 6, el primer Consejo Representativo. Fue designado Presidente de él D. Francisco Morazán y Secretario D. Santos Bardales. Morazán fue sustituido en el Ministerio General por D. Liberato Moncada.

En la sesión que el 7 celebró la Asamblea "se leyó una nota oficial del C. José Justo Milla, fecha 7 de Enero de este año, en que hace formal dimisión del destino de Vicejefe del Estado"; y se mandó pasar a la Comisión de Legislación; pero el 8 se dio cuenta del dictamen de la Comisión de poderes sobre la renuncia. Puesto a discusión en la sesión del 13, fue admitida la renuncia de Milla, y se mandó proceder a la elección para reemplazarlo.

En la sesión del 17. en que se firmó la resolución que admitió dicha renuncia, el Diputado, C. Pablo, Irías "hizo proposición para que se mandase hacer nueva elección de Jefe Supremo del Estado porque el actual fue nombrado provisionalmente según lo prevenido en el artículo 7° de la ley de 5 de Mayo de 1824 y desde que se publicó la Constitución del Estado debieron cesar las funciones de éste como cesaron las de la Asamblea Constituyente, pues se hallaba en el mismo caso, interinamente; y pidió por último se le admitiese su proposición del momento y se pusiese en discusión; y puesta que fue se aprobó salvando su voto el Diputado Milla con protesta". Se levantó la sesión pública para entrar en sesión secreta. No se sabe de qué se trató en ésta.

Es extraño ese procedimiento. Se advierte que la renuncia de D. José Justo Milla dio, por lo menos, ocasión a la iniciativa del Diputado Irías, si no es que aquella renuncia era el primer paso para procurar la separación del Jefe Herrera, de su puesto. Es verdad que el decreto de 5 de Mayo de 1824 mandó nombrar los Jefes y Vice—Jefes que debieran ejercer provisionalmente el Poder Ejecutivo en cada uno de los Estados; pero el decreto del Congreso Constituyente de Honduras eligió a D. Dionisio de Herrera y a D. José Justo Milla para cuatro años, apoyándose en el artículo 39 de las Bases de la Constitución Federal, que he insertado antes, y que no fue modificado por el de 5 de Mayo. Para cuatro años habían sido elegidos los Jefes de Estado de Guate—mala, San Salvador. Nicaragua y Costa Rica y el Presidente de la República Federal, y no se hablaba de removerlos a éstos por considerárseles funcionarios provisionales. Por otra parte, ni la Constitución del Estado de Honduras ni la Federal consignaron disposición alguna al respecto, declarando que debía procederse a nuevas elecciones para reponer a los actuales Jefes y Vice—Jefes. Y la afirmación del Diputado Irías de que la Asamblea Constituyente era interina no pasa de ser un absurdo: esa Asamblea representaba en propiedad la soberanía del pueblo y en tal carácter dictó la Constitución en que organizó el Estado en la Federación y dejó establecida la norma de Derecho que se debía seguir en la creación y funcionamiento de los poderes públicos, en armonía con el Derecho de la Nación, consagrado en la Constitución Federal. El Derecho Constitucional no es ni puede ser Derecho provisional ni puede ser creación de una autoridad interina.

La renuncia de Milla y su aceptación por la Asamblea ponen en claro el verdadero concepto de la naturaleza del cargo. Si Herrera tenía la calidad de Jefe provisional, Milla tenía la misma calidad como Vice—Jefe, y como no se renuncia lo que no se retiene, no estaba en el caso de renunciar ni la Asamblea debió admitirle la renuncia: por el mismo hecho de haberse publicado la Constitución, como decía el Diputado Irías, había dejado de ser, ipso jure, Vice—Jefe, y en este caso sin renuncia ni nada, por haber cesado en su cargo, se debió pedir la reposición de él como se pedía la del Jefe Herrera. La Asamblea, pues, al mandar practicar elecciones para el reemplazo de éste, observó erróneamente, ilegalmente, un procedimiento opuesto al que había observado admitiendo la dimisión de Milla.

Pero lo que se quería era deponer al Jefe del Estado, aunque no hubiera razones legales para ello: el propósito no se puso de, manifiesto sino después de la renuncia del Vice—Jefe.

Ahora bien: ¿por qué renunció Milla? Conforme al artículo 42 de la Constitución del. Estado, le tocaba presidir el Consejo Representativo sin voto, el que tendría solamente para decidir en caso de empate. Y era de las atribuciones del Consejo aconsejar al Jefe Supremo en los casos que le consultara y darle dictamen en los negocios diplomáticos que ocurrieran entre el Gobierno del Estado y el Federal. En este caso, formando con sus hermanos los Licenciados D. José Santiago y D. Juan Esteban Milla entre los liberales que defendían el sistema federal, hubiera sido, de continuar con las mismas ideas, un cooperador eficaz del Jefe Herrera, en el ejercicio de sus funciones. Pero a este tiempo el Presidente Arce había empezado a desviarse de la Constitución Federal, cuya abolición pretendía y al efecto deseaba que el Gobierno de Honduras estuviera del todo a su1 devoción: el Jefe Herrera no era hombre para pasar por esto, y Milla, acaso porque su hermano D. José Santiago le había dado a Arce el voto para Presidente o porque simpatizaba con sus proyectos, es de entender que no quiso afrontar una situación en que pudiera ser un estorbo para la realización de ellos.

Las pretensiones de Arce se habían manifestado cuando no había cumplido aún tres meses de hallarse en el Gobierno, pues, ya en 7 de Julio de 1825 escribía el ardiente patriota D. Pablo Alvarado, Diputado por Costa Rica en el Congreso Federal: "Las circunstancias en que se halla la República son críticas. Se trabaja subterráneamente en centralizar el Gobierno y destruir la Constitución Federal: en sostener en el Solio al C. Arce contra la voluntad de los pueblos: en promover odios entre las clases por causa de los colores..". Y en 7 de Octubre decía: "En el Congreso y en el Senado son continuos los choques entre Serviles y Liberales. Los Serviles de aquél continuamente trabajan en avasallar a los Liberales y al Senado y a los Senadores Liberales. Están tan unidos entre sí y con el Presidente de la República, que le disimulan los mayores atentados. No acabaría yo en un día si quisiera enumerar los medios y resortes de que se han valido para hacer que empiece la discordia por las Supremas Autoridades de la República y de los Estados. Yo sé muy bien que su anhelo es: que no haya República, y que si la ha de haber ha de ser Central o sujeta a México"[26].

CAPÍTULO VI: MILLA INVADE HONDURAS

Herrera, para evitar dificultades, renunció la Jefatura del Estado, pero no hubo número en la Asamblea para conocer de su renuncia y siguió ejerciendo su cargo. Por otra parte las elecciones no se practicaron.

El Diputado D. Juan Lindo no había querido asistir a las sesiones de la Asamblea; pero asistió al fin, instado por Arce, con quien ya estaba de acuerdo en sus miras. Lo primero que hizo fue promover la disolución del Consejo con falsas razones, y habiendo fracasado en el empeño, logró la disolución obteniendo que el Consejero D. Ciriaco Velásquez, a quien atrajo a su causa, dejara de asistir al desempeño de su cargo.

Mientras se procuraba la disolución del Consejo, el Provisor y Gobernador del Obispado, Presbítero D. José Nicolás Irías, había alarmado los pueblos, y luego Velásquez los incitaba a negar la obediencia al Gobierno. En esto se disolvió el Senado Federal, fue reducido a prisión de orden del Presidente Arce el Jefe del Estado de Guatemala D. Juan Barrundia, lo que animó a las facciones de Comayagua a tratar de apoderarse de las armas y de despojar al Jefe Herrera y demás autoridades, pero el plan fue descubierto y la Asamblea, a iniciativa del Jefe, que quiso ser generoso, autorizó a éste para echar un velo a aquellos sucesos, que no podría descorrerse sino por hechos posteriores.

---

[26] Revista de los Archivos Nacionales, que dirige en la Costa Rica el distinguido historiador D. Ricardo Fernández Guardia: Números 1° y.2°,.dec Noviembre y Diciembre de 1936.

No obstante, se meditaron nuevos atentados, se trató de asesinar a Herrera, disparándole, después de la medianoche, por las ventanas de la casa, cinco balazos a un mismo tiempo, dos de los cuales estuvieron a punto de matar a su esposa con un hijo de pecho que tenía en sus brazos.

Arce convocó el 10 de Octubre un Congreso Extraordinario que se reuniría en Cojutepeque para restablecer el orden constitucional, diciendo respecto a Honduras que el Estado estaba desorganizado porque no existía el Consejo Representativo, lo que hacía imposible el funcionamiento de la Asamblea Legislativa.

Convocó ésta Herrera extraordinariamente y resolvió que no se diera cumplimiento al decreto de 10 de Octubre. Y puso fuera de la ley al ex—Provisor Irías y a los que fueran principales autores y cómplices en sus miras revolucionarias, mandando levantar la orden de correr un velo a los sucesos anteriores de Comayagua. Por otra parte aprobó la convocatoria del Vice—Jefe del Estado del Salvador a la reunión de un Congreso en Ahuachapán, que procurara el restablecimiento del orden constitucional en la República.

Arce, por su lado, viendo que los esfuerzos de Irías no darían el resultado deseable, dispuso, desde Octubre de 1826, invadir Honduras. El mismo Irías y sus secuaces le pidieron su auxilio, y el 19 de Enero de 1827 salieron de Guatemala doscientos hombres para los Llanos, con orden de sacar trescientos fusiles a su paso por Chiquimula. Entretanto Herrera había ordenado la captura del ex—Provisor Irías, y éste excomulgó a aquél, fugándose en seguida. Dos acciones de armas se libraron luego, que demostraban la impotencia de los revolucionarios de Irías: una en Tegucigalpa, en donde pretendieron tomar el cuartel y otra en Erandique, en donde pelearon dirigidos por el Presbítero José María Donayre: las armas con que los vencidos habían peleado fueron adquiridas por Irías con el producto de las alhajas que hizo extraer de la Catedral de Comayagua y vender en Belice.

Las fuerzas federales enviadas por el Presidente Arce vinieron a Honduras bajo el mando del Teniente—Coronel D. José Justo Milla.

De la venida de Milla dice D. Liberato Moncada en la biografía de Morazán que "correspondió así a su propia patria que le había electo Vice—Jefe; y que a esfuerzos de los enemigos de la

Administración logró alarmar el fanatismo religioso de los pueblos y decidió a los Departamentos de Gracias y Santa Bárbara a engrosar con ellos la fuerza de trescientos soldados de Chiquimula con que invadió el Estado".

El General Morazán en sus Memorias, aprecia la conducta de Milla, desde el punto de vista de la disciplina respecto a las órdenes que había recibido, diciendo que no querría "pasar por un militar desobediente y lo que es peor, por un hijo ingrato que llevó injustamente la guerra a su patria para castigar agravios que no había recibido de sus conciudadanos, y en recompensa de los votos que éstos le dieron para Vice—Jefe de aquel Estado".

A la verdad, siendo Milla Teniente—Coronel al servicio de la Federación, estaba obligado a desempeñar las—comisiones a que se le llamara; pero pudo valerse de medios legales: para excusarse de venir a Honduras a tratar como tierra enemiga a la tierra nativa, de la que había recibido pruebas de adhesión y afecto. Más parece que no consta que lo haya hecho y que, antes bien, su renuncia de la Vice—Jefatura no fue extraña a su designación de jefe de las fuerzas invasoras. Cuando espontáneamente pidió servicio para venir a Tegucigalpa a fines de 1821, las circunstancias eran distintas: él vino entonces a defender la independencia absoluta de Centro—América que, siguiendo a Guatemala, había proclamado Tegucigalpa contra las tentativas de anexión a México. Ahora seguía la causa del Presidente Arce, quien, dando la espalda a los liberales que lo habían elevado al poder, se había entregado a los conservadores o serviles, apartándose de las normas de la Constitución, queriendo establecer un régimen contrario a ella, por medio de las armas, siendo así el primer responsable del fraccionamiento de la patria.

Como pretexto para la invasión dijo Arce que había noticias de que el Jefe Herrera iba a tomar los tabacos de la Federación que estaban almacenados en los Llanos de Santa Rosa, y por ello dio instrucciones a Milla de que se situara en aquella población y custodiara los tabacos, previniéndole además que guardara el orden en ella, que reclutara más tropa del país si la creía necesaria para desempeñar su comisión, y que si Herrera atacaba primero, batiera sus tropas.

Herrera no había amenazado con tomar los tabacos: se le invade y se declara que si ataca a quien lo invade, él es el agresor y no el agredido. La verdad era que Arce, en presencia de la actitud del Salvador, en donde había hostilidad contra él por la prisión del Jefe Barrundia y por la disolución de la Asamblea del Estado reunida en Quezaltenango, con la trágica muerte del Vice—Jefe D. Cirilo Flores en Octubre, ya desde este mismo mes, como se dijo antes, había resuelto la invasión del Estado de Honduras —con la mira de tenerlo bajo su dominio y de ser, de este modo, el más fuerte contra el del Salvador. Al respecto hay una carta que D. Manuel Montúfar dirigió de Quezaltenango el 19 de Enero de 1827 a un amigo suyo, en que le decía: "Compañero: yo no quiero forzar su suerte ni sus deseos; tampoco quiero engañarlo; va a haber expediciones: saldrá el 2 y a Ud. le será difícil escapar".

Y que el objeto de la invasión no era la custodia de los tabacos sino la deposición de Herrera, lo acredita una nota reservada de que habla el General Morazán en sus Memorias, dirigida a Milla, fechada en el cuartel general de Apopa, el 7 de Mayo, firmada por el mismo Montúfar, Jefe del Estado Mayor de las tropas de Arce, en que le previene sustancialmente que ponga término a los males que causa el Jefe Herrera en Honduras, haciendo uso de las armas y que proteja a los que éste persiga.

Milla llegó a los Llanos de Santa Rosa, a principios del mes de Marzo. Luego pasó a la ciudad de Gracias y se detuvo en ella algunos días reclutando gente para aumentar su fuerza.

Herrera, con noticia de la invasión y de que había órdenes de que las fuerzas invasoras marcharan sobre Comayagua, hizo salir de observación cuarenta hombres a las órdenes del Oficial Casimiro Alvarado, quien llegó al pueblo de Intibucá, situado a cuarenta leguas de Los Llanos, y allí supo que Milla se había puesto en marcha con todo su ejército. "Para conocer la dirección que traía —dice el General Morazán— hizo marchar al Oficial ciudadano Francisco Ferrera con diez hombres. En el pueblo de Yamaranguila, distante dos leguas de Intibucá, se encontró Ferrera con la División Federal, y para memoria de un hecho heroico, se batió con sólo sus diez soldados, logrando detener por algún tiempo la marcha de toda la división de Milla. Obligado a retirarse, como era regular, dio parte a Alvarado de lo que había ocurrido, el que al instante contramarchó con sus cuarenta hombres y fue a ponerlo todo en conocimiento del Gobierno en cumplimiento de su comisión".

Milla, que había dejado atrás los tabacos de Los Llanos y no había encontrado más resistencia que la de Francisco Ferrera en su avance sobre Comayagua, llegó a esta ciudad el 4 de Abril, y le puso formal sitio sin entrar en ninguna previa explicación con sus autoridades, como dice Marure.

CAPÍTULO VII: MILLA EN EL SITIO DE COMAYAGUA

Milla estableció su cuartel general en la iglesia de San Sebastián, al Sur—Este de la ciudad. El asedio duró treinta y seis días. En ellos, dice el historiador Marure, la población "fue saqueada, incendiada y devastada de todas maneras. En estas escenas atroces se distinguieron particularmente las tropas insubordinadas del clero, que todo lo talaban y destruían sin que fuesen bastantes, para contenerlas, las reconvenciones de algunos oficiales veteranos, ni las órdenes severas del General en Jefe". El mismo autor dice que Herrera hizo proposiciones pacíficas a sus agresores. pero que las órdenes que tenía Milla no le permitían entrar por ninguna especie de composición en que no quedase estipulada la entrega de armas y absoluta rendición de la plaza.

Milla, decía al Gobierno Federal el 27 de Abril:

"El 12 del corriente, a las cinco de la mañana, amaneció sobre la catedral de Comayagua un cañón, con que el enemigo comenzó a batirme, y en el instante dispuse que se incendiase la ciudad por tres rumbos, atacándola al mismo tiempo. Se quemaron quince casas, y después de un tiroteo vivo que duró cinco horas, hice replegar la tropa a este campo, habiendo tenido de pérdida un muerto y tres heridos. Ignoro la que haya tenido el enemigo, pero se me asegura que excede a la nuestra.

El 21 del corriente he estrechado más el sitio a Comayagua, y mis avanzadas llegan hoy a cuatro cuadras distantes de la plaza. Conjeturo que ésta debe rendirse pronto, pues estoy cierto de que carecen de víveres y que éstos no le entran por punto alguno.

Tengo pedidos doscientos hombres al Departamento de Olancho y cien morenos al Comandante de la plaza de Omoa, cuyas tropas espero con alguna probabilidad dentro de unos seis u ocho días. El Comandante García que se halla en Opoteca, me escribe que ha fabricado un cañón y que sólo espera concluirlo para remitírmelo; no sé de su calibre y de consiguiente la utilidad que pueda ofrecer.

"Ayer ha entrado la tropa de Yojoa en número de treinta y seis hombres, y mañana o pasado deben llegar otros treinta morenos del mismo pueblo.

"Tan luego como se reúnan las fuerzas indicadas, volveré a intimar la rendición de la plaza, y de no verificarse, obraré activamente, según las circunstancias que entonces me rodeen.

"En las pequeñas acciones parciales que he tenido desde que ocupé este punto, me han hecho algunos heridos, y aún hay quien haya muerto por falta de un facultativo y de medicinas Es de suma urgencia que el Vice—Presidente se sirva mandarme una y otra cosa con la brevedad posible, pues encarezco a Ud. y repito la necesidad que hay de estos auxilios.

"Ayer, con cincuenta hombres ocupé la iglesia de la Merced; hubo un pequeño tiroteo, del que no resultó desgracia alguna".

Este parte es dirigido al C. Jefe encargado de la Secretaría de la Guerra para conocimiento del Vice—Presidente y no del Presidente. Se debía esto a que Arce había depositado el poder para ponerse a la cabeza del ejército, pues una columna salvadoreña había penetrado hasta cerca de la capital de Guatemala con el objeto de restaurar al Jefe Barrundia y a la Asamblea disuelta en Quezaltenango. Arce salió al encuentro de la columna invasora, v el 23 de Marzo la derrotó completamente en Arrazola. Poco después continuó la campaña avanzando con el ejército sobre la ciudad de San Salvador, en donde la Asamblea del Estado lo había desconocido como Presidente de la República.

Por el parte de Milla se advierte que, o sus operaciones militares eran mal dirigidas o mal ejecutadas, o la defensa de la plaza era vigorosa, porque parece una medida extrema la de hacer incendiar la ciudad por tres rumbos, destruyendo quince casas, en lo que se supo que obedeció al influjo de su consejero D. Pedro Nolasco Arriaga. Se ve también que, a pesar de ser Comayagua el foco principal de la oposición a Herrera, de la que el clero era el más ardiente agitador, carecía de prestigios la causa que Milla defendía, ya que no se le presentaba gente del interior a engrosar las fuerzas sitiadoras y el Jefe tenía que pedirlas a largas distancias como Olancho y Omoa.

En un parte de 5 de Mayo decía Milla:

"En mi última comunicación del 22 del próximo pasado manifesté la necesidad en que me hallaba de pronto socorro de tropas y parque para sostener el sitio que tengo puesto a Comayagua y combatir al mismo tiempo cualquier tropa que se aproxime en favor de los sitiados: expresé igualmente que aguardaba doscientos hombres que tenía pedidos al Departamento de Olancho y cien al Comandante de Omoa. De los primeros sólo me han venido 80 el día de hoy y los segundos no pueden ocurrir por la cortedad de la División que guarnece aquella plaza, según lo manifiesta el mismo Comandante.

"El 29 del próximo pasado tuve noticia cierta de que las tropas de Tegucigalpa, que se hallaban acantonadas en la Cuesta Grande, que dista de aquí nueve leguas, se habían aproximado a la villa de San Antonio, cuatro leguas de este Cantón. En el momento destiné una partida de 160 hombres al mando del C. Capitán Rafael Hernández para que los batiesen, como en efecto se verificó, derrotando una parte de los enemigos en el Valle de las Piedras (hoy La Paz) que constaba de ochenta hombres, haciéndoles tres muertos, dos heridos, cinco prisioneros, diez fusiles, un clarín, dos cananas, seis bayonetas; y regresando la misma partida a la hacienda de la Madariaga, en donde se hallaba fortificado el resto de los facciosos como en número de 140; fueron atacados en sus trincheras entre seis y siete de la noche; después de un fuego vivo de más de tres cuartos de hora, la partida se retiró a este Campo por falta de municiones: el enemigo huyó precipitadamente dejándose en la fuga doce fusiles, trece cananas, tres cajones pequeños de parque, las cureñas de dos pedreros pequeños, de los que se dice que uno de ellos habiéndose roto lo arrojaron al agua, llevándose consigo el otro yy ocho prisioneros. De nuestra parte en ambas acciones hubo dos muertos y un herido, siendo los primeros un sargento y un soldado de la tercera Compañía del batallón número uno y el último del piquete de Costa Rica".

Véase lo que sobre estas acciones escribió D. Liberato Moncada:

"Pocos días antes de concluir el sitio tuvo parte el Gobierno de que en Tegucigalpa se reunía una División de patriotas para auxiliarlo, atacando por retaguardia a los sitiadores; y con este motivo se dispuso que salieran de Comayagua el Coronel Comandante General D. Remigio Díaz, el Consejero Presidente Morazán, el Coronel Márquez y algunos oficiales subalternos.

"La División bajó al Valle y pernoctó en la hacienda de la Madariaga, en donde tuvo un combate sangriento con la fuerza doble con que la mandó atacar el sitiador.

"La tropa volvió derrotada por la tarde, pues desde la altura de la catedral se observó el movimiento que causó en el cuartel general la llegada de los grupos de soldados derrotados que, unos en pos de otros, llegaban ponderando la bravura de los tegucigalpas. Estos, aunque vencedores, tuvieron que retirarse por haber quedado sin parque, quedando por lo mismo, sin efecto este esfuerzo del patriotismo".

El historiador Presbítero Dr. D. Antonio R. Vallejo en su Historia Social y Política de Honduras, dice que el Jefe derrotado en La Paz fue el Capitán Felipe Peña, quien dejó en el campo un sargento y dos soldados y se replegó a La Madariaga: que al llegar allí, mandó el Coronel Remigio Díaz parapetar su fuerza en los corrales de la hacienda; y luego se presentó el enemigo; y que hora y media después de un vivísimo tiroteo, en el que ambos combatientes se disputaban la victoria, viendo Hernández que tenía considerables pérdidas, resolvió retirarse, lo que hizo en el mayor desorden, dejando en el campo de los enemigos once muertos, seis carabinas, dos paradas y una caja de guerra.

Estos combates, según las versiones trasladadas, terminan, pues, con la retirada de las dos fuerzas que las libraron; pero Morazán, que peleó allí, dice que la tropa auxiliar se había disuelto en la hacienda de La Madariaga, después de haber rechazado la división que la atacara.

Luego de referirse a esta acción dice Milla en su parte: "Continúo mis operaciones sobre la Plaza de Comayagua, que no se rinde aún con el sitio que le tengo puesto. Tengo entendido por noticias positivas que se halla en estado de una defensa vigorosa, y he recurrido mejor al arbitrio de estrecharle el sitio que de tomarla a viva fuerza. Diariamente tiene el enemigo deserciones. Antes de ayer se me han presentado cinco soldados y hoy han salido ocho.

"Acabo de saber que el desertor Cleto Ordóñez entrará en Tegucigalpa entre dos días y se me asegura que en aquel punto reunirá alguna fuerza por el aliciente con que los anima. En la noche de hoy mando a aquel punto 300 hombres para que lo ocupen y de su resultado daré a Ud. los avisos correspondientes para conocimiento del C. Vice—Presidente".

Es honroso, para los defensores de Comayagua, el juicio del Jefe sitiador y es triste, a la vez, que haya habido deserciones. E historiador Marure dice con razón que "algunos días más de resistencia, acaso hubieran obligado a Milla a levantar el sitio o a entrar en un acomodamiento racional"; pero se tardó el auxilio enviado al Jefe Herrera por el Gobierno del Salvador, al mando del Coronel Cleto Ordóñez, y hubo tiempo para que el traidor Antonio Fernández, español europeo, en quien había puesto Herrera toda su confianza, entrara secretamente en tratos con el sitiador para entregar la plaza con la persona del Jefe.

Al efecto, como Comandante General de las Armas, se puso de acuerdo con algunos de sus oficiales, insurreccionando la tropa y redujo a prisión a Herrera.

He aquí la capitulación mediante la cual pudo el sitiador entrar a Comayagua:

"Comandancia de Armas de esta plaza.—C. Comandante del Cantón, Justo Milla.—EI C. Teniente Coronel y Comandante de las Armas de esta plaza, en junta de guerra de este día, ha acordado: que para evitar los desastres v efusión de sangre que deben acaecer o resultar de atacar a la tropa que se halla en esta plaza, con las de la federación acantonadas en San Sebastián, ha tenido a bien se le pase la nota de los artículos que abajo se expresan al C. Comandante de aquella fuerza, para que impuesto de ella, quede transigido este gran mal que nos arruina.

Artículo 1°—Será arrestado en su casa con la guardia que le corresponde el C. Jefe del Estado, garantizándole su vida y sin que se le haga el menor insulto, puesto a la disposición del Comandante del Cantón.

2°—Serán garantizados sus empleos al Comandante de esta plaza, oficialidad y demás tropas que la guarnecen, como también los honores y preeminencias que a cada uno se le hayan concedido por los servicios a que se han hecho acreedores en esta plaza.

3°—Toda la tropa que guarnece esta plaza queda al servicio y órdenes del Comandante del Cantón, expidiéndole pasaporte al que no le acomode continuar.

4°—Toda la tropa que guarnece esta plaza, inclusive el Comandante, deben ser satisfechos de los haberes que a cada uno se les adeudan, desde que empezaron a servir hasta esta fecha.

5 —Que los empréstitos que se hayan hecho a varios particulares para las atenciones de esta plaza y tropa, por cuenta de la caja nacional, sean cubiertos y garantizadas sus personas y propiedades, como también sean garantizados los demás destinos de los empleados que se hallan dentro de esta plaza, con satisfacción de los sueldos que se les adeudan.

6°—Que toda la tropa y artillería que guarnece esta plaza saldrá de ella marchando con armas a discreción, formando en a la ,hasta la inmediación de la quebrada del sitio de San Sebastián, donde hará firme con la artillería descargada al grito de viva la unión, quedando a la disposición y órdenes del C. Comandante Milla; y entrará a tomar posesión de esta plaza la suya, y antes de verificarlo, pasará adelante un Oficial que se entregue del parque y armamento que se hallan en los almacenes.

7°—Que los prisioneros y pasados de ambos cantones queden indultados y puestos en libertad, reconociendo cada uno su cuerpo de donde dependía.

8°—Que desde el momento en que se reúnan las tropas de ambas partes, se olviden para siempre las personalidades y resentimientos que cada uno tenga de por sí, dándose por ambos Comandantes las órdenes necesarias para evitar insultos y desórdenes que pudieran ocasionar entre la tropa cualquier disturbio.

9° —Que desde este momento hasta la confirmación de estos tratados sean suspendidas las hostilidades por ambas partes, mandando el Comandante del Cantón, C. Justo Milla, replegar toda la fuerza y avanzadas que tenga dispersas, como igualmente se verificará por esta plaza con las avanzadas y emboscadas, siendo la señal de haberlo verificado los toques de llamada y tropa.

10°—Que todos los artículos anteriores sean cumplidos religiosamente por ambos Comandantes, sin faltar a ellos, con arreglo a los tratados que se forman y son admitidos en campaña, cantón y sitios de plaza.

El Subteniente de Artillería, encargado de la Comandancia de ella, C. Nicolás Cortés, pasa al cantón a entregar y transigir estos tratados con el Comandante de la tropa de la federación, C. Justo Milla, el que con lo acordado dará cuenta a esta Comandancia; firmándose esta acta por todos los vocales y Presidente.

Comayagua, Mayo 9 de 1827.

(f) Antonio Fernández".

Milla contestó en los términos siguientes:

"COMANDANCIA GENERAL DE LA DIVISIÓN DE HONDURAS

C. Comandante de la plaza de Comayagua.

Acabo de recibir del Sub—teniente de artillería, C. Nicolás Cortés, la comunicación de Ud. de esta misma fecha, que comprende el acuerdo tenido en esta misma plaza, en Junta de Guerra, con el objeto de evitar mayores desastres y la efusión de sangre al atacarse a la guarnición de dicha plaza. Me ha sido de singular complacencia el ver los sentimientos que animan a Ud. y a esa oficialidad, y uniformando los míos en los mismos términos que repetidas veces he manifestado al C. Jefe Dionisio Herrera, por medio de su Ministro, paso al examen de los diez artículos que se transcriben. El primero es admitido en todas sus partes en los mismos términos en que se me propone.

2°.—No estando en mis facultades el garantir los empleos de Ud. y demás que componen la guarnición de esa plaza, daré cuenta inmediatamente al Gobierno Supremo de la República, con la recomendación debida, a efecto de que se les conserven los empleos, honores y preeminencias, disfrutando entretanto de ellas hasta la resolución del mismo Gobierno.

3° —Aprobado.

4° —Aprobado.

5°—Serán garantizados los empréstitos hechos por particulares para las atenciones de esa plaza, y lo mismo sus personas, aguardándose la resolución del Supremo Gobierno por lo respectivo a los empleos civiles en los mismos términos que expresa el artículo 2°.

6° —La tropa y artillería que guarnece la plaza saldrá formada en los términos que se indican, hasta la plazuela de la Merced. En este punto hará firme la segunda y avanzando los artilleros todos con la infantería hasta la quebrada, formarán en ala con armas a tierra al frente, hasta que el Oficial que yo destine se posesione de ellas, victoreando recíprocamente al Gobierno Supremo de la República y verdadera libertad. El mismo Oficial se entregará del armamento y parque que se halle en los almacenes.

7° —Los prisioneros y pasados que se hallan actualmente en ambos cantones serán puestos en absoluta libertad, exceptuándose al tambor Molina, a quien se le garantiza la vida.

8°—Aprobado.

9°—Se suspenden las hostilidades hasta la ratificación de estos tratados, pero las tropas no se retirarán de los puntos que ocupan respectivamente hasta que, conforme a los artículos precedentes, me posesione de la plaza.

10—Aprobado.

Luego que se ratifiquen los tratados que comprenden los artículos anteriores, se enarbolará en esa plaza la bandera nacional, o blanca, y la guardia que se destine para la custodia del Jefe Herrera permanecerá hasta que sea relevada por otra destinada por mí.

D.U.L.—Cuartel General del barrio de San Sebastián de Comayagua, Mayo 9 de 1827. (f.) Milla.

Las modificaciones fueron aceptadas en la plaza, y Milla entró a ella el diez a las once de la mañana.

La plaza de Comayagua, que no tenía ÍTUL ni ninguna otra especie de fortificación militar, contaba con una guarnición que no llegaba a cuatrocientos hombres de tropas regladas, en tanto que los sitiadores ascendían a quinientos quince de toda arma, reforzados con los nuevos auxilios que les llegaban de los departamentos que les eran adictos (Nota a la página 31 del tomo 29 de la segunda edición del Bosquejo Histórico de Marure).

Véase como juzga el General Morazán en sus Memorias el sitio de Comayagua:

"Unas trincheras mal construidas y un jefe militar traidor, eran dos obstáculos de fácil acceso para los sitiadores si la vigilancia de los soldados patriotas no hubiera hecho impotentes por largo tiempo las maquinaciones de la intriga así como los diversos ataques que se dieran a la plaza. Estos no tuvieron otro resultado que el saqueo de toda la ciudad que se hallaba fuera de trincheras y el inútil incendio de sus mejores edificios con que se vengara la cobardía, ofendida de la tenaz resistencia que le opusiera el valor de un puñado de soldados hondureños y leoneses.

"En tanto que tenían lugar estos sucesos, la fuerza enemiga se aumentaba en razón que se disminuía la de la plaza. Los víveres faltaban ya en ésta, y muchas veces era mayor la sangre que se derramaba que el agua que se tomaba en el río defendido por los contrarios.

"La plaza se rindió el 9 de Mayo por una capitulación en que todo lo sacrificaba el traidor por la conservación de su empleo al Jefe que no había podido lograr ninguna ventaja sobre los sitiados. Y para que nada faltase a este documento vergonzoso, la firmeza con que había el Jefe Herrera rechazado las proposiciones de rendirse que se le hicieran, fue castigada dejándolo a merced del vencedor como prisionero de guerra".

CAPÍTULO VIII: MILLA EN COMAYAGUA

Triunfante Milla, empezó a ejercer, de hecho, el Poder público del Estado.

Al principio se manifestó dispuesto a no abusar del triunfo y se atrajo así el descontento del Presbítero Irías y de los demás eclesiásticos que seguían su causa a quienes les parecía que nada se había adelantado con la rendición de Comayagua si no se trataba a los partidarios de Herrera con el más severo rigor, protestando que no entrarían a la ciudad mientras no viesen en las providencias del vencedor la energía que creían necesaria. Milla, renunciando a sus prerrogativas de Jefe, y mostrándose débil y complaciente, prescindió de su moderación, y así, los que no pudieron ocultarse o emigrar tuvieron que sufrir una larga prisión en las cárceles de Comayagua o ser llevados a las bóvedas del Castillo de Omoa, que eran entonces mortíferas.

Hecho esto, cumpliendo órdenes del Presidente Arce y sin más misión—que la que éste le confiriera, es decir, sin misión legal, mandó practicar elecciones para la renovación total de las autoridades del Estado.

El 18 de Mayo dirigió al Encargado del Ministerio de la Guerra la comunicación que sigue:

"En nota de 4 del corriente mes dice el C. Presidente, General en Jefe del Ejército, que tan pronto como ocupe esta Plaza me pusiese en marcha para San Miguel a proteger su pronunciamiento en favor de la justa causa. Para cumplir esta orden, he creído conveniente el sacar de este Estado al C. Dionisio Herrera, temeroso de que su permanencia en él sea causa de una reacción. El desertor Cleto Ordóñez se halla en las inmediaciones de Tegucigalpa: mi División, después de ocupar esta Plaza, se disminuye considerablemente: tengo que dejar en ella una guarnición que sostenga el orden e impida el que los prosélitos de Herrera fomenten la anarquía: el auxilio que tengo pedido al Departamento de Olancho no podrá llegar tan pronto y por todas estas consideraciones he mandado que con la escolta de 50 hombres y al mando de un Capitán y dos subalternos se conduzca a esa corte para. donde salió el día de ayer, a la disposición del C. Vice—Presidente entretanto puede ser juzgado con arreglo a las leyes. El indicado Capitán C. Cornelio Ballesteros entregará 43 fusiles de la Federación con sus correspondientes fornituras. De todo doy cuenta al C. Presidente para que determine en el particular lo conveniente".

Esta comunicación revela que la opinión pública no apoyaba a Milla y eran de temer los prosélitos de Herrera, quienes por otra parte podían aprovechar el auxilio que venía al mando de Ordóñez; y confirma el hecho de que la invasión de Milla no tenía por objeto la custodia de los tabacos de la Federación que había dejado en Santa Rosa sino la cooperación para las operaciones sobre el Estado del Salvador. ¡Curiosa coincidencia! Esta comunicación era dirigida el 18 de Mayo, fecha en que el Presidente Arce sufría el terrible desastre de

Milingo, debido al cual la llegada de Milla a San Miguel no hubiera podido dar los resultados que de ella esperaba.

Sin embargo, el Vice—Presidente trataba de que siguiera adelante la campaña y así hizo que el 27 de aquel mes se le dirigiera a Milla la nota que dice:

"El Vice—Presidente ha visto con placer las notas de Ud. fecha 11 del presente, en que participa la ocupación de la Plaza de Comayagua por las tropas federales y acompaña los tratados que precedieron.

Si bien este suceso es plausible lo es más por haber sido de un modo que ahorra a la República víctimas sangrientas. Da por esto el Vice—Presidente a Ud. las gracias, y queda ocupado del examen de los tratados para la conveniente deliberación.

Resta, pues, que se concluya la obra interesante del orden general de la República. Son notorias las disensiones del Estado del Salvador, y lo es que no cede del conato de hostilizar al de Guatemala y aun al Supremo Gobierno: por ello convendría que Ud. organizase con el mayor empeño y eficacia sin perder instantes el escuadrón de Yoro y el batallón de Olancho, para que estuviesen dispuestos ambos cuerpos a cumplir las órdenes del Presidente, General en Jefe del Ejército, si es que a Ud. no le dan otras que contraríen la presente.

El mismo día el Jefe del Estado de Guatemala D. Mariano de Aycinena decía en una proclama a los guatemaltecos: "Compatriotas: En medio de las agitaciones que produce una esperanza frustrada, yo tengo el placer de recordaros que la causa que defendemos es la más justa y visiblemente protegida de Dios. Sí: no sólo las victorias comprueban estos principios. Nuestro ejército sobre S. Salvador ha sido por hoy rechazado de una fortificación, y el Comandante Milla ha rendido a Comayagua al propio tiempo. La guerra es contingente y cuando los hombres están como vosotros, armados por el convencimiento, no hay fuerzas en el mundo bastantes para oprimirlos...".

Arce, que había evacuado del todo el territorio del Estado del Salvador, se detuvo en Cuajiniquilapa, en donde logró reorganizar el ejército. Volvió a invadir, y el 16 de Julio ocupó la ciudad de Santa Ana.

Entretanto Morazán, que había sido uno de los jefes de la fuerza que se disolvió en la Madariaga, había llegado a Texiguat en unión de sus compañeros los Coroneles D. Remigio Díaz, D. José Antonio Márquez y D. José María Gutiérrez. Como el auxilio enviado por el Vicejefe del Salvador al mando del Coronel Cleto Ordóñez, había llegado a las inmediaciones de Tegucigalpa después de la capitulación de Comayagua y era muy pequeño, se retiró en dirección a Nicaragua, temeroso de los cargos que se le podían hacer en aquel Estado, por su tardanza. El 17 de Mayo se le informó a Morazán que el derrotero de las tropas de Milla había llegado a Langue y se entendía que esas tropas traerían el objeto de batir las de Ordóñez, posesionarse de Choluteca y cortar comunicaciones entre Nicaragua y El Salvador.

Morazán dijo en una carta que estaba muy en el orden que Milla tratara de destruir toda fuerza que pudiera oponérsele o aumentarse, y no estaba fuera de él que se las buscase donde creyera que podían estar obrando contra los intereses del Presidente; y esto los obligó a salir el mismo día de aquel pueblo. Así fueron a buscar su seguridad uniéndose al auxilio de Ordóñez. Pero, enterados en Choluteca de que individuos de una avanzada del auxilio habían dado muerte en Hato Grande, al comerciante español Miguel Madueño, por robarle, y de que Ordóñez había dejado impune ese crimen, no quisieron continuar más con tal Jefe para no sufrir perjuicio en su honor. Se le separaron en aquella ciudad, y pidieron garantías a Milla para permanecer en Honduras. Sus deseos fueron satisfechos, pues Milla les envió el pasaporte con el mismo correo que condujo la solicitud.

Luego dice Morazán:

Al instante marché con dirección al pueblo de Ojojona para disfrutar, en unión de mi familia, de la gracia que se me concediera. Por un presentimiento que jamás cupo en la confianza que me inspiraba la palabra de Milla, dichos jefes no corrieron la suerte que se nos aguardaba en aquel pueblo y yo, víctima de mi credulidad, conocí aunque tarde lo poco que debe confiarse en los que defienden una mala causa.

"Diez horas después de haber llegado al pueblo que había señalado para mi residencia, fui reducido a prisión por el Teniente Salvador Landaverri, de orden del Mayor Anguiano, Comandante

Local de Tegucigalpa y conducido a aquella ciudad. A pesar de haber presentado a éste mi pasaporte, me hizo poner en la cárcel pública.

"La seguridad de que en semejante atentado no tuviera para te el Coronel Milla, me hizo dirigirle una exposición en que le expresaba con bastante energía los males que me ocasionaban sus ofrecimientos. La contestación de este jefe. me dio a conocer el lazo que había tendido a mi confianza, y sólo procuré entonces evadirme de la cárcel".

Morazán logró hacerse pasar por gravemente enfermo, y así obtuvo que se le excarcelara bajo fianza la noche del 28 de Junio, a los veinte y tres días de estar preso. El 29 ya estaba en camino para León, en busca de auxilios para volver sobre Honduras .En su tránsito por el puerto de La Unión se encontró con el C.D. Mariano Vidaurre, quien, como comisionado del Gobierno del Estado del Salvador, pasaba al Estado de Nicaragua con el objeto de procurar un avenimiento entre el Jefe Cerda y el Vice—Jefe Argüello, que mutuamente se hacían la guerra. Vidaurre se interesó mucho para que se le auxiliase por el segundo.

Milla, por segunda vez, en Tegucigalpa

En 8 de Septiembre participaba Milla al Secretario del Presidente, General en Jefe del Ejército, a su Cuartel General en Izalco, que habían marchado ya de Comayagua para Tegucigalpa todo el parque, artillería y fusiles que había en ella: que dejaba aquella plaza con cincuenta hombres de guarnición y que dentro de cuatro horas saldría él para la de Tegucigalpa. De allí daría parte por un extraordinario del estado en que se hallaba la División para que el Presidente, General en Jefe del Ejército, diera las órdenes que tuviera por convenientes. A la vez comunicó haber llegado los Oficiales Villaseñor y la Torre, quienes seguían con él la marcha al punto indicado.

En Comayagua debían inaugurarse las nuevas autoridades supremas mandadas elegir por Milla. En qué circunstancias y cómo se organizó la Asamblea se puede considerar con presencia de la carta que el 14 dirigió a Milla D. Juan Lindo:

"Mi estimado Justo: Por no perder esta ocasión para escribirte y que llegue luego a tu noticia lo que se ha hecho, lo hago en medio de mil cosas que me ocupan.

Siendo imposible detener a José María Villa como imposible se reuniese la Asamblea con solo los Diputados nuevamente electos, a que se agrega el estado de efervescencia en que esto se ponía hasta el grado de que una gran reunión por la noche en un baile diese el grito de Viva S. Salvador libre, tomamos la resolución que indicamos de llamar por suplentes a los Diputados presentes de la Asamblea anterior para que representasen por los Partidos que no lo estaban conforme al Decreto de España y práctica del Congreso de la República.

De esta suerte se hizo Asamblea ayer cuya instalación se ha celebrado con gran entusiasmo de uno que te asombraría, aunque no: ya sabes que para alegrarse no falta pero para lo sustancial, ahí son los trabajos.

Manda los Diputados porque nada se hará hasta que ellos no vengan; también son muy precisos los Consejeros.

No hay más tiempo. Descuida que por acá hemos de hacer la fuerza hasta lo infinito. Soy tuyo,

Lindo.

Jefe Jerónimo Zelaya.
Vice—Jefe Miguel Bustamante.
Jefe Provisional Cleto Bendaña.

Respecto a esta lista no hay ninguna indicación en la carta. Acaso era un modo de notificar a Milla, a quienes se había declarado electos. En Mayo se pensaba ya en el primero, y en vez del segundo, se mencionaba a D. Joaquín Espinosa. Del tercero nada se había dicho.

La Asamblea así reunida el 13, llamándose Asamblea ordinaria del Estado, nombró su Presidente a Lindo y Secretarios a Ciriaco Velásquez y Teodosio Avilés, y declaró que en cumplimiento del artículo 11 del decreto de la Asamblea Nacional Constituyente de 5 de Mayo de 1824, procedió a la apertura de los pliegos que contenían las elecciones de Jefe y Vice—Jefe del Estado: que habiendo resultado treinta sufragios a favor del C. Jerónimo Zelaya, estaba electo Jefe y no habiendo elección popular de Vice—Jefe eligió entre los ciudadanos Francisco Güell y Miguel Bustamante, y resultó electo con totalidad de votos el segundo. Pero no estando presentes los electos, procedió a elegir un Jefe Provisional, y resultó electo el C.

Cleto Bendaña. La Asamblea decretó que el Jefe y en su defecto el Vice—Jefe tendría las atribuciones que señalaba el artículo 34 de las bases sancionadas por la Asamblea Nacional Constituyente el 17 de Diciembre de 1823 y las que le designaban los artículos 44 de la Constitución del Estado, y duraría cuatro años. El Jefe Provisional tendría las mismas atribuciones que el propietario. El señor Bendaña puso el "Ejecútese" al decreto el 17.

El mismo día 13 la Asamblea, siguiendo el ejemplo de Guatemala, acordó que el Gobierno crease en Comayagua un Tribunal con el nombre de Junta de tranquilidad, para el cual dictó un reglamento. Otro se crearía con las mismas facultades en Tegucigalpa, señalándosele por jurisdicción el territorio que antes se llamó Alcaldía Mayor. Estas medidas revelan que había que mantener la tranquilidad a la fuerza.

El 15 declaró la Asamblea que D. Dionisio de Herrera cesó como Jefe Provisional desde el 18 de Agosto de 1826, por haber desobedecido, en circular a los pueblos, el decreto sobre nueva elección de Jefe Constitucional. A este respecto dijo haber tenido a la vista la orden de 7 de Agosto que mandó practicar la nueva elección y el decreto de la Asamblea Constituyente de 24de Febrero de 1825 que declara en su artículo 19 que el Jefe del Estado debe poner el Cúmplase a los decretos y órdenes dentro del término de diez días y el artículo 44 de la Constitución del Estado. Y se expuso como razón que la primera obligación del Jefe es la publicación y circulación de los decretos y no cumpliendo en esta parte es como si no hubiese, respecto de la Asamblea, Poder Ejecutivo, no habiendo Herrera circulado la expresada orden mi otros decretos.

La Municipalidad de Tegucigalpa se había dirigido a la de Texíguat el 25 pidiéndole la remisión de Francisco Ferrera y de otras personas que habían llegado allí procedentes de los demás pueblos del Estado. La Municipalidad requerida contestó a los cuatro días que era cierta la llegada de aquellas personas, pero que los más habían ido pasando a otros puntos y que, aunque habían encontrado asilo en aquel pueblo, no tenían influjo alguno. Y añadía: "Hasta el día de ayer (28) supimos que hay Gobierno y Asamblea en Comayagua. A nosotros no se nos ha convocado para elecciones. Ignoramos si otros pueblos han tenido igual suerte, y como las circunstancias del día nos han hecho tomar el partido de aislarnos, suspendemos nuestro juicio hasta tener ideas más claras del estado político de Honduras, en el concepto de que nuestro ánimo es adherirnos a la opinión libre de la mayoría del Estado".

Por su parte Ferrera decía el día anterior a la Municipalidad de Tegucigalpa, a la que llamaba intrusa, que creía no se atrevieran a insultar a las autoridades legítimas de los pueblos, pero ya veía lo contrario, pues querían manifestar y penetrar a éstas en la creencia de que es Asamblea y Gobierno la mojiganga que han formado a su antojo. Y continuaba: "No ha sido preciso que esta Municipalidad me remita, porque ya tenía viaje para esa y temo no hallarlos a ustedes sin embargo de la urgencia que tienen de mí. El Jefe Departamental de Choluteca no lo enviarán, por estar ya posesionado de su mando por la respetable división salvadora en todos conceptos"[27].

El mismo día daba parte Milla al Secretario del General en Jefe del Ejército, Coronel D. Manuel Montúfar, al Cuartel General en Izalco, de que los enemigos se hallaban a distancia de seis leguas de la vanguardia de la División de su mando y que creía que al día siguiente iban a encontrarse. En el parte dejaba pocas esperanzas de un resultado feliz por las deserciones que continuaban con escándalo en su División, por la apatía y desaliento de los pueblos de Honduras, por la estrechez y casi inutilidad de sus recursos pecuniarios, y por otras mil circunstancias de que estaba rodeado y explicaba con tristeza, aunque animado siempre contra los obstáculos que se le oponían. Sin embargo esta vez fueron vanos sus temores, pues el 30 comunicaba al mismo funcionario que el encuentro se había verificado, como lo esperaba, quedando la victoria de su parte. "Anoche" —decía— "a las siete de ella he tenido el parte del Sargento Mayor Gregorio Villaseñor, que original acompaño. Por él se impondrá Ud. del éxito feliz de nuestras armas. Ayer ha salido el resto de la División, y yo marcho, en este momento a incorporarme con toda ella, pues no ha sido posible verificarlo el día que indiqué a Ud. por los embarazos que me han sobrevenido. No puedo menos que recomendar al General en Jefe del Ejército el valor, la bizarría y

---

[27] Véase íntegra esta comunicación en mis Efemérides de Honduras—Revista de la Universidad: tomo V, año de 1913.

denuedo del Comandante, oficiales y tropa de su vanguardia para que sirviéndose elevar esta nota al Gobierno Supremo se digne acordar la recompensa de que aquélla se ha hecho digna. No tengo tiempo para más, y es por esto que no me dirijo en derechura al C. Vice— Presidente de la República, pues este extraordinario marcha con violencia con el único objeto de poner en manos de Ud. esta comunicación.

"Voy a ocupar San Miguel y daré frecuentes avisos de mis movimientos.

Tengo el honor, C. Secretario, de reiterar a Ud. las consideraciones de mi aprecio.

D.U.L.—Tegucigalpa, Septiembre 30 de 1827.

José Justo Milla".

He aquí el parte a que se alude en el anterior:

"Comandante General de la División de Honduras.

"Llegué a las inmediaciones de este pueblo cerca de las tres de la tarde con ciento veinte hombres que dividí en tres partidas, una al mando del Capitán de Artillería José Matamoros, otra al del Teniente Manuel Laguardía y la otra al mío. Se rompió un fuego vivísimo que duró hora y media: el enemigo que se hallaba. con fuerza de más de cuatrocientos hombres y cuya División era al mando del Teniente— Coronel Gregorio Zepeda fue enteramente derrotado: se le han tomado más de cien fusiles, un cañón, todo el parque de artillería e infantería, más de cincuenta caballos, una bandera, cuatro cajas de guerra y todos los equipajes: se han hecho más de veinte muertos, muchos heridos y algunos prisioneros. El resto de la División se ha retirado en una dispersión vergonzosa y se les persiguió a más de una legua de este pueblo.

No tengo expresiones para manifestar la valentía de nuestros pocos soldados y oficiales; se han batido con cuadruplicado número de tropa, según las listas que se han visto.

"Luego que tenga lugar daré a Ud. un parte más circunstanciado de todo lo acaecido en la acción, sirviéndose Ud. si lo tiene por conveniente dar este parte al General en Jefe del Ejército.

"¡Loor eterno a los valientes soldados que se han batido en Sabanagrande!

"Sírvase Ud. admitir las consideraciones de mi sumisión y respeto.

D.U.L.—Sabanagrande, Septiembre 28 de 1827.

Gregorio Villaseñor".

Una carta de Domingo Lagos sobre esta acción de armas dice:

"Según las noticias que de los fiebres, se tienen, no hay que temer porque las tropas que venían del Salvador, León y San Antonio, Texíguat y otros puntos, las dispersaron los gorrudos y han quedado deseosos de que vengan más, pues no se contentan con haber matado veinte y tantos, herido más de treinta, quitándoles un cañón, ciento y tantos fusiles, ocho mil cartuchos, siete mil pesos en dinero, cuarenta cartuchos de cañón, toda la pólvora y balas, cincuenta bestias, cincuenta prisioneros y todo el equipaje; y el resto de la tropa se dispersó toda".

Hay otra comunicación del vencedor que hacer ver un cambio de escenario:

"C. Comandante General de la División de Honduras.

"Hoy he dado a Ud. el parte de la acción de ayer y mando este para hacer ver a Ud. que, con la División que tengo, no podré continuar mi marcha sobre Texíguat, Choluteca, a causa de estar limitada a menos de la mitad por haberse desertado antes de ayer y hoy.

"Se me ha dado parte que la División de Texíguat y cien leoneses que debían incorporarse en Ojojona con la División que he derrotado ayer puede haber tomado aquella dirección; yo no me persuado que sea cierto esto, pero es menester precaverse. Por las comunicaciones del Teniente—Coronel Gregorio Zepeda, que se han tomado en su equipaje, se ve que este era el plan, y lo creo por la confianza con que nos recibieron, creyendo que eran las tropas de Texíguat.

"La carga se me ha aumentado con las armas, artillería y parque, que se les ha tomado, y por de contado no puedo moverme.

"Comandante: vea Ud. que me he visto comprometido y lo estoy hasta ahora; los heridos no se han curado: las avanzadas y guardias no se han relevado, porque todo me falta.

"Espero de Ud. una contestación pronta y que me salve.

"Admita Ud. las consideraciones de mi sumisión y respeto.

Dios, Unión, Libertad.

Sabanagrande, Septiembre 29 de 1827.

Gregorio Villasenor."

Esta última comúnicacion demuestra que no estaban tan ansiosos los gorrudos de que vinieran más fiebres, como dice Domingo Lagos. Antes bien, se veían temerosos de un grave peligro: su jefe pedía que se le salvara, y demuestra sobre todo que la victoria de Villaseñor se debió al error de las fuerzas de Zepeda que recibieron a las de aquél, con entera confianza, creyendo que eran las tropas de Texíguat. Se dejaron así sorprender y esta sorpresa les arrrebató la victoria que, de otro modo, habría sido suya.

Este triunfo, obtenido por casualidad, inspiró al Presidente, General en Jefe del Ejército, el siguiente Manifiesto:

Soldados:

La justicia[28] de la causa que sostiene el ejército federal, unida al valor que lo distingue, en todas partes vence y escarmienta a los ejércitos de la anarquía. Una sola vez ha sufrido un desastre, y entonces lució más su denuedo, su arrogancia y su disciplina. El Gobierno de San Salvador, infatigable de sacrificar los ciudadanos de su Estado, hizo marchar una División de cuatrocientos hombres a las órdenes del oficial Gregorio Zepeda contra las fuerzas del Coronel Milla. En Sabanagrande fue atacado por este Jefe, y el éxito ha sido, como siempre, vencer las tropas federales.

"El Gobierno de San Salvador se venga de estos sucesos produciendo injurias contra el ejército; pero vosotros, que sabéis despreciar el fuego del cañón, no podéis ser detenidos por la arma débil de la calumnia.

"Soldados, yo os exhorto a que nunca desmintáis vuestro crédito: id siempre por la senda del valor sin descansar hasta que la patria sea libre y tranquila; y hoy dedicaos a bendecir el esfuerzo de nuestros compañeros que triunfaron en Sabanagrande.

Cuartel General de Izalco, 10 de octubre de 1827.

---

[28] La guerra era la mejor demostración de la falta de justicia de la causa que sostenía el ejército federal.

Hay que rectificar este Manifiesto siquiera en lo relativo al ataque: no fue Zepeda quien atacó, sino el atacado, como lo dice el mismo Villaseñor al referirse a la confianza con que lo recibieron las fuerzas contrarias y a haber dividido las suyas en tres partidas, que fueron las que dieron la sorpresa.

Dos días después de dictar el Manifiesto, Arce dejó el mando del ejército al General Francisco Cáscara, en el propósito de volver al ejercicio de la Presidencia.

MILLA DEMORADO EN TEGUCIGALPA

El 2 de octubre recibió Milla la siguiente exposición:

"Al C. Comandante General:

"La Municipalidad y vecinos que suscribimos hacemos presente a Ud. la urgentísima necesidad de este Departamento para que resida en esta ciudad, cuando menos durante la presente estación, por las reflexiones que todos y cada uno formamos con respecto a la seguridad general y particular, y son las siguientes:

"1º—Es constante que el espíritu de la anarquía ha salido al último grado, tramando disposiciones de destrucción de todo hombre honrado, y que a la vez que la fuerza federal se retirase sería indubitable una invasión que amenaza de cerca, de que hay datos nada equívocos.

"2º— Es constante que la fuerza del Salvador que acaba de sufrir la derrota de Sabanagrande obraba de acuerdo con varios pueblos de este Estado para dar el golpe inhumano que se ha descubierto en sus planes, y que ahora existe en ellos la esperanza de realizarlo en el momento que se retire la fuerza federal.

"3º— Es de atención que el presente invierno con su excesiva copia de aguas opone el mayor embarazo para la marcha de la División, de forma que ahora cuando siguiera el camino sólo sería para sufrir las enfermedades y calamidades consiguientes.

"No se nos oculta que las órdenes Supremas y repetidas son obligatorias y de un interés que refluye en beneficio de la República, y por consiguiente, conocemos la necesidad de su cumplimiento; pero, señor Comandante, la regeneración de este Estado es obra de

Ud. ¿No sería para Ud. mismo sumamente sensible su regreso, y a nosotros no nos sería mucho más quedar expuestos al furor de unos enemigos irreconciliables, cuyo carácter está bien manifestado? No, señor; sírvase tomar en consideración todo lo indicado y revocar sus órdenes mandando contramarchar la gloriosa fuerza que acaba de batir al enemigo: se lo suplicamos para no vernos en la dura alternativa de tener que sufrir el furor de los enemigos, o desamparar esta ciudad para seguir la marcha de la tropa con nuestras familias.

"Descuide Ud. de los presupuestos: los C. C. Ferrari y Ambrosio Echeverría los presentarán puntualmente como encargados de colectar una suscripción que está abierta a este fin: no faltarán los demás auxilios necesarios, y quedaremos tan reconocidos a la protección de Ud., que nos prestaremos a cuanto conduzca a su permanencia.

"Sala Municipal de Tegucigalpa, Octubre dos de mil ochocientos veinte y siete.

"Pablo Borjas, Tomás Medina, Valentín Galindo, José Midence, Rafael Cubas, Secundino Bustillos, Francisco Marsilla, Tomás Soto, Srio. Joaquín Machado y Ugarte, Cura; J. Manuel Fer. Cerna, Guard., Juan V. Lorenzo Motiño, Fr. Luis Piloto, Miguel Bustamante,Vice— Jefe; Pascual Ariza, Calixto Reconco, Lic. Migue Robelo, Carlos Selva, José Ferrari, Domingo Lagos, Ambrosio Echeverría, Narciso del Rosal, Leocadio Lardizábal, José María Bonilla, Leonardo Romero, Serapio Galindo, José B. del Valle, Manuel Pardo, José Vicente Benítez, Baltasar Sandoval, Pío Sánchez, Rafael Estrada, Rafael Pagoaga, S. Irías, Laureano Verdugo, Vicente Figueroa M., Justo Moncada".

Esta exposición significaba sustancialmente que Milla había sometido a Honduras al dominio de las fuerzas federales enviadas por Arce, derrocando a Herrera, que no otra era su obra de regeneración; y que el prestigio de la causa del vencido era tan poderoso, que se temía que, si Tegucigalpa no era defendida por Milla, no habría quien la defendiera.

Milla ordenó que la fuerza contramarchara, dando cuenta de la situación en la siguiente nota:

C. Secretario del General en

Jefe del Ejército.

"Demorado aún en esta ciudad por la crudeza del invierno dirijo a Ud. este extraordinario para imponerlo de las circunstancias en que actualmente me hallo.

"Dije a Ud. en mi comunicación de 28 del pasado que estaba resuelto a ocupar S. Miguel aunque fuera sólo con mis veteranos. Le indiqué la deserción escandalosa que había sufrido en la vanguardia el Comandante Villaseñor: concluí diciendo que no encontraba arbitrio para cortarla. En efecto, los mismos vencedores de Sabanagrande, después de concluida la acción, habían desertado y el Comandante se ha quedado en la situación que indica el parte que en copia acompaño. Aun no es esto sólo; cuando iba a montar para incorporarme con la División sumamente disminuida, se presentaron en casa más de cien personas con el objeto de suplicarme accediese a la solicitud que contiene el escrito que original remito. No puede Ud. figurarse la consternación general de este vecindario por la salida de la tropa federal; la emigración ha sido grande: la desconfianza suma y el temor imponderable. Todo nace de los motivos siguientes:

"Tegucigalpa está rodeada de pueblos anarquistas; en su seno mismo tiene dos partidos opuestos que luchan entre sí; y como ahora haya triunfado el de la razón, los que ocupan el contrario andan fugados y diseminados por las montañas vecinas, pero con suma facilidad de reunirse a la primera voz.

"Comayagüela, que dista de aquí un tiro de cañón, es pueblo decidido para la anarquía, y sus vecinos todos se hallan en los montes, en términos de no encontrarse un solo habitante en él. Sucede lo mismo con los del Barrio—Abajo, en esta ciudad, que abandonando sus casas andan dispersos; éstos, en combinación con los de San Antonio que dista ocho leguas, Texíguat y Choluteca, debían venir unidos a los salvadoreños que derrotó Villaseñor y dar un golpe de mano a esta ciudad; y todavía es hoy, según se me asegura, que hay vigías apostadas en los cerros inmediatos velando el momento de mi salida o de la poca tropa que hay de Costa Rica para entrar degollando a la parte sana del vecindario.

"La creencia general que se tiene de un plan tan atroz lo ha obligado a reunirse ayer en masa; a hacerme mil súplicas para que haga regresar la División: a ofrecerme mil sacrificios personales y pecuniarios, a manifestarme los que se han hecho en el Estado y particularmente en este Departamento en que se han colectado cerca de doce mil pesos para el mantenimiento de la División: en fin, a representarme que no es justo que los abandone a manos de sus enemigos, de quienes serán víctimas en el momento mismo de desaparecer la tropa de esta ciudad.

"Penetrado de estas razones: de que el movimiento es excesivo en este país: de que los ríos demoran la marcha como lo he visto en estos días: de que las deserciones de los adictos precisamente a la causa, continúan: de que la tropa se enferma como ha comenzado ya a suceder en la vanguardia: de que los recursos de bagajes y arrieros para cargas que marchan de parque, artillería y fusiles, se agotan: en fin, de que el Jefe del Estado ha interpuesto sus respetos para que no mueva la División Federal temida y respetada en él y de que es imposible que ahora continúe la marcha por las razones indicadas principalmente yéndose los costarricas, a quienes no puedo ya contener por más tiempo: he dispuesto: que la División regrese a esta ciudad como lo verificará dentro de muy pocos días. Pienso permanecer aquí este mes, y durante él apurar todos los recursos para aumentar la División, a cuyo efecto he comenzado ya a tomar providencias hoy mismo: no aseguro el buen resultado de ellas porque en este Estado todos los esfuerzos son vanos, siento decirlo, pero lo digo con experiencia.

"Por lo expuesto se penetrará Ud., C. Secretario, del grande compromiso en que me hallo. Veo que para moverse el ejército necesita del auxilio de la División de Honduras: veo que es de suma importancia que ésta ocupe San Miguel por las inmensas ventajas que de este paso se van a reportar: veo que la ocasión más feliz de lograrlo es esta en que derrotados los enemigos huyen cobarde y vergonzosamente a sepultarse en sus trincheras: veo que en aquella ciudad habrá elementos para reforzar la División: veo en fin mis vehementes deseos de contribuir al total aniquilamiento de los anarquistas; y por otra parte, no encuentro más que obstáculos y escollos que los entorpecen. Un vecindario que suplica: un invierno riguroso: una deserción sin término y una falta absoluta de recursos, he aquí lo que me obliga, a mi pesar, a permanecer en esta ciudad hasta que el General en Jefe se sirva con sus providencias decisivas sacarme de esta situación embarazosa, o autorizarme para obrar conforme las circunstancias lo exijan. Tenga Ud. la bondad de manifestarle todo lo expuesto para su resolución.

"D.U.L.—Tegucigalpa, 3 de Octubre de 1827.

José Justo Milla".

El 12 ya había regresado la División a Tegucigalpa, y Milla había tomado otras medidas para tranquilizar al vecindario. Véase al respecto la siguiente comunicación:

"C. Secretario del General en Jefe del Ejército.

"Por las razones que expresa la nota que acompaño del 3 del corriente y debió ir con un extraordinario, se impondrá Ud. de las causas que me obligan a regresar la División y permanecer aún lista a la fecha en ésta.

"En efecto aquélla ha vuelto y el invierno sigue con más rigor, de manera que es absolutamente imposible moverse de esta ciudad, porque los caminos, los ríos y la falta absoluta de recursos en todos conceptos impiden cualquier movimiento que se intentara. No siendo posible que la División pasara de Sabanagrande por las causas indicadas, ha sido indispensable regresarla a esta, donde permanece. Entretanto, he tomado las providencias más activas y enérgicas para aumentarla: he tocado resortes particulares para que de Olancho vengan igualmente: he mandado comisionados a todo este Departamento para igual fin; se me dan esperanzas lisonjeras de que vendrán los auxilios pedidos; yo daré parte del resultado, que veo ya menos difícil, pues con la derrota de los salvadoreños en Sabanagrande ha revivido el entusiasmo y algo puede lograrse. Dedicaré este mes a aumentar cuanto pueda mi División, y en el entrante que el invierno haya calmado me encontraré en disposiciones de obrar activamente. Este vecindario sigue en tranquilidad: los temores han cesado, y se trabaja para dejarlos seguros tan luego como la fuerza de mi mando marche sobre San Miguel. Al mando del Coronel Rafael Escalante sale pasado mañana el piquete de Costa Rica, con doscientos fusiles que remito al Jefe de Managua; y por extraordinario que le pongo hoy mismo, le pido de dos a trescientos hombres de auxilio para aumento de mi División. No me es posible enviar a aquel Jefe más armamento pues deducidos el que tengo que dejar en esta ciudad y remitir a la de Comayagua sólo cuento con quinientos fusiles para marchar sobre San Miguel.

Reitero a Ud. las protestas de mi consideración y aprecio.

Tegucigalpa, Octubre 12 de 1827.

José Justo Milla".

El Comandante General del Ejército de la Federación, al recibir la nota anterior, se dirigió al Gobierno en los siguientes términos:

"Al C. Secretario de Estado y del Departamento de la Guerra.

"El Coronel José Justo Milla, Comandante General de la División de Honduras, con fecha 30 de Septiembre, después de la acción de Sabanagrande, me dice que iba a ocupar a San Miguel, y en ese concepto se le dieron las instrucciones convenientes. Ahora con fecha 3 y 12 del corriente, cuyas notas acompaño originales, manifiesta la imposibilidad en que se halla de continuar a San Miguel, y que se ha retirado con sus tropas a Tegucigalpa.

"En su citada nota anuncia igualmente que, por la escandalosa deserción que ha sufrido su División, aún después de la derrota de los enemigos, ha pedido 200 a 300 hombres al Jefe de Nicaragua, cuya medida no deja lugar para sacar del Estado de Honduras las tropas que el Supremo Gobierno desea que se destinen a Nicaragua en auxilio de las fuerzas del Jefe del mismo Estado.

"Sírvase hacerlo presente al Vice—Presidente de la República y devolverme las notas originales del Coronel Milla.

"D.U.L.

"Cuartel General de Izalco, 25 de Octubre de 1827.

Francisco Cáscara".

Cuando el Gobierno Federal ordenaba auxiliar al Jefe Cerda en Managua, para lo cual Milla había recibido las instrucciones de que se ha hablado, de enviarle tropas, las que no pudo remitir como se ha visto, habiendo en cambio tenido que pedírselas, a la vez que le enviaba armas, el Gobierno de León le había acordado a Morazán los auxilios en cuya concesión se había empeñado D. Mariano Vidaurre.

"El Coronel Ordóñez" —dice Morazán— que llegó preso a León, pudo formar una revolución contra el Vice—Jefe Argüello, que tuvo por resultado la deposición de este funcionario y el auxilio que se me dio de los militares que le eran más adictos".

"Ciento treinta y cinco, entre jefes y oficiales, componían mi pequeña fuerza. Su fidelidad al Gobierno a que habían pertenecido me inspiraba la mayor seguridad y la fundada esperanza de reunir los descontentos hondureños, que produjeron las persecuciones de Milla y sus agentes, ponían de nuestra parte todas las probabilidades del triunfo".

Morazán pasó a Choluteca con su auxilio, acompañado de sus amigos los Coroneles Márquez, Gutiérrez y Díaz, con quienes se había reunido en León, y a aquella ciudad fueron a incorporársele las gentes que de Texíguat le enviaba el P. Márquez, con las que llegó el Capitán Ferrera, las de San Antonio, de Cantarranas y otros puntos del Estado, y con ellas y el auxilio que había enviado el Vice—Jefe del Salvador, llegó a tener un ejército de 500 hombres.

El 24 de Octubre la situación era grave. En la sesión de este día, la Asamblea conoció de la renuncia del Jefe Provisional del Estado, C. Cleto Bendaña, y consideradas las circunstancias y puestas de manifiesto las operaciones del Gobierno, no tuvo a bien admitirla; pero autorizó al propietario para prestar el juramento debido ante la Municipalidad del Estado a donde llegara, con facultad de que desde aquel momento pudiera obrar como tal Jefe, dando conocimiento inmediatamente al provisional.

Por otra parte la Asamblea tomando en consideración "que los enemigos del orden y de los derechos de los ciudadanos del Estado. unidos con fuerza extraña, ocupaban varios pueblos y no se hallaban muy lejos de aquella Corte (Comayagua) y según las comunicaciones del Comandante de la fuerza destinada a sostener el Estado, era indispensable para asegurarle auxilios de gente y de dinero que había sido imposible prestar con la brevedad que los pedía, y sabiéndose igualmente por el Comandante que dichos enemigos en bastante número se hallaban distantes de Tegucigalpa siete leguas, no habiendo seguridad ni defensa ninguna en aquella Corte, acordó suspender sus sesiones hasta el 8 del entrante, en que las continuaría en el pueblo de Siguatepeque, Santa Bárbara u otro lugar que ofreciera seguridad y posibilidad de tomar medidas para salvar el Estado, debiendo pasar al primer lugar designado alguna fuerza para los honores y respetabilidad de la Asamblea y Gobierno; resolución que se comunicaría con carácter de reservada al Comandante, Coronel José Justo Milla, y con propio, al Jefe Constitucional".

Lindo había dirigido a Milla el día anterior la siguiente carta, en que comienza por defenderse de un cargo que no explica:

"Mi amado Justo: Son las seis de la tarde y he recibido tu apreciable y aunque con la pacaya de la postdata, pero creo será la gente de San Antonio porque escribí a el P. Campos y a López la remitiesen para esa.

"Actualmente estoy con el Comandante tratando la reunión de 30 y tantos hombres que deben salir muy temprano de la mañana; en ella espero 25 de Opoteca que irán pasando si no llegan a tiempo para caminar reunidos. El número de comayaguas y de soldados viejos que van te dará a conocer si se ha trabajado.

"He hecho mil esfuerzos para mandarte 500 pesos siquiera; ha echado el Gobierno un empréstito: a el que más se le asigna son 100 pesos; nada se ha medrado sino el que se me rebelen personas: que todo lo saben, que ven la urgencia y que calculan el resultado; si fuesemos vencidos, tú puedes conjeturar quienes son y la incuria de éstos ha entorpecido la elección de los otros.

"Justo: Ten seguridad que pegas el 2° golpe y remitida la gente que te he dicho voy a ver la que consigo para el Portillo, porque es bueno un pie de rodeo de forasteros y en aquel punto 150 hombres para que obren a la retaguardia si los enemigos ser mueven.

"No hay más tiempo. Soy tuyo,

Lindo".

He aquí otras cartas de Lindo sobre la situación:
"Comayagua, Octubre 26 de 27.

"Mi amado Justo: La solicitud de ese Jefe está tomada como verás por la comunicación oficial por ser en todo consecuente a la providencia dada; cuánto me alegro que veas que activamos y con acierto.

"Ayer se te ha remitido gente; no sé los que sean porque iban a salir de Las Piedras y La Villa.

"Se ha acordado pasar los Poderes a Siguatepeque; entretanto se reúnen todos el Jefe se irá a Opoteca dejando una guarnición de 50 hombres al mando del Teniente—Coronel López. Se ha informado a la Municipalidad en que se presente el Jefe Constitucional para que le reciba el juramento, para que pueda obrar en aquel acto; en fin se ha hecho cuánto no se puede creer y ya irá realizándose todo.

"Soy tuyo,

Lindo".

"Aquí se aprieta a los fiebres para que no se alegren. No dilates el correo de Managua y comunica lo que te digan de la Columna.

"Va esa mudada de ropa para Manuel López; las cartas las mandé a San Antonio. He tenido ahora aviso cierto que en San7ta Rosa están de camino para Choluteca 50 zánganos armados".

"Comayagua, Octubre 27 de 1827.

"Mi estimado Justo: El correo que vino de la columna esta mañana dice que están alborotados algunos pueblos de Gracias porque han llegado itinerarios de tropas del Salvador. Piden seis reses &. También oyó decir que al Generalísimo tata Donayre[29] lo tenían con centinela del mismo pueblo porque a él venían a llevarlo las tropas si no daba todo su dinero. Estas son sus mismas palabras. Hoy también he recibido propio de Ocotepeque con carta escrita fecha 16 del que rige. Sólo por comunicarme que luego que entraron los derrotados a San Salvador salieron 400hombres a atacarte a tí y a esta ciudad. Ya te dije que un correo que iba para San Miguel lo hicieron regresar 50 hombres que encontró en Santa Rosa, todo lo que me da idea que hay algo de cierto de que se vengan aquellas tropas por Gracias, por lo que me ha parecido que manden cien fusiles y pertrecho, pues aquí no tenemos más útiles que 110; los demás son incomponibles; tiros mil, de cañón ninguno ni recurso de pólvora; y ocupándoles el punto de Siguatepeque o los Ranchos si toman el otro camino, se les hará buen

---

[29] El Presbítero D. José María Donayre era el Diputado Constituyente, a cuya iniciativa, por creerse ofendido, se debió la traslación de la Asamblea, de Tegucigalpa a Comayagua, en Enero de 1825 y fue el jefe de la fuerza que las tropas del Gobierno de Herrera derrotaron en Erandique el año siguiente. Lindo se burla de él a pesar. de seguir. su causa.

perjuicio, y cuando menos se les trastornarán por su demora sus combinaciones.

"Mañana sale el armamento para Opoteca... Anoche vino la gente a llevar fusiles, hasta las mujeres; tú dispondrás sobre el auxilio y se te pide lo que te parezca porque tienes más de cerca las circunstancias.

"No hay más tiempo. Soy tuyo.

Lindo".

Nuevos sucesos deben de haber motivado la traslación de Lindo a Opoteca, de donde escribe ahora:

"Opoteca, Octubre 30 de 1827.

Mi amado Justo: Te acompaño lo que se acaba de recibir del Pe. Campos por si acaso no lo hubiese hecho contigo. La gente de Gracias no ha venido porque no había recibido la orden, pues la demoraron en Gracias imprudentemente; pero a la fecha ya está en sus manos y no dudo que vengan caminando con los oficiales que se han pedido. No creo que llegue el caso de que te retires, pero este punto es sumamente ventajoso y con los 4 clarines que tienes no nos batía nadie.

"No te he engañado las veces que te he dicho que va gente; pero son todo, menos patriotas que se desertan del camino y esta no es culpa mía.

"Va nombrado Jefe Político D. Tomás Midence porque el amigo Sediles no admite este encargo, sólo la Comandancia.

"Mil expresiones a D. Ignacio Sediles, que al nombrarle Comandante tuve presente su carta del año pasado para influir: que tenga esta por suya, porque no tengo tiempo para escribir más. Soy tuyo,

Lindo".

Las cartas de Lindo, aunque tan lacónicas, son un espejo de los acontecimientos. Respecto a la llamada Asamblea que se había reunido irregularmente, pues la convocatoria a elecciones no había llegado a todos los pueblos como se ve de nota de la Municipalidad de Texíguat, dice Lindo que, no contando con el número debido de Diputados, éste se había completado para la instalación con los presentes de la Asamblea anterior, y para que pudiera funcionar, Milla debía enviar los Diputados y se requerían los consejeros: no hubo Consejo. El estado de efervescencia de los ánimos lo demuestra el haber gritado una gran reunión por la noche, en un baile. ¡Viva San Salvador libre! y la ineficacia de la acción del Gobierno se advierte en la resistencia que hacían a cubrir el empréstito decretado los que todo lo sabían, veían la urgencia y calculaban el resultado. La gente enviada de Opoteca, de Comayagua, de San Antonio y. de Las Piedras no llegaba a Tegucigalpa o llegaba en número muy reducido por las deserciones. El Departamento de Gracias, de donde Milla era nativo, estaba alborotado por la proximidad de las tropas del Salvador: no llegaban las que de allá se habían pedido, y en cambio habían salido de Santa Rosa cincuenta hombres a incorporarse a las tropas que se organizaban en Choluteca; y por otra parte, en el temor de que hubieran salido 400 hombres de San Salvador para venir a atacar a Comayagua y luego a Milla, se quería guarnecer Siguatepeque por si traían el camino de Occidente, o Los Ranchos por si traían el del Sur, tratando además de proteger el paso del Portillo con 150 hombres empleando allí forasteros para obrar a retaguardia si los enemigos se movían.

El número de armas y pertrechos en Comayagua era insuficiente para la defensa, por lo que se le pedía auxilio a Milla, y ante la posibilidad de que éste se retirara, se le hacía la insinuación de que fuera a defenderse a Opoteca, en donde harían prodigios los cuatro clarines con que contaba. La actitud de los fiebres era tal que se les apretaba para que no se alegraran. Pero aunque se trataba "de hacer la fuerza hasta lo infinito", los aprietos del momento obligaron a los Poderes intrusos a trasladarse a Siguatepeque, y a Lindo, a Opoteca, de donde dirigió su última carta a Milla.

Qué era de éste entretanto? Milla organizaba su ejército para marchar hacia el Sur contra las fuerzas con que Francisco Morazán, partiendo de Choluteca, avanzaba hacia el interior, a libertar a Honduras de la opresión en que se hallaba, restableciendo en el Estado el orden constitucional que, con la invasión injustificada de fuerzas federales, había roto el Presidente de la República, D. Manuel José Arce.

CAPÍTULO XI: MILLA EN LA TRINIDAD

No conozco datos oficiales sobre el número de fuerzas con que Milla contaba al salir de Tegucigalpa. Las que salieron de Guatemala bajo su mando eran 200 hombres que, a su paso por Chiquimula, se aumentaron a 300; D. Liberato Moncada dice que invadió Honduras con esta cifra. En Santa Rosa y Gracias engrosó sus fuerzas y marchó sobre Comayagua: suponiendo lo mínimo, es posible que haya comenzado el sitio de la ciudad con 400 hombres. De allí, pidió 200 hombres al Departamento de Olancho y 100 a Omoa: de aquel Departamento le vinieron 80; de Omoa no le vino gente porque era muy corta la División que guarnecía aquel puerto. De Yojoa le llegaron 36 hombres y de allí mismo esperaba dos días después 30 morenos. Tenía entonces 546 hombres. El 29 de abril había destacado sobre la Madariaga 160, y a principios de Mayo 300, a Tegucigalpa, con motivo de aproximarse a esta plaza el auxilio que, en favor de Herrera, traía del Salvador el Coronel Ordóñez; para retirar del sitio estos hombres era preciso que le quedaran en Comayagua, por lo menos los 400 con que empezó las operaciones, pues para lograr la capitulación, que fue el 9 de Mayo, no es admisible pensar que haya debilitado sus líneas, las que antes bien debe de haber fortalecido. Rendida Comayagua, envío, custodiado por una escolta de 50 hombres, al Jefe del Estado D. Dionisio de Herrera, a Guatemala. Al salir para Tegucigalpa el 4 de septiembre, dejó en Comayagua una guarnición de 50 hombres: le quedaron así 300, con los que llegó a Tegucigalpa, en donde contaba con los 300 que había enviado por la venida de Ordóñez. Dispuesta su marcha a San Miguel, hizo salir la vanguardia, al mando del Sargento Mayor Gregorio Villaseñor, compuesta de 120 hombres, de los que hubo muchos desertores después del triunfo de Sabanagrande: Milla, a virtud de las súplicas del vecindario de Tegucigalpa, hizo regresar a esta plaza aquella fuerza. Finalmente Milla, que no podía detener ya un piquete de Costa Rica, que había formado parte de sus fuerzas, trató de aprovechar el entusiasmo que había revivido, según dice, con la derrota de los salvadoreños en Sabanagrande, apurando sus esfuerzos para aumentar su División. lo que ahora creía fácil de obtener.

El piquete de Costa Rica, del que no se sabe el número, salió el 14 de octubre al mando del Coronel Rafael Escalante, llevando 200 fusiles para el Jefe de Estado en Managua. El retiro de la fuerza costarricense le dio motivo a Milla para pedir a aquel Jefe, como se ha dicho ,un auxilio de dos a trescientos hombres, los que no vinieron. ¿Cuál era, pues, el número de fuerzas con que contaba Milla,al finalizar el mes de octubre, cuando avanzaba hacia Tegucigalpa el ejército libertador de Morazán? Si Milla contaba, como se indicé antes, con 600) hombres a su llegada a esta plaza, y se estima en 50 el piquete de Costa Rica y en 50 el número de desertores, aquella cifra queda reducida a 500; pero le había entrado la gente enviada de Opoteca, de Comayagua, de Las Piedras y de San Antonio, según la cartas de Lindo, aunque reducida por las deserciones y debe de haberle venido la que pidió a Olancho y la que recogió en el Departamento de Tegucigalpa. Con estos ingresos cabe decir que, por lo menos, pudo aumentar su tropa en 100 hombres, y en este caso, dejar 50 de guarnición en Tegucigalpa y enviar de auxilio otros 50 a Comayagua o Siguatepeque, quedándole 500 para su marcha.

Con estos 500 hombres, o acaso más, salió Milla de Tegucigalpa el 10 de noviembre, informado de la proximidad de las fuerzas de Morazán, que no quiso esperar en esta plaza, quizás por salvarla de los estragos de las operaciones militares, o por temor a los prestigios del jefe contrario. Hizo su primera jornada a la llanura llamada hoy la Bodega, que se extiende al Oriente, al pie del hermoso Cerro de Ula,[30] y allí, temprano del siguiente día, tomó sus disposiciones para batirse con las fuerzas enemigas, que en la misma mañana habían salido de Sabanagrande a su encuentro. Morazán se situó en el Cerro de la Trinidad, en la parte del Norte, que da frente al camino que viene del Cerro de Ula, por el que avanzaba Milla, y distribuyó su tropa aprovechando las quiebras del terreno, de manera de impedir un movimiento envolvente del enemigo. Dada la distancia del Cerro de Ula al de la Trinidad, que puede recorrerse en cuatro horas, y habiendo salido Milla de allí a la siete de la mañana, se puede decir que, a las once, estaban frente a frente los ejércitos enemigos.

¿Cómo pasó la acción? Se me ha informado que el parte de ella, dado por Milla al Gobierno Federal, se conserva impreso en la

---

[30] No Cerro de Hule, como equivocadamente se dice hoy: en los títulos antiguos de las tierras de este Cerro, pertenecientes a Santa Ana, se lee: Santa Ana Ula y ulas se llamaban los indios de la región a la venida de los españoles

Biblioteca Nacional de Guatemala, en un tomo pequeño, encuadernado: si esto es verdad, habrá que esperar a que sea reproducido para conocerlo. Entretanto, de la época próxima al suceso no se cuenta más que con el breve relato que de él hizo D. Liberato Moncada, condiscípulo y amigo del General Morazán, en su biografía, y con el corto pero brillante rasgo con que Morazán do consigna en sus Memorias.

Dice Moncada que Morazán encontró en León "a sus apreciables compañeros el Comandante General D. Remigio Díaz, Coroneles D. José Antonio Márquez y D. José María Gutiérrez y a muchos patriotas emigrados. Con ellos y el Coronel Benítez, que aún no era conocido, logró Morazán formar una División que, al tocar con ella en Choluteca, se le aumentó considerablemente con los soldados patriotas que ocurrieron de Cantarranas, San Antonio, Texíguat, del mismo Tegucigalpa y de otros pueblos, tanto que en muy pocas horas que duró la muy memorable acción de Ja Trinidad, salió el ejército opresor completamente derrotado el 11 de Noviembre de dicho año de 27, a los seis meses de rendida la capital, y Milla no paró hasta Guatemala".

Morazán dice:

En la villa de Choluteca, con el auxilio que mandó el Gobierno del Salvador, pude organizar una considerable División, y en el campo de la Trinidad acreditar a los hondureños que era llegada la hora de romper sus cadenas. Milla fue allí completamente batido, dejando en nuestro poder los elementos de guerra que había acumulado y la correspondencia oficial. La vanguardia sola consiguió este triunfo, en el que se distinguieron los coroneles Pacheco, Valladares y Díaz. A los de igual clase, Márquez que había quedado malo en Pespire, Gutiérrez que en unión de Osejo y el Capitán Ferrera, conducían la retaguardia, no les fue posible encontrarse en la acción.

Pero si es desconocido aún el parte de Milla sobre esta acción de guerra, que debe contener los detalles que faltan para

apreciarla en su conjunto, hoy se sabe que aquel Jefe publicó en 5 de Febrero de 1828[31] un folleto en que refiriéndose a su venida a Honduras dice:

---

[31] La Imprenta en Guatemala, por Gilberto Valenzuela. Guatemala, C A.—1934.

Yo esperaba el juicio que he provocado con instancia para revelar los misterios de esta malhadada expedición: en él pensaba manifestar mi inculpabilidad hasta la evidencia, apelando al testimonio de los mismos que hicieron conmigo la campaña, y a los documentos oficiales que deben existir en las respectivas secretarías del despacho. En ellos se verían mis repetidos reclamos al Gobierno sobre recursos para sostener mi División de que carecía absolutamente, hasta llegar el caso de tener la tropa sin socorro por más de quince días... Jamás llegué a tener en Honduras, desde que rendí la plaza de Comayagua, arriba de 300hombres disponibles; jamás tuve el presupuesto completo para un mes, y ni hasta el fin de la campaña el parque suficiente para una División regular... Por último, tuve que sostener cuatro acciones en el curso de la campaña siempre con fuerzas desiguales; de éstas tres fueron gloriosas para las armas que mandaba, pero se olvidan fácilmente, y sólo se hace memoria de la de TRINIDAD que perdí. Nada se habla de las primeras, pero sí se me supone un cargo de no haber vencido en la última a 600 hombres con sólo 120 que tenía y con los que sostuve el fuego por espacio de hora y media.

Según D. Liberato Moncada, la acción de la Trinidad duró muy pocas horas; según Milla duró hora y medía: resulta de ambas versiones que duró poco tiempo. Ahora bien: el cálculo de 500 hombres con que he dicho que Milla salió de Tegucigalpa está fundado en datos dignos de crédito: acaso los estados del ejército, si se encuentran, lo comprueben. ¿Cómo es entonces que Milla afirma que sostuvo el fuego allí con sólo 120 hombres? ¿Es que se le desbandó la mayor parte de la División? Por otra parte, ¿es de suponer que salió de Tegucigalpa sólo con 120 hombres, si estaba informado de que era de 600 el número de las fuerzas con que Morazán avanzaba desde Choluteca? ¿O se aventuró a salir, creyendo bastante su gente para aniquilar a sus contrarios? ¿O salió en la convicción de que iba a un fracaso seguro, pero haciendo con ello un sacrificio que consideraba patriótico? Nada de esto es creíble: no pudo haberse batido con sólo 120 hombres; y antes bien, al decir Morazán que su vanguardia sola obtuvo el triunfo, deja entrever que ésta peleó contra fuerzas mayores en número, y la vanguardia constaba de 250 hombres; esto es, la mitad de todo su ejército.

Posteriormente Milla, según dice Arce en su Memoria, fue puesto en Consejo de Guerra, de orden del Supremo Gobierno y por solicitud suya: se examinó su conducta, y fue absuelto por dictamen del Abogado Larrave.

Cuando se publique este proceso y se conozca el parte a que se ha aludido antes, se podrá formar juicio cabal sobre las causas que, del lado de Milla, contribuyeron a su derrota en aquella famosa jornada.

Pero hayan sido las que hayan sido, Morazán obtuvo la victoria, y fue abrumadora, completa y decisiva.

CAPÍTULO XII: MILLA JUZGADO POR ARCE

La batalla de la Trinidad dejó libre a Honduras de las fuerzas fe leales que la habían invadido; e inmediatamente se reorganizó el Estado, posesionándose de la Jefatura de él, como Presidente del Consejo Representativo, el General Morazán.

Respecto a la campaña que terminó con aquella batalla, escribió Arce en su Memoria:

"Se presenta un hombre nuevo en nuestra revolución, que se ignora quién es, de dónde ha salido, y cómo pudo apoderarse de la suerte de Centro—América, que por algunos días estuvo en sus manos y que a no ser tan malo la hubiera hecho feliz en lugar de las desgracias que ha ocasionado... A la historia corresponde el penoso encargo de retratar toda la vida política del General Francisco Morazán ,para que nuestros descendientes lean en ella todas las perfidias y los estragos que ejerció en sus progenitores la inmoralidad de este hijo de la anarquía.

"Las victorias conseguidas por el Coronel Milla debieron ser provechosas a la causa del Gobierno nacional, y fueron adversas, a lo menos se inutilizaron, por no haber hecho de ellas el uso correspondiente. Las órdenes que tenía este jefe eran terminantes para apoderarse del Departamento de San Miguel luego que tomara a Comayagua, manifestando al mismo tiempo a los Hondureños que constante el Gobierno Supremo en no permitir alteraciones en la forma política, lejos de aprovechar los pronunciamientos de los pueblos que se ponían bajo su protección, para aumentar su autoridad, propendía al restablecimiento de todo lo que era constitucional, y que en este concepto debían elegir sus representantes y demás funcionarios, o llamar a los que Herrera había dispersado. En consecuencia, se hicieron nuevas elecciones, y el Estado se reorganizó cuanto era posible; y entonces debió

salir la fuerza federal y ocupar el Departamento de San Miguel, ya que no lo había ejecutado inmediatamente que capituló Comayagua, porque los hombres de probidad y las principales poblaciones de aquel Estado temían que en alejándose la tropa del Gobierno promovieran reacciones los partidos de Herrera, y deseaban reorganizarse antes. Los directores de Prado, conociendo lo riesgoso que era esta operación, le aconsejaron dirigir una División que entretuviese a Milla e impidiera su marcha, lo que ocasionó una nueva victoria para las armas del Gobierno y una derrota más para las de la revolución, porque en Sabanagrande fue batida la tropa de San Salvador completamente, haciéndose el referido Milla dueño de todo su parque y de parte de su armamento. Pero todavía se malogró esta ocasión de apoderarse de San Miguel, cuyos habitantes ofrecían engrosar la fuerza federal y remitieron dinero para que por falta de socorros no permaneciera en Tegucigalpa, donde invernaba.

"Cuando todo esto acontecía, el General Morazán no era aún militar ni era conocido en la república, y sólo se sabía en el Gobierno que un hombre llamado así firmaba en clase de Secretario de Herrera, durante la administración de éste en Honduras. El Coronel José María Gutiérrez, concuño de Morazán y que tampoco era nada, y se ignoraba si existía en aquella época, me dijo en Santa Ana, hablando sobre las cosas de la revolución, que Morazán fue preso de orden de Milla, después que capituló Comayagua, infringiendo el convenio celebrado: que su señora recibió del propio Jefe varias ofensas en la ciudad de Tegucigalpa: que habiendo resuelto Gutiérrez y Morazán trasladarse a México por la caída de su partido, en el momento de embarcarse en el Realejo tuvieron avisos de que iban a ser perseguidas sus familias: que despechados por estas noticias determinaron buscar en León algunos hombres para ir en su socorro: que los consiguieron, aunque de los más depravados en la anarquía de aquella misérrima ciudad: que con ellos se introdujeron en Choluteca donde engrosaron su pequeña y funesta fuerza con las heces de aquellos lugares; y que deshicieron a Milla en la Trinidad, debilitado en gran manera por deserciones y por otras causas nacidas de su inacción en unos puntos en que ya no era necesario; porque, en verdad, si haciendo a un lado los temores de reacciones en Honduras es ocupado San Miguel y se triunfa sobre las fuerzas de Prado en San Salvador, el fruto indispensable de esta victoria hubiera sido la general pacificación de la república, y Morazán no habría logrado el golpe de fortuna que lo sacó a figurar y supo aprovechar desbaratando cuanto encontró regularizado, y poniéndolo todo de modo que le fuese útil. Milla se retiró a Guatemala, y su vencedor se hizo elegir Jefe del Estado prevalido de las bayonetas, que aumentó poniéndolas en las manos de cuantos malhechores encontraba".

En este juicio prescinde Arce de las circunstancias en que se encontraba Milla y que éste dio a conocer en su correspondencia, que se ha visto ya. Prescinde también de los misterios que hubo en la campaña, de los que dijo, en el folleto que se ha citado, que los revelaría en el enjuiciamiento a que deseaba someterse y que de seguro reveló cuando fue juzgado, los que deben de haberse hecho públicos. Pero, en suma, el juicio de Arce no es más que un reproche a Milla por no haber ocupado San Miguel, y a la vez, una explosión de cólera por el aparecimiento de Francisco Morazán.

Vamos a cuentas. Milla informó al Gobierno Federal en 11 de Mayo sobre la capitulación de Comayagua, y en 18 del mismo le decía a Arce que, para cumplir la orden de ir a San Miguel tenía que empezar por sacar del Estado al Jefe Herrera que estaba prisionero: que el coronel Ordóñez se hallaba en las inmediaciones de Tegucigalpa: que tenía que dejar en Comayagua una guarnición capaz de sostener el orden e impedir la anarquía: que su tropa estaba disminuyendo considerablemente y había que enviar 50 hombres a Guatemala escoltando al Jefe Herrera; y que no vendría tan pronto el auxilio pedido a Olancho. Decía esto el 18 de Mayo, el día de Milingo, en que Arce ordenó que, para el paso de su fuerza, se llenara un foso con hombres y caballos y en que sufrió tan tremenda derrota que tuvo que levantar su campo de San Salvador y desocupar todo el territorio salvadoreño, no parando hasta Cuajiniquilapa.

Si Milla, en vez de escribir, ¿se pone en marcha para San Miguel ese día ¿cómo habría sido recibido allí? ¿Habría podido tomar la plaza o proteger el pronunciamiento de ella, de que habla Arce? Y si esto hubiera ocurrido, no habrían sabido los salvadoreños, ufanos del triunfo de Milingo, ¿acudir sobre la marcha a lanzarlo de allí como habían hecho salir a Arce por el opuesto lado? ¿De qué le habría servido, pues, a Arce la llegada de Milla a San Miguel en aquellos días?

¿Pudo Milla marchar hacia San Miguel inmediatamente después de la victoria de Sabanagrande? El Comandante Villaseñor había quedado asustado de este triunfo, y le pedía a Milla que lo salvara. La situación, pues, era grave para las fuerzas federales. Milla dice que hizo contramarchar la tropa vencedora a solicitud de los vecinos de Tegucigalpa, pero en este acto debe de haber influido la falsa posición de aquélla en Sabanagrande. Suponiendo que la División de Texíguat y los cien leoneses que iban a incorporársele en Ojojona, fuerzas de que había hablado Villaseñor. y la proximidad de las cuales temía, le hubieran dejado el paso libre a Milla, y que hubiera llegado a San Miguel y hubiera ocupado la plaza ¿de qué provecho le habría sido a Arce? Este se había hecho fuerte, es verdad, en los Departamentos occidentales del Salvador, pero sus puestos más avanzados entonces no pasaban de Izalco y un movimiento que hizo por el camino de Guaymoco para poder avanzar sobre San Salvador se malogró. ¿Le hubiera permitido acercarse a esta plaza la presencia de Milla en San Miguel? No es creíble: los salvadoreños que habían mandado dos auxilios a Honduras, el de Ordóñez primero y el de Zepeda después, no hubieran descuidado San Miguel y habrían impedido que Milla obrara en San Miguel en combinación con Arce en el Occidente. Por lo demás esta segunda campaña sobre el Estado del Salvador había de concluir con la retirada de Santa Ana a Guatemala.

El reproche de Arce a Milla, pues; no tiene más objeto que echar sobre éste el peso de los para aquél desgraciados resultados de la campaña en Honduras, que había emprendido con inciertos cálculos.

Hay que tratar ahora del aparecimiento de Morazán, y para ello hacer referencia a los sucesos que motivaron la guerra. Acerca de ellos escribió D. José Cecilio del Valle:

"La Asamblea Nacional decretó: el Congreso Federal sancionó y la Nación entera proclamó la Constitución Política de la República. Manuel José Arce nombrado Presidente por el Congreso: Mariano Beltranena elegido Vice—Presidente por el mismo: Mariano Aycinena suplente de la Corte Suprema y los demás funcionarios que tuvieron parte activa en la revolución juraron cumplirla y hacerla guardar. Era respetable este juramento y les imponía obligaciones muy serias. Lo olvidaron, sin embargo, y se volvieron contra la ley fundamental que con tanta solemnidad habían prometido observar y ejecutar. Maquinaron el plan malhadado de abolirla; y esta maquinación fue el origen de sus desgracias y las de la República.

"Se embarazó la reunión del Congreso convocado legítimamente por el Senado en 1826: se impidió la del mismo Senado que debía existir según la ley: se arrestó a los Jefes del Estado de Guatemala y Honduras que eran muy adictos a la Constitución: se disolvió la Asamblea que funcionaba en esta capital (Guatemala) y se vio obligada a vagar por Chimaltenango, San Martín y Quezaltenango: se desorganizó el Estado de Guatemala y el de Honduras; y a Diputados, Consejeros, Jefes y Magistrados amantes de la Constitución se sustituyeron otros que no lo eran: se atacó a los Estados del Salvador y Honduras: se vio la neutralidad del de Costa Rica y las divisiones intestinas del de Nicaragua: se hicieron cálculos falsos, y fundándose en ellos se siguió la guerra con furor.

"Desaparecieron los Poderes constitucionales y quedó solamente un despotismo inhumano, ordenando sangre y muerte, devorando las propiedades y devastando la República.

"Arce atacó la base primera de todo sistema constitucional: reunió los tres poderes: se erigió en legislador: dictó leyes contra los artículos más expresos de la Constitución: decretó prisiones y declaró fuera de la ley a patriotas dignos de consideración: hizo uso de la fuerza para sostener sus decretos: puso en movimiento a toda la República".

Pues bien: contra tal régimen, contra tal situación, se levantó Francisco Morazán.

Era éste realmente un hombre nuevo: hombre nuevo era Francisco Morazán en aquellos momentos como hombre nuevo fue Arce cuando con otros próceres figuró en el movimiento de Independencia del 5 de Noviembre de 1811. Pero si Morazán no había tomado participación en un movimiento como aquél, había abrazado la causa que representaba tal movimiento. Desde 1812, en que, como él dice, "por primera vez se ventilaron los derechos de los americanos", empezó a difundir ideas de libertad y de independencia en el pueblo. Ya éste es un rasgo que lo distingue: con este rasgo, que acaso Arce no conocía, pero que conocían otros, ya se empezaba a saber quién era, y luego había de acabar de definirse por su lealtad a las ideas que difundía y por los hechos que, inspirado en ellas, había de realizar: hasta allí, pues, había acreditado ser una esperanza del ideal de patria, que había de tener realización cumplida el 15 de Septiembre de 1821. Otro rasgo le distingue después: la patria había surgido y su advenimiento era fruto de los esfuerzos a él consagrados, entre los cuales se contaban los suyos: quien había contribuido a la vida de la patria, no podía consentir en que se la subyugara, y por eso fue contrario a la anexión a México; pero la anexión se decretó. y hubo de arrostrar la suerte de los vencidos sin desesperar de poder combatirla: cuando sucumbió la causa de los anexionistas, él estuvo en su puesto para cooperar a la independencia absoluta. Pero aunque Morazán no hubiera tenido estas distinciones y hubiera sido desconocido del todo, era hijo de Centro—América, y esto sólo bastaba para que, en cumplimiento de los deberes que tal carácter le imponía, velara por la patria.

¿De dónde había salido? No había salido de las clases privilegiadas; no contaba con pergaminos de nobleza ni con ascendientes de sangre ilustre cuyas hazañas le hubieran servido de ejemplo para elevarse como ellos o superarlos, so pena de concluir en él oscuramente la gloria de su linaje. Tenía, es verdad, sangre corsa como Napoleón el Grande; pero esta circunstancia, si en ella hubiera encontrado un estímulo, nada habría significado, por sí sola, a no haber concurrido en él otras para que fuera lo que fue. Morazán había salido del pueblo, que es de donde han salido los grandes héroes, timbre y orgullo de la humanidad.

"¿Cómo pudo apoderarse de la suerte de Centro—América, que por algunos días estuvo en sus manos y que, a no ser tan malo, la hubiera hecho feliz, en lugar de las desgracias que ha ocasionado?". La historia que tiene el encargo no "penoso" sino obligado de "retratar toda la vida política del General Francisco Morazán", contesta esa pregunta. Se ha dicho cómo desató Arce la guerra civil en Centro—América, con el propósito de abolir la Constitución Federal; se han dado a conocer los antecedentes de ella y como se desarrollaron los acontecimientos hasta llegarse a "un despotismo inhumano, ordenando sangre y muerte, devorando las propiedades y devastando la República".

Si Arce observa su juramento de cumplir y hacer guardar la Constitución: si no se propone abolir ésta por la fuerza de las armas: si hubiera tratado con su conducta de hacer perdonar el vicio de su elección la que, por no ser legal, no contaba con el prestigio de que debía gozar: si no embaraza la reunión del Congreso convocado legítimamente y no hace disolverse el Senado si no reduce a prisión al Jefe del Estado de Guatemala D. Juan Barrundia, con lo que dio lugar a la disolución de la Asamblea de aquel Estado en condiciones trágicas y con lo que se atrajo la invasión del Estado del Salvador que tenía por objeto restaurar las autoridades disueltas: sí después de la batalla de Arrazola, pacta la paz con el Estado del Salvador sobre sentimientos de fraternidad centro—americana, empezando una política de rectificación y no pretendiendo imponérsele y tratarlo como país conquistado: si no invade Honduras con un falso pretexto y con el objeto verdadero de derrocar el Gobierno de Herrera porque no secundaba sus miras: si Comayagua no es sitiada.... ¿qué habría sido de Francisco Morazán?

Morazán, aunque seguía la política del Jefe del Estado, acaso hubiera continuado siendo, como dice Arce tratando de deprimirlo, en su puesto de Secretario General, "un hombre llamado así que firmaba en clase de Secretario de Herrera y hubiera contribuido, en el ejercicio de sus altas funciones, a la solución pacífica de los problemas creados por la desorganización del Estado de Guatemala causada por el Presidente Arce y que dio lugar a la actitud del Salvador. ¡Pero no! Arce mismo reconoce que la fuerza hay que repelerla con la fuerza, y Morazán que no pudo ver impasible el despotismo entronizado, engreído en la obra de aniquilar la patria a que había dado vida la Independencia, había de tomar las armas y acudir a la defensa de la: Constitución y de los sagrados derechos e intereses que estaban bajo su salvaguardia. Así aparece primero peleando en la acción de la Madariaga y luego en camino para León, de donde volvió a Choluteca a organizar el ejército con que, victorioso en el Cerro de la Trinidad, ¡expulsó de Honduras al invasor!

Ya se ha dicho en qué circunstancias realizó Morazán su viaje a León. Al querer acogerse a las garantías que solicitó de Milla, acaso pensó que habría alguna esperanza de que la guerra se regularizara y concluyera en condiciones honrosas para los invadidos; pero, al ver que se burlaba la fe de su salvoconducto, que no respetó el jefe que lo expidiera por atender una lista que Arce le dirigió para que en unión de otros lo remitiese preso a Guatemala, conoció como él mismo lo dijo, "lo poco que debe confiarse en los que defienden una mala causa"; y hecho prisionero, sólo procuró evadirse, como lo verificó, para emprender la campaña libertadora.

¿Quién puso, entonces, a Francisco Morazán en la escena de la revolución? ¿No fue el mismo Arce? ¿En este caso, por qué lo irrita su aparecimiento? ¿Esperaba que nadie hubiera en Honduras que le estorbara el paso y lo hiciera fracasar en sus empeños liberticidas?

Arce da como dicho por el Coronel D. José María Gutiérrez, a quien le atribuye una relación inexacta de los sucesos, lo que él piensa acerca de la clase de auxilio que Morazán se procuró en León para venir a Choluteca y acerca de la gente que a esta población fue a incorporársele. Gutiérrez no puede haberle dicho que los hombres con quienes salieron de León eran "de los más depravados en la anarquía de aquella misérrima ciudad" y que en Choluteca hayan engrosado "su pequeña y funesta fuerza con las heces de aquellos lugares". Los que Arce llama "hombres depravados" eran los ciento treinta y cinco que, entre Jefes y Oficiales, se le habían dado a Morazán de la fuerza que defendía al Vice—Jefe Argüello, y los que tiene por "heces" que se le reunieron en Choluteca eran "los descontentos hondureños que produjeron las persecuciones de Milla y sus agentes, que pusieron de su parte todas las probabilidades del triunfo", como lo expone Morazán en el pasaje de sus Memorias que se ha insertado.

La expresión "pequeña y funesta fuerza" es de Arce también y se acomoda a los acontecimientos. Esa pequeña fuerza traída de León, unida a los descontentos llegados a Choluteca y al auxilio del Salvador, fue funesta al Presidente Arce, pues con ella se formó el ejército de 500 hombres con que Morazán marchó a la Trinidad a "deshacer a Milla".

Obtenida esta victoria, Morazán llega a Tegucigalpa y pasa a Comayagua, en donde el 17 de Noviembre se reunió el Consejo Representativo y le encargó del Poder Ejecutivo, en concepto de Consejero, por la falta de Jefe y Vice—Jefe del Estado, pues el Jefe Herrera estaba prisionero en Guatemala y al Vice—Jefe Milla se le había admitido su renuncia. Esto no es "hacerse elegir Jefe del Estado prevalido de las bayonetas, como dice Arce, ni tuvo para ello Morazán que aumentarlas "poniéndolas en las manos de cuantos malhechores encontraba", salvo que, insultándolo, se refiera al ejército vencedor en la Trinidad, pretendiendo tenerlo por ejército de malhechores y por tales a los que se incorporaron a él después de aquella victoria, que defendían la causa de Herrera. Por otra parte, Morazán no había dejado de ser Consejero legalmente, y de hecho había estado fuera de su cargo por haber sido separado del poder el Jefe Herrera, no porque hubiera terminado su mandato, sino por la capitulación de Comayagua que un traidor celebrara con el Jefe invasor: Morazán, pues, representaba la causa legítima, carácter que no podían tener las autoridades colocadas por Milla, que sólo contaban en su favor, éstas sí, con las bayonetas que el Presidente Arce había puesto en manos de sus tropas.

Morazán no "desbarató cuanto encontró regularizado, poniéndolo de modo que le fuese útil". Desbarató cuanto no era regular, cuanto no era legal, cuanto se había creado bajo la presión de las fuerzas al mando de Milla y que se había querido poner de modo que le fuese útil a Arce. No había librado aún la acción de la Trinidad y ya la Asamblea y el Ejecutivo que obedecían a Milla, buscaban el camino para Opoteca, Siguatepeque y Santa Bárbara. ¡Y cómo aparecieron esta Asamblea y este Poder Ejecutivo? Ya está dicho: la convocatoria a elecciones no llegó a todos los pueblos: el mismo D. Juan Lindo confiesa en sus cartas, que formaron la Asamblea, completando el número con Diputados de la Asamblea anterior, llamándolos como suplentes, y que no hubo Consejo. Tal Asamblea declaró electo Jefe del Estado a D. José Jerónimo Zelaya y Vice—Jefe a D. Miguel Bustamante, nombrando Jefe Provisional a D. Cleto Bendaña. ¿Puede decirse en serio que la creación de estas autoridades es algo regularizado?

Bendaña renunció; Bustamante fue a Comayagua y tuvo que dejar el cargo al saber la victoria de la Trinidad; y Zelaya que fue autorizado para prestar el juramento ante la Municipalidad del primer lugar a donde llegara, lo prestó en la Villa de Santa Rosa, a donde había llegado el 15 de Noviembre, procedente de Guatemala. Zelaya trató de ejercer su autoridad dando órdenes al Comandante General que estaba en Santa Bárbara con los Diputados que habían salido de

Comayagua, y a mediados de Diciembre llegó a San Pedro Sula. ¿Había de reconocerlo Morazán? Su elección era hechura de Milla, como lo era la titulada Asamblea. La actitud de Morazán ante estas autoridades intrusas, como justamente se las llamó, había de ser lógica. Había derrotado a Milla y no podía dejar en pie lo que era la obra del invasor, debiendo restablecer en' cambio el orden legal que Arce, con la invasión, había tratado de destruir. Por ello Morazán destacó al Coronel Ramón Pacheco, con 200 hombres que formaban la llamada División del Norte, a acabar con los restos de los contrarios, lanzándolos del Departamento de Gracias, y al Coronel Díaz, con otros 200, sobre San Pedro Sula para procurar desalojar a los enemigos que tenían en su poder el castillo de Omoa, y habiéndole salido al encuentro a este jefe las fuerzas que a influjo del Provisor Irías se destacaron de este puerto al mando de los Tenientes—Coroneles Tadeo Martínez y Juan Morales, las deshizo completamente, con lo que logró que el Coronel Juan Portales, Comandante del puerto, le entregara el castillo, dándole las garantías que pidiera. Zelaya fue reducido a prisión en San Pedro Sula y llevado a Gracias, de donde se le trasladó a San Miguel. Con pasaporte que obtuvo aquí, pudo poco después dirigirse a Gracias, en donde estableció un Gobierno que le fue imposible sostener ante el reorganizado por Morazán, por lo que se retiró a Guatemala.

Reorganizado así el Estado, con lo que no podía subsistir el orden de cosas cuyo desbaratamiento objeta Arce, pues no había combatido en favor de éste, Morazán debía llevar adelante la misión que se había impuesto. Llevado por ella y por la deuda de gratitud contraída con el Salvador por los auxilios que había enviado a Honduras contra Milla, avanza hacia aquel Estado; vence a Domínguez en Gualcho siendo este triunfo, como dice D. Manuel Montúfar, "el invitatorio de los funerales del ejército guatemalteco", y luego a la cabeza de los ejércitos de Honduras y el Salvador, invade Guatemala y después de una serie de brillantes victorias. se apodera de la capital de aquel Estado el 13 de Abril de 1829: fue así como estuvo en sus manos la suerte de Centro—América.

Fue entonces —dice Arce—cuando, a no ser tan malo, pudo hacer a ésta feliz en vez de causarle desgracias. Morazán, contestando a D. Mariano de Aycinena su nota del 11 de Abril de 1829, durante el sitio de la capital, tenía anticipada su respuesta a Arce: Señor General: los males de la guerra que afligen a Centro—América, pesarán sobre los autores de ellos y nunca sobre aquellos que la han hecho por defenderse y por sostener los derechos del pueblo. Morazán, pues, no tiene por esos males la responsabilidad que Arce le atribuye: tal responsabilidad corresponde únicamente a Arce y a quienes lo secundaron.

La conducta de Morazán, después de su triunfo, no fue tan severa como pudo haberlo sido: había de atender las reclamaciones de los Gobiernos aliados, y de poner en absoluta incapacidad de obrar a los principales jefes que habían llevado la guerra a los Estados. Por ello ordenó prisiones, las que redujo al menor número posible: entre los presos fueron comprendidos Arce, Beltranena y Aycinena. Por ello se ordenó la expatriación de varios ciudadanos, y así fueron expatriados, entre otros, Arce y Aycinena, permitiéndosele a Beltranena quedar en el país. Por ello se expulsó al Arzobispo y a los frailes de los conventos, pues tanto aquél como éstos habían sido diligentes y eficaces colaboradores en la guerra contra los Estados, aprovechando el fanatismo en que mantenían al pueblo, y era necesario evitar que continuaran en su subterránea y peligrosa actividad: con esta medida a la vez se preparaba una reforma que se decretó luego: la extinción de las comunidades religiosas que son, por su naturaleza, opuestas a las instituciones republicanas[32]. Pero, en medio de todo esto, a nadie se castigó con la pena de muerte ni se le exigió por parte de Morazán ninguna clase de contribución. Y él escribió al respecto. "Y no se diga que faltaba sangre que vengar, agravios que castigar y reparaciones que exigir. Entre otras muchas víctimas sacrificadas, los Generales Pierzon y Merino fusilados, el uno sin ninguna forma judicial y arrancado el otro de un buque extranjero para asesinarlo en la ciudad de San Miguel, pedían entonces venganza, así como los incendios y saqueos de los pueblos del Salvador y Honduras demandaban una justa reparación".

La prisión y expatriación de Arce y de Aycinena y las demás. medidas de seguridad tomadas por Morazán, que no pueden

---

[32] Esta reforma que se derogó por la reacción de 1839 fue restablecida por la revolución de 1871 que derrocó en Guatemala el régimen de los 30 años, y está en vigor.

considerarse actos de maldad, no fueron las causas de las desgracias de Centro—América. Estas desgracias se debían a la guerra, de que Morazán no era el autor: así es que no se le puede acusar por ellas. ¿O es que aquellas medidas son las desgracias a que Arce alude, y que a su juicio impidieron a Morazán hacer la felicidad de Centro—América? Pero ¿había de prescindir de ellas? ¿Debía quedar a merced de sus enemigos y dejarlo todo como estaba antes de la victoria? El Vice—Presidente Beltranena hizo dirigir a Morazán el 13 de Abril, minutos después de haberse alojado este jefe en la casa del Ejecutivo, una comunicación "en solicitud de que le informase si el Gobierno podía considerarse libre y expedito en el ejercicio de sus funciones".

¿Debió Morazán contestarle afirmativamente y quedar como subalterno suyo con el ejército vencedor? El Presidente Arce, durante los tres últimos días del sitio de Guatemala, había ocupado su casa, dentro de las líneas de los sitiadores, sin que le hubiesen inquietado ni molestado: ¿pudo pensar por esto y por ser salvadoreño, que Morazán lo restaurara en la Presidencia de la República, que el Vice—Presidente Beltranena se había negado a devolverle?[33] ¿iba, pues, Morazán a ser para Arce como un Monk para Carlos II?

De Beltranena dice D. Manuel Montúfar que "ejercía el Gobierno y debía perecer sobre su silla—hasta ser arrancado de ella y precipitado en una prisión" y que protestó "cuando tuvo efecto este triunfo de la fuerza sobre todas las formas legales". En tal relación se pretende dar a la caída de Beltranena un aspecto trágico, que no tuvo aquel suceso, pues el Vice—Presidente cayó automáticamente por el solo hecho de haber sido vencidas sus fuerzas y las del Estado de Guatemala por las fuerzas de Morazán. Pero bien: si éste lo hubiera dejado en el poder, Arce no habría visto en ello la felicidad de

---

[33] Así lo deja entender D. Manuel Montúfar en las Memorias de Jalapa, capítulo IV. El Dr. D. Lorenzo Montúfar lo dice claro: "D. Manuel José Arce creía que el Gral. Morazán lo volvería a colocar en el poder; y viendo burladas sus esperanzas se unió segunda vez a los serviles, único apoyo que en Centro—América le quedaba. Él se queja de falta de cortesía y emplea parte de un capítulo de sus Memorias en citar artículos reglamentarios para hacer ver que su prisión 'no se verificó conforme a las leyes de procedimiento. Reseña Histórica: tomo I, libro I, capítulo décimo.

Centro—América. Se habría laborado por ésta, llamando Morazán a Arce, ¿a la Presidencia? Y siendo. Arce el autor de la guerra, el que creó las circunstancias que hicieron marchar a los ejércitos de Honduras y del Salvador sobre Guatemala, ¿cómo podía pensar Morazán que haría tal felicidad restaurándolo en el poder? Y Arce, en presencia de su propia conducta, ¿cómo pudo abrigar tal idea y acusar de maldad a Morazán porque no la realizó?

La conducta de Morazán, que no fue extremada en su severidad, como se ha visto, no pudo ser la que Arce deseara: las medidas de seguridad y defensa que tomó eran indispensables; y para justificarlas basta un hecho: la tentativa de Beltranena, de volver al ejercicio del poder, que acaso era el comienzo de la contra—revolución que poco después se supo que se preparaba.

Y por tal conducta Arce llama a Morazán "hijo de la anarquía", quien, por no haber ocupado el Coronel Milla la ciudad de San Miguel, "logró el golpe de fortuna que lo sacó a figurar". A lo que hay que responder como se ha respondido a conceptos semejantes: si Morazán fue "hijo de la anarquía", la anarquía fue obra de Arce, y así resulta que éste, con ella, le dio ocasión de surgir; y si, por no haber tomado Milla la ciudad de San Miguel, logró el golpe de fortuna que lo sacó a figurar, esto se habría evitado si no hubiera habido invasión a Honduras. "Milla" —dice el historiador Marure— "era el hombre a quien la suerte destinaba para poner en acción al enemigo más grande que debía levantarse contra el partido servil". Sí, en cierto modo: como ejecutor de órdenes superiores; porque fue Milla quien, violando la fe del salvo—conducto, redujo a prisión a Morazán; pero fue Arce quien le ordenó la captura y el envío del prisionero a Guatemala y quien, echándose sobre la Constitución, sustituyéndola por un desenfrenado despotismo, hizo que Morazán acudiera en defensa de la ley fundamental de la República y de la causa del pueblo.

En cuanto a lo demás, en vano pretende Arce que, de no haber tomado Milla San Miguel, dependió la elevación de Morazán. A este respecto se expresa así el historiador Montúfar: "Milla tuvo la desgracia de quedar mal con ambos partidos. En Honduras todavía se le recuerda con indignación, y Arce, sin comprender el mérito del General Morazán, atribuye a faltas de Milla los triunfos del héroe de la Trinidad y Gualcho. Dice Arce que Milla fue absuelto por un consejo de guerra: pero que Morazán quedó triunfante" (Reseña Histórica, tomo I, nota a la página 107).

Arce cierra su juicio sobre Milla con las siguientes palabras: "La consecuencia ha sido una cadena de desgracias que aflige a Centro—América y que el ojo más perspicaz no alcanza a divisar hasta dónde se extenderá". Sobre el origen de las desgracias de Centro—América, D. José del Valle había escrito un año antes: "Arce no carece de talento: conocía a Centro—América, a los Estados Unidos del Norte y a México, y había sido individuo del Poder Ejecutivo. Pero no había hecho estudio de la ciencia de gobernar: quiso sin embargo de esto ser Presidente, y preparó su ruina y la de la Nación.[34]

CAPÍTULO XIII: MILLA EN DESGRACIA

Fechada en Nacaome el 5 de Enero de 1828 e impresa en San Salvador, en la Imprenta del Gobierno, apareció una hoja suelta, firmada Anacleto Mirandu, con este título: "'Proezas del gran General y Comandante expedicionario para establecer el orden constitucional en Honduras y sostener la religión, S. D. Justo Milla".

D. Gilberto Valenzuela, quien cita esta hoja en su libro La Imprenta en Guatemala, copia de ella el párrafo que dice: "Este gran caballero, sabio profundo y buen guerrero, vino a Los Llanos con la interesante y decorosa comisión de conducir los tabacos o custodiarlos según nos dijo el C. Presidente...." Y añade: "Ya este propósito continúa acumulando cargos contra Milla. Este, poco antes de la publicación de aquella hoja, perdió la acción de la Trinidad; y del árbol caído...". Es sensible no tener a la vista esa hoja para conocer los cargos que su autor hace al Coronel Milla. Este no le dio importancia a tal hoja, pues no la contestó.

Lo que sí le hizo tomar la pluma fue la conducta que se observó con él en Guatemala. Se ha citado ya el folleto que Milla publicó el 5 de Febrero de 1828. En él refiere que se le había designado y dado a reconocer como Jefe de la 3? División del cuerpo de ejército que el

---

[34] Comunicación del 22 de Agosto de 1829, dirigida por D. José Cecilio del Valle a la Municipalidad de Tegucigalpa, inserta en el § 247 de las Efemérides de Honduras, obra del autor.

Presidente Arce puso al mando del Coronel inglés Guillermo Perks, al prepararse la tercera campaña sobre el Salvador. Iba a volver, pues, Milla al servicio después de haber fracasado en su expedición a Honduras. Pero el nombramiento quedó sin efecto por las intrigas que hubo y por la intervención del Jefe del Estado de Guatemala, quien manifestó que había sido mal recibido en el Ejército. Milla dice: "Al momento supe de una manera indudable que sólo el Capitán Antonio Aycinena era el que había reprobado mi nombramiento y el único que se expresó contra mí".

Y atribuye, según palabras de Valenzuela, "ese desaire a hablillas poco decorosas, interpretaciones siniestras y sospechas ofensivas a su honor militar, por consecuencia de la desgraciada acción de la Trinidad". "En tiempo de paz", dijo al Gobierno, "acaso sufriría en silencio ese despojo...pero cuando la patria está amenazada, cuando peligra la capital de la República y con ella la existencia del Gobierno mismo, quiero y debo sacrificarme en su servicio...". Luego se refiere a su conducta en Honduras, de lo que ya se ha hablado al tratar de la batalla de la Trinidad. D. Antonio de Aycinena contestó a Milla en un folleto, fechado en el Cuartel General de Mexicanos el 2 de Abril de 1828 y que se editó en la Imprenta de la Unión: no conozco nada de él.

Milla, pues, que aún contaba con la confianza del Presidente Arce, no contaba con la de D. Mariano de Aycinena, Jefe del Estado de Guatemala. Fue así como Milla no tuvo participación en la última campaña contra el Salvador, y por lo mismo no le fue dado hallarse en la famosa insubordinación de Jalpatagua en que los Jefes del Ejército Federal destituyeron del mando a Perks, a la que siguió la obligada separación de Arce de la Presidencia, ni figurar entre las fuerzas que infligieron a Merino la tremenda derrota de Chalehuapa, ni ser de los sitiadores de San Salvador, ni verse en posibilidad de concurrir a las operaciones que habían de tener por teatro Gualcho y San Antonio, en donde pudo encontrarse con su vencedor en la Trinidad, ni hubo de doblar la frente ,abrumado por la rendición de Mexicanos, acontecimiento que fue seguido por la invasión a Guatemala de las fuerzas de Honduras y el Salvador al mando del General Morazán, quien entró a la capital el 13 de Abril de 1829, como ya se ha expuesto.

Lo sucedido a Milla confirma la expresión del Dr. Montúfar, de haber quedado mal con los dos partidos.

CAPÍTULO XIV: MILLA MUERE EN EL DESTIERRO

Restablecidas las autoridades federales y del Estado de Guatemala, disueltas en 1826, la Asamblea Legislativa de dicho Estado dictó el 4 de Junio un decreto en que concedió amnistía e indulto general a todos los habitantes del mismo que cooperaron a la revolución desde el año de 1826 hasta el de 1829 o tomaron las armas a favor de los intrusos, pero haciendo excepciones.

La Asamblea Legislativa del Estado de Honduras se reunió en Tegucigalpa extraordinariamente el 4 de Julio, y el 10 dictó un decreto semejante al anterior.

El 20 del mismo dictó el siguiente:

"La Asamblea Extraordinaria del Estado de Honduras, considerando:

1° Que entre los individuos que componen el actual Congreso Federal debe haber complicidad en las causas que motivaron el trastorno de la Nación y de la guerra que ha afligido a los Estados de la Unión; 29 Que el de Guatemala ha tomado conocimiento y trata de pronunciarse sobre los autores de la rebelión sin anuencia de los demás Estados; 3° Que es un deber de todos procurar el establecimiento del imperio de la ley; y en uso de sus soberanas facultades, ha tenido a bien decretar y decreta:

1° La Asamblea de Honduras desconoce todo acto del Congreso Federal que no sea el de dar la convocatoria para la elección de funcionarios federales y fijar la residencia del Consejo fuera del Estado de Guatemala.

2° El Consejo Directivo del Estado convocará a la Asamblea en el caso de que el Congreso se exceda a tomar—conocimiento en otras materias que las designadas en el artículo anterior.

3° Se declara prisioneros de guerra del Estado a los traidores José Justo Milla, Antonio Fernández, Vicente Domínguez y demás oficiales que lo invadieron; en cuya virtud, se autoriza al Gobierno para que los reclame si advirtiese que la sentencia que se pronuncie contra ellos no fuere conforme lo demanda la calidad de sus delitos.

4° Se autoriza al General Morazán para que, en el inesperado caso de un trastorno por parte del actual Congreso Federal, pueda por sí convocar a elecciones de nuevos funcionarios federales.

5° El presente decreto se comunicará al Congreso Federal, al Senado y a las autoridades de los demás Estados de la Unión.

Pase al Consejo para su sanción.

Dado en Tegucigalpa, a 20 de julio de 1829.

Márquez,   J. M. Lozano,
D.P.   D.S."

Por su parte, el Congreso Federal dictó el 22 de Agosto un decreto conforme al cual serían expatriados perpetuamente y confinados fuera de la República al país que designara el Gobierno de acuerdo con el Senado, entre otros, el ex—Presidente Arce y el ex—Vice Presidente Beltranena, los primeros y segundos jefes del Ejército Federal, que sirvió a disposición del Gobierno durante la revolución, Francisco Cáscara, Manuel Montúfar, y José Justo Milla, el que se tituló Jefe del Estado de Guatemala Mariano de Aycinena y los que le sirvieron en calidad de Secretarios, Agustín Prado, José Francisco de Córdova, Antonio José de Irisarri, Vicente. Domínguez y Vicente del Piélago.

Como comprendidos en el decreto de 10 de Julio de la Asamblea de Honduras, el Ministro General, D. Liberato Moncada, envió a Guatemala el 24 de Octubre la siguiente lista de los expulsos y de los que debían serlo:

"Pedro Arriaga, expatriado por el puerto de Omoa fuera del territorio de la República, como principal agente y director del tirano Milla, y que influyó en el incendio de Comayagua, su patria.

"Ciriaco Velásquez y el Presbítero Antonio Rivas, no se han podido aprehender. Estos dos han reincidido en la facción de Opoteca, a la que dan actualmente animosidad.

"Español Juan B. Casaña y Juan José Vidaurreta, están mandados sacar fuera del Estado.

"Juan Lindo y Joaquín Lindo están en el Estado de Guatemala.

"Jerónimo Zelaya emigró al Norte, según noticias.

"Gregorio García no se ha aprehendido.

"Dionisio Gutiérrez y Domingo Lagos están en el Estado del Salvador.

"Francisco Marsilla emigró y no se sabe su paradero.

"Presbítero José María del Campo, en el Estado de Nicaragua.

Id. Manuel Alvarez, en el del Salvador.

"Juan Antonio Inestroza se fugó de Trujillo y se halla en la facción de Olancho.

"Extranjero José Valerini, idem.

"León Vásquez" en Trujillo.

"Extranjero José Ferrari salió de Omoa fuera de la República.

"Presbítero Joaquín Mora, en el Estado del Salvador.

"El ex—Provisor Nicolás Irías emigro y no se sabe su paradero.

"Bartolomé Romero, en el Estado del Salvador.

"Estos fueron agentes del intruso Milla y contribuyeron eficazmente en la revolución de este Estado y de la República, ya desempeñando destinos y comisiones, ya seduciendo a los pueblos incautos y ya persiguiendo a los ciudadanos pacíficos y defensores del sistema".

Milla y los demás presos que habían de salir desterrados de Guatemala, fueron trasladados a Sonsonate, en donde se reunieron con los procedentes de San Salvador. De allí fueron todos a Acajutla y se embarcaron el 28 de Agosto en el bergantín General Hidalgo, fletado para Panamá. Este barco no era a propósito para la conducción de 61 pasajeros, pues apenas ofrecía alguna comodidad para 25 ó 30. A más, estaba escaso de víveres y de agua. Al estar el barco fuera del puerto, se suscitó una grave cuestión: la mayoría de los pasajeros querían ir a la República mexicana y como veinte, que eran españoles, insistían en ir a Panamá, a causa de estar prohibida en México la entrada a los de su nacionalidad: el capitán estaba con éstos. Los dos grupos intransigentes que se formaron estuvieron a punto de venir a las manos; pero la medicación de un español prudente, de apellido Monge, quien tenía influjo entre sus paisanos, puso término al conflicto, y se convino en que se iría a un puerto mexicano. Después de más de cuarenta días de penosa navegación, llegaron a Acapulco): allí obtuvieron, no sin alguna dificultad, que se permitiera a los españoles atravesar la República para ir a embarcarse en Veracruz: no obstante, uno que otro logró quedarse en México. En esta ciudad se radicó el Coronel D. José Justo Milla y en ella murió.

Milla había contraído matrimonio en Guatemala con Da. Mercedes Vidaurre, de una antigua familia de aquella capital: su esposa había fallecido un año antes de su expatriación. Fruto de ese matrimonio fue D. José Milla y Vidaurre, quien había nacido el 4 de agosto de 1822. Milla y Vidaurre hizo famoso su anagrama Salomé Jil, con el que publicó muchas de sus composiciones literarias, y' ocupa altísimo lugar en la literatura centro—americana. Escribió Cuadros de Costumbres, El Libro sin Nombre, E Canasto del Sastre, La Hija del Adelantado, Los Nazarenos, EU Visitador, La Historia de un Pepe y las Memorias de un Abogado. Escribió también poesías joco—serias v las biografías de D. Juan José de Aycinena y del Historiador D. Francisco de Paula García Peláez y de otros: publicó dos periódicos: "La Hoja de Avisos" (1861 a 1862) y "La Semana", (1864 a 1871); fue Redactor oficial de la Gaceta de Guatemala desde 1846 hasta 1871.Con posterioridad a este año escribió: Un viaje al otro mundo, pasando por otras partes; y finalmente su Historia de la. América Central. Por sus artículos satíricos se le ha llamado el Fígaro centro—americano; sus poesías joco—serias han sido comparadas con las letrillas de Bretón de los Herreros y su Viaje al otro mundo rivaliza, a juicio de muchos inteligentes, con los Viajes de Fr. Gerundio. Fue D. José Milla y Vidaurre, pues, una gloria de Centro América, como escritor de costumbres, como poeta, como novelista y como historiador.

CAPÍTULO XV: MILLA Y LA POSTERIDAD

El relato precedente deja ver que los hechos principales de la vida pública de Milla son: su expedición a Tegucigalpa en 1821,a proteger esta provincia contra la de Comayagua que se proponía sujetarla al Imperio Mexicano: su participación en 1822 en las operaciones de Filisola para someter la provincia de San Salvador a aquel Imperio: su efímero Gobierno, de Enero a Mayo de 1824, en la provincia de León, en la que no pudo lograr la pacificación a que por su medio se aspiraba: su aceptación de la Vice—Jefatura del Estado de: Honduras, de que dio cuenta en Octubre de 1824, cargo que renunció a los quince meses, el 7 de Enero de 1826, habiéndosele admitido su renuncia según decreto de 17 de Abril siguiente: su invasión a Honduras con tropas federales en 1827:el ofrecimiento que hizo de sus servicios en

1828 al prepararse la tercera campaña sobre el Salvador, que si bien fue aceptado por el Presidente Arce quien lo nombró Jefe de la 3a División del Ejército, no tuvo efecto por la oposición del Jefe del Estado de Guatemala D. Mariano de Aycinena: y su prisión y expatriación, como consecuencia de la victoria obtenida sobre Guatemala el 13 de Abril de 1829.

En vista de la actuación de Milla, ¿cómo debe ser considerado por la posteridad? De este estudio aparece que no demostró ser un hombre de iniciativa propia, animado por principios políticos a cuya aplicación y desarrollo se hubiera consagrado para promover el bien de la República, y que se encontró en una situación superior a sus capacidades.

Cuando él pide que se le envíe a Tegucigalpa a defenderla contra las amenazas de invasión de la imperialista Comayagua, parece que ha balanceado la bondad de la causa de la independencia absoluta de Centro América y la de la anexión a México, y da la ilusión de que, por estar convencido de que aquella es la digna de ser seguida, procede así; pero esa ilusión desaparece luego, porque, al ser invitado por San Salvador para sostener su oposición a la anexión por fin decretada, se niega a seguir su partido por temer que, de aceptar aquella invitación, incurriría en desobedecimiento del Gobierno Superior que lo había mandado. De modo que su opinión se conforma a lo oficial, y así resulta que, no por convicción propia sino por seguir al Gobierno, viene a Tegucigalpa como anti—anexionista y vuelve a Guatemala como anexionista. En esta posición subalterna continúa, figurando luego en servicio entre las tropas de Filisola que invaden San Salvador y someten la provincia al Imperio Mexicano, y aceptando del vencedor el mando de ella.

En su expedición a León supo desplegar la mayor actividad e hizo fraternizar a los partidos, logrando que se firmara un convenio para la pacificación de la provincia; pero el resultado fue una insurrección, y a petición tumultuaria de los sublevados, fue despojado de su cargo. Su caída dio lugar a que se dijera de él que "tenía facilidad para hablar, pero no servía para mandar".

Con todo, en su provincia nativa, que era el Estado de Honduras, gozaba de simpatías y se tenía alta idea de su persona: por ello obtuvo sufragios populares para la Vice—Jefatura, y no habiendo habido mayoría en su favor, la Asamblea Constituyente lo eligió, por unanimidad, con preferencia a otros candidatos. De esta elección no hizo Milla gran aprecio: en el ejercicio de este cargo pudo, a ser otro, imprimir un movimiento vigoroso a la política del Presidente Arce, en el sentido de evitar la invasión a Honduras y de conciliar las dificultades que habían surgido con el Jefe Herrera; pero se adelantó a renunciarlo y luego aceptó el mando del ejército invasor e invadió, sin haber hecho de su parte el más pequeño esfuerzo para prevenir el conflicto, en consideración a las simpatías que le significaron el pueblo y la Asamblea Constituyente con sus votos; y todo, ¿por qué? Porque se conformó con una posición secundaria, sometiéndose a la voluntad del Presidente.

Su invasión a Honduras marca el punto culminante de su actuación. Hay que considerarlo en ella como militar y como político. Como militar no estuvo a la altura que de él se esperaba. Dice que tuvo que sostener cuatro acciones en el curso de la campaña siempre con fuerzas desiguales, y de ellas tres fueron gloriosas para las armas que mandaba. Suponiendo que de éstas se tenga por una acción el sitio de Comayagua, ¿cuáles son las otras dos? El encuentro con Ferrera en Yamaranguila no merece llamarse acción de guerra: y si fue librado entre fuerzas desiguales, la desigualdad estaba a favor de Milla que con el grueso de su ejército hizo frente a diez hombres de observación que mandaba el Capitán Ferrera: la gloria aquí es para éste por su heroísmo en batirse contra toda la División de Milla, logrando detener su marcha por algún tiempo. La acción de la Madariaga, continuación de la de Las Piedras o La Paz, terminó con la retirada de las dos fuerzas combatientes, siendo superiores en número las de Milla, en cada uno de los combates. Aquí no se advierte en dónde está la gloria. En la acción de Sabanagrande, pelearon, según el parte,120 hombres de Milla contra más de 400 enemigos, y vencieron por sorpresa, como se ha dicho. Según esto fueron tres las acciones de armas que sostuvo Milla: dos que pudo él llamar gloriosas por el éxito: el sitio de Comayagua y el combate de Sabanagrande, y una que perdió, haciéndole perder toda la campaña y salir del Estado: la batalla de la Trinidad.

En el sitio de Comayagua desoye las proposiciones pacíficas del Jefe Herrera; se muestra sin energía para reprimir a las tropas insubordinadas del clero que todo lo talaban y destruían; ante el vigor de la defensa de la plaza, manda, mal aconsejado y no por propia iniciativa, incendiar la ciudad por tres rumbos, haciendo quemar quince casas; estrecha el sitio y logra colocarse a cuatro cuadras distantes de la plaza, pero sin poder pasar de allí; viendo que los sitiados no se rinden y reconociendo su vigorosa defensa, prefiere estrechar de nuevo el sitio a tomar la plaza a viva fuerza, no mostrando ahora igual rigor que antes, al ordenar el incendio; y nada adelanta, llegando la situación a tal punto, que unos pocos días más de resistencia acaso le hubieran obligado a levantar el sitio o a entrar en un acomodamiento racional, como ya se ha dicho. Pero tardándose el auxilio que se esperaba y habiendo un traidor en la plaza, hubo tiempo de concertar con éste su entrega, a los treinta y seis días de sitio. No se debió, pues, a la habilidad de las operaciones militares de Milla la entrada a Comayagua.

Dueño de esta ciudad, quedó dueño del Estado, en el que ya se había hecho obedecer en gran parte. Pretendió no abusar del triunfo, pero hubo de ceder ante las exigencias de los enemigos de Herrera, y con ello perdió sus prerrogativas de jefe. Así hubo prisiones y persecuciones; pero hay algo que lo honra: no se le acusa de haber hecho fusilar a nadie. Entre los perseguidos figura Francisco Morazán: a solicitud de éste, le había concedido salvoconducto: no obstante, fue reducido a prisión y ante la enérgica protesta que el ofendido le dirigió, dio a conocer el lazo que había tendido a su confianza. Milla había recibido orden de Arce, de enviarle preso a Morazán en unión de otros a Guatemala, y para cumplir esta orden, se valió del salvoconducto como el más seguro medio para ejecutarla.

¡Cuánto empequeñece a Milla esta conducta! Lo que hizo no era digno de un jefe de su talla, de un hombre que descendía de un noble combatiente contra el poder inglés en los puertos del Atlántico. Milla debió respetar el salvoconducto, haciendo honor a su palabra, a despecho de la orden de Arce, y procediendo así habría demostrado su elevación moral, y de él, de su exclusiva voluntad, habría dependido entonces que tuvieran una orientación distinta los destinos de Centro—América, si para mayor bien o mayor mal, no se sabe, pero en todo caso influyendo por sí solo decisivamente en el curso de los acontecimientos.

Reconociendo la importancia de su expedición a San Miguel no pudo realizarla por las causas que expresa: una de ellas la escasez de recursos. En su comunicación de 3 de Octubre de 1827, hablando de la súplica de Tegucigalpa, de que, para protegerla, hiciera regresar la División de Sabanagrande, dice que los vecinos le ofrecieron mil sacrificios personales y le manifestaron "los que se habían hecho en el Estado y particularmente en este Departamento, en que se habían colectado cerca de doce mil pesos para el mantenimiento de la División"; y al final de la misma, habla de que la falta absoluta de recursos y las otras causas que apunta lo obligan, a su pesar, a permanecer en Tegucigalpa hasta que se le saque de la situación en que se halla o se le autorice para obrar conforme las circunstancias lo exijan. En su folleto de 5 de Febrero de 1828 se refiere a "sus repetidos reclamos al Gobierno sobre recursos para sostener su División, de que carecía absolutamente hasta llegar el caso de tener la tropa sin socorro por más de quince días". Se ve con esto que el Jefe expedicionario que se había hecho dueño del Estado y de quien dependía de facto el Poder existente, se creía sin facultades para obtener recursos por vías extraordinarias y se abstuvo de proceder sin ellas: esto le honra sobremanera.

Como político ya se vio que, sin misión legal ninguna, hizo la convocatoria a elecciones para la renovación total de las autoridades del Estado. Y se echó en brazos de D. Pedro Nolasco Arriaga, su pariente, y de D. Juan Lindo. Este organizó irregularmente una llamada Asamblea ordinaria e hizo recaer la elección de Jefe del Estado en su tío materno D. José Jerónimo Zelaya y la de Vicejefe en D. Miguel Bustamante, eligiéndose mientras se posesionaba uno de los dos primeros, Jefe Provisional a D. Cleto Bendaña. Esta Asamblea y este Poder Ejecutivo nada útil pudieron hacer en favor de la causa que representaba Milla: no pudieron consolidarse y desaparecieron ante la victoria de Morazán en el cerro de la Trinidad. La política de Milla resultó, pues, ineficaz. Eran, como dice, sus más vehementes deseos los de contribuir al total aniquilamiento de los anarquistas, como llamaba a los partidarios de Herrera, pero no encontró más que obstáculos y escollos que los entorpecieron. Al tomar providencias para el aumento de su División, se expresó así: "no aseguro el buen resultado de ellas, porque en este Estado todos los esfuerzos son vanos, siento decirlo, pero lo digo con experiencia". Este es un presagio de su derrota final, que no tardó, por cierto.

El ofrecimiento de sus servicios al Gobierno Federal en la tercera campaña contra el Salvador lo presenta como un decidido partidario de su causa: aquel acto no surge en interés de la disciplina: es una manifestación espontánea de adhesión: con él acaso no quiso únicamente significar ésta sino tener oportunidad de volver por su reputación en presencia de su fracaso en Honduras. Sus palabras son profundamente sentidas: "Cuando la patria está amenazada, cuando peligra la capital de la República y con ella la existencia del Gobierno mismo, quiero y debo sacrificarme en su servicio". Sólo que en ellas hay un error: el de considerar como la patria la causa del partido que deseaba defender. Pero bien: es el caso que, a influjo del Jefe del Estado de Guatemala, D. Mariano de Aycinena, quedó insubsistente el nombramiento que se le confiriera de Jefe de la 3a División del Ejército, y así no se sabe si le estaban o no reservadas en aquella campaña acciones gloriosas de que se hubieran ufanado él y su partido.

Lo mismo hay que decir de las operaciones de la defensa de Guatemala contra Morazán, pues no tomó parte en ellas.

Luego fue a morir en el destierro.

La posteridad reconoce en él uno de los principales militares que nos legó la colonia, pero cuya actuación no fue favorable a Honduras y en cuya vida realizó algunos actos dignos de servir de ejemplo a los que siguen la carrera de las armas, y otros que no merecen la aprobación de la Historia.

Una gloria sin sombras tiene sin embargo, que no habrá quien no le reconozca: la de haber sido el padre del inmortal escritor D. José Milla y Vidaurre!

Comayagüela, 27 de Febrero a 16 de Junio de 1937.

BREVES INDICACIONES SOBRE LA REORGANIZACIÓN DE CENTRO AMÉRICA por Manuel José Arce

DEDICATORIA

No tengo ni puedo dedicar al día 15 de Setiembre otra cosa, que mis deseos por la reorganización de la República: ellos quizá serán infructuosos: sin duda serán también muy censurados por el modo con que los expreso, o por lo menos se atribuirá a un origen falso; más dígase lo que se quiera, mi anhelo es, que los Centroamericanos de la época presente y los que están en el porvenir puedan celebrar el aniversario de nuestra emancipación política en medio del bien estar social. Dios haga sentir en el corazón de los Gobiernos de los Estados su voluntad poderosa, para que convengan en que sé reorganice la nación con arreglo a los principios, ¡pero cuerda y patrióticamente! Así vendrá a ser este día, tan grande como debe y corresponde que sea.

San Salvador, Diciembre 9 de 1846

PRÓLOGO

Digo en este papel los hechos como los he visto, y las cosas como las comprendo, después de meditar en ellas: he leído y preguntado para asegurarme de la verdad; así es, que todo su contenido está en mis persuasiones. Imposible es, que pudiera escribir en otro sentido ni de una manera distinta. Lo he escrito sin odio y sin amor: si alguien me supusiere mala intención, se equivoca enteramente.

Cualquiera que lo impugne ha de tener la misma intención que yo, y ha de hablar la verdad con la propia franqueza.

Me impulsó a escribirlo lo que he visto en algunos impresos, que han venido a mis manos: me parece que hay inexactitud en lo que se dice en ellos, y que por esta causa se dificulta más la nacionalidad. El escritor que no es imparcial, preciso es que engañe; solamente la verdad puede triunfar; el que tema decirla mejor es que no escriba. Considérese, que si en ella hubiere ofensa, se cometió cuando se obraron los hechos que se refieren.

Amicus magnus Apolo, sed magis amica verilas.
Yo soy amigo de todo el mundo, pero más de la verdad.

Los filósofos materialistas sostienen, que todas las acciones son principio, deducen, que no hay responsabilidad de conciencia en los procederes de los hombres. Si fuera cierto el principio, lo seria también la consecuencia, porque si no hubiera facultad para elegir ¿cómo sería justo hacer responsable al ser humano de lo que obrara, arrastrado por un poder inevitable é irresistible?

Esta opinión es el mayor enemigo que tienen las sociedades: ella barrena y destruye la conciencia y de contado el honor y la virtud. Porque, siendo insuficiente el vigor de las leyes, aun en los países donde están mejor observadas, para evitar los crímenes secretos y contener el dolo, la perfidia y la mentira, solamente el honor y la virtud, que nacen de la conciencia y no pueden tener otro origen, son capaces de suplir la ineficacia de las leyes para todos aquellos actos, que pueden encubrirse, o que no son castigados con severidad, aun cuando llegan a ser conocidos.

Así es, que no se necesita profesar el cristianismo ni ser católico para condenar la doctrina de los materialistas: basta ser hombre de bien y sensato: basta reflexionar en que la conciencia es ley y juez, que a un mismo tiempo enseña lo bueno y lo malo: aprueba lo uno, reprueba lo otre; y que solo el que no quiere tenerla recibe por máxima el

Video melliora, provoque; deteriora sequor (Veo lo mejor y lo apruebo; pero sigo lo peor).

Pero para abjurar este sentimiento íntimo é innato, que se llama conciencia, es menester desmoralizarse primero por medio del crimen y de los vicios: el raciocinio solo jamás alcanzaría a destruirla: la naturaleza imprimió en el hombre este sentimiento; y además se corrobora por la enseñanza que recibimos desde que nacemos, dictada por la necesidad de conservar nuestra vida y las demás propiedades. Es preciso pues, que una fuerza más poderosa destruya la moral para poder venir a quedar sin conciencia.

Los crímenes y los vicios son los únicos que producen esta fuerza: son el agente que pueden ejercer poderío contra la moral: ellos sacan todos sus resortes de las pasiones ruines y depravadas y de la sensualidad; y es inconcuso que mientras menos talento tiene el hombre, mientras más tosco e ignorante es, más fácilmente se entrega al crimen y al vicio, y por supuesto con más facilidad se desmoraliza: su alma ve menos lo mejor y debe aprobarlo menos; por tanto, más expuesto está a seguir lo malo. Por ejemplo: para mentir es menester no tener vergüenza: para carecer de ella es necesario no tener honor: para esto es preciso renunciar a la virtud: ello no sucede sin renunciar también de la moralidad; y entonces como de suyo se desprende uno de la conciencia. Pero como en todo ello hay una cadena de errores, de absurdidades y de males, que afectan al hombre individualmente, solo siendo ignorante y de cortos alcances puede dejar de advertir los bienes de que se priva y los sinsabores que se atrae.

Se me replicara, que las pasiones depravadas y la sensualidad son naturales también, y deben a su vez dominar fuertemente. Es verdad; más en el hombre tienen el contrapeso de la razón, del conocimiento de la justicia natural, anterior y superior a la justicia legal, de cuya verdad hizo Montesquieu la primera idea de su libro, según se expresa

Mr. Guizot en su excelente obra de la pena de muerte en las materias políticas. De este conocimiento le viene el de lo provechoso y dañoso, que es en lo que con propiedad consiste el talento; y con él concurren, para contrapesar a las pasiones ruines y a la sensualidad, la buena educación y la ciencia, que no tienen otro, objeto que dirigirnos por las sendas de la misma razón a los goces lícitos, que es en lo que estriban los bienes sociales. Como quiera pues, que se examine la materia, siempre resultará, que para abjurar la conciencia, ha de preceder la desmoralización, y que las personas más torpes ý menos instruidas son las más expuestas a colocarse en esta situación, tan nociva a las sociedades.

Sin embargo, dirá alguno, es preciso convenir en que las pasiones ruines y depravadas y la sensualidad pueden más que el sentimiento intimo e innato que se llama conciencia, ¿y siendo más poderosas ¿cómo hacer para que no produzcan sus efectos? ¿para que no avasallen la conciencia? ¿para que no la destruyan? Es falso que sean de más poder por sí solas; pero sí es cierto que lo adquieren por los crímenes y vicios, de la misma manera que las pasiones nobles y generosas y las buenas practíquense los primeros y todo es perdido, practíquense las segundas y todo irá bien.

Si los encargados de dirigir a los pueblos en estos movimientos, equivocan los medios para llegar al fo, la revolución se extravía y complica; tiene entonces que retroceder a buscar el punto de partida para entrar en la dirección, que debió tomar desde el principio. En el intermedio se hacinan nuevas revoluciones, unas sobre otras, todas provenientes de causas poderosas, que no pueden dejar de obrar su efecto. Ved aquí lo que estamos experimentando los Centroamericanos, y no es fácil penetrar en lo hondo del tiempo hasta cuando irán reproduciéndose estas causas y prolongándose nuestras revoluciones. La reorganización de la República es nuestro punto de partida a donde debemos retroceder para asir la vía recta y principiar una marcha acertada: este es el único remedio que puede curar nuestros males, aunque sea algo despacio; y con este intento vuelvo a hacer algunas reflexiones en este grande asunto,

Yo veo con mucha claridad que todas nuestras desgracias proceden de haber errado nuestra marcha desde el punto de partida. Se formó una causa exuberante de males en la constitución de 1824, ella engañó al pueblo, y sus autores se engañaron así mismos. Al pueblo se le dijo que iba a ser gobernado con suma suavidad: que al efecto se le otorgaba una grande amplitud de derechos; y que para aseguran esos goces podía hacer revolución, y se le acordaron los medios de hacerlo. Los constitucionarios se propusieron gobernar, no dudando que el pueblo los designaría a ellos solamente para sus gobernantes, puesto que lo habían colocado en una situación brillante: conceptuaron que si infringían y violaban la ley, no lo advertiría el pueblo por su rudeza, y aunque lo conociera y palpara, lo disimularía por haber recibido de sus manos tanta soltura y derechos sorprendentes. En una palabra, indujeron al pueblo a comer del fruto vedado por la misma esencia de las cosas, diciéndole que no se quería que lo comiese para que no abriera los ojos, y conociera el bien y el mal. Le prometieron y aseguraron, que al momento de probarlo se haría igual y mejor que sus mismos magistrados; y que Centro— América se iba a convertir en otro Edén como el de los Estados Unidos. Fue tanta la imprevisión y osadía de los hombres que acometieron aquella empresa, que no se limitaron á seguir de lejos á sus dechados, sino que intentaron aparearse y aun aventajarlos en su carrera. Despreciaron el consejo del poetar.

Tu longe sequére et vesligia sempro adora (Síguelo desde lejos y siempre adora sus huellas).

Sin discernimiento para imitar, en vez de obrar como hicieron los norteamericanos, los contrariaron tan absolutamente que quisieron variar a los hombres y a las cosas con un solo rasgo de pluma. Mr. Everett, sabio diplomático de Norteamérica, autor de varias obras muy apreciables entre los inteligentes, y que de propósito escribió para Hispanoamérica su libro, que tituló La América, después de alabar las instituciones de los Estados Unidos, se expresa, en la pág. 153, en los términos siguientes:

"No debe, sin embargo, cegarnos tanto una parcialidad para con nuestro Gobierno y los que nos han hecho el honor de copiarlo que no nos deje ver el que los legisladores de Hispanoamérica, al imitar literalmente las obras de nuestros sabios y patriotas, no han seguido precisamente su ejemplo. Estos tenían también buenos modelos, de los que han extraído lo mejor que en ellos hallaron; mas no han seguido el principio de copiar puntual y absolutamente la forma de ninguno de cuantos gobiernos habían existido. Con razón debemos decir que no había a la sazón ningún gobierno existente tan capaz de servir de modelo en la legislación, como el nuestro lo es ahora; más debemos tener también presente que la virtud esencial de una buena constitución es su conformidad a la situación del pueblo que por ella se ha de gobernar. Luego, el hecho de que una forma dada de gobierno se ha probado en una nación y ha tenido un resultado feliz, en lugar de probar que producirá iguales consecuencias en todas las otras naciones, demuestra, prima facie, la evidencia de lo contrario; porque con dificultad se encontrarán dos naciones cuya situación no sea materialmente distinta en algunos puntos importantes. Por una que haya sido una institución en otros países, sería necesario, antes de poder imitarla con seguridad, tener evidencia de que su operación sería, en todo, igual; y aun en este plan de legislación hay el peligro inherente de que jamás podemos estar completamente seguros de la rectitud de nuestras observaciones; y los yerros cometidos en puntos de esta naturaleza producen consecuencias duraderas y casi siempre irremediables.

Son tan importantes estas consideraciones, que los hombres más prudentes han creído generalmente más seguro admitir por principio fundamental en la legislación el mantener el estado existente de las cosas; y siempre que algunas circunstancias particulares exijan alguna alteración, no excederse al hacer esta, ni por conformarse a los conocimientos abstractos, ni por seguir el ejemplo de los extranjeros. Este es el principio que al parecer han seguido los fundadores de nuestras instituciones.

Punto algo dudoso parece, según esto, si el haber establecido en la América española gobiernos tan populares como el de los Estados Unidos ha sido una medida adecuada al carácter y situación del pueblo, y si hay una probabilidad de que dichos gobiernos sean tan duraderos y consistentes como el nuestro. Se pueden aplicar las mismas observaciones con igual o mayor fuerza a los experimentos que se han hecho y se hacen todavía para organizar dichos Estados según el principio federativo, a imitación de nuestra unión. Así, en uno como en otro caso, parece que los legisladores del Sur, al copiar las obras de nuestros antepasados, han desconocido o pasado por alto el espíritu que las ha hecho ejecutar, o más bien que los dominaba otro enteramente opuesto.

Aunque los constitucionales no hayan podido leer la obra de Mr. Everett cuando se empeñaban en dar la constitución de 1824, habían visto la de Montesquieu, quien ha establecido como un principio innegable que las leyes deben ser tan varias y diversas como los países que van a regir; y ateniéndose únicamente al buen sentido, como lo practicaron casi todos los que impugnaron aquel estatuto, está de presente que no podía ser adaptable para nosotros la constitución de los Estados Unidos. Sin embargo, un escritor de estilo limpio y elocuente, y que tiene un lugar distinguido en mi estimación, acaba de decir: "Pero sean cuales fuesen los defectos de aquellas instituciones, no es justo censurarlas sin colocarnos en las precisas circunstancias de su adopción. Ellas eran necesarias: ningunas otras hubieran sido acuerdo posible adoptar en aquella época: y no son precisamente ellas las que han traído sobre el país los infortunios que hemos experimentado".

Este modo de concebir las cosas y de proferirlas es de mucho desconsuelo, porque prueba que vamos muy lentamente en nuestras revoluciones. Debió el escritor declarar cuáles fueron las precisas circunstancias en que se adoptó la constitución de 1824, y presentar las acreditaciones de que ella era necesaria, y de que ninguna otra hubiera sido cuerdo o posible adoptar. Pero lo que llama más la atención y lo que exigía una prueba perentoria para poder estamparlo es, que no vienen precisamente de aquella constitución los infortunios del país. Si, como debe ser, un escrito de esta naturaleza no debe tener otro objeto que ilustrar una materia o un hecho para enseñanza del mundo entero y principalmente de los que han sentido y estén sintiendo los efectos de una ley que se quiere defender, era obligación del autor fundar bien que no hubiera sido cuerdo o pasible preferir otra. ¿Y por qué hubiera sido una locura o un imposible retratar en nuestra constitución política a nuestra sociedad, en lugar de retratar a los Estados Unidos del Norte? ¿Será acaso porque ya están realizados los sueños de la perfectibilidad del hombre, según la expresión de un juicioso inglés citado por nuestro escritor, para establecer por primera vez un gobierno como el de los Estados Unidos, que no es otra cosa que el Gobierno inglés trasplantado a un suelo nuevo? Luego la cordura consiste en querer realizar sueños y no en hacer lo conveniente, de una manera análoga al tiempo y que hubiera conciliado los elementos sociales con el espíritu y la exigencia de tener una república en lugar de una monarquía. Imposible es el que la América sea en mucho tiempo gobernada por instituciones monárquicas: nadie, entre nosotros, lo ha conocido mejor que yo, pero era igualmente imposible que nos convirtiéramos súbitamente en norteamericanos. Y somos tan infelices, tanta es nuestra desgracia, que no supimos encontrar un medio entre estos dos extremos, es decir, una posibilidad entre dos imposibles, ni una razón, una mente, ¿un juicio entre dos locuras?

Si los que se propusieron dirigir la nación por la senda impracticable de la constitución de 1824 y la formaron, sabían lo que hacían y eran idóneos para llenar su encargo, no pudo ocultárseles que se proponían realizar un sueño y conseguir un imposible; así es que obraron con una fe perniciosa abjurando su conciencia. Si lo ignoraban, pesa sobre ellos una responsabilidad sin tamaño por la vanidad, la audacia y la inconsciencia de haber emprendido, sin tener las nociones suficientes, una obra tan difícil, delicada y trascendental: en ella estaba contenido el porvenir de innumerables generaciones, y el bienestar de los que, creyéndolos concienzudos e instruidos, les confiaron sus destinos. No se pueden excusar con la trivialidad que han puesto en uso los que cometen esta clase de errores, que en verdad merecen otro nombre, de que su ánimo era la felicidad de las generaciones venideras: su misión y su encargo, lo que juraron hacer y debieron cumplir fue, dar instituciones a sus comitentes y no a los centroamericanos que estaban en el seno de los tiempos. Los unos los habían autorizado con vista de sus circunstancias y necesidades, mientras que los otros no existían siquiera para saber lo que pudiera serles adaptable.

Si las referidas instituciones, por su esencia, hubieran podido convenirse con nuestros elementos sociales, todavía era imposible que se hubieran observado y que hubieran hecho la felicidad del pueblo, porque al comenzar a regir, sus mismos autores se levantaron contra ellas y las violaron: ataques a la propiedad: una sedición y una guerra contra el gobierno nacional por favorecer injustamente a un extranjero, traidor a las leyes e ingrato a la autoridad que lo acogió y honró con un empleo de rango: decretos de muerte, de destierro, de confiscación y retroactivos, todo contra el tenor expreso de la constitución de 1824, fueron los primeros pasos de sus autores. ¿Y si ellos no pudieron dar cumplimiento a sus instituciones, pudieran haberse fijado? ¿Ningunas otras hubiera sido cuerdo o posible adoptar en aquella época? ¿Era menester que comenzara la tiranía al nacer la libertad? Esta amalgama de tiranía y libertad sí es una verdadera locura, un imposible que nadie puede realizar y la causa eficiente, precisa e indefectible de todas nuestras revoluciones. Libertad para los constitucionales, servidumbre y tiranía para el resto de los centroamericanos. Esto hicieron y enseñaron, aunque hiera y duela al escritor que escribió para contentar a los dominadores del tiempo, en que debió la constitución acreditarse y halagar con sus beneficios. Ya que se quieren recuerdos, he aquí lo que es menester recordar, no para agraviar sino para que se corrija lo mal obrado. Más hechos que no han sucedido no se pueden recordar: tal es el de que el partido que había entrado mal de su grado por la independencia y por el sistema republicano, sujetó más tarde el resultado de cuestiones meramente políticas a la suerte de las armas. Deseo saber cuáles fueron estas cuestiones y a qué funciones de armas se sujetaron: yo mandé entonces, como jefe militar; y ni conocí estas cuestiones, ni peleé por ellas. También desea que no se confundan las ideas: no es lo mismo, en mi sentir, proclamar principios, que aplicarlos: desde que pude juzgar en estas materias proclamé y proclamo hoy los principios de la constitución de 1824; pero jamás he creído y menos puedo creer ahora, que sean aplicables a Centroamérica en su totalidad y de un modo absoluto. El principio republicano: el de la soberanía del pueblo: el de la libertad de imprenta: el de la seguridad individual y de la propiedad; y el de la fusión de castas y unidad de origen nacional, son propiamente nuestros, porque nos son necesarios; pero las demás utopías de que está plagada la constitución de 1824 no son del todo extranjeras y han ocasionado nuestros males, sin que hayan podido eximirse de ellos los mismos constitucionales; bien que con las diferencias que hay en los distintos caracteres de los hombres, que a su vez han sufrido y han hecho sufrir.

La Libertad no se estudia ni se entiende, sino tras lucha sanguinosa y larga. Esto, a mi ver, es lo mismo que el refrán "no hay mal que por bien no venga". Confieso que es un arcano que no puede penetrar mi escasa comprensión. El mal no puede producir bien: son entidades que se destruyen mutuamente: sería para ello preciso desnaturalizarlo; pero entonces dejaría de ser mal.

Si tras éste viene el bien, es porque contra él se conjuran todos los seres que tienen necesidad de existir y gozar, pues el mal no es otra cosa que la carencia de la vida y de los goces, lícitos en el hombre, y los de la naturaleza bruta en los demás. El mejor testimonio de esta verdad es que todos estamos pronunciados contra la lucha sanguinosa y larga y contra la causa de ella. La ciencia en sus diferentes ramos y divisiones no tiene otro objeto que evitar el mal y alcanzar el bien. ¿Qué es pues lo que se sabe, si no se puede conseguir el bien sin experimentar el mal? Si nuestros constitucionales no podían, por su ignorancia, constituirnos sin traernos todos los desastres que hemos sufrido, que estamos sufriendo y los que nos faltan por sufrir, obrando como hombres honrados debieron decirnos que su constitución nos había de producir lucha sanguinosa y larga: vista esta declaración hubiéramos pensado y resuelto lo que nos hubiera convenido hacer; más muy lejos de ser ingenuos fueron solapados, y nos han ofrecido que con ella asegurábamos todos los bienes sociales. ¿Y será buena ocasión esta para avisarnos que tenían ellos que estudiar y nosotros que entender la libertad tras lucha sanguinosa y larga? ¿Será a propósito que ahora nos salgan con que no hay mal que por bien no venga? Si lo que se pretende es exhortarnos a que continuemos padeciendo con la esperanza, cada día más fugaz, de un bien indefinido y sin plazo, es imposible que los pueblos quieran conformarse.

Nadie sabe mejor que yo, que hay bienes que no pueden tenerse sin pasar por grandes males, cualidad sin embargo que no saca a éstos de su clase para reducirlos a un predicamento diametralmente opuesto: sucede así cuando para adquirir el bien es necesario vencer la fuerza física; pero si no hay quien se oponga con violencia, ni arrebate, ni pelee, como sucedió al darse la constitución de 1824, sino que todo estuvo limitado a polémicas sostenidas con timidez por los opositores, con audacia por los constitucionales, ¿por qué había de ser preciso el mal para obtener el bien? ¿Por qué no se eligió éste desde entonces? ¿Para qué era esa lucha sanguinosa y larga? ¿Fue porque no sabían los constitucionales lo que estaban haciendo? Pues no debieron emprenderlo, y menos obstinarse en sus pretensiones. ¿Fue porque, aunque lo sabían, quisieron echarlo a perder? Pues muchas gracias por tan bella acción. ¿Fue, en fin, porque como hombres falibles se engañaron sencillamente? Pues confiésenlo con candor, y enmiéndense.

Como quiera que fuese, aquellos hombres obraron sin acierto: su obra ha sido, es y seguirá siendo un manantial de revoluciones, cuyo término se esconde al ojo más perspicaz. Con sus instituciones desnivelaron todo lo que era nuestra sociedad, y con las violaciones de ellas lo arrancaron de sus quicios y lo han dejado en perpetuo choque. Es indispensable que éste continúe hasta que todo vuelva a su lugar y a sus niveles: mientras no se logre, es menester paciencia y trabajar prudentemente para reponer las cosas; más defender o disculpar los errores pasados, es sostenerlos aún y mantener por tanto los males presentes, entre los cuales es el de mayor gravedad la acefalía del país.

Una nación sin gobierno no puede ser: dividida en cinco gobiernos diferentes y sin unidad, tampoco puede ser; sin embargo, Centroamérica está presentando esta singularidad extravagante. Pero no siendo natural semejante modo de existir, no puede mantenerse: más tarde o más temprano, forzoso es, que por algún lado venga abajo esta innaturalidad.

Guatemala pudiera separarse de la comunión nacional: no le faltan elementos para hacerse independiente, pues según los cálculos de su población, se aproxima a tener un millón de habitantes: su extensión territorial es considerable, mayormente si se compara con algunas soberanías de Europa: está muy favorecido por la costa del Atlántico; y aunque por la del Pacífico no lo es tanto, con el arte puede adquirirse lo que ha negado la naturaleza. Pero si efectuara su separación se condenaría a ser siempre una potencia de último orden: le falta una extensa base geográfica, sin la cual no puede ser grande una nación, sino que se haga conquistadora y establezca colonias, según lo ha practicado la Inglaterra: antes que pueda Guatemala llegar a la posibilidad de aumentarse de este modo, tiene que vencer los riesgos inseparables a la inmediación de una nación grande y fuerte, como es México, y que librarse también de la fuerza de su atracción. Además, si rompiera el lazo que lo une a Centroamérica, los otros Estados lo juzgarían con severidad, y le harían la guerra: ella sería auxiliada por muchos hombres y pueblos de su mismo territorio, no solo a causa de la opinión que hay allá por la unión y la nacionalidad, sino también por las pasiones políticas que se abrigan en su seno; y entonces sería la oportunidad de que se descararan y obrasen.

No se pregunte con qué derecho los Estados harían la guerra a Guatemala, si éste quisiera zafarse de la unión nacional: sobraría que decir, como es siempre que hay voluntad decidida para hacer una cosa; y por otra parte, no sería preciso entrar en la cuestión antes del rompimiento. Desde que el Vicejefe del Salvador, Mariano Prado, reunió fuerzas, a pretexto de sostener el congreso ordinario, que él mismo convocó para que se reuniera en la villa de Ahuachapán, en 1827, infringiendo el artículo expreso de la constitución federal, que daba al Senado únicamente la atribución de hacer estas convocatorias, y lanzó aquellas fuerzas disimulada y súbitamente contra el Supremo Gobierno, bajo la influencia y dirección de los constitucionales, sin el menor aviso previo y sin que precediera la más pequeña reconvención, ha quedado en corriente, entre nosotros, este abuso, que tanto significa. No habrá historiador que señale una sola guerra de las muchas que han habido y están habiendo en Centroamérica, en que se hayan observado las reglas del derecho.

El Salvador, Honduras, Nicaragua y Costa Rica carecen de algunos elementos necesarios para hacerse independientes en la ocasión presente: entre todos estos Estados puede contarse cerca de otro millón de almas; sus respectivas poblaciones, con respecto a los aborígenes, son más homogéneas que la de Guatemala, más belicosas y más acostumbradas a los usos de la civilización; pero en la ciudad de Guatemala se encuentra un mayor número de personas instruidas que en las restantes capitales de los Estados; hay también más acumulación de riqueza circulante, y de este modo se contrapesan las circunstancias de los Estados, impidiendo que ninguno de ellos pueda segregarse de la comunión nacional.

La permanencia en la posición del día arrastra consigo dificultades de mucho tamaño. La que primero salta a los ojos, es el deshermanamiento que se va creando entre miembros de una misma familia, que por razón de hábitos tan antiguos como la conquista del país, de parentescos, de comercio y hasta de dialecto, está repugnando y debe verse como un mal. La sola suspensión de la nacionalidad ha causado ya menoscabos al tráfico; y siguiendo como vamos, se formarán cuestiones acaloradas sobre aranceles, que no podrán dejar de producir guerras. Entrarán las pretensiones sobre territorios, que quizá no podrán arreglarse sin que intervengan las armas. Las revoluciones intestinas de cada Estado se han facilitado, y continuarán siendo más fáciles cada vez más: los revolucionarios encuentran en los Estados vecinos un asilo que no se les puede negar sino es faltando al derecho natural y a los usos de las naciones civilizadas: así se sustraen de los resultados de un mal éxito, y pueden proporcionarse recursos para hacer reacciones. En fin, son innumerables los inconvenientes y tropiezos que trae la situación actual de la república, y afectan tanto el amor propio, que es mejor que cada uno los descubra meditando en este gran negocio, que el que se escriban y publiquen. Pero, por mucho que lo sintamos, no se puede omitir la repetición de lo que tantas ocasiones se ha dicho acerca del fatal concepto en que nos tienen las potencias extranjeras por nuestra desunión y acefalía. Creen que somos incapaces de formar un gobierno cuerdamente, y nos desestiman por ello. Asimismo es preciso reiterar, que estamos perdiendo un tiempo precioso en procurar la apertura del canal de Nicaragua, obra que no se realizará sin que Centroamérica se reorganice, y que desde que se comience, empezará a cambiar, como por encanto, la suerte de todo el país. Ella sola es bastante para convertirnos, en breve tiempo, en una república floreciente y de un peso político incalculable.

Nuestra reaparición en el mundo culto como hombres, que supieron adquirir una patria independiente, y son aptos para constituir un Gobierno con prudencia y tino, es una necesidad imperiosa, que cada hora que transcurre se hace más exigente. Inoficioso y hasta ofensivo sería al instinto de los pueblos y a la civilización de las personas que influyen y gobiernan en los Estados, referir los bienes que nos va a producir la reorganización. Con mayor o menor inteligencia y extensión a ninguno se le ocultan: no es que se ignoren, el motivo que la retiene y dilata, sino porque se han formado obstáculos de los mismos acontecimientos ocurridos, que de consuno enervan la acción que ejerce el conocimiento de las ventajas y provechos que hemos de conseguir, haciendo que retorne la nacionalidad. De ellos es menester tratar con algún detenimiento.

Un escrito salió en el número 44 de la Gaceta Oficial de Guatemala sentando, como una consecuencia de los hechos que en él se encaran, que la mayoría de los Estados no quiere unirse de nuevo en un pacto del todo nacional. Otro, que se imprimió en el número 5 del Salvador Regenerado, impugnó aquel aserto, manifestando que no es posible que los Estados repulsen la nacionalidad. El autor de este atribuye la repulsa, si es que la hay, a la mayoría de los gobernantes y enviados de los mismos Estados: sin embargo, la sinceridad en el examen de esta materia demanda declarar, que meditando imparcialmente en lo que acontece, más que repulsión es temor y desconfianza, en los referidos funcionarios, las que dictan sus reticencias. Es un efecto preciso de todo lo que ha pasado y está sucediendo: la equivocación estriba en que no entran francamente en los principios: quieren por temor y desconfianza arreglar ellos lo que no pueden hacer, porque es atribución del pueblo centroamericano y de nadie más: es necesario y urgente que se desliguen de sus temores y confíen en la fuerza irresistible de la soberanía del pueblo y de las lecciones que suministra la experiencia; de lo contrario estaremos girando en un círculo vicioso, padeciendo y destruyéndonos.

Al fin tendrán que ceder, ora sea porque los Estados, impelidos por el cansancio de las continuas oscilaciones y anhelando el bienestar que es natural, rompan los lazos que todavía los unen, y de aquí nazcan guerras, mucho peores y de más mal carácter, que las que han habido y están sucediendo: ora, porque este propio cansancio y necesidad del bienestar los hagan levantarse contra los que detienen y embarazan los conatos de reorganización, y los privan de realizarla en virtud de su derecho de soberanía; de cualquiera manera que reviente esta innaturalidad, será muy desagradable para los que dificulten las tendencias del pueblo.

Hasta ahora no se ha tratado de una rémora, de poder más positivo, que detiene y obstruye el impulso de la nacionalidad, y se injiere en el negocio de mil maneras y formas. Esta la originan las dudas y aprensiones de algunas personas que hay en todas partes, de las que obtuvieron la dirección de la cosa pública en la primera época: el amor propio y vanidad de muchos de los que cooperaron a la confección de la constitución de 1824, que por más anatematizada que la vean, están enamorados de ella, como Narciso de su figura: los hábitos viciosos que de su incompatibilidad han resultado: la costumbre de gobernar que adquirió un partido, durante doce años, entre revoluciones y batallas: el miedo nimio e infundado de que vuelva a tomar el gobierno; y el mezquino provincialismo, engendrado desde largos tiempos, y que solo la nacionalidad adoptada con saber y justicia, puede ir, poco a poco, aminorando, hasta destruirlo.

Los que al principio de nuestra carrera estuvieron colocados en la administración pública, deben conocer la clase de gobierno que se adopta: si nuestro arranque nos ha costado más que a las otras secciones de la América española, consiste, en que allá erraron menos, conservando más su estado existente, pero si en aquellas regiones ni en la nuestra se ha podido dejar de ser republicanos. En semejante sistema la administración pública debe ser circulante: en cierto modo es la propiedad de todos los hombres de virtud y de mérito que tuvieren los pueblos deben buscarse en todos los ángulos de la república; y es preciso que cada cual a su vez mande e influya en los destinos del país. El hombre de instrucción y de recto proceder ha de ser llamado a los empleos, siempre que haya regularidad: siempre que se puedan fijar las instituciones por su conformidad con los elementos sociales: el sentido común y el interés público lo requieren; y solamente en los sueños políticos y en las extravagancias, en que por quererse lo perfecto se da en lo impracticable y de ello se pasa al desconcierto total, se ve, que por una larga época, estén rechazadas de los negocios la virtud y la instrucción, la aptitud y dedicación. Es justo temer la exclusión: nadie tiene más confianza en otros que en sí mismo; y después de haber experimentado largas proscripciones y todos los infortunios que caben en una suerte adversa, han de aspirar a intervenir en el gobierno para velar sobre su propia seguridad. Pero por la misma razón, han de esforzarse a merecerlo, y no han de huir el cuerpo a la nacionalidad: el mal no ha estado ni puede estar en ella: estuvo en que no se supo establecer; y únicamente un régimen bien combinado, que no choque con nosotros mismos, lo puede remediar todo. Que se ajuste a las reglas que enseña Mr. Everett en su obra citada y se encuentran en la página 79. La sola seguridad que hay de la duración de cualquiera institución política, es su conformidad con el estado de la sociedad en que se ha establecido. Y en la página 100 añade. Un conocimiento exacto del carácter y condición del pueblo, es por consiguiente la base de todo proceder juicioso, así en la administración de un gobierno, como en su formación.

Es preciso considerar, que todos a su vez han sufrido: los mismos proscriptores, que han sobrevivido, aunque no han sido expulsados por decreto ni órdenes en forma de leyes, han tenido que expatriarse alguna ocasión para evitar mayores peligros, que en el momento de su evasión les amenazaban, concitados por sus procedimientos y calculados por el testimonio de sus propias conciencias. Ellos también están aleccionados y es natural que deseen tener parte en la administración: no se les puede negar, con tal que depongan sus pretensiones privilegiadas, sus acaloramientos y violaciones, y sean los primeros en cumplir la ley en obrar con conciencia. Esta participación de los hombres honrados e instruidos de todas las sectas políticas, es necesaria bajo un sistema popular: neutraliza las pasiones y los intereses de partido, y solo quedan en el gobierno el saber y la buena intención. Pero todas estas verdades se malogran y pierden en la acefalía que tenemos.

La constitución de 1824 tuvo sus padres: la concibieron y dieron a luz en medio de contradicciones y superando la opinión de un número mayor de legisladores y la tendencia recta de las cosas: el pueblo ninguna parte tuvo en su adopción, porque si no la comprende todavía, imposible era que la hubiera comprendido entonces. Si un número corto de hombres pudo hacerla pasar sobre otro mayor, previno de que los muchos temieron a los pocos; y es natural que estos la quieran, no solo por haber tenido el trabajo de copiarla de la constitución de los Estados Unidos, haciéndola menos consiguiente con algunas alteraciones que le intercalaron, extraídas de otras lecturas, sino mayormente porque vencieron a sus contrarios, y lograron hacer el papel de sujetos de ideas nuevas, superiores a sus compatriotas, y que sabían empinarse a la altura de Jefferson y de Mirabeau. El temor del mayor número se fundó en ciertos intereses personales, bien conocidos, que se mezclaron en la cuestión, y estaban sostenidos por el provincialismo, de que trataré después. Así fue que la victoria quedó por los federalistas, más no por el federalismo, como pretende un escritor que ha hecho a la patria el relevante servicio de discurrir un medio seguro para reorganizar la república, y publicó sin firmar por pura modestia. Permítaseme destinar algunas líneas a este escritor modesto, sin abandonar la materia principal.

¡Cuánta diferencia hay de que triunfe una opinión, a que un partido, que la sostiene y se hace temer, obtenga el triunfo! Para que pudiéramos persuadirnos de que ha triunfado el federalismo repetidas veces, como asegura el escritor modesto, era necesario que hubiera correspondido a los ofrecimientos que nos hicieron sus autores; más habiendo sido todo lo contrario, el triunfo es de la verdad, demostrada, por la experiencia constante, de que toda idea, toda opinión exóticas no pueden sostener. Los ingleses, deslumbrados por los acrecentamientos y conquistas de la Holanda, se inclinaron al régimen republicano; y esta idea tuvo más influjo en la muerte de Carlos I, que todas las demás que fermentaron en la revolución, que hizo subir al cadalso a aquel Monarca. Con todo, ellos no pudieron establecer la república, y cayeron en la tiranía del Protectorado.

Los franceses, buscando derechos y garantías, y exaltados por lo que vieron en Norteamérica, cuando vinieron a ayudar en la guerra de independencia de los Estados Unidos contra la metrópoli, llenos de entusiasmo resolvieron crear su república, una e indivisible; y para asegurar su consistencia, la regaron con la sangre de Luis XVI. A pesar de todo, se sumieron en la tiranía de Robespierre: se transfirieron a las impropiedades del Directorio: de ellas llegaron al Consulado, al Imperio, a la restauración, y a la gran semana, hasta que se colocaron en su lugar propio, bajo el cetro de Luis Felipe. La Nueva Granada, al principio de su independencia, se hizo una república federal: comenzaron las divisiones y los inconvenientes de toda especie: ya iba zozobrando en la guerra con los españoles, no obstante el genio de Bolívar; y fue preciso cambiar las instituciones para vencer. México entró por el federalismo, después de la caída del Imperio: hubo todo el juicio posible en combinarlo con el carácter y costumbres sociales; pero todas las precauciones que se tomaron solo sirvieron para demostrar, que la prudencia, por mucha que sea, no alcanza a variar el orden regular de las cosas. Las provincias unidas del Río de la Plata, hace años, que luchan con el federalismo: el general Rosas, con la cuchilla en las manos persiguiendo de muerte, por todas partes, a los bárbaros unitarios ha podido hacer que venza. Él y su partido sí han triunfado hasta ahora, lo mismo que triunfaron una vez los federalistas en México y en la Nueva Granada, y los republicanos en Francia e Inglaterra, cuando murieron Carlos I y Luis XVI; pero las opiniones republicanas y federales nunca han triunfado en los países y ocasiones referidas, porque no han sido naturales sino exóticas en su tiempo. ¿Qué privilegio, qué fuero pues, disfruta el federalismo de Centroamérica para ser una excepción de la regla general? El objeto de una institución política ha de ser necesariamente el bienestar del pueblo en que va a ejercer su acción y a obrar sus efectos: el arte de gobernar es el arte de sustentar a los pueblos, decía Confucio: en Norteamérica, el federalismo no solo sustenta al pueblo, sino que lo engrandece con una rapidez admirable: en Centroamérica, nos ha causado todos los males de que somos víctimas hace veintidós años, y además estamos sin nacionalidad, siendo el escarnio de todas las naciones. ¿Se puede decir que entre nosotros ha triunfado? Triunfó el partido federalista: triunfará cien veces más; pero mientras la institución no llene su objeto, es imposible que triunfe. Es menester alguna exactitud de ideas para escribir: si la tiene el escritor modesto, entonces debemos atribuir su extravío a las pasiones políticas y a los intereses personales.

De este defecto provendrá también otro error en que incurre: nos compuso en su folleto un cuerpo legislativo, en que está llamada la juventud con un acceso libre, y escogió para su residencia la villa de Ahuachapán; que, según las expresiones del escritor modesto, tiene una población de la complexión de Croacia y Georgia. ¡Jóvenes entre mujeres hermosas! ¿Podían ser buenos legisladores? Ciertamente Cicerón fue un rudo cuando dijo: mens, ratio et judicium in senibus est, la razón, el entendimiento y el juicio están en los ancianos: rudo fue Solón por haber dado la ley, que prohibía a los atenienses arengar en la tribuna del pueblo antes de los cincuenta años: rudos fueron los atenienses, que compusieron el Areópago de los ancianos de Atenas: rudos los romanos, que formaron el senado de los seniores de la república: rudos los ingleses porque en la Cámara de los Comunes se ven muchas cabezas canas y sin cabello: rudos los angloamericanos, porque en sus congresos sucede lo mismo: rudos en fin, los apaches y comanches por reunir en sus consejos de guerra y nombrar para su capitanea (única clase de gobierno que tienen) a sus hombres experimentados, reservando la juventud para que pelee y aprenda. Semejantes dislates ni la refutación siquiera merecerían, si no fuera por la inmoralidad e indecencia que traen implícitas, y que tanto nos desacreditan en el exterior y nos perjudican en el interior. Se pretende captar aceptación con la juventud, y se tiene por buen medio pervertirla halagando sus inclinaciones e inculcándole falsas y reprobadas nociones. Pregunto al escritor modesto ¿Sabe ahora lo mismo, que cuando estuvo en nuestra Asamblea Constituyente, o sabe más?

Es indudable que hoy está más instruido, puesto que se juzga capaz de reformar la constitución de 1824, en que él fue uno de los legisladores. ¿Y cómo ha adquirido esta mayor instrucción? ¿No ha sido leyendo, meditando y aprendiendo lo que ignoraba en aquella época? ¿Si ha necesitado veintidós años de estudio, meditación y aprendizaje para enmendar lo que hizo cuando ya tenía por lo bajo cuarenta de edad? ¿Cómo es que llama a los cuerpos legislativos a los que no pueden tener todavía estudios ni experiencia? Por lo menos, si es que ha de haber nacionalidad, preciso es que el cuerpo constituyente se componga de personas de saber y madurez, en quienes las pasiones no tengan ya la superioridad con que dominan a la juventud; y aun así es muy decoroso y moral que se reúna en donde la población no sea de la complexión consabida. Arregladas estas dos partidas de la larga cuenta que el escritor modesto tiene con todos los centroamericanos, y por de contado conmigo, vuelvo a mi asunto.

La vanidad de los constituyentes es palpable: la han demostrado de muchas maneras; y en cuanto encuentran una coyuntura para resucitar su obra, la aprovechan. Son buenos padres, pero malos hijos: prefieren la existencia de su producción a la vida de la patria. No se les puede arrancar la confesión genuina de que los males de la república son efecto de aquellas instituciones: a lo más lo expresan a medias palabras, como cuando dice el Militar: y no son precisamente ellas las que han traído sobre el país los infortunios que hemos experimentado. Luego son de algún modo, y esto basta para condenarlas. Es evidente que toda ley que no hace bien, es nociva: un estatuto político que en lugar de orden causa desórdenes, no puede ser peor: imagínese como se quiera su defensa, siempre vendremos a parar en que, puesto que ha tenido adversión y enemigos, que lo han hecho caer, debió preverse este resultado al tiempo de su adopción. Si no podía evitarse, fueron unos malos hombres los legisladores, que a pesar de que conocían que era inevitable su caída, se empeñaron en hacer sufrir a su patria los desastres que siempre se padecen al desmoronarse y caer un Gobierno. Si se pudo impedir ¿por qué no lo hicieron?

Entonces su constitución hubiera dejado de ser mala y se habría convertido en buena. Más claro: eso de atribuir a los serviles las desgracias del país y la del pacto federativo son boberías: ellos han ido proscritos a Europa, a los Estados Unidos, a México y a Chile: han escrito, han hablado sobre materias políticas, y han sido graduados en aquellas naciones por personas de principios liberales y aun exagerados. D. Lorenzo Zavala, juez muy competente, les decía en México: no se puede creer que hayan desterrado a Uds. por serviles; y el mismo concepto han merecido en Chile, en los Estados Unidos y en Europa. En una palabra: aquí todos nos conocemos: hablemos de buena fe: si la constitución de 1824 hubiera traído bienes y no males, ¿hay entre los que apodan serviles algún hombre, ni todos juntos, que sea capaz de darle un vuelco a una ley benéfica? El opúsculo del Dr. Aycinena, que entre nosotros es conocido con el nombre de Los toros amarillos y colorados, nada hubiera podido, si la constitución hubiera estado haciendo la felicidad del país cuando se publicó. La verdad es que nuestros pueblos debieron decir a los constituyentes en 1824 lo mismo que los comerciantes de Francia dijeron a Colbert, ministro de Luis XIV: laissez nous faire, dejadnos hacer; y si la nación consigue reconstituirse pacíficamente, no se olvidará de hacerlo, y yo se los anticipo desde ahora.

Los constituyentes quisieron representar el papel de hombres, que no solo van par a par con las luces del siglo, sino que ocupan los puestos avanzados del progreso, y no desisten aún de su propósito. Está bien; pero toda su ilustración es insuficiente para que vean, que el siglo nuestro no es el mismo que el de Norteamérica, el de Francia e Inglaterra, sino el que comprende la estadística intelectual y material de nuestra nación. Si la hubieran estudiado, como debieron, y apreciándola, según era necesario, sería hoy Centroamérica la porción más floreciente de nuestro hemisferio: cuando se consumó nuestra independencia estaba el país virgen: no había tenido las calamidades que hubo en las otras secciones a consecuencia de las largas guerras con los españoles; y aunque siempre hubiéramos incurrido en algunos errores, a causa de nuestra inexperiencia, se habrían corregido fácilmente, y la república estaría progresando más que las otras. Pero es seguro, que de todos los autores de la constitución de 1824 ninguno conocía a fondo, en ningún sentido, lo que era el antiguo reino de Guatemala: no pueden escribir hoy, por datos recogidos con anterioridad, una memoria que denote las igualdades y diferencias que hay en el carácter de los habitantes de cada Estado: la proporción en que están sus diversas poblaciones, con respecto al grado de cultura de cada una: sus vicios dominantes y sus virtudes principales: las producciones de cada comarca, variadas tanto como sus temperaturas; y todo lo demás a que debe atender el legislador para constituir un pueblo.

Ni topográficamente conocían entonces algunas provincias y menos todo el país, que recibió de sus manos una ley fundamental; y si después han visitado pequeñas o grandes porciones de él, es en las fugas y confinaciones que han tenido, ocasionadas por los disturbios políticos. No era posible pues, que formaran con acierto el pacto de asociación de una grande extensión territorial, sin estar al tanto de lo que son sus habitantes, y de lo que ella requiere por sus producciones y topografía, imitando solamente a los Estados Unidos.

Los hombres no se elevan a la gloria formando planes en el aire, más o menos bien redactados: es preciso acertar; y esto no puede ser sin que la obra corresponda a sus fines. Desde que la invasión de los franceses a España rompió la incomunicación en que antes había estado América, y mucho más desde que en la Península se dio la constitución de 1812, comenzaron a difundirse aquí las luces sobre materias políticas; y ya para el año de 1823 pudieran encontrarse algunas personas entre nosotros aptas para componer una constitución, que pudiera mostrarse como un bello ideal. Había más que hacer, que registrar unos cuantos libros y periódicos de las revoluciones de los Estados Unidos, de Francia y de España, y copiar de ellos; pero no fue este el trabajo que la nación confió a los constituyentes, sino el que exigía su propio siglo: glorioso hubiera sido acertar en él; pero no lo es haberse fijado en trozos extraídos de diversas lecturas, sin coherencia con nuestro estado intelectual, y por lo mismo sin verosimilitud de buen éxito. Necesarios eran los principios cardinales que he sentado antes: a satisfacer esta necesidad debimos sacrificar cualesquiera padecimientos; pero los sueños de un bello ideal político eran innecesarios y muy nocivos; no debieron excitar a ningún hombre de juicio. Ahora pues invito a los constituyentes a que se empleen en procurar la reorganización y cooperen a reparar las equivocaciones que cometieron en 1824, conformándose con nuestro siglo; bajo el concepto de que cada nación, cada grande época tiene el suyo, y lo tienen, de la propia manera, los hombres eminentes. No lo ignora el principal constituyente, puesto que en años pasados redactó un periódico con el nombre de Siglo de Lafayette.

Sírvanse contemplar, que hace veintidós años que estamos luchando con toda especie de adversidades, por habernos constituido sin ninguna conformidad con el estado de la sociedad: todo este tiempo han estado, y están todavía, rasgadas las venas de la nación, destilando sangre por todas; y ya es urgente curar sus heridas. Sé que es fácil formar un catálogo de largas series de desgracias, que han sufrido otras naciones, para decir que aún es poco lo que nosotros hemos padecido: prontas estarán para ello mil páginas de la historia; pero si esta ha de servir para enseñarnos a evitar los males que han causado los errores de los legisladores y de los mismos pueblos, no se nos cite para que imitemos los mismos errores y nos avengamos a los propios males. La revolución de Inglaterra duró cien años ¿es racional querer que la nuestra sea de igual duración? Lo que debe hacerse es, examinar por qué duró tanto tiempo, y descubierto el motivo librarnos de él.

Apelo a los Estados Unidos: su revolución, tomando esta palabra en el sentido vulgar, solamente la tuvieron mientras Inglaterra reconoció la independencia e hizo la paz: desde entonces se puede decir que disfrutan de una completa tranquilidad interior, sin embargo, que tuvieron que variar la constitución de la república, y que cada cuando conviene, hacen variaciones en las de los Estados. Imitemos en esto; pero para ello es menester imitarlos también en la cordura y madurez con que se han comportado desde que pronunciaron su separación de Gran Bretaña: hicieron solamente las alteraciones muy precisas, exigidas por el rango en que entraron; todo lo demás lo dejaron existente. No se desprendieron de lo que sabían para practicar lo que ignoraban; nosotros queriendo hacer como ellos, abandonamos todos nuestros conocimientos, teóricos y prácticos, y nos arrojamos a una total ignorancia.

Suponiendo que los constituyentes y el pueblo hubieran comprendido el régimen político de los Estados Unidos, ni así era posible adoptarlo, porque nos faltaban sus costumbres públicas y privadas, base principal de la observancia de su constitución: era esencial cambiar nuestra ligereza por el peso genial de aquella población y nuestra ignorancia por su civilización; por manera que repentinamente hubiéramos contraído mesura en nuestros procedimientos y el hábito de leer para enterarnos del espíritu de las leyes y del curso de los negocios, en lugar de la desaplicación general que tenemos, de la cual proviene que no pueda sostenerse un periódico en Centroamérica: nadie compra un papel: es menester regalarlos; y así todavía no los leen. En esta parte no me refiero solamente a las masas del pueblo, sino con particularidad a los que hablan de política por las tiendas y plazas, que son los que más pudieran dedicarse a la lectura.

Si en los veintidós años de desastres, que nos ha acarreado el federalismo, ya hemos adquirido todas estas condiciones, necesarias para regirnos por este sistema, yo soy el primero que quiero su adopción; pero en lugar de ser así, nos hemos atrasado y pervertido más, no es posible quererlo. Se objetará que las leyes mudan y mejoran las costumbres; nadie lo duda; pero todos están persuadidos de que esto se consigue lentamente y comenzando por la educación primaria y por radicar la moral y la virtud; de aquí es la necesidad de hacer las reformas legales con pulso y pausas.

Si los constituyentes pues, están enamorados de su obra, es porque la prefieren a la patria, y también a ellos mismos, puesto que no han podido eximirse de las calamidades públicas. Se nota con pesar, que la incongruencia del código federativo ha producido las revoluciones; y tanto aquel como estas han traído y generalizado los vicios y desmoralización: se desea permanecer en la dislocación en que estamos anteponiéndola a la reorganización del país, por temor de que se adopte un estatuto que reprima las malas habitudes y restaure la moralidad.

El instinto de la conservación social se ha expresado constantemente contra este espíritu de destrucción, favorecido por instituciones políticas febles, sin unidad y sin vigor. Muchos de los que se deciden por ellas, no es porque anhelen los progresos mentales y materiales del país, pues está visto que nunca los ha habido con las de 1824 ni con las demás que han emanado de aquellas: es porque proporcionan la laxitud de costumbres, los goces sensuales, los ataques a la propiedad y las violaciones de la ley: están bien con que la justicia no se administre, porque sus fallos caerían sobre ellos: están bien con las perpetuas revoluciones, porque en ellas medran, aunque frecuentemente les son funestas: en fin, han abrazado el desconcierto general, como una madre rica que les franquea sus tesoros a condición de que han de correr mil peligros.

Igualmente han introducido en el sistema liberal la falsedad y la intriga, sin advertir que un régimen semejante repele por su propia naturaleza estos medios, que descubiertos no producen sus efectos o se reducen a muy poco. Lo que queda en todo su tamaño y con creces es la difamación que trae siempre consigo la mala fe, haciendo que todos desconfíen de los falsarios e intrigantes. En los gobiernos republicanos es frecuente que arrojen a la cara de los gobernantes sus manejos reprobados. El Príncipe de Maquiavelo no es para estos gobiernos, ni para ningunos en este tiempo: si resucitara su autor lo quemaría, porque como de intento, y por una necesidad bien experimentada, se han convenido, los encargados del poder de las naciones civilizadas, en gobernar con verdad y franqueza.

En Centroamérica hemos tenido varios funcionarios, que naturalmente han poseído el arte de engañar: ¿lo han practicado a su satisfacción y qué han podido hacer de bueno para el público? ¿Qué utilidad sólida y honrosa han sacado para ellos? ¿Dónde están los principales? El origen de la mentira y de la intriga se halla en la falta de talento y de instrucción: no incluyo a la inconciencia porque no es menester; siendo así, que por mucha que sea la que tiene el hombre, nadie quiere ser reputado por enredador y mentiroso: solo el deseo vehemente de llegar a un fin, ocultándose los medios lícitos, puede obligar a emplear recursos reprobados.

Si lo que se intenta hacer es de suyo malo y por tanto rechaza los medios honestos, se presenta una prueba mayor de necedad y tontera, porque para proceder bien un mediano talento e instrucción bastan; pero para hacer mal no hay saber ni entendimiento que alcancen; es ley de la naturaleza, que todos se declaren y conviertan contra el que daña.

Asimismo han incluido en el propio régimen las agencias y granjerías reprobadas e indecentes, con tal desfachatez, que han contagiado el juicio público en esta parte; y por último, a tal extremo ha venido la perversión de ideas, que se han metido en cuenta las maneras personales, bajándolas a la incultura, como medio de hacerse de popularidad: ninguna porción de respeto se ha conservado, ni para los primeros gobernantes, ni para las demás autoridades, y menos para las personas privadas: ofende la dignidad de los hombres, y la caracterizan de soberbia; y todo esto parece grato y bueno, y encuentra aprobadores y encomiadores.

La nacionalidad se esquiva a tales costumbres y mucho más el federalismo; nos ponen en un retroceso general, y si no se corrigen precisamente se aumentan, el efecto necesario de ellas es ahuyentar la civilización y dividirnos hasta quedar reducidos a aduares.

El partido que gobernó doce años, en medio de revoluciones y batallas, y todavía motiva desazones, porque es temido, desapareció en cierto modo. En la esencia es el mismo que el constituyente: los hombres que le daban vigor e influencia, se los ha tragado la revolución: o han muerto, o están ausentes, o arruinados; y los que restan sobre la escena, son tan sin fortuna, que ninguno ha podido subir a la clase de jefe, ni ganar confianza en la opinión pública.

La reversión de las ideas de lo exagerado a lo regular, de lo fútil a lo sólido, de lo imposible a lo natural y razonable, es su mayor enemigo, y tiene también contra sí los vestigios que ha dejado en su largo curso. Nunca le faltaron algunos hombres apreciables por su honradez y patriotismo, que se han atrevido a contrariar sus pasos, y hoy se ha aumentado el número de estos por un resultado preciso de la experiencia.

El mejor antídoto es dejarlo en sus propias manos, encomendándolo al dominio que ejerce la acción del tiempo. Pero es el absurdo más reprobable negarse a la nacionalidad por temor de que se apodere de ella. Todo tiene su término, y lo que pasa no vuelve: solo la razón, la justicia y las buenas obras son de todas las épocas y circunstancias.

Supongamos que resucitaran Marat, Robespierre y Dantón, no sería posible que colocaran de nuevo su aterradora tribuna en ningún ángulo de Francia, ni ellos lo pretenderían, porque no habrían de ser ahora lo que fueron en el delirio revolucionario: los seres morales desordenados son necesarios muchas veces para lección y escarmiento de las faltas y aberraciones de la humanidad; pero durante su vida, ellos mismos excavan los abismos en que se sepultan.

Por esto, siempre he calificado de miedo nimio, el que los gobernantes de Nicaragua rehusasen mandar sus enviados a la Dieta de Sonsonate: permitamos que en el Estado del Salvador dirigieran los negocios públicos las reliquias del partido que se teme: por lo mismo habían de insistir en la reorganización; y además debe confesarse ingenuamente, que sean lo que fuesen estas reliquias, no se les puede acusar de un acto explícito, aplicable a que contraríen la nacionalidad, aunque sí hay muchos que manifiestan su adhesión a las instituciones de 1824.

De ello no se les debe formar una inculpación, y lo que se ha de hacer es, refutarlas como merecen. Cayeron por su propio peso: si se levantaran, volverían a caer; y caerán siempre, hasta que encuentren conformidad con nuestros elementos sociales; entonces, lejos de impugnarlas, las defenderemos todos.

El provincialismo, materia espinosa y de muy difícil tacto, es una de las causas principales que protegió la adopción del sistema federativo. Las antiguas provincias del reino de Guatemala no querían, al presentarse en el mundo como nación, quedar sujetas a la capital, que por espacio de 300 años sirvió de asiento a las autoridades españolas.

El provincialismo, materia espinosa y de muy difícil tacto, es una de las causas principales, que protegió la adopción del sistema federativo. Las antiguas provincias del reino de Guatemala no querían, al presentarse en el mundo. como nación, quedar sujetas a la capital, que por espacio de 300 años sirvió de asiento a las autoridades españolas.

Muchas quejas y celos se habían suscitado y arraigado en las series anteriores: se aumentaron con la agregación de Guatemala a México, por motivo de la guerra que hubo con San Salvador: Guatemala por otro lado conservaba su espíritu de capitalismo, sin que de él pueda exceptuarse a ninguno de los partidos que lucharon al tiempo de darse la constitución de 1824. Todos estos gérmenes reventaron y pulularon como una planta nociva, cuyos vástagos se extienden y espesan sobre un gran terreno, impidiendo que lo fecunden los rayos benéficos del sol. Bien examinado el asunto, todo ello no es otra cosa que mezquindad y falta de elevación en las ideas de nuestros hombres de Estado. Porque ¿qué es una capital en un régimen republicano bien organizado? Vale más una buena posición geográfica que la sola residencia de las supremas autoridades. Nueva York y Nueva Orleans serán siempre unas ciudades más ricas y populosas que Washington. Esta regla se cumple aun en los gobiernos monárquicos, que como el de Inglaterra, no son despóticos.

Si la corte de la Gran Bretaña estuviera en otra ciudad, Londres no dejaría de ser opulenta y grande: sólo en los gobiernos puramente absolutos, en los cuales todo el bien se recibe de los hombres que tienen el poder, es que son de una influencia decisiva las capitales; pero en donde, por razón del uso de la libertad, puede tanto la acción individual, una buena posición geográfica es superior a cuantas ventajas puedan imaginarse por la permanencia de los altos funcionarios. Si entre nosotros hubiera un conocimiento profundo en la materia, hace algún tiempo que estuviera la capital del Estado de Guatemala en Santo Tomás, y la del Salvador en La Unión: entonces ya tendríamos caminos carreteros por los cuales se llevaran a estos puertos nuestros frutos agrícolas y se introdujeran al interior las mercancías extranjeras; y únicamente en este sentido pueden considerarse como interesantes las capitales en un régimen liberal.

Abierto el canal de Nicaragua, León y Granada serán en poco tiempo ciudades más extensas que México o Madrid, o Nápoles, y todo aquel Estado vendrá a un incremento prodigio. No sería justo que por este privilegio, que otorgó la naturaleza a Nicaragua, rehusase Guatemala reorganizar la nación; pues tampoco lo es, que por ser este Estado de una población mayor que los otros, se formen obstáculos para la nacionalidad; queriendo establecerla por un sistema político forzoso, que ha acreditado su inconformidad con nuestros elementos sociales.

El escritor modesto censura la constitución de 1824 porque el Estado de Guatemala retuvo, según ella, una representación parlamentaria, que podía más que la de cada uno de los otros Estados y a veces que la de todos juntos, conservando así su dominación. Si el argumento fuera de algún peso, no habría ninguna combinación en los gobiernos representativos, que no requiriera medir la superficie del país y contar los habitantes, para que matemáticamente resultara una igualdad completa de representación e influencia; haciéndolo así, no se conseguiría todavía, a menos que se repartieran con exactitud numérica los hombres de virtud, de talento, de saber y de riqueza, y las fuentes de esta.

El Estado de Nueva York es mucho más grande que todos los demás de Norteamérica: el de México tiene la misma circunstancia respecto de los otros de la república mexicana; sin embargo, no se ha conceptuado mala, por esto, la constitución de los Estados Unidos, y malas también las que se han dado en México y cualquiera que se acuerde ahora, porque allá no hay quien imagine estos embarazos.

Siguiendo el argumento es menester que Honduras, Nicaragua y Costa Rica, no solamente se quejen de Guatemala sino también del Salvador, porque este Estado tiene más población, y por lo mismo debe tener más representación en los cuerpos legislativos que los demás de Centroamérica. En último análisis, Costa Rica se negaría a concurrir a cualquier asamblea o congreso general, por ser el Estado más despoblado; pero se observa con placer que nunca ha dificultado la reorganización de la república.

Es cierto que, en el congreso constitucional de 1826, se cometieron los errores deplorables de que habla el escritor modesto: la representación de Guatemala reprobó varias credenciales de Diputados de Honduras y Costa Rica, contra el tenor expreso de la constitución, y nombró a su arbitrio suplentes a los representantes guatemaltecos, infringiendo el referido código. La diputación del Salvador se retiró del cuerpo legislativo, y al dar cuenta a los pueblos que la habían elegido, manifestó el 8 de junio, entre otras muchas faltas de los representantes del Estado de Guatemala: que desde que en el mes de marzo abrió sus sesiones el congreso federal, se observó una tendencia decidida en la mayoría de sus miembros a organizar ella misma, y por su elección, el cuerpo legislativo, como un cuerpo aristocrático.

Este documento es una pieza histórica de mucho mérito: está firmado por los Diputados Alegría, Guerrero, Funes, Peña, Licenciado Menéndez, Sánchez y Licenciado Durán: consúltese; y en él se verá quiénes han sido los que barrieron la constitución de 1824, y quién la observaba, sin que se le pudiera encontrar infracción alguna, por más que se registró su conducta gubernativa. Por causa de un senador del Estado de Guatemala se desorganizó también el senado aquella ocasión; pero lo malo que hicieron unos hombres desviados de sus obligaciones, nunca será fundamento justo para intentar que se forjen constituciones incoherentes, que priven a ningún Estado de sus cualidades naturales y adquiridas lícitamente.

Así se abroga el principio de la soberanía del pueblo, y nos abandonamos a los riesgos de una total disolución, precedida de innumerables males. Es menester empezar a comprender el sistema representativo: cada diputado es representante de toda la nación, y no solo del Estado que lo elige.

No se ha menester mucha penetración para alcanzar el resultado inminente que ha de producir la singularidad en que está Centro—América, este modo de ser nación tan contra lo natural. Figúrese cada uno, que Guatemala se mantiene en la actual posición: cada día se mejora su agricultura y su comercio, y va acumulando riquezas: de aquí vendrá, como es necesario, un arreglo en su economía política, más análogo, y un aumento considerable en su tesoro público.

Los Estados del Salvador, Honduras y Nicaragua no pueden seguir sus pasos, tanto por carencia de capitales, como porque su clase de administración, con tan pocos hombres idóneos y con oíros varios inconvenientes que a todo hacen resistencia, log exponen, más ó menos, a las convulsiones políticas; y además se han formado entre ellos desconfianzas y celos.

Estacionarios no pueden permanecer: o se atrasan, o adelantan.

Si sucede lo primero, es muy fácil, que en la adversidad depongan sus mutuos resentimientos y se unan: volverán la vista sobre Guatemala; y encontrándolo opulento, la emulación, este estímulo tan poderoso, ha de sugerir el proyecto de nivelar su poder al de los otros Estados para no hallarse en la precisión de temerlo. No faltarán políticos que encuentren fundamentos en las doctrinas de los autores y en los pasajes de la historia, para justificar este procedimiento. Irán pues sobre Guatemala, idea favorita en no pocas persones, y que tiene prosélitos allá mismo. Si triunfaren los Estados dictarán a Guatemala su suerte: si fueren vencidos, quedarán subordinados al vencedor; pero antes de llegar este desenlace ha de ser mucho lo que se sufra por una y otra parte.

Si fuere lo segundo, es regular que acabándose las revoluciones y los motivos de rencilla entre los tres Estados, único medio que tienen de prosperar algo, estrechen sus relaciones, y formen entre ellos, con Costa Rica, la nacionalidad.

En este caso, si Guatemala quisiera entrar en el hermanamiento, que ha de efectuar la unión nacional, va a recibir la ley; si se mantuviera aislada, no omitirán los Estados hacer que reconozca el nuevo estatuto político, y será forzoso pasar por alto o pelear, sujetándolo todo a los azares de las armas.

Mas demos que nada de esto se verifique y que no se altere el status quo por otros accidentes, lo que parece imposible, Guatemala adquirirá cada vez más peso político, y se atraerá a los Estados; estos entonces tendrán que unirse contra aquel para evitar su dominación. Así es, que de cualquiera manera que se examine nuestro estado presente, no puede dudarse que el provincialismo, como óbice para la nacionalidad, es mucho más funesto que para todo lo demás, y amenaza una disolución política que acabe de arruinarnos.

El Hércules que únicamente puede librarnos de esta hidra de multiplicadas cabezas, es la reorganización del país, sin enmarañarnos en exageraciones ni en impracticabilidades, y teniendo (esto es lo más preciso) muy a raya nuestras pasiones e intereses privados. El hermanamiento de los centroamericanos no puede realizarse sin que se conozcan personalmente, estrechen y aumenten todas sus relaciones: esto no puede ser sin abrir caminos y poner otros medios de comunicación: a duras penas tenemos unas veredas, casi inundables, que hacen los viajes y el tráfico trabajosos, costosos y tardíos; y no podemos tener caminos y otros medios fáciles de comunicación, mientras no haya nacionalidad.

Cuando de Guatemala a San Salvador se pueda ir, ya no digo como se viaja en Europa y en los Estados Unidos, sino solamente como se va de México a Querétaro, que hay cincuenta y seis leguas, andando a razón de tres por hora, en una buena diligencia, almorzando, comiendo y durmiendo en regulares posadas y a precios cómodos, no habrá aquí quien no conozca Guatemala, ni allá quien no conozca San Salvador. ¿Cuántas amistades, negocios de comercio y matrimonios se harán entre familias de uno y otro Estado! Lo mismo debe decirse de todos proporcionalmente: este, y la adquisición de un poco más de civilidad, son los únicos remedios que hay contra el provincialismo.

Se dirá que en Guatemala se afecta cierto grado de superioridad respecto de los Estados: que sea; pero luego que en virtud de un buen gobierno prosperen estos, todo se igualará, y quizá entonces la queja sería de Guatemala contra los Estados, si una mejor inteligencia de las cosas y el aumento de civilización, que precisamente han de haber, lo permitieran. Los hombres no pueden quererse, sin verse ni tratarse; y para ello es indispensable que se acerquen unos a otros.

Al efecto es preciso facilitar los viajes y transportes: nada quedará que no reciba vida: se extirparán muchísimas preocupaciones; y dejaremos a nuestros descendientes una herencia de libertad y riqueza, que promueva su gratitud.

Ved lo que ciertamente y como de justicia exige de nosotros la posteridad, porque su bien futuro está contenido en nuestra felicidad presente: los constitucionales pensaron que era posible beneficiar a las generaciones venideras, aunque se perjudicara a la existente: no hicieron alto en que el mal no puede engendrar el bien, porque cada ser, cada cosa tiene su carácter peculiar y solo pueden producir lo que está en su esencia.

Constituyámonos en paz, con juicio y patriotismo, de manera que prosperemos nosotros, y haremos el mejor servicio a los centroamericanos que están en el porvenir. Volvamos al punto de partida, desde donde comenzó el extravío, y allí emprendamos de nuevo nuestra marcha política.

No esperemos que lo hagan los pueblos en revolución, porque no puede ser sin graves males, ni demos motivo para que se determine a hacerlo un hombre con la espada en la mano, porque también habrá muchos males, y naturalmente dictará la ley, si triunfare; en ambos eventos serán arrollados los que forman obstáculos para que se reorganice la república pacíficamente.

Los gobiernos de los Estados deben hacer al pueblo centroamericano el gran servicio de llamarlo a que se reorganice: teniendo ellos el poder les es fácil allanarlo todo: a este intento se ha de celebrar un tratado, por medio de comisionados, que se reúnan en cualquier pueblo, a fin de remover embarazos, en que se obliguen los expresados gobiernos a hacer que tengan efecto las bases siguientes, u otras semejantes.

1ª La nación de Centro—América se reunirá en una asamblea constituyente en tal día, de tal mes y de tal año.

2ª El lugar de la reunión será tal, y los Diputados concurrirán a él, luego que fueren electos.

3ª La elección será popular, a razón de cien mil almas por cada Diputado.

4ª Debiendo estar representada la propiedad, y no solamente las personas, al tiempo de constituirse la nación, atendiendo a que Costa—Rica ha sabido, por su cordura e industria aumentar su riqueza, tendrá dos Diputados en la asamblea constituyente, aunque por su población no le corresponda este número.

5ª Por cada resto de población que llegue a cincuenta mil almas, se nombrará un Diputado.

(Cada comisionado llevará al lugar de la reunión el censo de la población de su Estado, y con presencia de todos al pondrá la base siguiente.)

6ª Al Estado de Guatemala le corresponden y elegirse tantos Diputados: al del Salvador tantos: al de Honduras tantos, y al de Nicaragua tantos.

7ª Para ser Diputado se requiere estar en el ejercicio de los derechos de ciudadano, ser natural del Estado que lo elija: tener 35 años de edad por los menos, y ser de buenas costumbres.

8ª En los Estados en que el clero secular conserve derechos políticos podían ser electos sus miembros para las diputaciones; en los que por las leyes preexistentes se les hubieren recogido no podrán ser nombrades.

9ª Al presentarse los Diputados con sus credenciales, exhibirán también la fe de bautismo para saber si tienen la edad y naturaleza prefijadas; la calificación de buenas costumbres la hará la asamblea constituyente en su primera sesión a puerta cerrada,

10ª La asamblea constituyente, en quien reside el ejercicio pleno de la soberanía del pueblo, puede y debe formar, con toda libertad, el pacto de asociación política de la nación de Centro—América, según le dicte su conciencia, consultando, como único objeto, la felicidad presente de la nación.

11ª Los gobiernos de los Estados se obligan, con todas las solemnidades necesarias, a reconocer la asamblea constituyente, en calidad de Cuerpo Soberano de la nación, y a obedecer y cumplir con la ley constitutiva que dictare para Centro—América.

12ª Cada gobierno de los contratantes señalará y pagará los viáticos y dietas de sus respectivos Diputados.

Estas bases podrán ser numeradas y corregidas por los comisionados de los gobiernos de los Estados: de las conferencias que tuvieren debe resultar el acierto: ellas son cardinales y las explicaré, según las comprendo.

La primera y segunda no necesitan explicación alguna.

La tercera tiene la popularidad posible con relación a las elecciones: toca a los comisionados entrar en el examen de si sería más conveniente que sean directas, o que se verifiquen por medio de compromisarios, elegidos por el pueblo.

He dado a cada cien mil almas un Diputado, considerando nuestra situación presente. La revolución ha quintado nuestros hombres, ya por las guerras, ya por las proscripciones, ya por las emigraciones, y también los ha mermado el lapso del tiempo. Es menester escoger entre lo muy poco que nos resta sin tachas, y por tanto se hace necesario reducir el número de representantes. Por otra parte, mientras más numerosa fuere la asamblea constituyente, más ha de pesar sobre el tesoro de cada Estado: es preciso que los Diputados estén asistidos con viáticos y dietas puntual y cumplidamente: de lo contrario no podrán concurrir con exactitud ni permanecer constantemente en las sesiones: comenzar en las fallas, y de ellas se originará el que adquieran superioridad les partidos que se formaren Mientras más numerosa sea, más hombres sin instrucción habrá en ella: son pocos los idóneos que hay en el país: los incapaces lejos de ser provechosos son nocivos, porque no entendiendo las materias que se tratan se agregan a algún partido, y votan con él, guiados únicamente por inclinación, o por pasiones, o intereses de partido.

La cuarta llamará la atención: se dirá que se hace una excepción concediendo a Costa Rica un privilegio desconocido. No lo es, aun cuando jamás se haya pensado entre nosotros representar la riqueza; pero nadie puede negar que el que tiene más propiedad, si no goza de más derechos, a lo menos es mayor el interés que le asiste para procurarse seguridad contra el desorden revolucionario y contra la indefensión del país.

El Estado de Guatemala, sin embargo, que está progresando, tiene menos porción de propiedad que la que disfrutaba en 1829: si se convoca la asamblea que propongo, va a ser representado más por sus proletarios que por su riqueza. Todavía va a ser mayor el privilegio de los proletarios en los otros Estados que no han comenzado a reparar sus pérdidas en capitales, sino que antes se aumentan cada día.

Costa Rica es el único que no ha menguado en riqueza: ha adelantado la que poseía y ha creado otra nueva. En 1826 estaba representado por dos Diputados, que significaban el número de almas; debe, pues, dársele igual representación, aunque no ascienda su población al número de habitantes que se fija ahora, porque excede su riqueza, y ésta también debe ser representada, con el fin de que se procure las debidas garantías. En algunas partes, como en Francia, el derecho de ciudadanía está anexo a la propiedad, y los proletarios no son ciudadanos: entre nosotros se extendió a estos sin ningún miramiento a la propiedad; pero ya es tiempo de que empecemos a ver las cosas con justicia y no neguemos a la honradez, al trabajo y a la industria lo que se merecen: estas dotes son la fuente de la libertad y civilización, según está demostrado en las doctrinas de Dunoyer, observadas hoy en Europa y en Norteamérica.

La quinta por sí misma manifiesta su fundamento: cincuenta mil almas es un número que no puede dejarse sin representación: en él ha de haber precisamente alguna propiedad; y aunque no fuese más que por esta razón, debe haber quien lo represente.

La sexta tiene por objeto señalar a cada Estado los Diputados que ha de elegir, operación que conviene que practique la junta de comisionados de los respectivos gobiernos, a fin de que los Estados de menos población queden satisfechos de que los otros no reciben más poder e influencia, en la asamblea, que la que justamente les corresponde.

En la séptima fijo la naturaleza como condición precisa para ser electo Diputado, meditando que de este modo ningún Estado puede tener motivo para formar quejas y retraerse en los asuntos puramente locales que se han de tratar: de lo contrario, se presumiría que los hijos de un Estado que representen a otro, se inclinarán y decidirán por el de su nacimiento, y no por el de su arraigo. La misma razón milita con respecto a los partidos que se formarán, y lo que es más, sucede que por un efecto necesario de las revoluciones se han trasladado muchos hombres de unos Estados a otros, cuya mayoría se compone de sujetos agraviados y por lo mismo mal vistos por los gobiernos de los Estados en que nacieron; este puede ser un motivo de temores y desconfianzas.

Es tan obvia la necesidad de estar en posesión de los derechos de ciudadanía para poder ser electo, que no es menester hablar de este punto.

La permanencia anterior de dos años en la república me parece necesaria, porque a causa de nuestras convulsiones políticas cambian frecuentemente las fases, y se varían las circunstancias y opiniones. Una persona que haya estado ausente no puede tener el conocimiento práctico de estos cambios y variaciones.

La cualidad de que los Diputados tengan 35 años de edad por lo menos, es a mi juicio indispensable: ya en este tiempo han comenzado a reflexionar seriamente sobre las cosas; ya, por lo común, tienen una familia y algunos bienes pecuniarios, que los inducen a tomar medidas sólidas y los apartan de las ideas inadecuadas: ya han leído u oído algo sobre instituciones políticas: ya han podido comparar y hacer observaciones sobre los efectos que han producido las que se adoptaron en Centroamérica: tal vez han salido del país, viajado y visto cómo obran las leyes en otras partes: tal vez han visitado el suyo, que aún es más necesario y provechoso; y lo que es más, ya no tienen sobre sí el dominio de las primeras pasiones de la juventud. Se puede aceptar menos edad para los cuerpos legislativos ordinarios; pero para el constituyente es de absoluta necesidad reunir las luces con la madurez y con la calma de las pasiones, circunstancias que apenas se logran a los 35 años de edad.

Había puesto como condición para ser Diputado el que los electos fuesen padres legítimos de familia, porque nadie está tan ligado a la patria como los hombres que tienen que velar por ellos y por sus descendientes, y además el matrimonio es una presunción, por lo menos, de buenas costumbres. En los Estados Unidos, el individuo que a los 30 años no se ha casado, pierde su consideración social, porque se cree que es vicioso o incapaz de adquirir lo necesario para sustentar una familia, y que por uno de estos dos motivos se priva de las ventajas del matrimonio.

Pero hablando sobre este particular con el Sr. Barberena, me hizo algunas reflexiones que me han parecido de peso, y entre ellas la de que así se disminuye entre nosotros el número de personas aptas, sin llenar mi objeto, porque después de tantos años de sacudimientos revolucionarios es corriente que muchos casados se han prostituido, y muchos solteros regularizados no se han casado, temiendo la inseguridad y pobreza que acosan al país, en consecuencia de las incesantes perturbaciones. Borré, pues, la condición de ser padre legítimo de familia, y he conservado la de que los electos sean de buenas costumbres.

La necesidad de ella no habrá quien la desconozca y niegue; y si hubiere, será preciso arrojarlo de entre nosotros: por mi fe, que no hallará dónde estar, a menos que existiera todavía la famosa Sybaris. Es menester entender que no solo son malas costumbres los vicios groseros de la ebriedad, de los juegos prohibidos, de la fullería, de la rufianería, del masculinismo, de la rapiña y del dolo, sino igualmente la mentira, el peculado, las granjerías indecentes, el hábito revolucionario sin más mira que medrar en empleos y en riquezas mal habidas, y la facilidad de entrar y salir en todos los partidos, y de unirse al que gana en las sediciones, sea quien fuere. Semejantes habitudes no solo son repelidas en el congreso de Norteamérica, sino en todas partes, donde hay algún respeto por la dignidad del hombre.

Para poner la octava, medité mucho si conviene o no que el clero secular opte a la diputación: he leído también todo lo que he podido, y he encontrado razones fuertes para no excluirlo, y las he hallado asimismo para separarlo. No atreviéndome a deliberar en un punto tan delicado, me pareció que lo mejor es que tenga opción en los Estados donde las leyes se la conceden, y continúe suspenso en los que por ellas no pudiere optar. En el tratado que deben celebrar los comisionados puede estipularse así, a menos que en las conferencias que hubiere entre ellos, se esclarezca la materia a un grado de luz competente para decidirse por un llamamiento general o por una total exclusión. En la asamblea constituyente debe dilucidarse mejor, a fin de que en lo sucesivo se acepte al clero secular, o se inhabilite para entrar en los cuerpos legislativos.

En la novena establezco el requisito de que los Diputados se presenten con su fe de bautismo para que no haya equivocaciones en cuanto a la edad y en orden a la naturaleza territorial. Lo que ha de parecer repugnante es la calificación de buenas costumbres, que es necesario haga la asamblea constituyente: se dirá que es odiosa; pero más lo es que se aventure la suerte de toda una nación en su estado presente y en su porvenir, porque se introduzcan a constituirla hombres sin conciencia. Si el pueblo centroamericano tuviera las cualidades del de los Estados Unidos, que está en contacto con todos los hombres de su país, por medio de ochocientos periódicos que se redactan en Norteamérica, no habría que temer; pero no es así.

Nuestros pueblos no conocen a ningún hombre de los que les pueden hacer bien o mal como Diputados: eligen a las personas que les aconsejan o les ordenan; son también el juguete de la intriga de los corifeos. Ellos tienen un derecho perfecto de ser representados por hombres de moralidad; y no siéndoles posible precaverse de los peligros que les amenazan si nombran a algunos inmorales porque no los conocen, deben encomendar este grande e importante negocio a sus mismos Diputados; solo de esta manera se evitará, tal vez, que entren a la asamblea constituyente los que profesan la doctrina de que todas las acciones son necesarias, y en ninguna hay responsabilidad de conciencia.

Es menester fundar la décima para que no se reciba con argumentos especiosos. Lo primero que puede oponerse contra ella es el opúsculo del Dr. Aycinena, escrito en los Estados Unidos, descubriendo los defectos de la constitución de 1824: entre otras nulidades que le saca aquel escritor, es una el haberla puesto en observancia antes que la aceptaran los Estados de Centroamérica, así como los del Norte aceptaron previamente las instituciones federales de aquella república.

Es preciso tener presente y jamás olvidar que nuestro país nunca se ha parecido en nada al de Washington, Madison, Adams y Hamilton: allá se decretó la independencia por una autoridad creada por otras preexistentes, mientras aquí se hizo derribando todas las que había; allá estas autoridades preexistentes se reservaron el poder suficiente para deliberar sobre lo que hicieran sus representantes en algunos puntos, y aquí no era posible que sucediera lo mismo, porque no solo faltaban las referidas autoridades, sino que ni se conocían, ni se sabía cómo eran, y qué atribuciones tenían en su tierra natal; allá el pueblo no comenzó a usar de su soberanía por primera vez, y aquí fue tan nuevo y repentino este derecho, que no se atinaba con su extensión y límites: allá, en fin, los Estados en el ejercicio ordinario de su poder debían aprobar o reprobar la constitución, y aquí los Estados no tenían tal poder porque no existían como cuerpos políticos.

Tampoco podían haberse creado con este propósito, porque los legisladores ignoraban qué era lo que se practicó en los Estados Unidos, hasta que el Dr. Aycinena escribió su opúsculo. Nuestros Estados son solamente una emanación, un efecto, un resultado de la constitución de 1824: a ella deben su ser; sin ella estarían en la nada; y en este estatuto no se les confirió el derecho de examinar, y de aprobar o desaprobar el pacto federativo.

Se infiere de todo esto necesariamente que los Estados de Centroamérica no pudieron obrar como los del Norte, porque es imposible hacer lo que no se sabe, ni idea se tiene de ello. Todavía no pueden tener este derecho porque nadie se los ha declarado: es preciso que la nación lo haga por un acto expreso de su soberanía plena y natural, a fin de igualarlos en fueros y prerrogativas, o que hubiera un pacto anterior entre ellos, celebrado con el mismo objeto.

Si así no debiera ser, cada Estado se atribuiría los derechos que más le acomodasen, perjudicara o no a los demás: esta política comprendería un desorden espantoso y una injusticia repugnante. Ningún derecho, pues, les asiste para investigar si es bueno o malo el nuevo pacto social que celebren los pueblos de Centroamérica, en virtud de su soberanía general en la categoría de nación libre e independiente: la soberanía de cada Estado está investida en la de la nación, que es la natural y reconocida en todas partes donde hay y ha habido gobiernos representativos, a excepción de los Estados Unidos y de los cantones helvéticos, a los cuales en nada nos parecemos. Ni los hombres indebidamente, ni las comunidades parciales, ni las naciones pueden tener derechos a su antojo.

Puede imaginarse que los comisionados de los gobiernos traten que la constitución que se ha de dar sea revisada por los Estados. Pudiera hacerse esto, como se hacen tantas cosas, de hecho; pero no de derecho. Las asambleas existentes de los Estados son cuerpos legislativos constitucionales, y el punto que se ventila es constitutivo esencialmente.

El, por otro lado, no ha podido establecerse con singularidad por cada una de las representaciones de los Estados, según lo practicó la asamblea constituyente del Salvador en 1841, sino que, como un derecho que deben tener todos, por consentimiento común, ha debido convenirse entre todas las partes, en un acto formal ad hoc.

Semejante operación no ha tenido lugar hasta ahora: no ha sucedido, no la conocemos; y es evidente que lo que se hubiere dispuesto en el particular por un solo miembro, o por dos o más aisladamente es nulo ipso facto, porque los Estados no pueden obrar de esta manera en una materia semejante, sino que es indispensable que se citaran y oyeran todos, por el principio de que lo que a muchos toca por todos debe pasar. En una compañía no pueden los socios decretarse ventajas por sí y ante sí, es de estricto derecho que todo lo que se haga sea con aviso previo y con intervención de todos los interesados.

Es por esto que si el mayor número de los Estados se hubiera apropiado la facultad de revisar y sancionar la nueva constitución que ha de darse el pueblo centroamericano, bastaría que uno hubiera quedado sin ella, para que ninguno la tenga. Estas son las reglas inmutables que deben regirnos: si al volver al punto de partida principiamos por infringirlas, nos extraviamos otra vez, y somos unos hombres que no tenemos compostura.

Mi opinión, sin embargo, que no es propiamente mía, sino la de los principios recibidos por todo el mundo, ha de ser muy impugnada: se ha de querer que triunfen los que redactaron el artículo 95 de la constitución de El Salvador. Él es la tabla de salvación en el naufragio, en que han de pensar salvarse los constitucionales de 1824 con su querida obra; y voy a fundarla más, haciendo ver que el artículo es atentatorio contra el dogma de la soberanía del pueblo.

Dice así: El Salvador contribuye con todas sus capacidades y esfuerzos a la reorganización de la república de Centroamérica. La constitución o pacto que se dicte en su consecuencia por la convención nacional, por una asamblea o congreso constituyente, o por cualquier otra autoridad legítima, que emane del pueblo o de los Estados en capacidad de tales, formará parte de la del Salvador para ser religiosamente cumplida y ejecutada después de obtener la ratificación de su poder legislativo.

Entendido literalmente sin subterfugios y sin interpretaciones violentas, quiere decir y exige, que ya reorganizada la república han de quedar en el Estado dos constituciones, la general de la nación y la particular del Estado, pues aquella ha de formar parte de esta para ser religiosamente cumplida. Luego la nación se ha de constituir precisamente bajo el sistema federal, único en que pueden concebirse dos constituciones, haciendo parte la una de la otra; luego la nación no puede adoptar otra forma de Gobierno; y para impedirlo se creó la asamblea constituyente de El Salvador, por su propia facultad, la prerrogativa de ratificar el nuevo pacto que Centroamérica ha de establecer.

Esto es herir en el corazón el principio de la soberanía del pueblo centroamericano: es dictar a todo el país el régimen político que debe acordar; luego el artículo es atentatorio contra este principio, porque lo destruye sin tener derecho alguno.

Por esta razón he sentado antes, que no ha podido cada Estado singularmente atribuirse un derecho que deben tener todos, por un acto formal ad hoc, porque lo que a muchos toca por todos debe pasar; es, pues, nulo el artículo ipso facto como destructivo del dogma de la soberanía del pueblo centroamericano. Fue este un exceso de facultades, y cometieron otro mayor los autores del artículo en cuestión: se les convocó para constituir el Estado, sin ampliar ni restringir el poder que era conocido y estaba expedito; pero de ninguna manera para apropiarse un derecho nuevo, no convenido con los otros Estados y que atacaba tan directamente la voluntad y los derechos preexistentes de la nación.

Consúltese la convocatoria y véanse los poderes: ni en estos ni en aquella se expresó terminantemente, como debía ser, que los diputados de la asamblea constituyente se eligieran para que pudieran declarar al Estado un derecho nuevo y desconocido. No podían contar siquiera con la voluntad presunta de los pueblos que los nombraron, porque ellos desconocen enteramente estas teorías, y no se puede presumir que nadie quiera tener un derecho, ignorando que puede existir.

Lo contrario debió suponerse y es realidad: los pueblos han sentido y están sintiendo tantos males originados de una pésima constitución, que pugnaba con todas sus habitudes y con todo lo que es nuestra sociedad: por este motivo tan justo, nunca la han querido, ni la quieren, y cada día que se renuevan sus padecimientos deben quererla menos.

Imposible era, pues, que tuvieran voluntad de que sus diputados despojasen a la nación del derecho que siempre ha poseído para enmendar las instituciones que los han perdido. En los Estados Unidos se procedió muy de otra manera: se arregló este punto juiciosa y debidamente; y allá se pudo contar con la voluntad presunta de los pueblos, que naturalmente habían de querer conservar el modo administrativo que conocían bien, y en el que habían prosperado y hecho su independencia.

El convencimiento de estas verdades, sin duda alguna, sugirió al senado y cámara de representantes del Estado de Nicaragua el decreto siguiente:

El Senador Director del Estado de Nicaragua a sus habitantes—

Por cuanto: la asamblea legislativa ha decretado lo siguiente:

El Senado y Cámara de representantes del Estado de Nicaragua constituidos en asamblea:

DECRETAN.

Art. Único—El Estado concurrirá con sus representantes al punto en que convengan los demás para acordar con ellos, y proponer el medio más adoptable de constituir la república sin que obste su constitución.

Sala del Senado: Managua, julio 31 de 1846—Norberto Ramírez, S. P.—Pedro Aguirre, S. S.—Hermenegildo Zepeda, S. S.

Salón de la Cámara de Representantes: Santiago de Managua, agosto 6 de 1846—Al Poder Ejecutivo—Juan Bautista Sacasa, R. V. P.—José Estanislao González, R. S.—Eduardo Castillo, R. S.

Por tanto: Ejecútese.—Santiago, agosto 8 de 1846— Hermenegildo Zepeda—Al Secretario del despacho de relaciones.

Es menester descubrir el móvil verdadero del procedimiento de la asamblea constituyente de El Salvador: es sensible, mortifica el amor propio, ofende a los que se revistieron de un poder que no tenían, agravia a los pueblos que han pasado por este abuso; pero si se calla, quizá quedará el mal en pie, y nada debe omitirse para impedirlo; es preciso saltar sobre todas las consideraciones. La mayoría de los diputados se compuso de personas que temen las revoluciones, y en la asamblea estaban varios hombres temibles: dos con especialidad, que se levantaron con el dominio parlamentario. Sabían estos positivamente que los pueblos que representaban no habían conferido semejante autorización; y que lejos de estar anuentes a que se embarazara una reforma y corrección del estatuto de 1824, que había gravitado en extremo sobre la esencia de las cosas y causado por ello innumerables y enormes males, ansiaban porque se reformara y corrigiera, respetando las costumbres y los demás elementos sociales.

Pero se penetraba muy a fondo que si se hacía lo que los pueblos deseaban, venían abajo las negociaciones de empleos y las otras granjerías, que se han repartido la mayor parte de los hombres que han tenido los destinos públicos en el Estado, y también se terminarían las revoluciones, que han alimentado los vicios y han hecho la fortuna de no pocos sujetos de los apegados al sistema federal de 1824. Ved en estas breves líneas todo lo que hay de cierto, comprobado por la experiencia.

Como cuando hay interés en sostener una opinión, todo se registra para hacer valer lo más extraño y abusivo, se recurrirá a los decretos que se dieron en la asamblea del Estado, desde el principio del régimen federal, autorizándose aquel cuerpo legislativo para expurgar los actos emanados del congreso, a fin de concederles o negarles el cumplimiento. En efecto, se dictaron en este Estado varias disposiciones de este carácter, que yo resistí mientras goberné la república, porque violaban la ley constitutiva, en la cual no se encuentra el menor fundamento para que de él se pueda extraer, aunque sea con interpretaciones caprichosas, una tal facultad.

Pero los demás Estados no tomaron semejante licencia, ni la pretendieron; y no puede figurarse nadie que fuera lícito a uno solo gozar de un privilegio que lo hiciera de mejor condición que los otros, elevándolo así a la clase de ser una parte superior al todo.

Preguntará alguno: ¿Quién autoriza, pues, el nuevo pacto que se ha de celebrar? La nación en el hecho de nombrar representantes, que le sirvan de órgano para constituirse, es la respuesta que debe darse: la nación en fuerza de su soberanía natural, así como cada individuo, por medio de un apoderado, autoriza y hace valederos y permanentes, durante permanecen sus derechos, los contratos y estipulaciones que celebra.

Y debe este órgano concertarlo de tal manera que haga la felicidad de la generación presente, porque ella lo elige y autoriza con este deber principal, atendiendo a su actual posición y respetando las circunstancias que la caracterizan. No es justo ni conveniente formarlo para las generaciones venideras: cuando se presenten en el teatro de la vida, verán lo que deben hacer, usando de sus derechos y en atención a los resultados que hubiere obrado el que formaron sus mayores, y a la cantidad de bien que estos les transferían.

No hay que desentenderse de que por más que en veintidós años se está forcejeando con los pueblos para llevarlos por las vías de la constitución de 1824 y de las que han emanado de su espíritu, ellos han seguido el camino de sus costumbres, de su saber, de su inteligencia y de su educación; y lo único que se ha hecho es desmejorarlos y estropearlos por la tenacidad de introducirlos en la nueva senda.

No la conocen, no está en sus entrañas, y la resisten por su incompatibilidad, sin expresarlo con palabras, sino con las obras, que es un lenguaje más claro y enérgico, en que no cabe disimulo ni ocultación de la verdad. Estos defectos solamente se encuentran en los que preconizan aquellas instituciones, sin haber podido cumplirlas, y son los que primero y más abiertamente las han violado.

La undécima poca explicación requiere: los gobiernos de los Estados son los que tienen medios para oponerse al nuevo estatuto que se ha de celebrar; no hay duda de que esto produciría peores males que los sufridos hasta ahora, y que el que lo hiciera acaso sucumbiría bajo el peso de su temeridad; pero por lo mismo es preciso precaverlo en el tratado que han de ajustar los mismos gobiernos.

La duodécima y última se explica por sí misma: es menester que los diputados tengan medios para hacer sus viajes, desde sus domicilios al lugar en que se instale la asamblea, y para subsistir decentemente y como corresponde a su respetable rango mientras permanezcan en él: nadie se los puede asignar sino solamente los gobiernos de sus respectivos Estados; y deben proporcionárselos, cuidando que no les falten las asignaciones.

Pueda ser, porque todo es posible en tiempos como los nuestros, que se dispute si los gobiernos de los Estados tienen autorización para convocar al pueblo centroamericano, con el objeto de que se reúna en asamblea constituyente, nombrando apoderados que reorganicen la nación.

Este es un derecho de todos los hijos de la patria, y cualquiera puede ejercerlo: yo lo hago en este papel, y lo mismo hará, si gusta, el más infeliz. ¿Quién podrá carecer de este derecho, si en él se contiene su bienestar y el de su familia?

Recordemos que con igual motivo, y quizá menos imperioso, decía el Abate Sieyes en la asamblea de Francia: no se pregunte quién puede convocar, sino ¿quién no puede convocar? En los gobiernos de los Estados es una obligación convenir en la convocatoria y arreglarla, porque encargados de conservar el orden y tranquilidad, la integridad e independencia de las porciones de Centroamérica, que están a su cuidado, deben emplear en ello todos sus medios justos y convenientes que necesiten.

—Recordemos que con igual motivo, y quizá menos imperioso, decía el Abate Sieyes en la asamblea de Francia: no se pregunte quién puede convocar, sino ¿quién no puede convocar? En los gobiernos de los Estados es una obligación convenir en la convocatoria y arreglarla, porque, encargados de conservar el orden y tranquilidad, la integridad e independencia de las porciones de Centroamérica, que están a su cuidado, deben emplear en ello todos sus medios justos y convenientes que necesiten: ninguno más a propósito y efectivo que el restablecimiento de la nacionalidad; así es, que no solo pueden procurarla sino que ciertamente están en el deber estrecho de hacerlo, con tal que dejen expeditos los derechos naturales e inalienables del pueblo.

Si el nuestro supiera sus facultades y prerrogativas, como las saben los norteamericanos, no será necesaria ninguna convocatoria: ya se habrían reunido los padres de familia, los propietarios, los hombres justos e instruidos, representantes naturales de las masas de población, y habrían elegido diputados; pero ya que por desgracia no es así, todos los que alcanzan esto pueden convocar, y deben efectuarlo los gobiernos de los Estados.

Instalada la asamblea nacional constituyente deben señalarse sus primeros actos por la integridad, sano juicio y patriotismo: es preciso que reconozca el estado existente del día, y que lo respete en todo lo que fuere justo y conveniente. Que apruebe y dé su sanción a todos los empleos que hay en la república, sin otra variación que la que sea necesario hacer después de que se hubiere celebrado el pacto nacional; pero fuera de este evento han de seguir en los mismos términos en que están ahora.

Se entiende que la variación ha de ser en los destinos civiles, pues los militares, así como sus clases, deben continuar como están, mientras dure el buen desempeño. Que se forme un acta de conciliación de los centroamericanos, en que se hagan a un lado y se olviden para siempre los sinsabores y motivos pasados de resentimiento, llamando a la concordia a todos los hijos de la nación. Que se proscriban esos nombres ofensivos con que se han hecho la guerra los partidos, declarando que todos son libres para opinar, y solo hay falta en la infracción de la ley; pero entonces solo ésta puede juzgar y castigar.

Algunos son de sentir que, ante todas cosas, debe nombrarse un Ejecutivo nacional, que comience a funcionar: mi opinión es que no se ha de tocar este punto, y debe continuar el statu quo hasta que, por ministerio del pacto social, se establezca el gobierno: semejante operación ha de nacer de la ley general, y no de medidas provisorias: estas traen consigo la necesidad de dictar un reglamento ad interim, en lo que se consume un tiempo que debe dedicarse a la reorganización de la república.

Un Ejecutivo provisorio tiene el peligro de que comiencen los toques con los gobiernos de los Estados, de ellos los disensos y de estos los disgustos, antes de que tengamos instituciones políticas y pueda la opinión pública declararse por su sostenimiento.

En fin, tengo para mí que la nueva asamblea no debe, como la que hubo en 1823 y 24, meterse a gobernar bajo el nombre de leyes, decretos, órdenes, acuerdos, ni ninguno otro que pueda inventarse; y para evitarlo conviene que no tenga Ejecutivo provisorio. Las únicas medidas que puede tomar, que no sean puramente constitutivas serán, señalar el lugar de sus sesiones y adoptar su reglamento interior.

APÉNDICE

En el número 7, tom. 2 del Salvador Regenerado corre un artículo del Monitor de México núm. 585 de 28 de septiembre de este año, en que se dice: que el Estado de El Salvador, que ha sido uno de los que se han mantenido en tiempos anteriores en el seno del progreso, y donde nació el pensamiento del sistema federal, padece por las tendencias revolucionarias al retroceso.

Me parece que conozco al autor del artículo, no solo por su estilo, sino más todavía por la acritud con que escribe contra un partido y por la parcialidad con que se expresa a favor de otro. Tengo sobrada experiencia del modo con que en México se tratan los negocios de Centroamérica: jamás se ofende con voces denigrativas, no se ladean aquellos escritores hacia ninguna parte, y se ocupan de nosotros muy poco.

Sería de desear que el articulista nos hubiera puntualizado lo que entiende por progreso. En El Salvador no lo hay, ni en ningún Estado de nuestra república, propiamente hablando, desde el año de 1826 que comenzó la revolución. Desde aquel tiempo casi no paran las armas: ha habido treguas más o menos largas, ya en este o en aquel Estado; pero rara vez ha faltado la guerra en alguno de ellos. El Salvador es uno de los que más han sufrido, y hoy se halla en una deplorable situación. ¿Es esto progresar?

Con todo, no se dice que ha progresado, sino que se ha mantenido en el sentido del progreso: aquí hay una contradicción, un contrasentido; es lo mismo que querer una cosa y hacer otra muy diversa. Con estas frases y otros manejos semejantes se arrojó a este Estado a la revolución y a la anarquía.

Todos los que intentan vengar agravios y sacar ventajas acuden a El Salvador: es un fatal proceder abusar del candor y de la susceptibilidad de un pueblo generoso, como el nuestro, para miras de partido y de interés personal; y sobre este punto es menester que los salvadoreños comiencen a tener precaución; demasiado se han burlado de ellos hombres que, después de haber logrado sus intentos a costa de la sangre de este pueblo, le han vuelto las espaldas.

Ahora tratamos de reorganizar nuestro país enredado a un grado inconmensurable por consecuencia de unas instituciones políticas que repugnan a nuestros elementos sociales. Creo que no me engaño en pensar que el articulista es centroamericano de los que hicieron adoptar y sostienen aún el sistema federal: no me opongo a que lo defienda a pesar de lo que le dicta su persuasión; más hágalo con razones y autoridades, sin excitar las pasiones, sin embrollar la materia enlazándola con objetos diferentes y burlándose de la sencillez de El Salvador.

Pruebe que la condición política, moral y material de nuestra sociedad es la misma, o al menos parecida a la de Norteamérica: enséñenos los bienes que nos ha traído el régimen federativo, descúbranos los progresos que hemos hecho en él, y déjese de voces concitativas, desnudas de verdad y de sentido.

No es cierto que naciera en nuestro Estado el pensamiento del federalismo: lo acogieron con ardor algunas personas porque así les convenía, más su cuna está en otro lugar. Aquí nació la independencia de España: también la de México, igualmente que el principio republicano y el deseo de la libertad; pero la impropiedad del sistema federativo es aborto de otro suelo.

Es admirable la oportunidad que se ha escogido para recomendar a El Salvador en México por el pensamiento del federalismo, cuando en la desmembración de Texas se sufren en aquella república los efectos que causó y está causando. Es segurísimo que sin el error de haber adoptado la forma federativa, Texas nunca hubiera sido Estado: entonces Mr. Austin no hubiera proyectado establecer la colonia; y tampoco habría habido intención siquiera en los Estados Unidos de tomarse aquel inmenso y rico territorio; la ocasión los tentó.

No es fácil conjeturar toda la extensión que tengan sus miras si se insiste en ese régimen. Desde 1823 era una idea bien conocida entre los hombres de talento de Norteamérica, que la independencia de las colonias hispanoamericanas debiera considerarse como un acontecimiento desventajoso para aquel país, sin embargo de que no podía dejar de aplaudirse porque ellos habían dado el ejemplo.

Pero preveían que teniendo las regiones del sur tantos gérmenes y fuentes vírgenes de riqueza, con unos climas tan suaves, estando ellos al principio de engrandecimiento, era de temerse que no solo pasaran a las colonias españolas los incrementos que les venían de Europa sino también los que habían reunido en su república.

Les aquietaba, no obstante, que no sabiendo nosotros otra manera de gobernarnos que la que aprendimos del gobierno español; adoptando el sistema republicano, y mucho más si nos hacíamos federalistas, íbamos a entrar en una revolución larga y formidable, que ahuyentaría de entre nosotros cuanto pudiera llegarnos de otras partes y hasta los bienes que anteriormente teníamos.

Mientras tanto nos arreglábamos, los Estados Unidos ascenderían al engrandecimiento necesario para no poder bajar ni detenerse en su carrera. Reflexiónese en la sagacidad y en lo profundo de este cálculo.

Nuestras revoluciones y guerras intestinas no se han interrumpido desde que comenzaron a obrar las constituciones políticas, principalmente en las secciones del continente donde se adoptó el sistema federal: desde entonces Europa, como que ha olvidado a América; y si se ha acordado de ella, ha sido para hacerle la guerra, como sucedió en Nueva Granada, en México y Buenos Aires.

Los Estados Unidos han extraído inmensas sumas al abrigo del desorden del comercio: la expulsión de los españoles de México les introdujo muchos millones en pesos fuertes, onzas de oro, joyas y otros efectos: están reclamando indemnizaciones a nuestros vecinos: se han tomado a Texas; y toda la república mexicana está amenazada por sus cañones.

¿Los veremos en los istmos de Nicaragua y de Panamá? Me parece imposible que con presencia de estos datos, que no se ocultan a los mexicanos, quieran las masas, los propietarios, los hombres instruidos y los próceres de aquella nación ser otra vez federales; y es de extrañar que haya entre nosotros quienes adolezcan todavía de la preocupación federativa.

Sería la simpleza de un niño pensar que si los angloamericanos lograran apoderarse de toda la tierra que hay desde el Sabina hasta el Chagres, formarían, de las porciones que en Centroamérica se llaman Estados, partes políticas como Nueva York, Massachusetts y Pensilvania. Ellos verían, además de que lo saben muy bien, que el grueso de nuestras poblaciones carece de las cualidades de saber leer y escribir, que además se compone de trabajadores y sobre todo de gente de color: les negarían los derechos políticos, así como lo hacen con los cuarterones y las otras castas que tienen en Norteamérica; y pondrían gobernadores militares que rigieran el país, mientras su raza y la de Europa lo abastecían de suficiente población.

Si esto es lo que se quiere, el medio cierto de conseguirlo es que se permanezca en el desorden del día, ya sea por la innacionalidad, o ya porque se vuelva al federalismo, origen de la desorganización presente. Será un gran consuelo para los que han de sufrir este resultado, que cuando ello haya acontecido y no tenga remedio, aparezca algún escritor contándoles que es porque han estado en el sentido del progreso y porque nació aquí el pensamiento del sistema federal.

BREVES INDICACIONES ALOCUCION

ALOCUCION PROYECTO DE REFORMÁS
EXPOSICION DIRIGIDA AL CONSEJO

Que por acuerdo de este alto Cuerpo a la prensa el Supremo Delegado de la Confederación Centroamericana, para que manifiesten su sentir los que quieran, y las Asambleas, a quienes toca aceptar o desechar el proyecto, obren, al verificarlo, con conocimiento de la opinión pública.

GUATEMALA.
IMPRENTA DE LA AURORA.

1845.

ALOCUCIÓN DEL SUPREMO DELEGADO A LOS CENTROAMERICANOS

¡CENTROAMERICANOS! Colocado por desgracia en un eminente puesto, al que jamás aspiré y del que me hacía creerme muy distante el convencimiento de mi ineptitud, me he visto obligado a excogitar algunos medios para que no sean del todo estériles los sacrificios de los pueblos de la Confederación en crear y sostener un Gobierno que hasta aquí les ha sido tan de poca utilidad; pero que, sin embargo, permanece, por no haberse declarado contra él, ni los pueblos mismos, ni las legislaturas que los representan.

Convencido de que los males pasados no tienen, o no puede aplicárseles remedio, he creído que se hará bastante si se logra precaverlos en lo sucesivo: con este fin, y debiendo dar cumplimiento a la obligación que me imponen los artículos 73 y 75 del pacto constitutivo de la Confederación, he dedicado los muy limitados conocimientos que poseo, adquiridos por la experiencia, a la formación de un proyecto en que se hacen reformas sustanciales al enunciado pacto, atendiendo en ellas a las observaciones que me han parecido justas de los Estados de Costa Rica y Guatemala, y a las exigencias de los Confederados.

Todos han dicho que el pacto es defectuoso y que necesita reformas, y al practicarlo se ha confirmado esta verdad: también las necesitan las constituciones particulares, supuesto que los Gobiernos se mantienen en continua pugna con los gobernados; y siendo justo y prudente que las reformas se hagan sin estrépito por los medios legalmente establecidos, he pasado el enunciado proyecto al examen del Consejo, y de acuerdo con este alto Cuerpo, os lo presento con la exposición que le acompaña, en que se manifiestan los principales fundamentos de los puntos cardinales de reforma que aquel contiene, para que lo examine cada uno y muestre francamente su opinión, puntualizando los motivos de oposición, reformas y adiciones que le parezca conveniente hacerle, a fin de que el Consejo y las legislaturas sean ilustradas con la opinión pública, al deliberar sobre su admisión.

Mi único objeto es el bienestar de los ciudadanos y la prosperidad de los Estados: si me equivoco en los medios de conseguirlo, si el resultado no corresponde a mis deseos, no me devolváis denuestos por buenas intenciones: convencedme y seré de otra opinión, y en el destino en que me hallo coadyuvaré a la realización de la vuestra, como más acertada, pues no tengo más interés en el sistema que propongo que en cualquiera otro en que se logre el objeto indicado.

Tampoco al examinar el proyecto penséis en el autor para que el conocimiento de mi poca capacidad no os induzca a verlo con preocupación e influya en otro juicio; y para hacer dicha abstracción, tened presente: que un mal carpintero suele hacer una buena casa; que un mal pintor, un buen retrato; y que un rudo labrador puede dar un buen consejo al más experto letrado. Ved, pues, la obra por lo que en sí presenta; recorred nuestra historia; ponderad nuestras circunstancias, y decidíos en pro o en contra.

San Vicente, Enero 17 de 1845.

Fruto Chamorro.

Las Asambleas de los Estados de (Aqui los nombles de los Estados que aprueban) en uso de las facultades que se reservaros en el pacto de 27 de Julio de 1842, han tenido a bien reformarlo de la manera siguiente:

CAPITULO I: DE LA CONFEDERACIÓN

Art. 1. —Los Estados soberanos deseando conservar su independencia, libertad y demás garantías, unen sus fuerzas y recursos por medio de una alianza y Confederación perpetua a que se constituyen obligados en virtud de este pacto.

Art. 2. —El cuerpo de nación que forman los Estados aliados, se denominará Confederación Centro—Americana; y será representado por un gobierno general, común y propio de cada Estado.

Art. 3. —Cada uno de los Estados conserva su soberanía, garantiza la de los otros de la Liga, y su recíproca independencia, asi como de toda otra nación; y se comprometen a no intervenir en los negocios interiores de los otros

Art. 4. —Los Estados reconocen recíprocamente sus actos legales; y ofrecen entregarse mutuamente los reos, cuando fueren reclamados por juez competente, y por conducto del Supremo Delegado; y a remitir de oficio los reos de rapto, robo y hurto que fueren encontrados con el cuerpo del delito.

Art. 5. —Los Estados se comprometen a no ejercer ninguna función de las que por el presente pacto corresponden al gobierno general.

Art. 6. —La Confederación responde por las garantías consignadas en las constituciones de los Estados de la Liga.

Art. 7. —El gobierno general se compone de un Poder legislativo, un Poder ejecutivo y un Poder judicial.

Art. 8. —El Poder legislativo lo ejercerá una Convención nacional compuesta de las Legislaturas de todos los Estados confederados reunidas en un cuerpo, en el lugar y forma que adelante se expresa.

Art. 9. —El Poder ejecutivo se ejercerá por un Delegado Supremo y un Secretario.

Art. 10. —El Poder judicial se ejercerá por los Tribunales supremos de justicia de los Estados en la forma que adelante se expresa.

CAPÍTULO II: DE LA ORGANIZACION DEL PODER LEGISLATIVO

Art. 11. —Cada Estado de la Confederación será dividido en diez secciones electivas, cada sección elegirá un Diputado propietario y dos suplentes, de las calidades y en la forma que la respectiva constitución designe.

Art. 12. —Todos los Diputados propietarios y suplentes, desde el día de su elección, tienen derecho de exigir a las autoridades y empleados de su respectivo Estado, y a todos los otros funcionarios y empleados civiles y militares de la Confederación, los informes que necesiten sobre cualquier ramo de la administración general o del Estado, y todos sin excepción tienen obligación de evacuarlos con exactitud.

Art. 13. —La representación de cada Estado se renovará todos los años en su quinta parte y la suerte designará en el primer año.

Art. 14. —Cada representación ejercerá el Poder legislativo del Estado que la delega; legislará en la residencia de la Convención; y será precisamente el tribunal que declare haber lugar a formación de causa contra los individuos que en el mismo Estado ejerzan el Poder ejecutivo.

Art. 15.—Los Diputados de todos los Estados se reunirán todos los años sin necesidad de convocatoria en el pueblo de la Unión el día 1. de Enero, y cada representación se organizará en Poder legislativo de su Estado, cuando se hayan reunido más de las dos terceras partes del número total; y en sesenta sesiones tratarán todo lo concerniente a su respectivo Estado.

CAPÍTULO III: DE LAS FACULTADES DE LA CONVENCIÓN

Art. 17. —Son facultades de la Convención:

1.° Arreglar el orden de sus sesiones y todo lo concerniente a su régimen interior.

2.° Variar el punto de su residencia o la del Supremo Delegado cuando fuertes razones lo demanden.

3.° Ratificar o no los tratados que el Supremo Delegado celebre.

4.° Crear y dotar los empleados necesarios a la administración común y manejo de sus rentas.

5.° Examinar la constitucionalidad de las leyes y legalidad de las providencias que las Legislaturas de los Estados dicten, cuando a ello sea requerida por el Supremo Delegado, y pronunciar su juicio, con exclusión de la Legislatura que la dictó.

6.° Decidir las cuestiones de derecho que se versen entre dos o más Estados.

7.° Crear, si lo tiene ã bien, una comisión permanente de miembros de todos los Estados: nombrar los individuos que la compongan, que podrán ser delegados, y demarcarles sus atribuciones.

8.° Fijar los límites de la Republica y de los Estados entre si, con presencia de suficientes datos.

9.° Formar el ceremonial que debe observarse en el recibimiento de Ministros extranjeros, en las concurrencias clásicas, y demás reuniones de corporaciones y autoridades confederales entre sí, o con las de los Estados, estableciendo la preeminencia de puestos que deben ocupar de que deben ocupar de asiento y en marcha.

10. Fijar la fuerza permanente que el Supremo Delegado debe tener a su disposición para respetabilidad del gobierno general y resguardo de los puertos.

11. Calificar los candidatos para Supremo Delegado que los Estados elijan.

12. Uniformar en la Confederación los pesos y medidas, estableciendo en lo posible el sistema métrico o decimal inventado en Francia.

13. Reglamentar la manera y forma en que los tribunales de justicia de los Estados deben conocer de las causas del corso y piratería, y determinar los grados que deban admitirse.

14. Asignar el contingente con que, a más de las rentas ordinarias, deben contribuir los Estados en casos extraordinarios.

15. Determinar, si lo tiene a bien, los tratamientos que deban darse a las autoridades de la Confederación para su mayor decoro y respetabilidad, y reglamentar el modo y forma de ocurrir a ellas.

16. Reglamentar la administración de las rentas marítimas y todo lo concerniente al comercio exterior y las de tabacos y correos, estableciendo postas en donde sea posible; e imponer penas a los empleados que faltan ã sus deberes, y a todos los que infrinjan estas leyes.

17. Fijar la alcabala que devenguen para el Estado en que se consumen los efectos que proceden de otros de los confederados.

18. Crear o señalar fondos para amortizar la deuda extranjera sino bastasen los que quedan destinados.

19. Examinar la cuenta de la inversión de los caudales públicos que el ejecutivo debe presentarle: resolver conforme al mérito que preste; y formar el presupuesto del año siguiente.

20. Ordenar el peso, ley, tipo y valor que deben tener las monedas que se batan en los Estados confederados, y el equivalente de las extranjeras.

21. Detallar la bandera nacional que debe usarse en tierra y en buques de guerra y mercantes, y las armas, escudos y sellos de la Confederación.

22. Formar las ordenanzas para el corso, para el ejército nacional y de los Estados confederados, y para la marina.

23. Delegar sus atribuciones al Poder ejecutivo para determinados asuntos, cuando lo tenga á bien, y lo ejerzan personas aptas.

24. Dar reglas para la matrícula y nacionalización de buques.

25. Dar todos los reglamentos necesarios para el desarrollo de este pacto, imponiendo penas para el abuso de autoridad y omisión de deberes, y adicionarlo o reformarlo con el voto de más de las dos terceras partes de los representantes presentes de cada Estado, lo que no tendrá lugar hasta pasados cinco años.

CAPITULO IV. DE LAS SESIONES EXTRAORDINARIAS

Art. 18. —En las sesiones extraordinarias solamente tratará la Convención de aquellos asuntos para los que ha sido convocada: de los concernientes a su régimen interior: de las acusaciones; y de otros que califique de urgentes con el voto de más de las dos terceras partes de sus miembros presentes. Podrá asimismo ejercer la facultad que se le concede en la sección 5. del art. 17.

CAPITULO V. DE LA SANCIÓN Y PROMULGACIÓN DE LAS LEYES

Art. 19. —Las disposiciones legales de la Convención no necesitan para ser válidas de la sanción del Poder Ejecutivo; pero este tiene obligación de mandarlas ejecutar dentro de quince días de la fecha de su emisión, pudiendo dentro de este término hacer las observaciones que crea convenientes; y si esta no le diere orden de suspensión, al cumplirse el término pondrá el ejecutar; pero si la disposición llevase marcado el carácter de urgente, la hará ejecutar inmediatamente, sin perjuicio de observarla después, si le parece útil, para que la Convención resuelva.

Art. 20. —Toda disposición general de la Convención debe encabezarse así: Los Estados Confederados de Centroamérica reunidos en Convención por medio de sus representantes, han venido en decretar (o acordar). (Aquí el decreto o acuerdo). Y se concluirá: Y en consecuencia el Supremo Delegado mandará que lo aquí dispuesto tenga su debido efecto. —Dictado en el salón de sesiones de la Convención, a (Aquí la fecha y las firmas de los individuos del directorio).

Art. 21. —El Ejecutivo pondrá el exequátur con esta fórmula: —El Supremo Delegado de la Confederación Centroamericana, por cuanto la Convención nacional dictó el siguiente decreto (o acuerdo.)— (Aquí la disposición.)—Por tanto ordeno y mando que sea cumplido por las personas a quienes corresponde, a cuyo efecto el Secretario general (o del ramo) dispondrá lo conveniente. (Aquí la fecha y la firma del Supremo Delegado.)—Y lo comunico a U. para que, haciéndolo circular y publicar en los pueblos de su mando, llegue a noticia de todos y se cumpla por quienes corresponde. (Aquí la firma del Secretario).

CAPITULO VI. DE LA ELECCIÓN DE CANDIDATOS PARA SUPREMO DELEGADO Y MODO DE SORTEARLO

Art. 22. —Cada Estado elegirá en la manera que designe su respectiva constitución un delegado candidato para el Poder Ejecutivo de las calidades siguientes: del estado seglar, treinta años cumplidos de edad, veinte de residencia o naturaleza en Centroamérica, siete continuos de ciudadanía, actual ejercicio de sus derechos políticos, buen desempeño en anteriores servicios constitucionales, vecino en el Estado que lo elige, buena salud actual, aptitudes y moralidad.

Art. 23. —Complementada la elección, el último o único colegio electoral que en ella haya intervenido, hará saber a la Convención nacional en pliego cerrado el individuo en quien recayó.

Art. 24. —Cuando la Convención haya recibido los pliegos de todos los Estados, señalará un día próximo para el sorteo; y si llegare el 20 de febrero del año de la renovación sin que alguno o algunos se hayan recibido, la Convención le señalará término a la Legislatura del Estado de donde falte, para que haga la elección; lo mismo hará si alguno de los candidatos electos por los Estados careciese de alguna de las calidades requeridas para Supremo Delegado. Y en ambos casos debe así efectuarse aun cuando en la respectiva constitución se cometa directamente al pueblo la facultad de elegirlo.

Art. 25. —Llegado el día señalado para el sorteo, se inscribirán separadamente, de una misma letra, en pliegos iguales, y a presencia de todos, los nombres de los candidatos: se doblarán y cerrarán de un modo uniforme y se insacularán todos revueltos: se hará venir a un niño que saque uno de dichos pliegos, y el candidato en él inscrito será Supremo Delegado y fungirá por cinco años, cuyo periodo debe comenzar y concluir el 1.° de marzo a las 12 del día.

Art. 26. —Se procederá en acto continuo a abrir los pliegos que quedaron insaculados, para que los Diputados se certifiquen de que todos los candidatos entraron en sorteo. Y si se advirtiese algún fraude se repetirá el acto, lo que solo tendrá lugar en la misma sesión. Hecho el sorteo legalmente, el Presidente de la Convención declarará Supremo Delegado al que designó la suerte.

Art. 27. —A continuación los pliegos que contienen los nombres de los restantes candidatos se volverán a cerrar, insacular y sortear en la forma prevenida, y a cada pliego que se extraiga, se le pondrán sellos, sin abrirlo, y en el mismo esta inscripción: En las faltas del Supremo Delegado será llamado a hacer sus veces en primer (2.° según el orden en que se extraiga el pliego) lugar, el ciudadano cuyo nombre se contiene adentro. En seguida firmarán sobre la misma cubierta los individuos del directorio y rubricarán en el reverso los Diputados de cada Estado, cuyo periodo continúe.

Art. 28. —Estos pliegos al cerrarse las sesiones, se entregarán al Supremo Delegado para que los custodie; y si en el receso de la Convención hubiese de separarse del mando supremo, el Secretario o

Secretarios abrirán el del número primero y llamarán al Delegado que en él se contiene a hacerse cargo de él; y por imposibilidad de este al del número segundo, y así sucesivamente. Y por imposibilidad de todos será llamado el Delegado del periodo anterior, que esté más expedito y cercano.

Art. 29. —Al abrirse las sesiones, el Supremo Delegado entregará los pliegos que no haya habido necesidad de abrir, y si se encontrasen fracturados será responsable conforme a las leyes.

Art. 30. —Si la falta del Supremo Delegado fuere repentina, o urgente su separación, el Secretario de relaciones hará sus veces, mientras toma asiento el que sea llamado en conformidad de los artículos anteriores, y entre tanto fungirá de Secretario el llamado por la ley.

Art. 31. —Si la falta del Supremo Delegado ocurriere, instalada la Convención, y fuese absoluta, la Legislatura del respectivo Estado procederá inmediatamente a elegir un delegado candidato, y en seguida la Convención hará el primer sorteo para reponer al Supremo Delegado, y el que designe la suerte, fungirá por el tiempo que faltaba al anterior para cumplir su periodo; y acto continuo practicará la Convención el segundo sorteo. Mas si la falta fuese temporal, el directorio abrirá en sesión el pliego del número primero, y los demás en su caso, y harán llamar al contenido a posesionarse del mando supremo. Y si la falta absoluta ocurriese durante el receso, en una de las primeras sesiones se practicarán los sorteos prevenidos.

Art. 32. —Cuando algún delegado candidato faltare dentro de su periodo, que también es de cinco años, la Legislatura respectiva procederá lo más pronto posible a reponerlo, y verificado esto, la Convención practicará de nuevo el segundo sorteo. Lo mismo se verificará cuando se adhiera al Pacto un nuevo Estado.

Art. 33. Un mismo individuo no puede fungir de Supremo Delegado en dos periodos consecutivos.

CAPÍTULO VII. DE LAS FACULTADES DEL SUPREMO DELEGADO

Art. 34.—El Supremo Delegado nombrará libremente los Secretarios y subalternos de su despacho: e interinamente todos los empleados de hacienda, marina y guerra de la administración confederal, y podrá removerlos hasta que su buen desempeño y aptitudes le permitan nombrarlos en propiedad, en cuyo caso tendrán derecho a los ascensos de rigorosa escala, y no podrán ser destituidos, sino por dimisión voluntaria o a virtud de un juicio con arreglo a las leyes; pero sí suspensos hasta por tres meses por faltas leves.

Art. 35. —Nombrará los embajadores, plenipotenciarios, enviados, agentes y cónsules que hayan de constituirse cerca de los gobiernos de las otras naciones, y del Santo Padre: extenderá sus diplomas, poderes e instrucciones; y recibirá o no los ministros que sean mandados por las cortes extranjeras a la Confederación Centroamericana.

Art. 36. —Entablará y mantendrá las relaciones exteriores, cuidará de la integridad del territorio, dignidad del gobierno y seguridad de la Confederación, levantando en los Estados la fuerza necesaria y haciendo uso de ella en caso de invasión repentina, guerra declarada o sublevación interior.

Art. 37. —Celebrará los tratados de paz, de comercio y navegación, y de amistad y alianza, que fueren convenientes con los otros gobiernos del orbe, sujetándolos a la ratificación de la Dieta convencional.

Art. 38. —Preparará los preliminares para declarar la guerra, con los que dará cuenta a la Convención para que resuelva.

Art. 39. —Declarará por sí la guerra, cuando no se halle reunida la Convención, al Estado de Centroamérica que, no siendo de los confederados, diere justos motivos; y hará con él la paz, por sí solo, en el mismo caso, cuando sea conveniente.

Art. 40. —Reclamará al gobernante que infringiere el pacto para que enmiende sus procedimientos; y en caso de que no surta efecto la reclamación, usará de la fuerza para reducirle, siendo a cargo del infractor y de los que cooperen en su ayuda, los gastos que se impendan, cuya responsabilidad se les exigirá conforme a las leyes del respectivo Estado.

Art. 41. —En las cuestiones de derecho que ocurran entre los Estados, hará que se sometan los contrincantes a la decisión de la Convención, la que hará ejecutar sin más progresos.

Art. 42. —Intervendrá en las cuestiones de hecho que ocurran en los mismos, haciendo que el ofensor satisfaga debidamente al ofendido; y reprimirá con la fuerza al Estado que con armas invadiere ajeno territorio, exigiéndole la responsabilidad a los culpados, conforme a las leyes.

Art. 43. —Cuando en algún Estado se levante una facción armada contra el Gobierno, auxiliará a este con una fuerza común que debe mantener a su disposición, y si no bastare, levantará en los Estados la que crea suficiente.

Art. 44. —En todo caso en que, según este pacto, haya de hacer uso de las fuerzas de los Estados, exigirá de los Gobiernos las cantidades necesarias para su entretenimiento, y reintegrándolas oportunamente del fondo común. —Será el jefe supremo de ellas, y todos sus individuos le estarán subordinados: nombrará en consecuencia los jefes expedicionarios o se pondrá a la cabeza del ejército, depositando en este caso el mando civil.

Art. 45. —Convocará extraordinariamente a la Convención, cuando asuntos de gravedad demanden su pronta reunión, señalando los de que debe ocuparse en estas sesiones.

Art. 46. —Dictará las medidas coactivas que basten para hacer concurrir a los Diputados cuando los Ejecutivos de los Estados obren en este punto con morosidad.

Art. 47. —Hará los contratos sobre colonización y sobre empréstitos que den o tomen, todos o algunos de los Estados confederados, sujetándolos a la ratificación de las respectivas legislaturas.

Art. 48. —Tendrá la facultad de hacer iniciativas a la Convención sobre todos los asuntos del resorte de esta, a excepción de los respectivos al régimen interior y calificación de candidatos para el Poder Ejecutivo.

Art. 49. —Formará el reglamento que debe observarse en su despacho; y todos los demás necesarios para facilitar la ejecución de las disposiciones de la Convención.

Art. 50. —Podrá variar provisionalmente el punto de su residencia cuando causas graves y urgentes lo demanden, y la Convención no esté reunida.

Art. 51. —Mandará circular y publicar en todos los Estados de la Confederación, por los conductos establecidos en cada uno de ellos, todas las disposiciones emanadas del Gobierno general, y cuidará de su ejecución.

Art. 52. —Presentará todos los años a la Convención, al abrir sus sesiones, una cuenta exacta de las cantidades que han entrado al tesoro confederal y de todos los gastos detallados que se han hecho en el precedente año económico y dará un detalle circunstanciado de su administración, haciendo la iniciativa de las disposiciones que crea convenientes para la prosperidad de la Confederación.

Art. 53. —Examinará las disposiciones de las legislaturas y ejecutivos de los Estados, e impedirá el cumplimiento de las inconstitucionales e ilegales, a cuyo efecto todas las legislaturas y ejecutivos tienen obligación de hacer saber cada una de sus disposiciones al Supremo Delegado, excepto las declaratorias de haber lugar a formación de causa. Y si este, por sí o por denuncia de cualquier persona, encontrare arbitrariedad en alguna, la demostrará a quien la dictó para que conforme o derogue la disposición; si esto no tiene efecto, ni quien la dictó prueba en tiempo suficiente la legalidad con que obró: siendo esta legislatura, pasará el Supremo Delegado a la Convención el expediente para que juzgue únicamente si hay o no arbitrariedad en la disposición cuestionada; y si la declarare arbitraria, el Ejecutivo general prohibirá su cumplimiento; mas si el emitente fuere ejecutivo, lo pasará aquel a la respectiva legislatura para que juzgue, y en su caso, haga exigir la responsabilidad al culpado; mandando desde luego el Supremo Delegado suspender la ejecución si la Legislatura no estuviere reunida.

Art. 54. —Ajustará los contratos sobre canales y grandes caminos de los Estados, que hayan de celebrarse con extranjeros, sujetándolos a la ratificación de la respectiva Legislatura.

Art. 55. —Concederá o negará el pase a los breves y bulas pontificias con acuerdo de la Legislatura del Estado que comprenda o a que se dirija.

Art. 56. —Liquidará la deuda nacional tanto interior como exterior, y coadyuvará a la amortización de esta.

CAPÍTULO VIII: DE LOS MINISTROS DEL DESPACHO

Art. 57. —Para ser Secretario del Supremo Delegado, se requiere la edad de veinte y cinco años: vecindario en cualquiera de los Estados confederados; y las otras calidades que se exigen para Supremo Delegado.

Art. 58. —No se tendrá por auténtica; no es obligatoria, ni escusa al que la obedezca, ninguna providencia del Supremo Delegado, que no sea comunicada por su Secretario.

Art. 59. —El Secretario no autorizará, sin ser responsable, ninguna providencia que se oponga a este pacto o a las leyes de la Confederación.

CAPÍTULO IX: DEL PODER JUDICIAL Y DE LA RESPONSABILIDAD DE LOS FUNCIONARIOS DE LA CONFEDERACIÓN

Art. 60. —El Poder Judicial, en lo civil, respecto de los asuntos en que sea parte cualquiera de los funcionarios de la Confederación o de los Ministros extranjeros residentes en ella, será ejercido por los jueces y tribunales de los Estados en que surtan fuero. En lo criminal será también ejercido por los jueces y tribunales mismos en todo lo que no se establezca excepción en este capítulo, y arreglándose en primer lugar a las leyes generales que se dicten sobre delitos oficiales.

Art. 61. —Para juzgar criminalmente al Supremo Delegado, a los delegados candidatos, a los Diputados, Secretarios del despacho y Ministros diplomáticos de la Confederación o en ella residentes, es necesario e indispensable que antes se haya declarado haber lugar a formación de causa.

Art. 62. —Esta declaratoria corresponde a la Convención para los delegados candidatos, Diputados y Ministros diplomáticos; y a las legislaturas, para el Supremo Delegado y Ministros del despacho.

Art. 63. —Se declarará haber lugar a formación de causa contra dichos funcionarios, cuando se haga constar ante quien corresponda hacer la declaratoria, que han infringido alguna ley sancionada, con pena más que correccional.

Art. 64. —La infracción de ley que reglamente las funciones de estos empleados produce acción popular; mas solo los Diputados y las partes agraviadas podrán usar de ella sin caucionar las resultas con equivalente al sueldo de dos años del acusado.

Art. 65. —El individuo que quiera acusar al Supremo Delegado o a su Secretario cuando se hallen en actual ejercicio de sus respectivas funciones, se presentará al Poder Ejecutivo del Estado de donde sea vecino el acusado, manifestando su intento y comprobando ser Diputado, o haber sido agraviado, por la providencia o hecho sobre que va a entablar acusación; o acompañando documento bastante de caución para responder al erario en caso de que en el juicio sea declarado temerario litigante. Entonces el Ejecutivo convocará a la Legislatura, para un punto de su Estado, que no sea el de su residencia, y para tiempo en que no esté reunida ordinariamente. En los otros casos las acusaciones se harán cuando el respectivo cuerpo se halle reunido, ya sea ordinaria o extraordinariamente.

Art. 66. —Cuando se declare haber lugar a formación de causa contra alguno de los altos funcionarios, de que va hecha mención, por delito oficial, será juzgado en todas las instancias por los Tribunales Supremos de Justicia, debiendo la corporación que haga la declaratoria sortear en acto continuo la Corte que debe conocer en cada una de las tres, a que pueden extenderse estas causas, de diferentes Estados y sin entrar al sorteo la de aquella en que haya tenido lugar la declaratoria, si esta fuere hecha por alguna Legislatura; y expresar en el decreto los Tribunales y grado que designe la suerte.

Art. 67. —La declaratoria de haber lugar a formación de causa contra un funcionario le produce suspensión de sus derechos políticos, y por consiguiente no puede continuar ejerciendo ningún destino, hasta que sea absuelto por juez competente.

Art. 68. —Cuando la declaratoria se haga a pedimento de alguno de los que tienen derecho de hacer iniciativa por delito oficial, los Tribunales a quienes competa seguir el juicio, procederán de oficio. En los demás casos se arreglarán los jueces y tribunales a las leyes que reglamentan sus procedimientos.

Art. 69. —En los juicios sobre delitos oficiales de los empleados de la Confederación debe haber precisamente dos fallos, conformes en lo esencial, para que la sentencia cause ejecutoria. Esto se entiende en las definitivas, pues los artículos de previo y especial pronunciamiento se sustanciarán en un todo conforme a las leyes del Estado en que se promuevan.

Art. 70. —Si un funcionario acusado en actual ejercicio de sus funciones fuese absuelto en última instancia, será por el mismo hecho repuesto en su destino, y de los sueldos que haya dejado de percibir, como si durante el juicio hubiese estado sirviéndolo, cuya suma se exigirá al acusador cuando no se proceda de oficio.

Art. 71. —La responsabilidad de los funcionarios de los altos poderes y Ministros diplomáticos de la Confederación, por delitos oficiales, prescribe a los dos años de concluido su período o comisión, a menos que dentro del término hábil se haya intentado contra ellos la acción criminal, o que se haya invertido el orden constitucional: en el primer caso no hay prescripción, y en el segundo se contarán los dos años desde el restablecimiento del orden.

Art. 72. —Declarado sin lugar a formación de causa contra un individuo, no podrá acusársele por el mismo delito.

Art. 73. —Las disposiciones de cualquier origen y naturaleza que contraríen el presente pacto, o que sean dictadas por autoridad incompetente, son nulas y de ningún valor ni fuerza, y son responsables todos los que contribuyan a su emisión y ejecución.

CAPÍTULO X: DISPOSICIONES GENERALES

Art. 74. —El Supremo Delegado tendrá a su disposición una fuerza permanente que nunca excederá de novecientos hombres en tiempo de paz: será compuesta de veteranos enteramente sujetos a las Ordenanzas de ejércitos; y servirá para custodia y respetabilidad de los altos Poderes de la Confederación, y para resguardo de los puertos y rentas que administran.

Art. 75. —Los Estados confederados ceden y traspasan en el Supremo Delegado la facultad que tienen de administrar sus rentas marítimas y fronterizas de otros Estados, de tabacos, correos y postas para que él las administre conforme a las leyes que la Convención dicte sobre el particular.

Art. 76. —Los mismos Estados se desapropian y ceden el producto de tonelaje y de tabacos, con la excepción del artículo siguiente, para inclusión de los Diputados, sostenimiento de la fuerza permanente, y mejora de los puertos y caminos.

Art. 77. —Se reservan los mismos Estados y destinan desde luego la tercera parte del producto total de las alcabalas marítimas, y de Estados no confederados, para la amortización de su respectiva deuda interior de cualquier origen, y la tercera parte del producto total de la de tabacos para la amortización de la extranjera en la parte que a cada uno toque. Y se comprometen a no disponer ni de una ni otra de las partes que se reservan hasta que se hayan extinguido ambas deudas, quedando obligados a aplicar el ramo de la deuda que primero se extinga en cada Estado a la amortización de la otra.

Art. 78. —La Convención acordará la proporción y manera con que en cada Estado ha de amortizar la deuda nacional al extranjero; y la interior será amortizada admitiendo en las aduanas en pago de la tercera parte de la alcabala exterior, vales o bonos emitidos por el Gobierno del Estado en que estén ubicadas.

Art. 79. —Los productos de bodegaje y tonelaje se destinan exclusivamente a la mejora de puertos y composición de caminos de los Estados en que respectivamente se cobran, y para que hagan su distribución e inversión se crearán Consulados en cada uno de aquellos, y estos tribunales serán los únicos que puedan disponer de dichos productos con arreglo a las leyes de su instituto que dictará la Convención.

Art. 80. —Los empleados de estas rentas y las autoridades y vecinos del lugar de la residencia del Ejecutivo general, y de los puertos, islas y costas marítimas, están sujetos a este en lo económico y gubernativo; mas en lo judicial, político y civil, a las autoridades y leyes del Estado en cuanto no contraríen lo establecido en este pacto.

APÉNDICE. DISPOSICIONES PROVISIONALES

Art. 1. —Mientras que el Ejecutivo confederal construye en la Unión un Palacio de Gobierno, con la comodidad necesaria para su habitación, y despacho de los poderes y autoridades que allí deben existir, el Gobierno residirá en la Ciudad de Sonsonate.

Art. 2. —Los Estados se obligan a situar cada uno, antes de la primera instalación de su respectiva Legislatura, doscientos fusiles de buen servicio en la Ciudad de Sonsonate o en el Puerto de Acajutla para el uso del Gobierno confederal.

Art. 3. —El periodo de los primeros Supremo Delegado y candidatos que se nombren en conformidad de este pacto, durarán desde el día de la posesión del nuevo Supremo Delegado hasta el primero de Marzo inmediato siguiente y cuatro años más.

Art. 4.—La duración del periodo de la primera Legislatura Convencional, que debe instalarse en cuanto sea posible, será desde el día de la instalación hasta el segundo día 31 de Diciembre de los siguientes, a no ser que ésta se verifique antes del mes de Mayo, en cuyo caso la duración será desde la instalación hasta el inmediato día insinuado de Diciembre.

Art. 5. —La primera Legislatura de cada uno de los Estados que entren a componer la Convención, tendrá la investidura de constituyente para reformar su constitución respectiva, y durará en sesiones el tiempo que crea conveniente.

Art. 6. —Los Estados se comprometen a reformar o emitir sus constituciones, de manera que no se opongan a este pacto; y las presentes Legislaturas procederán inmediatamente a dividir su territorio en diez secciones electorales y a convocar para elecciones de la Legislatura que conforme al artículo anterior debe fungir de constituyente; y ordenará que dichas disposiciones comiencen a tener efecto en cada Estado cuando se sepa la adhesión al pacto de otros dos. Debiendo el Supremo Delegado señalar día para la instalación de la Dieta convencional.

Art. 7. —Aceptado este pacto por las. Legislaturas de tres Estados de Centro—América, se tendrá por formado entre ellos, y comenzará a regir asumiendo el Supremo Delegado, que esté fungiendo, las facultades que aquí se le confieren. —Los otros Estados que fueren adhiriendo, serán admitidos por el mismo hecho, desde el día de su aceptación, y desde entonces, quedan obligados á cuanto en él se establece.

Art. 8. —Mientras que la Convención dota los destinos confederales seguirán todos los empleados disfrutando el sueldo que actualmente tienen, y los Diputados gozarán el de mil ochenta pesos anuales, y una vez al año dos pesos por cada legua que de ida ó de regreso tengan que andar: cuyos viáticos se anticiparán.

Art. 9.—La Convención reformará en sus primeras sesiones los artículos de este pacto que no aprueben con uniformidad las Asambleas, redactándolos de manera que coincidan con las opiniones de la mayoría de ellas; y suprimirá los que por esta sean desechados, poniendo en su lugar lo que sea conveniente para perfección del pacto y que no quede truncado.—Cuando esto haya tenido efecto, lo pasará al Poder ejecutivo para que correcto lo haga imprimir y publicar en todos los pueblos como ley constitutiva de la Confederación.

Art. 10.—El pacto de 27 de Julio seguirá rigiendo hasta que la sucesiva plantación del presente lo vaya derogando.

CONSEJO CONFEDERAL

Desde el momento mismo de vuestra instalación habéis comenzado a palpar las dificultades e inconvenientes que el pacto de 27 de julio presenta para su ejecución; éstas han subido de punto en el corto periodo de vuestra existencia, llegando al extremo de dejaros reducidos a una completa nulidad, sin que vos ni el Supremo Delegado hayan podido evitarlo, ni tenido en ello la menor parte, pues el cumplimiento de sus deberes fue siempre el norte y ruta de ambos Magistrados. Habéis visto encenderse la guerra entre el Salvador y Guatemala, y apenas ayudados de las circunstancias que cercaban a uno y otro Estado habéis podido apagarla. Se levantó en Honduras una facción a vuestra vista, y aunque se os llama autoridades de la Confederación, nada pudisteis hacer para sofocarla porque el pacto no os faculta para esto. Los Estados confederados hoy se despedazan entre sí, sin que vuestros esfuerzos y los del Supremo Delegado hubiesen bastado a impedirlo, ni hayáis tenido recursos para remediarlo.

Todos los Ejecutivos de los Estados han a su vez infringido el pacto, y el Supremo Delegado no ha podido reducirlos a su deber, por que para ello necesitaba de la fuerza física, y no pudo contar con ésta, debiendo franqueársela los mismos que le desobedecían, y no teniendo medios ni recursos para levantarla por sí solo.

Bastarían estos hechos para comprobar la insuficiencia del pacto existente; pero nadie, ni aun sus autores, han creído que era una obra acabada; fue efecto de las circunstancias y de las limitadas y contradictorias instrucciones a que ellos se vieron restringidos; y si las Asambleas lo ratificaron fue sin duda, con la esperanza de que una vez adoptado, sería fácil mejorarlo. Esta también fue la mente de la Convención supuesto que consignó el artículo 75 con tanta amplitud, que sin el estruendo de las armas, ni los odios, rencores y estragos que del uso de estas son consecuencias precisas, se puede llegar a la perfectibilidad de que nuestras instituciones son susceptibles.

El Supremo Delegado haciendo uso de este artículo hoy se atreve por mi medio a presentaros un plan de reforma, no porque se crea capaz de hacer una obra perfecta, ni porque la considere digna de vuestra adopción, tal, cual ha salido de sus manos; sino porque el mismo artículo le impone este deber, y los males que actualmente aquejan a la Confederación, se lo hacen más perentorio.

Desde mucho tiempo la persona que hoy ejerce la suprema Magistratura ha oído sin preocupación las opiniones de sus conciudadanos; todos están conformes en el conocimiento de nuestro mal estado, y en deseo de mejorar la suerte de nuestra desgraciada patria; pero discordar en los medios: uno cree que aun gobierno central nos traería la felicidad: otro desespera de nuestra composición si un brazo fuerte no nos hace entrar al orden: aquel conoce que el defecto está el sistema; pero no quiere, no osa o no sabe indicar el remedio; y otro en fin se persuade que variando las personas que actualmente fungen, todo estará remediado. Más nadie hasta ahora se ha propuesto desarrollar un plan de mejoras, o un nuevo sistema que fije las opiniones o haga oponer otra más asequible. Callan los políticos, callan los inteligentes y la patria camina a su ruina; preciso es que hable el que sin más cualidad qué su patriotismo, se ve obligado a efectuarlo.—Ha reflexionado en consecuencia con cuanta madurez le permiten sus pequeñas capacidades, sobre las desgracias del país y medios de evitarlas en lo sucesivo, y no puede persuadirse que actualmente convenga la adopción del sistema central, que si bien es económico en sus gastos y enérgico en su acción, es dispendioso para las partes en la administración de justicia, y perjudicial o complicado en su legislación: perjudicial, si ésta es uniforme para diversas localidades, habitudes y elementos; complicada, si excepcionaría o adecuada para las diversas necesidades de las diferentes secciones: y lo que es más, cuan fácil, conveniente y útil hubiera sido su adopción reciente nuestra independencia, que estábamos acostumbrados a un Gobierno unitario y nada liberal: sería difícil, y aun perjudicial hoy que los pueblos han saboreado una excesiva libertad, y que desmoralizados con las continuas revoluciones; tienden los funcionarios al despotismo o al abatimiento, y los súbditos al servilismo o a la anarquía, sin saberse detener aquellos en el justo medio de la legalidad y decoro, ni éstos en el de la dignidad y subordinación—Con tales elementos piensa el Supremo Delegado que si se tratara de establecer dicho sistema, sería entablar una lucha que tuviese por resultado el completo triunfo del despotismo y el anonadamiento del poder del pueblo, o la anarquía más desastrosa y el total aniquilamiento de lo poco bueno que han dejado nuestros anteriores desvaríos.

Ambos extremos son funestos y aquel funcionario tiembla al pensar en ellos; no ha podido, pues, basar su plan sobre este pie.

Crear un genio que con las virtudes y sin a algunos vicios del gran Napoleón, nos saque del siendo en que nos hallamos sumergidos para conducirnos a la eminencia á que algún día hemos de llegar, no cabe en el poder humano: esperar que nazca ó se descubra, es muy triste recurso; y someter a la acción de la fuerza lo que puede obrarse por el convencimiento, es falta de dignidad.

Restablecer la constitución de 824 después de la dolorosa experiencia que nos dejó en los catorce años de su reinado, no sería cordura.

Disolver el pacto de unión entre los Estados, dejarlos aislados y entregarlos a sí mismos, sería perpetuar el desorden y arbitrariedad con que casi todos son regidos actualmente: aumentar la debilidad en que estamos; y ser, en fin, presa de la ambición de los extranjeros que ya cometen contra nosotros avances insufribles.

Tampoco cree el Supremo Delegado que el cambio de funcionarios baste para mejorar nuestra situación. El mal tiene otro origen, y a él es necesario acudir para aplicar a aquel un remedio eficaz. Nuestras instituciones son buenas; en ellas se establecen principios luminosos; y su práctica podría hacer nuestra felicidad; pero por desgracia solo los hemos visto escritos y mil y mil veces conculcados por nuestros funcionarios mismos, que debieran ser su mejor garante. Dar vigor a los principios sin alterar las instituciones es, pues, lo que necesitamos; pero esto no se puede conseguir, sino estableciendo lo conveniente, para que tenga efecto el castigo de los infractores de aquellos. Un sistema basado sobre este pie, y que haga fuertes a los Estados por la unión, es la grande obra que el Supremo Delegado ha tomado a su cargo: no se cree ni con mucho capaz de desempeñarla; pero sí se lisonjea de haber formado un bosquejo, que manos hábiles podrán perfeccionar, aunque sea haciendo desaparecer, a fuerza de correcciones, hasta la última línea primitiva.

La perfección es su objeto, y con este fin me manda presentároslo. En él hallareis un proyecto de reforma del pacto existente en que se ha querido que, conservando los Estados su soberanía e independencia para gobernarse según lo exijan sus peculiares necesidades y elementos, formen entre sí una liga para hacerse fuertes contra los avances del extranjero, contra las arbitrariedades de sus funcionarios y contra las facciones de su interior.

Esta liga la demandan, además de la debilidad de cada uno de los Estados, sus anteriores enlaces, su localidad, el común origen, idioma y religión de sus individuos, su mutuo comercio y la semejanza de sus usos y costumbres; pero para conseguir su objeto es indispensable que haya quien arregle y dicte las medidas de común interés; de aquí la necesidad de un Poder legislativo: conoció aquella la Convención y creó este en su pacto; pero de una manera tan ineficaz y dispendiosa, que para combinar una medida entre las partes que lo componen, será muchas veces necesario gastar más de tres años, o exorbitantes cantidades en reuniones extraordinarias.

Para hacer desaparecer este inconveniente, el Supremo Delegado propone en su proyecto que las legislaturas de los Estados, a quienes también se confiere aquel poder, lo ejerzan reunidas en un punto, y que en el mismo ejerzan separadas el que les es peculiar. De esta manera les bastará una reunión al año para fungir en ambos destinos, y lo que es más importante, legislarán para sus Estados, libres del pernicioso influjo de las armas, que tan funesto nos ha sido en todos ellos: y será entonces posible exigir la responsabilidad a los primeros mandatarios, omisión que si bien se ve, nos tiene en el triste estado a que nos hallamos reducidos, con cuyo objeto se les consigna expresamente dicha facultad, de manera que no pueda omitirse en sus instituciones ni conferirse a otro cuerpo: y finalmente, la legislación de los Estados se uniformará en lo que sea útil, y concurrirán en lo privado las luces de toda la República para la decisión de los asuntos arduos o de grande importancia que se presenten en cada una de las legislaturas.

En cuanto al punto que en el proyecto se elige para residencia de estos poderes, y del Ejecutivo general, parece que el pueblo de la Unión, en las siguientes cualidades, reúne algunas en que se aventaja a cualquier otro punto de la República, y son todas: ser población nueva, buen clima, puerto de mar, extremo opuesto de la residencia del Gobierno del Estado a que pertenece, y aislada de poblaciones considerables, casi en contacto con los de Honduras y Nicaragua, y punto céntrico respecto de los de Guatemala y Costa Rica: siendo población nueva es fácil darle buena forma topográfica y las comodidades necesarias: hallándose su población en progresión creciente, gozando de buen clima y residiendo allí el gobierno general, aquello se conseguirá bien pronto: siendo puerto de mar, llamará esta circunstancia la atención del Gobierno hacia su principal objeto, que es el cultivo de las relaciones exteriores y el fomento del comercio, y no estará absorbida, como lo hemos visto, en intrigas del interior: la conducción de muchos diputados será más fácil y se harán más expeditas las comunicaciones por esta vía: hallándose situada en un extremo del Estado del Salvador, lejos de toda población considerable y más aún de la capital, difícilmente habrá lugar a choques y competencias entre este Gobierno y el general, y siendo punto céntrico de los cinco Estados, si todos se confederan, puede el Ejecutivo general atender a cada uno de ellos con menos tropiezos.

Digan lo que quieran los publicistas con respecto a que el Poder legislativo debe ser numeroso: entre nosotros ha surtido muy mal efecto esta práctica; y no puede menos que ser así; pero el mal sube de punto cuando en mayor número son las renovaciones. La razón es que, teniendo pocos hombres de aptitudes para el objeto, se ajustan los cuerpos con hombres ignorantes o débiles que siguen el bando de los más atrevidos o charladores, que no son siempre los más prudentes, y he aquí como se forma una mayoría, que domina las más veces al juicio y al patriotismo verdadero. No sucede lo mismo cuando todos los miembros poseen aptitudes, porque entonces el uno propone, otro hace oposición, éste cuestiona, aquel explica, tal dilucida y cual se convence: todos forman su juicio con exactitud, y resuelven, seguramente con más tino que en el caso anterior.

Si pudiesen entre nosotros reunirse Asambleas numerosas de este género, el Supremo Delegado las propondría gustoso; pero, triste es confesarlo, aunque necesario si no nos queremos alucinar; ni tenemos tantos hombres ilustrados, ni suficientes fondos para sostenerlas con decoro, y por lo mismo es preciso conformarnos con pocos diputados para lograr que en su totalidad sean compuestas de individuos aptos; y es por esto que se propone el número de diez, y que la renovación se haga por quintas partes, con lo que también se conseguirá que una mayoría progresivamente antigua, modere el espíritu de novedad con que regularmente entran los nuevos diputados a desbaratar a diestra y siniestra cuanto se ha hecho en los años anteriores, sin examinar las medidas que han producido buen o mal efecto, ni las que merecen reforma o adiciones, con cuya ligereza se ha complicado tanto nuestra legislación, que es un laberinto del que los letrados muchas veces no podrían salir ni con el hilo de Ariadna, si no ocurriesen a la que nos dejó España.

Sin embargo de lo dicho, en el proyecto no se impide que en el Estado en que quieran, instituyan o conserven un cuerpo colegislador tan numeroso como les parezca y puedan sostenerlo: solo se limita a igualar el número de que deben componerse los que reunidos ejercerán el poder legislativo general, tanto porque asociados aunque no sean más de tres Estados, resulta un total, competente para el acierto de sus medidas, como por facilitar las votaciones, y evitar celos entre los pequeños y grandes Estados que deben ser igualmente representados como personas o cuerpos soberanos.

A este Poder legislativo común, a que se ha dado el nombre de Convención, y que cada Estado debe mirar como propio en virtud de esta alianza, se le han atribuido aquellas facultades puramente necesarias para la conservación del objeto con que ha sido instituido, que es la disposición, arreglo y uniformidad de aquellas cosas que, dejándose al arbitrio de los Estados, producirían choques entre ellos y embarazos a sus súbditos; y se le han demarcado expresamente para no confundirlas con las que corresponden al peculiar de cada Estado, estableciendo que éstos no usarán de las que pertenecen a aquel: de donde se infiere que pueden conferirse a las legislaturas cuantas la Convención no tiene.

Dado que haya quien dicte las disposiciones de común interés para los Estados, resta quien las haga efectivas, y se entienda con los Gobiernos de las otras naciones, de donde viene la necesidad de un Poder ejecutivo que la Convención creó, y en el proyecto permanece con algunas alteraciones.

Una de ellas es la libertad que se deja a los Estados en el modo de elegir los candidatos entre quienes ha de sortearse el que debe ejercerlo. Otra es el derecho de exclusión que todos ellos tienen para en caso de que alguno elija sujeto sin las cualidades requeridas, cuyo derecho está consignado en la facultad de calificar a los delegados, que se da a la Convención. Es otra el reglamento de los sorteos para evitar las intrigas y fraudes de que la combinación pudiera hacer uso.

También en el proyecto se establece quién, y cómo debe suceder al Supremo Delegado cuando éste se separe del mando: defecto muy notable en el pacto existente y que pudiera producir graves inconvenientes. También se extiende el periodo del Supremo Delegado a un tiempo bastante para que un buen funcionario pueda comenzar y concluir un plan de mejoras en cualquier ramo de su administración.

Porque es constante que siendo corto, nadie querrá emprender lo que no puede acabar; y que el bien se obra lentamente aunque el mal pueda hacerse en un momento. A lo que se agrega que según el plan propuesto, no hay ya el temor de que los Ejecutivos hagan muchos males porque todos tienen celadores y se establecen medios eficaces para contenerlos; así es que aun en los Estados puede aumentarse el periodo de los Presidentes por la misma razón.

En cuanto a las facultades con que se le inviste, se han aumentado aquellas que parecen indispensables para perfeccionar el régimen aquí propuesto: se han restringido otras por innecesarias; y se ha querido redactar las demás con la precisión conveniente para evitar dudas.

Se le concede al Supremo Delegado la facultad de nombrar sin restricción todos los empleados, y puede removerlos hasta hallar personas de mérito y aptitudes en quienes pueda recaer el nombramiento en propiedad: con esto se logrará que todos los empleados para obtenerlo, se porten desde el principio cual corresponde a su rango. Y una vez obtenido, solo el poder judicial podrá destituirlos, con lo que sustraídos del influjo del Ejecutivo, y sin temor de perder sus destinos si se oponen a las arbitrariedades de éste, no se verán los escandalosos manejos de hacienda, que tan comunes son entre nosotros, y el crédito del Gobierno, que se halla por los suelos, se elevará a la altura que le corresponde.

Los trámites establecidos en el artículo 32 del pacto existente, para reducir al Estado que infrinja este, son de suyo tan ineficaces o por lo menos tan dilatorios, que un gobernante insubordinado puede burlarse de todo él, seguro de su impunidad. Esto no es una paradoja: hoy lo vemos realizado en todos los Estados de la liga; y puede asegurarse que las cosas no habrían llegado al punto en que se hallan en el día, si el Delegado Supremo hubiese tenido a sus órdenes una fuerza disponible, y trámites más expeditos para reprimir al atrevido que primero osara conculcar el pacto. Es, pues, la experiencia quien dicta la atribución del Ejecutivo general, en que se simplifica aquel artículo: y una imperiosa necesidad la que obliga a concederle una fuerza permanente tanto para este caso, cuanto para otros muchos en que con prontitud debe hacer uso de ella, así en los mismos Estados, en el supuesto de que el hecho mismo de tener fuerza disponible, no mantuviera a sus mandatarios dentro de la valla de sus atribuciones, ni contuviese a los revoltosos para levantar facciones contra sus gobiernos respectivos; como para sostener los derechos de la República en caso de repentina invasión.

La prontitud con que debe obrar con las fuerzas en los diferentes casos en que se le previene, la dificultad de allegarlas con oportunidad al punto conveniente desde Estados lejanos; el deber de sostenerse aquellos con fondos comunes, exigen que el Supremo Delegado tenga facultad discrecionaria de levantarlas donde convenga, por esto se le ha consignado así en varias atribuciones.

En las pasadas circunstancias del Estado de Guatemala con el del Salvador, os consta que se vio muy embarazado el Gobierno general porque por falta de precisión en el pacto no podía tratar a aquel como a una nación extranjera, porque aquel pueblo en todos sus actos libres ha demostrado un constante conato de formar con los otros de Centroamérica una sola nación, lo que acaso tendrá lugar cuando se constituya, y por los diferentes vínculos y relaciones con que con ellos se halla unido: tampoco podía tratársele como una parte de la Confederación, porque no ha expresamente adherido al pacto.

No había medio para entenderse con él, y se estaba por ambas partes en aptitud guerrera: si el Gobierno se resolvía a mirarlo como una nación extraña, después de los primeros acontecimientos, trámites dilatorios había que correr, y entre tanto los recursos se agotaban y los males de la guerra se propagaban; y si a mirarlo enteramente como confederado, nuevos embarazos en la justa resistencia que él oponía a este concepto. Consultasteis a las Asambleas para aclarar esta cuestión: no pudieron reunirse y solo por inferencias, de acuerdo con los gobiernos de los Estados, tomasteis un partido que afortunadamente produjo la paz.

Iguales lances pueden presentarse y la experiencia alumbra el modo de prevenirlos para que causen menos estragos, y es esta la razón por qué se inviste al Ejecutivo en el proyecto adjunto con la facultad de declarar la guerra a los Estados de Centroamérica que no entren en la Confederación, cuando haya justas causas y la Convención no esté reunida, y para que en el mismo caso pueda hacer la paz. De esta atribución sabrá usar bien el Supremo Delegado, y del abuso de ella será responsable.

Si recorremos la triste y lamentable historia de Centroamérica, a cada paso hallaremos que los inmensos males que sobre esta malhadada República han llovido, son causados casi en su totalidad por las transgresiones y avances de poder de los primeros funcionarios, sin que hasta hoy hayamos visto que uno siquiera fuese castigado, porque si bien algunos han sido presos, confiscados, expatriados o fusilados; en sentido legal, esto no ha sido otra cosa que robos, violencias y asesinatos cometidos contra ellos; y nuevas transgresiones y avances de los funcionarios, que han decretado aquellos actos o los han permitido; y en vez de escarmiento no han producido otra cosa que compasión hacia los pacientes, odio hacia los autores, y una general disposición para hacer con ellos otro tanto, como incursos en los mismos crímenes de que acusan a sus víctimas.

¿Y todo esto por qué? Porque loa fusilamientos, expatriaciones, confiscaciones y prisiones, que han tenido lugar contra algunos individuos de los altos poderes, jamás han sido mandadas en una sentencia, pronunciada por juez competente, después de seguido un juicio por todos los trámites prevenidos con anterioridad por la ley; sino que han sido dictadas siempre por el Poder ejecutivo, o por los partidarios de este en el legislativo, o bien ejecutadas por facciones que ha hecho levantar el mal régimen de los funcionarios mismos que fueron su víctima.

Estos horrores se han perpetrado a su vez por todos los partidos que se han sobrepuesto; no deben, pues, atribuirse a uno exclusivamente ni esperarse que del triunfo de tal o cual, dependa la cesación de tantos prevaricatos, como hemos visto y estamos viendo. Su causa es la impunidad: a esta es preciso combatir desde su origen, y a este fin se encaminan las medidas propuestas en el proyecto, que tienden a facilitar la acusación de los funcionarios supremos, y establecen en el hecho la independencia de los poderes que respectivamente deben mandarlos juzgar para que el juicio y la pena puedan tener efecto.

Consígase esto, y se verá a los funcionarios subalternos entrar en sus deberes sin esfuerzo, y circunscribirse a sus atribuciones, temerosos de que recaiga sobre ellos la acción de la ley, cuyo brazo terrible han visto alcanzar y descargarse sobre el que se hallara colocado en puesto más eminente. Los súbditos ya no conspirarán contra sus autoridades, porque estas no obrarán ya arbitrariamente; y si obran de esta manera, ocurrirán aquellos a los medios legales, seguros de que el castigo no será ilusorio; pero si genios díscolos, insubordinados y revoltosos osaren en tales circunstancias levantar una facción, la opinión pública se declarará contra ellos, y las fuerzas comunes concurrirán a destruirlas simultáneamente con las del Estado respectivo, según en el proyecto se previene al Supremo Delegado.

Sin embargo, lo que menos desea el autor de aquel es, que llegue el caso en que dichas medidas deban tener efecto, porque el castigo siempre es un mal que recae sobre otro mayor, que es el delito, de tanta más trascendencia cuanta más alta es la categoría del que lo perpetra. Prevenir los males es su principal objeto y el deber de todo legislador; tal es la mira con que atribuye al Ejecutivo de la nación la facultad de impedir el cumplimiento de las disposiciones arbitrarias que se dicten en los Estados, ya sea por el Poder legislativo, ya por el Ejecutivo; mas esto no podría efectuarse, sin que se le diese conocimiento de ellas: por tanto es necesario imponerles a ambos poderes esta obligación, y como podrían eludirla cuando con decidida intención tratasen de quebrantar la ley, ha parecido conveniente facultar a todos los individuos para que denuncien las medidas que tengan este carácter; mas como el mismo Supremo Delegado podría abusar de esta facultad de buena o mala fe, no es su juicio el que debe calificar definitivamente la medida que crea o suponga arbitraria, es la Convención enteramente imparcial, porque se excluyen los miembros del poder que la dictó, quien debe juzgar en las que emanen de las legislaturas cuando sobre la legalidad haya controversia, y en el mismo caso, debe juzgar la Legislatura sobre las que provienen del Ejecutivo, limitándose en resumen las facultades de aquel a mandar suspender la ejecución de estas cuando no sea convencido de la legalidad y no esté en sesiones el Poder legislativo, o a mandar ejecutar el fallo de este o de la Convención.

Ningún mal parece que resultará del uso de estas facultades, pues el único que puede preverse, consiste en que el Supremo Delegado usase con arbitrariedad de la primera, y aun en esta hipótesis, resulta ventaja en concedérsela, porque es menos mal, que una disposición benéfica dictada por el Ejecutivo de un Estado, no tenga efecto, sino hasta después de nueve o diez meses de su emisión, que el que lo tenga por una hora, una perniciosa, principalmente si es de aquellas que causan males que por su naturaleza no admiten restitución, de las cuales por desgracia hemos visto ejecutarse un sinnúmero.

Además, a ninguna autoridad pueden conferirse con más propiedad que al Ejecutivo general estas facultades: su continua permanencia lo hace más a propósito que la Convención: su calidad de jefe de la nación lo constituye independiente de los poderes de los Estados, y en cierta manera de rango superior, con lo que no tendrá embarazo para usar de ellas, ni es indecoroso a las legislaturas el deber que se les impone de transcribirle sus disposiciones; y finalmente, la circunstancia de ser jefe propio de cada uno de los Estados para determinados asuntos, aleja toda idea de intervención de los unos de estos, en los negocios de los otros, que quisiera hacerse valer.

Bajo este último concepto se le han consignado otras facultades que parecen indispensables para perfeccionar el sistema que se propone en el adjunto plan.

El Consejo queda suprimido; porque debiendo reunirse todos los años la Convención, y estando en este plan más precisas y detalladas las atribuciones del Supremo Delegado, ha parecido innecesaria su existencia; mas como puede ser útil bajo algunos aspectos, se ha dado a la Convención la facultad de crearlo, si lo estima necesario, con el nombre de Comisión permanente.

Supuesto que haya un Poder legislativo y otro ejecutivo, con empleos subalternos: debiendo ser todos servidos por hombres que tienen asuntos en la sociedad, y por esto están expuestos a entrar en litigios, y que son frágiles, y por esto otro lo están a infringir las leyes, se hace preciso saber, llegados estos casos, quién, y cómo debe juzgarlos, y necesario que este poder exista.

Sin embargo, se suprime el que está creado por el pacto vigente, porque no es económico mantener un cuerpo cuyas atribuciones ejercerá rara vez, siendo así que no es posible cometerle el conocimiento exclusivo de los juicios civiles y criminales de todos los que fungen en la Confederación, y porque las pueden ejercer muy bien los tribunales establecidos en los Estados, sin que le sea gravoso a ellos ni a las partes; pero se da, si así puede decirse, un otro ser a los tribunales, y se reglamenta el cómo y cuándo deba conocer cada uno de ellos y sus respectivos subalternos, que es cuanto, al juicio del Supremo Delegado, basta para perfeccionar su plan bajo este respecto.

Es máxima constante en derecho y universalmente admitida, que el actor debe seguir el fuero del reo, sin que se contraríe, porque el reo lo renuncie legalmente, pues cuando esto acontece, tácita o expresamente se somete a otro, y este otro sigue siendo su fuero para aquel asunto en que pudo renunciar el propio de que gozaba, o en que ipso facto quedó renunciado por las disposiciones de derecho.

Bien convencido el Supremo Delegado de la utilidad de esta máxima, que sin necesidad se ve contrariada en el pacto existente, desea que se restablezca a su antiguo vigor, respecto de los asuntos civiles de todos los funcionarios de la Confederación y de los extranjeros en ella residentes, y por tanto propone el artículo respectivo tan general, que ni de los altos funcionarios se hace excepción, evitando por otra parte que la ley suministre un refugio para defraudar a sus acreedores a los que debieran ser espejo de virtudes sociales.

La misma razón milita para lo criminal, y por consecuencia, debe haber la misma disposición, tal se establece en el mismo artículo, pero con una restricción que es bien importante: esta es que no pueda juzgarse a ningún funcionario de los altos poderes sin que preceda la declaratoria de haber a ello lugar.

Esta excepción la exigen no solo su elevado rango, sino la conveniencia pública y la naturaleza misma de las cosas; el rango elevado, porque sería indecoroso y chocante que la ley permitiese que un comandante de patrulla, un comisario, un alcalde o un juez de primera instancia, condujera preso a un individuo actualmente revestido con los poderes del pueblo soberano, o representando a una nación: la conveniencia pública, porque con tal permisión cualquier juez, cualquier alcalde ignorante o mal aconsejado, impediría la reunión del Poder legislativo en la ocasión más importante, retendría la misión de más interés, o comprometería el país aprisionando por causa, o con pretexto de delitos comunes, a diputados o ministros diplomáticos de la Confederación o extranjeros; y la naturaleza de las cosas, porque esta misma ha obligado a establecer escalas en la sociedad, cuyos escalones inferiores no pueden dominar a los superiores sin contrariarla, y esto se verificaría dando autoridad a los jueces sobre los representantes del pueblo de quien emana el poder de aquellos, a lo que se agrega que esta anomalía sería ilusoria respecto del Supremo Delegado cuando se hallase con el poder en las manos, pues solo suponiéndole a él y al juez, a quien tocase obrar virtudes cívicas, que son bien raras, puede concebirse que tuviera efecto un juicio criminal contra aquel, y aun así pudieran seguirse consecuencias fatales.

No sucede lo mismo debiendo preceder una declaratoria, hecha por un cuerpo superior en rango, y compuesto cual debe ser la Convención, de hombres escogidos en la sociedad, capaces por consiguiente del fiel y exacto cumplimiento de todas sus funciones, y más ajenos por esta razón de comprometer el país con injusticias, en virtud de cuya declaratoria el individuo queda suspenso, o despojado por tiempo, de los poderes con que se hallara investido, y reducido a la condición de súbdito, sobre quien al nivel de los demás deben obrar ya los jueces ordinarios del Estado respectivo en los delitos comunes; mas en los oficiales, cometidos por los mismos funcionarios, siendo de otra esfera y ofendiéndose con ellos toda la Confederación inmediatamente, todos los Estados deben concurrir a la satisfacción de la vindicta, y para que esto tenga lugar en lo posible, se ha establecido que los delitos oficiales de los individuos de los supremos poderes, sean juzgados en cada una de las instancias por diferentes Tribunales supremos de justicia de los Estados, y que la Legislatura, de otro en calidad de comisión de la Dieta, sea quien haga la previa declaratoria contra el Supremo Delegado y su Ministro, ya que no es conveniente que la haga toda la Convención, porque tendrá de hecho menos independencia para el efecto, reuniéndose al lado de aquellos que tienen la fuerza, y sería difícil y gravoso que se reuniesen con dicho fin otra parte, cuya circunstancia no milita en las Legislaturas del modo establecido en el proyecto.

En cuanto a las acusaciones, cierto es que los Diputados como representantes de una sección de las que forman la gran sociedad, que resulta ofendida con los delitos oficiales de los altos funcionarios, deben tener expedito el derecho de hacerlos; también es cierto que las personas que sean agraviadas por actos u omisiones de estos u otros funcionarios, deben tenerlo igualmente para que les sean resarcidos los perjuicios ocasionados; y lo es asimismo que todos los individuos como miembros de la sociedad deben también gozar el derecho de pedir que esta sea vindicada, y así se establece en el nuevo pacto; pero no es conveniente abrir puerta franca a los díscolos y mal intencionados para que con este pretexto, estén importunando a los tribunales y vejando a los funcionarios, sin que al fin pueda exigírseles a aquellos la debida responsabilidad, y por esto se previene que caucionen los que sin ser Diputados, ni agraviados, quieran hacer acusaciones.

Y como en todo caso en que un presunto reo es declarado inocente, por rigorosa justicia, tiene derecho a que le reparen en lo posible los daños que el juicio le haya ocasionado, y siendo en los funcionarios de primera consecuencia, la suspensión en el uso de sus funciones y en el goce de sus sueldos, se establece que sea reintegrado de uno y otro, como si hubiese estado fungiendo, y que el reintegro de los sueldos se haga por el erario, quedándole a este el derecho de repetirlos de quien haya lugar, tanto porque muchas veces se procederá de oficio; y entonces es a nombre de la nación que se hace todo, como porque en ningún caso sea injustamente defraudado el funcionario inocente.

La prescripción de derecho de acusar por delitos oficiales a los funcionarios de los altos poderes, es necesaria, para que el que una vez sirve uno de estos destinos, no esté siempre temiendo que se le haga una acusación, de la que, por inocente que se halle, no podría tal vez defenderse, a causa del transcurso del tiempo que todo lo trastorna: fijar esta para después de largo tiempo, es incidir en el mismo inconveniente: ampliar el término hábil, a época en que el acusado haya cesado en sus funciones, es muy útil para que no ocasione la impunidad el temor al poderoso; y para que este no eluda las medidas dictadas con dicho fin, influyendo en una revolución que trastorne el orden: es conveniente tomar precauciones: tales son los conceptos en que está redactado el artículo que señala dos años para comenzar la prescripción.

Llevando sentado que las arbitrariedades nos conducen a la ruina, y que reprimirlas es uno de los objetos de la alianza, consiguiente es declarar responsables a los que en ellas tengan parte.

Ahora, pues, para que el objeto con que se establece el Gobierno general tenga efecto, es necesario que el Ejecutivo tenga una fuerza disponible, y la experiencia acredita que dejarlo atenido a la que deben franquearle los Estados, es querer que permanezca tan nulo como es hoy, en cuyo caso valdría más no existiese. Concedida que sea la necesidad de una fuerza permanente, esta debe ser compuesta de veteranos enteramente sujetos al rigor y fueros de ordenanza, para que los individuos sepan sus obligaciones, sean subordinados y no cometan impunemente vejaciones contra los ciudadanos, y avances contra las autoridades civiles; y para que el Gobierno en toda ocasión pueda disponer de ella, y no suceda lo que regularmente acontece con la milicia, que se le mantiene y se le sufre en tiempo de paz, y en ocasiones urgentes es preciso echar mano de paisanos, porque los soldados se desertan o se esconden; y su número debe ser tal que baste para cubrir los puertos y para las otras atenciones del Ejecutivo.

Sería insultar al sentido común y poner en duda un principio, querer demostrar la necesidad de que este Gobierno tenga rentas, pues nadie ignora que sin estas no puede existir aquel: se tratará, por tanto, de hacer ver algunos de los motivos de conveniencia que el Supremo Delegado tuvo para redactar los artículos del plan que hablan sobre el particular, y son, puede decirse, su principal fundamento.

Hemos visto que cuando regía el Gobierno federal los Estados, con menos impuestos de los que hoy gravitan sobre sus pueblos, tenían en tiempo de calma lo suficiente para los gastos de sus administraciones particulares, pagando Asambleas numerosas y Consejos, y sin contar con las mismas rentas que hoy se quiere que cedan, si no es con la décima parte de la alcabala: vemos ahora que los Estados disponen de estas rentas, que hay nuevos o mayores impuestos, y que no bastan para satisfacer los egresos, porque aquellas están mal administradas a causa de necesitar un centro común que las organice de un modo uniforme; y estos se han aumentado porque tienen que pagar los empleados de estas rentas y guarniciones de los puertos: por razón de estar casi en continua guerra los Estados unos con otros, o de mantener numerosa fuerza armada por temor de las asechanzas de los Estados vecinos; o bien porque las administraciones arbitrarias no pueden sostenerse, sino con la fuerza: porque hallándose débiles y mal constituidos, se ven obligados a estar satisfaciendo reclamos extranjeros por injustos que sean; y finalmente porque los Gobiernos disponen a su arbitrio de las rentas, las agotan y defraudan sin que hasta ahora haya sido posible tomarles cuentas por la mala organización de los sistemas que han estado en práctica.

Si pues, los Estados nada han adelantado con disponer de las rentas que se llamaron federales, porque sus necesidades se aumentaron, en mayor razón que los medios de satisfacerlas, les es conveniente deshacerse de aquellas a cambio de que el aumento de necesidades desaparezca, lo que no dejará de suceder si se adopta el plan propuesto, porque en tal caso no tendrán los Estados que pagar empleados de dichas rentas, y guarniciones de los puertos y fronteras, no se mantendrán en guerra; ni necesitarán de mucha fuerza armada, porque no tendrán que temer de los otros Estados, ni de los súbditos respectivos, obligados como quedan los funcionarios a obrar por las leyes y no por el interés o capricho: no tendrán que satisfacer justos reclamos porque bien organizados no darán lugar a ellos, y los injustos podrán resistirlos siendo fuerte hoy la unión; y por último, no serán mal invertidas sus rentas porque a los que las manejan y distribuyen podrá exigírseles la responsabilidad.

Si les bastaban en tiempo de calma las rentas que estaban antes de disponer de las llamadas federales para satisfacer los gastos de sus administraciones particulares, siendo así que mantenían Asambleas y Consejos, y que la mayor parte del tiempo no han estado bien administradas, claro está, que les es conveniente desprenderse de estos por aumentar aquellas con una buena administración, que será consiguiente, pudiendo exigirse la responsabilidad a todos los funcionarios y disminuir las erogaciones, no teniendo ya que pagar Poder Legislativo, pues según el plan lo pagan las rentas comunes.

Les es asimismo conveniente a los Estados, adquirir un crédito que nunca han tenido; y esto se conseguirá destinando, como se hace en el proyecto, fija e inviolablemente, rentas con que satisfacer las deudas que sobre ellos gravitan; y les conviene igualmente reasumir estas rentas, cuando hayan pagado sus deudas, para sus mejoras particulares.

Además de las erogaciones insinuadas arriba, tienen los Estados, por el pacto existente, que pagar a prorrata al Supremo Delegado y su Consejo, Corte de Justicia, Secretarios, subalternos y oficinas, locales, muebles y útiles, Plenipotenciarios y otros agentes, guardia de honor e innumerables gastos que se ofrecerían como indispensables en el desarrollo del pacto: todo esto se les evita con la cesión de las insinuadas rentas, y bajo este otro aspecto les es también conveniente.

Hay otros motivos de conveniencia que justifican los artículos de que se trata, y son: para los mismos Estados: que manejándose las rentas marítimas y la de tabacos por un centro común, y pudiendo castigarse al defraudador, estarán mejor administradas y serán más productivas que ahora; se aumentará en consecuencia la tercera parte que se reservan los Estados; en más breve tiempo amortizarán éstos sus deudas, y pronto dispondrán de aquella en beneficio propio: que no habrá contiendas en ellos sobre si la alcabala debe pagarse aquí o allá; sobre si a éste le es lícito permitir en aquel la introducción clandestina de tabaco, y sobre otros puntos a que el estado actual de estas rentas puede dar origen; y que sus Gobiernos respectivos pueden dedicarse a las mejoras del Estado, sin que sean interrumpidos por las continuas reclamaciones de los acreedores a la hacienda pública; y para los súbditos en general: que los comerciantes que introducen por un Estado y venden en otro no serán en ambos vejados con registros, acechos, etc., y los consumidores sobre quienes gravitan los derechos que pagan aquellos, no serán doblemente gravados: que las comunicaciones por la Estafeta llegarán más pronto e irán seguras arreglando esta administración con uniformidad: que las contribuciones directas no molestarán continuamente al laborioso propietario; y finalmente que gozarán de paz, orden, seguridad individual y demás garantías con que hasta ahora solo les ha engañado, por cuya única conveniencia pudiera cederse doble cantidad al Gobierno general.

Poniéndose las rentas marítimas a disposición del Supremo Delegado, es de su deber impedir el contrabando, y estando a su cargo la seguridad del territorio, tiene obligación de velar sobre las Islas y Costas; por ambos motivos, sus órdenes de precaución deben ser ejecutadas en dichos puntos y en el de su residencia sin rodeos que enerven su energía; por esto es conveniente que en todos ellos tenga la suprema dirección gubernativa y económica, así como sobre todos los empleados subalternos suyos, quedando en lo demás sujetos a las autoridades y jueces de los Estados respectivos.

Los artículos que siguen en el proyecto tienden todos a facilitar su plantación y a evitar dudas en los primeros pasos, supuesta su adopción: son por tanto, provisionales, y no influyen por lo mismo en la esencia del plan, pasados algunos años, razón por la que se ha omitido hablar de ellos en particular.

Os he manifestado, Consejo Confederal, a nombre del Delegado Supremo los puntos principales de reforma del pacto existente, que contiene el proyecto que por medio de vuestro Secretario me hago el honor de dirigiros: vais a examinarlo vos que habéis palpado el sin número de inconvenientes que presenta el que nos rige:

Vos, que por la ilustración y experiencia de vuestros dignos miembros, sabéis muy bien lo que conviene a los Estados que representáis: si en él halláis algo bueno, borrad lo malo y perfeccionad la obra; y si nada tiene de vuestra aprobación, formad el que convenga para que nuestra infortunada República salga del abatimiento y miseria en que yace. Este es el objeto del Supremo Delegado y en tal concepto cooperará gustoso a lo que resolviereis, con cuyo fin desea le llaméis a vuestras discusiones.

Consejo Confederal—D. U.L—S. Vicente Diciembre 28 de 1844.—Vuestro muy humilde servidor—El Jefe de Sección encargado del Ministerio general.—Rafael Miranda.

Es copia integra.

Miranda.

DATOS BIOGRÁFICOS DEL GENERAL FRANCISCO FERRERA
por Francisco Cruz

DE SACRISTÁN A PRESIDENTE

Se confunde en la humilde cuna el origen de los más ilustres hombres. Ferrera fue uno de ellos. Hijo de padres apenas conocidos, nació a fines del siglo pasado, en el pueblo de Cantarranas.

Quedó huérfano en la infancia, y en ese estado lo tomó bajo su amparo el Cura don José León Garín, quien lo mandó de su cuenta a Tegucigalpa, para que aprendiera el arte de la música con el acreditado maestro don Felipe Reyes.

Con algunos conocimientos en la música e instruido en las primeras letras, Ferrera regresó a su país natal el año de 1813; pero habiendo contraído su bienhechor Garín una penosa enfermedad, vino con él a Tegucigalpa, con el propósito de curarse.

Pasado algún tiempo, murió el señor Garín, a consecuencia de su enfermedad, y entonces su favorecido volvió a Cantarranas, en donde sin la protección que antes tuviera, se vio en la necesidad de adquirir por sí los medios de vivir.

Ferrera se encargó de la sacristanía parroquial, y con los caídos de ella, con su oficio de sastre y la dirección de los Alcaldes, se proporcionaba una vida medianamente cómoda.

Todavía el año de 1821, manteniendo Ferrera su gran talento en germen, daba pocas muestras de la vigorosa inteligencia que después desarrollara como político, militar y poeta; sin embargo, revelaba ya en su carácter bastante circunspección y energía, con un genio inclinado a penetrar el conocimiento de las ciencias.

En 1827, que fue invadido el Estado de Honduras por tropas de Arce al mando del Coronel don Justo Milla, con motivo de haber acordado el Presidente don Dionisio Herrera que algunas Comandancias departamentales enviasen milicianos para la defensa de la capital, el Sargento veterano, después Teniente Coronel don Casimiro Alvarado, recibió instrucciones para marchar con cien hombres de Cantarranas a Comayagua.

El Sargento Alvarado, como amigo y contemporáneo de Ferrera, que a la sazón era Alcalde, lo invitó a que viniese a encaminarlo hasta la Sabaneta, media jornada; pero allí agotó Alvarado sus instancias para que su compañero viniese en la expedición. Ferrera convino en ello, y llegó a Comayagua en calidad de Capitán cívico.

Las fuerzas invasoras de Arce se aproximaban por la vía de Intibucá a Comayagua, y el Sargento Alvarado recibió orden de salir al encuentro de los invasores, con el fin de inquietarlos, al mando de cuarenta hombres, y entre ellos Ferrera, que, sin grado, servía sólo por amistad y patriotismo.

Pernoctando en Intibucá Alvarado con su escolta, fue informado de que el enemigo se hallaba a corta distancia, y queriendo cumplir sus instrucciones, de acuerdo con Ferrera, convinieron en que Alvarado quedaría con la mayor parte de los soldados de la escolta en Intibucá, y Ferrera con ocho solamente se puso en marcha hasta dar con una fuerte avanzada enemiga, a cuya vista desmontó de su caballo el intrépido recluta, y cargó sobre ella, obligándola a retroceder; más a poco, viéndose Ferrera arrollado por superiores fuerzas enemigas y dispersos sus pocos soldados, pudo salvarse apenas, ocultándose en los juncos de una laguneta.

En su regreso a Comayagua, fue enrolado Ferrera como Capitán en las fuerzas que defendieron la plaza contra los invasores que la asediaron; peleó en las fortificaciones durante el asedio, y cuando la misma plaza se rindió por capitulación, el Capitán recluta obtuvo pasaporte para retirarse, lo que hizo con resentimientos, por la entrega indebida de la plaza; viéndose a poco perseguido en su distrito por orden del Comandante Anguiano.

En tales circunstancias, Ferrera reunió algunos oficiales y soldados, y con ellos fue a incorporarse en las filas del General Morazán, que se hallaba en Choluteca. Peleó en la Trinidad, en el rancho grande de Omoa, y en la memorable acción de Gualcho. Posteriormente fue de servicio a Olancho, en donde la guerra civil ofrecía el más bárbaro y sangriento cuadro por parte de los insurrectos. Recibió allí por riguroso ascenso el grado de Teniente-Coronel y sufrió las privaciones y peligros de tan ruda campaña, peleando siempre con bizarría, aunque dando también ejemplos de arrogante subordinación para no ser arrestado por algunas faltas.

Extinguida por capitulación la guerra de Olancho, Ferrera llegó a Opoteca con las fuerzas del Gobierno que atacaron y vencieron las del invasor Coronel Domínguez.

El año de 1832, Ferrera fue provisto Jefe Político de Tegucigalpa; promovió bastante la formal construcción del puente, persiguió la vagancia y promovió otras mejoras, y como en aquella época invadiera a Trujillo el Coronel don Vicente Domínguez, caudillo del partido reaccionario de Guatemala, con el propósito de derrocar al Gobierno federal, Ferrera solicitó del Presidente hondureño el honor de oponerse como Jefe militar a la marcha del mismo Domínguez, que se dirigía al interior; en consecuencia, se le confió el mando de la división con que recuperó el puerto de Trujillo, después de dos señalados triunfos sobre las fuerzas enemigas en las acciones de Tercales y la Ofrecedera.

Coronado de esos laureles el vencedor Ferrera, adquirió, como era natural, bastante prestigio, y la presencia de varios dignatarios compatriotas, y acarició en sentidos idilios sus íntimos amores. El siguiente soneto es una de las muchas poesías de Ferrera que honrarán el Parnaso hondureño. De su mérito juzgarán fácilmente los lectores:

A la Muerte del Ilustre Presbítero Doctor don Mariano Castejón, Presidente de la Cámara Legislativa

Oh tú Varón ilustre del Estado,
Tesoro de la Iglesia el más precioso,
Honrado ciudadano, hombre virtuoso,
En el Altar y el Solio respetado

Hoy serás de la Iglesia deplorado;
La patria vestirá manto luctuoso,
Y el anciano, la viuda, el niño, el mozo
Juntos te llorarán cual padre amado.

Ve a la excelsa morada de los justos;
Recibe de tus obras y virtud
El merecido premio y galardón,

Y allí libre de penas y de sustos,
Gozando de la eterna beatitud,
Descansa en paz, Mariano Castejón.

Ferrera llenó además sus deberes como buen esposo y padre, fue muy amigo de las letras, sobrio y modesto en su vida doméstica. Le tratamos muy de cerca, y ahora para siempre en la eterna distancia, le consagramos estas líneas, arrojando desde aquí flores de dolor sobre su tumba. ¡Que algún día las cenizas de ese héroe reposen en su patria! Que vengan a mezclarse con las de sus compatriotas. ¡Post nubila Phoebus!

Tegucigalpa, Junio de 1878.

CARRERA Y MORAZÁN por
Clemente Marroquín Rojas

CAPÍTULO I: CARRERA BORRA EL ESTADO DE LOS ALTOS

[35]He aquí las palabras textuales de Zúñiga Huete: "En medio de aquellas circunstancias, el general Morazán, conocedor de que el alma de las agresiones y amenazas contra su gobierno y de las tendencias persistentes para destruir la unidad de Centroamérica, no tendrían fin mientras los conservadores dominasen a Guatemala, resolvió cortar por lo sano aquel estado de zozobra y aquella serie de atentados contra la paz del Istmo, llevando sus armas a la capital chapina, como lo hizo en abril de 1829, para decidir, en una partida definitiva, el destino de la Federación y de las conquistas liberales".

Naturalmente Morazán no era tan iluso como para no pensar en una derrota definitiva, puesto que la obra de su gobierno había llegado al triste fin de indisponerse con todos los Estados de la muerta Federación. Y para no correr el mismo riesgo de que su familia fuera nuevamente capturada, dispuso enviarla a Costa Rica; y, de esta manera, en marzo de 1840, la esposa de Morazán y sus hijos salieron de los puertos salvadoreños...

Mientras su familia se alejaba de El Salvador, Morazán, al frente de 900 soldados, según unos, de 1200 según otros y más de 200 vivanderas, se puso en marcha sobre Guatemala: iba a jugarse la última carta de su vida agitada y equívoca. Dejémosle aquí y veamos, mientras tanto, qué había hecho Carrera en Los Altos...

El gobierno del Estado de Guatemala tuvo que celebrar un tratado con el de Los Altos. Pero Montúfar explica, sin quererlo, por qué se llegaba a este proceder que daba cierta validez a la acción separatista. Dice Montúfar: "Guatemala carecía entonces de armas y los serviles no se atrevían a chocar con Los Altos estando desarmados; pero al fin lograron obtener 1000 fusiles que el gobierno de Los Altos había comprado en Belice, y entonces variaron de tono".

---

[35] Hemos incluido varios capítulos del libro Francisco Morazán y Rafael Carrera del diplomático y escritor guatemalteco Clemente Marroquín Rojas.

¿Y qué quería Montúfar? ¿Qué exigieran la reincorporación cuando no podían ratificar con hechos lo que exigían? Nadie reclama cuando está debilitado, postrado, desarmado. Para poder exigir hay que estar fuerte. Y eso hizo el Estado de Guatemala. Naturalmente los liberales habían trabajado activamente por consolidar el Estado altense. El Congreso ordinario de Guatemala se había dado por enterado de la resolución de Quezaltenango y dispuesto que tal resolución se remitiera al Congreso Federal; el 5 de junio del año 38, dicho Congreso legitimaba la segregación de aquel Estado del territorio guatemalteco. El 14 de junio del año siguiente, el Congreso de Guatemala aceptaba indirectamente la disposición federal.

Por eso dice Montúfar en la página 314 del tomo III de su Reseña Histórica: "Cualquiera que fueran las opiniones de los guatemaltecos acerca de si convenía o no convenía a Guatemala la existencia del nuevo Estado, éste existía ya de hecho y de derecho, y atacar su existencia era atacar la ley". ¿Qué tal el razonamiento de don Lorenzo? Cualquiera diría que el gran tribuno a daba preferencia a unas leyes dictadas por intereses de partido, a la integridad de lo que era su patria efectiva, puesto que ya no había patria centroamericana. Pues contra esta opinión del no ignorante don Lorenzo Montúfar, se levantó el patriotismo de dos hombres: el del "boticario" Rivera Paz y el del "ignorante y porquerizo" Rafael Carrera, y éstos demostraron que Los Altos no debían separarse de Guatemala para satisfacer la vanidad de las cuatro o diez familias de blancos que promovían todo a instancias de Morazán... y de Gálvez, de Vasconcelos, de Barrundía y demás liberales, muchos de los cuales estaban ya refugiados en Quezaltenango. En Guatemala habían salido electos diputados varios de los mencionados, pero desde la ciudad altense, enviaron su negativa para asumir los cargos, y en su nota decían: "Estamos, al fin, refugiados en un territorio extraño...". ¿No merecían la muerte por la espalda estos liberales? ¡Y así dice Montúfar que los liberales querían la unidad de su patria...! En El Salvador estaban ya emigrados el Dr. Molina y su yerno Irungaray, al lado de Morazán, quizá pensando en venir con él de nuevo a combatir contra su patria como habían llegado el 29 y dos veces más...

Naturalmente Montúfar ocupa varias páginas y hace citas constantes de la llamada por él "acción de Atescatempa", señalando este hecho como una farsa que sólo pretendía ocultar el rapto de una muchacha salvadoreña que había llegado a dicho pueblo. Quien lea esas páginas comprenderá que Carrera, para robarse una muchacha y abusar de ella, no habría tenido necesidad de simular aquella acción. Es verdad que no fue una batalla ni un combate, fue una escaramuza, pero no por ello riesgosa, puesto que Carrera recibió un balazo. Rivera Paz fue a verle hasta Jutiapa donde Carrera se curaba de la herida. Después dice Montúfar que Carrera no fue a San Salvador a atacar a Morazán cuando éste estaba comprometido en aquella capital. Y en realidad, parece esto extraño; pero debe advertirse que Carrera tenía mucho que atender: Los Altos, los liberales internos, otras muchas ambiciones y aun la frialdad de los conservadores. Para Carrera, más que destruir a Morazán, era urgente impedir que Los Altos se consolidaran y por eso trató de ir hacia aquella vasta región guatemalteca, antes que acometer a Morazán para lo cual no tenía motivo legal alguno.

Prosiguió su marcha Carrera por Los Altos y el 26 de enero derrotó a Guzmán en Sololá, quien con 800 altenses guardaba aquella ruta, cayendo prisionero el jefe quezalteco con muchísimos soldados y oficiales, y dejando en el campo algo más de 300 muertos. Ya sin este escollo, Carrera prosiguió su marcha hacia Quezaltenango, ocupándola el 30 del propio enero, destituyendo al Jefe del Estado don Marcelo Molina. Monterroso, por su parte, trabó combate en El Bejucal con el coronel Corzo, el 28 de enero, a quien derrotó también. Monterroso se unió a Carrera en Quezaltenango. Esta acción fue más decisiva, porque Corzo quedó totalmente derrotado, perdió todos los elementos de guerra y murió a manos de los indios que persiguieron a los derrotados por las estribaciones de la sierra. Porque debe advertirse que la masa indígena, mayoritaria superabundantemente en Los Altos, no fue separatista nunca ni lo es sentimentalmente como ciertos ladinos y blancos...

Carrera organizó un destacamento de tropas en Quezaltenango, designó a don Mariano López Pacheco, corregidor del departamento, regresando a Guatemala con algunas armas tomadas a los altenses. A don Marcelo ni siquiera lo arrestó, sino que le ordenó presentarse a Guatemala; pero, eso sí, se le hizo acompañar por una escolta. Aunque se dice que ésta era para protegerlo de los indios que habían matado a Corzo, nosotros creemos que era una verdadera custodia. Carrera retornó vencedor. Era lógico que se le hiciera un gran recibimiento, como se lo habríamos hecho a un general que, impidiendo que Chiapas se anexara a México, hubiera vuelto vencedor a Guatemala. Cansada la tropa de Carrera después de la jornada aludida, tuvo que licenciarla, porque debe advertirse que la tropa carrereña no era cuartelera, sino campesina que, al mismo tiempo de empuñar las armas iba a sembrar su milpa...

Obsérvese que Carrera regresó de Los Altos a mediados de febrero de 1840. Pero, en el intermedio había tenido suma actividad, ya que, después de haber tomado la plaza de Guatemala el 13 de abril, la Antigua se levantaba en armas mientras Carrera estaba cubriendo la frontera salvadoreña. En la plaza de Guatemala, sólo estaba el coronel Vicente Cruz, quien, consecuente y valeroso, deshizo la sublevación antigüeña que esperaba, sin duda, repetir la hazaña de 1829, cuando se pronunciaron también contra la capital contando con la proximidad de Morazán y los consejos de Raoul, el aventurero francés que ya conocemos. Ante una proclama de Rivera Paz, Montúfar pretende señalar la contradicción de esté Jefe de Estado que antes señalaba a Carrera como un bandolero y ahora lo elogiaba. Pero Montúfar pretende ignorar la vuelta que había dado el panorama político: en aquel entonces Carrera combatía al gobierno de Gálvez y ahora era el sostenedor de Rivera Paz, al que había restituido en el puesto de donde lo arrancara Morazán sin motivo ni educación...

Es exactamente igual a lo que señalaron a Montúfar los barristas, cuando Montúfar dejó de elogiar a Barrios, para atacarlo por las cuestiones del tratado del 82. Para los barristas de aquel tiempo, Montúfar era un traidor que merecía la muerte por la espalda porque, siendo amigo de Barrios, se le volteaba. Pues así como a tales barristas les importaba menos la patria que Barrios, así a Montúfar esta vez, le importa más Morazán que era enemigo de Guatemala, que Carrera que, a golpes de fusil, impedía la destrucción del Estado que hoy es nuestra patria todavía visible en el planisferio de América. Si los conservadores ofrecieron la dictadura a Morazán, era porque la anarquía de Centroamérica lo demandaba: se necesitaba un dictador para salvar al país del caos que la destruyó. Aquello era una necesidad que ha venido a demostrar que los serviles tenían razón. Ahora se trataba de evitar que los restos de aquella patria destruida por la incapacidad de sus autoridades, se salvara de nuevos desastres, y esos restos eran nuestro propio Estado.

Montúfar defiende la separación de Los Altos y dice: "La existencia de Los Altos, como Estado independiente en la unión centroamericana (que ya no existía) era un acontecimiento legal. El acta del 2 de febrero de 1838, suscrita espontáneamente en Quezaltenango, fue sometida a la Legislatura de Guatemala y el alto Cuerpo declaró que la decisión de este negocio correspondía al Congreso Federal con arreglo a la Constitución. Este Congreso Federal, el 5 de junio del propio año, legitimó la existencia del Estado aludido. El 25 de diciembre de ese mismo año eligió aquel Estado diputados a su Constituyente, y hechas las elecciones para Jefe de Estado, salió electo el propio don Marcelo Molina...". Estaba pues, según Montúfar, legalmente constituido el Estado de Los Altos. Pero Montúfar dice que desde que Carrera tomó Guatemala y restituyó a Rivera Paz el 13de abril del 39, el gobierno de Guatemala siguió con el de Los Altos una política maquiavélica, y no quiere entender don Lorenzo que tal política todavía era débil como consecuencia de la triste condición en que estaba Guatemala. La política debió ser violenta y dura, no admitiendo transacciones de ninguna naturaleza: pero los dirigentes del Estado no podían hacerlo porque estaban débiles, sin armas, sin dinero, sin soldados ni jefes...

Mientras tanto Gálvez se había refugiado en Quezaltenango y con él estaban Vasconcelos, Juan Barrundia y muchos liberales que huyeron de Guatemala al triunfar Carrera, y desde allá lanzaban hojas sueltas y proclamas contra Guatemala. No nos adentramos en los sucesos anteriores a la dominación de Carrera, porque no es posible en un resumen; pero la verdad es que el Estado de Los Altos no era hijo de la voluntad popular de aquellas regiones; más nos basta decir que, juntamente con los liberales antes señalados, muchos antigüeños con armas se refugiaron en Quezaltenango y el propio don Marcelo les otorgó el asilo. Era, pues, el Estado altense, un virtual adversario a retaguardia de Guatemala, un aliado de Morazán, un enemigo fuerte de Carrera: pero ya hemos visto cómo Carrera destruyó tal baluarte morazanista y cómo sometió a esa región al conjunto nacional que es Guatemala.

Apenan los argumentos de los liberales que defienden la existencia del famoso Estado de Los Altos; si se les juzgara en alguna forma, serían pasados por las armas. Por ejemplo: Montúfar, combatiendo la opinión de don Luis Batres, dice en la página 427 de su Reseña: "Don Luis Batres decía que Carrera había venido a Guatemala de Mita a salvar la ley. Si a salvar la ley había venido el guerrillero de Mataquescuintla ¿por qué no salvaba la ley que aseguraba la independencia de Los Altos?". ¡No parece este alegato una verdadera traición de don Lorenzo? Salvar la ley es una cosa y permitir la separación del territorio nacional es otra. Por la patria cabe todo sacrificio; se admite la dictadura, el terror, todo, antes que despedazar una patria cualquiera y más aún, una patria pequeña como la nuestra. Si Carrera hubiese tolerado la separación de Los Altos, sería lo que dicen los liberales: un infeliz montonero: pero Carrera, impidiendo aquella separación, es más grande que Barrios, más grande que Molina, que Barrundia, que Morazán, que todo el partido liberal.

Montúfar persiste diciendo: "Si el 2 de febrero tuvieron los quezaltecos, atendida la desorganización de Guatemala, razones poderosas para hacerse independientes, después del 13 de abril de 1839, los quezaltecos tenían razones sacrosantas para no pertenecer a este Estado. ¿Cómo habían de querer estar sometidos al régimen de Rafael Carrera, de Sotero su hermano, de Gerónimo Paiz...?". ¿No es esto inconcebible en Montúfar y en cualquiera que lo hubiese escrito o lo escribiera aún? Los hombres pasan y la patria queda. ¿Qué pensaríamos de los conservadores que se hubiesen independizado en alguna parte del país sólo porque Barrios había triunfado el 71 y organizaba un gobierno con Sixto Pérez, Simeón González, Montero y otros coroneles mexicanos? ¿Cómo pensaríamos de a algunos guatemaltecos que, por estar la patria en una anarquía terrible, dispusieran separarse de la capital organizando un Estado distinto? Pues este pensamiento de Montúfar es el pensamiento de muchos liberales aún en nuestros días...

Pero milagrosamente Carrera, ignorante, campesino, porque rizo, iletrado, salvaje y hasta llamado indio por los indios liberales, no era un traidor y cumplió como patriota: redujo a Los Altos que eran unas pocas familias, y nos dejó esta patria que tanto nos enorgullece. Y al retornar de su campaña gloriosa y patriótica, le vemos acometido por Morazán, quien ya no era presidente de Centroamérica, ni siquiera jefe comisionado por alguien que pretendiera representar la jefatura de aquella nación destrozada por los liberales intransigentes que querían una patria a su gusto, a su modo y dirigida por ellos, sin fijarse que eran la minoría efectiva. El mismo Montúfar dice que cuando Carrera entró en Quezaltenango, lo rodeaban los indios, sostenedores siempre del salvajismo y la barbarie: que recibió de éstos víveres, ofrendas y dinero. En fin, lamentamos no poder citar todos los detalles de tal acontecimiento por la brevedad de nuestro trabajo.

CAPÍTULO II: CARRERA DERROTA A MORAZAN

Ahora, diez años después, se repite en Guatemala la escena política y militar de 1829. Morazán viene a paso de carga sobre Guatemala, y Montúfar dice que esta marcha llenó a la capital de confusión y angustia. Efectivamente, la campana trágica de la catedral sonaba anunciando el peligro: con los antecedentes del año 29 se justifica esta confusión y esta angustia; pero había dos cosas distintas: que en Guatemala estaba un jefe fogueado, mucho más que Morazán, y que con éste no venían los mercenarios del año 29: Raoul, Terrelonge, Prem, Saget, Jonama y demás. La situación, pues, era diferente. Gracias a la capacidad de Carrera, Morazán ya no tenía la ayuda de Agustín Guzmán con fuerzas de Los Altos: ya no venían con él los liberales hondureños de fama, excepto Cabañas y otros... Pero, en cambio, venían los guatemaltecos liberales más afamados como veremos...

¿Qué autoridad tenía Morazán para hacer la guerra a Guatemala? ¿Cuáles motivos? Por eso Rivera Paz lanza al público un breve decreto, parecido a la proclama del alcalde de Móstoles, cuando Napoleón invadía España: "Habiendo sido invadido alevemente el Estado por las fuerzas del general Morazán, para proveer a su defensa. Decreta: Todo hombre desde la edad de 14 años a 50, se presentará en el término de seis horas a tomar las armas en la casa municipal...Todo el que, pasado el término señalado en este decreto, no se presentare, será considerado como sospechoso y aprehendido como tal. Se declara la ciudad en estado de sitio. El Comandante general queda encargado de la ejecución de este decreto. Guatemala, 16 de marzo de 1840. Mariano Rivera Paz".

¿No es hermoso y valiente este decreto? Veamos cómo ese comandante general, que era Carrera, lo cumplió. Ya hemos dicho que al regresar de Los Altos había licenciado sus tropas. Pues ahora, envío agentes veloces para reunir a los más cercanos: que dejaran el azadón y que vinieran a empuñar las armas. La capital y el país entero suspendió la respiración. No menos breve y no menos hermosa es la proclama del mismo Jefe del Estado, pues dice así: "Guatemaltecos, en la ceguedad y en el delirio de la desesperación, el enemigo antiguo de Guatemala, ha tenido la temeridad de invadir al Estado, y se dirige a la capital. Ya sabéis, valientes guatemaltecos, todo lo que nos interesa defender: la santa religión, y un gobierno de equidad y justicia, cual deseaban los pueblos y heroicamente acaban de establecer. A las armas, guatemaltecos! El esforzado general Carrera dirige las operaciones. Yo confío en su pericia y en el valor que os es común. El triunfo será cierto con el favor de Dios que visiblemente nos protege. Guatemala, marzo 16 de 1840. Mariano Rivera Paz".

Carrera hizo otro llamamiento más práctico: exigía caballos, fusiles, municiones. Y así las cosas, dispone de su tropa: don Vicente Cruz recibe la orden de defender la capital, donde tiene el gobierno municiones y elementos en regular abundancia. Carrera, con apenas quinientos hombres, se sitúa en la hacienda Aceituno, donde ahora está la zona "Mariscal Zavala". Muchos han dicho que éste era un plan para combatir a Morazán por retaguardia mientras él atacaba la plaza; pero la verdad es que Carrera pensaba que no debía ser sitiado. Él era el hombre de la montaña y no se iba a quedar en una ratonera donde tendría que perecer. Libre podía recibir a los ya citados lugartenientes con fuerzas frescas, podía pelear, defenderse, escapar y refugiarse en las montañas donde era invencible. Y por esto se retiró de la ciudad. Morazán, desesperado y sabiendo que se jugaba su última carta, se echó sobre la capital.

La marcha de Morazán fue espléndida, rápida, propia de un buen general. Pero como decimos, ya presentía que el suelo se escapaba de sus pies y quizá por ello procedía con esa actividad. Sin esperar nada, avanzó sobre la capital y atacó por el llamado Guarda de Buena Vista, o sean las alturas de Santa Cecilia. En esa época los barrancos de Las Vacas, llegaban hasta Santa Cecilia, pues no existían los rellenos de Reyna en la séptima avenida ni el de la 12. Eran estos barrancos muy profundos y cenagosos. A la capital sólo se podía entrar por esa puerta llamada Guarda de Buena Vista. Por eso es que Morazán avanzó por lo que hoy es primera avenida y se apoderó del Hospital, donde instaló la cocina y sus cien vivanderas salvadoreñas; sus municiones y todo lo correspondiente a un cuartel.

Ahora bien, ¿quiénes asaltaron la plaza? Rivas, salvadoreño; Malespín, salvadoreño y los hermanos guatemaltecos Rivera Cabezas, coronel uno y comandante el otro. La descripción que hacen todos los historiadores se basa en los partes sobre que se informó Montúfar. Zúñiga Huete, sin embargo, dice erróneamente que una columna al mando de Rivera Cabezas, avanzó por la Escuela de Cristo, y entre paréntesis pone Mercado Central. No es esto así: la Escuela de Cristo quedaba entre la cuarta y tercera avenidas y enfrentaba a lo que después fue cuartel de artillería y dependencias del Cuño o Casa de Moneda. Otros nos dicen que la Escuela de Cristo era Santa Catarina. Todo el empuje fue por el lado poniente. La hazaña no esperada por las tropas de Cruz fue que los asaltantes entraron al Palacio Nacional que, como se sabe, ocupaba cuatro manzanas, y de esta manera llegaron a las ventanas que daban al Portal sobre la Plaza de Armas, lo cual desconcertó a los defensores que se replegaron al atrio de la catedral, donde resistieron las tres horas de combate de que hablan los historiadores...

¿Qué número de tropas traía Morazán? Todos afirman que 900 hombres; sólo algunos hacen subir su número a 1200. Esto último es más posible porque habiendo dejado a Cabañas en El Calvario con 300 hombres, en el Hospital otros doscientos, y reservándose Morazán doscientos más, no podía atacar la plaza con nada el general Rivas. Pero el empuje, como decimos, fue desesperado, ejecutado en su mayoría por jefes guatemaltecos conocedores del terreno, y certero, porque antes de lo que se esperaba, la plaza estaba en su poder. Rivera Paz, que estaba en su Despacho, tuvo que salir con las tropas derrotadas y fue a Aceituno a ponerse a las órdenes de Carrera. Morazán creyó ganada la acción y se alegró mucho de encontrar en la plaza pólvora, plomo, hasta novillos gordos para alimentar a la tropa. Sin embargo, no pudo trasladar su cuartel del Hospital a la Plaza y Palacio, porque Carrera, mientras se peleaba en los reductos de ésta, hizo marchar a su hermano Sotero por la Parroquia, mientras él, remontando los barrancos, que hoy dan al Estadio, salió inesperadamente al combate que libraba una parte de sus tropas con Cabañas. Morazán, al ver que Cabañas estaba perdiendo la partida, fue en su apoyo; más cuando esto se operaba, salió Carrera de los barrancos y arremetió contra ellos hasta encerrarlos en la Plaza Central.

Sotero, dicen los historiadores fue el de la batalla de El Calvario; pero no es así. Este entró por la Parroquia y la Candelaria, llegó al

Cerro del Carmen y de allí, por San Sebastián y la Recolección atacó el Santuario de Guadalupe, su convento y las dependencias del Hospital, donde estaba todavía el tren de Morazán. Acusan a Sotero Carrera de haber dado muerte al coronel Sánchez, ayudante de Morazán y jefe de aquel punto, a Rafael Padilla, algunos oficiales más y a los soldados que encontró. Pero se olvidan que aquella acción no era de "caballeros". Se estaba jugando de una sola vez el porvenir de Centroamérica y de sus Estados ya disgregados. Sotero Carrera no iba a felicitar a sus vencidos: los atacó y les dio muerte. En qué forma no se sabe. Pero el caso es que tomó todo el tren de Morazán, sus comestibles, una suma de dinero que hacen llegar a 20,000 pesos y a las vivanderas que estaban junto a los fuegos "echando tortillas, cociendo frijoles y calentando tasajo...".

De esta manera Carrera encerró en la ratonera a Morazán y a los liberales guatemaltecos que le acompañaban. Y la batalla continuó al revés de cómo había comenzado: esto es, con Morazán sitiado y Carrera atacando. Esta lucha se prolongó durante toda la noche. Los panegiristas de Morazán excusan esa situación alegando que Carrera tenía una superioridad numérica muy grande; pero se olvidan de decir que el que defiende una plaza necesita mucho menos gente que el que la ataca. Además, la plaza de Guatemala, en aquellos días, era una fortaleza; sus tres grandes Portales de mampostería; los Palacios de los Capitanes Generales, del Ayuntamiento, de Aycinena y los del Arzobispado, la hacían de gran resistencia. El hecho es que Morazán estaba encerrado con más de mil hombres. Carrera, que había iniciado la campaña con 1300 hombres, comenzaba a recibir los auxilios que le llegaban de Palencia, de Las Nubes y demás puntos cercanos a la capital.

A las tres de la mañana del 18 de marzo, Morazán hizo una segunda salida, y esta vez con más suerte, porque se abrió paso por la octava calle hacia el Santuario de Guadalupe. Esta salida es, sin duda alguna, heroica; pero júzguese que era una lucha por la vida con un porcentaje muy crecido de probabilidades de perderla. Se asegura que los que iban a la cabeza gritaban "Viva Carrera", y que los sitiadores, al oír estos gritos, dejaban caminar a los que escapaban. Montúfar dice, desde luego, que esto es falso, porque si alguno —afirma—se hubiera atrevido a decir tal cosa, habría sido fusilado inmediatamente.

Montúfar nunca estuvo en una acción de armas y por ello ignoraba que, en tales casos, se echa mano de cualquier estratagema para lograr un fin.

Morazán escapó por La Barranca, por donde entonces se salía hacia Mixco; pero en la plaza quedaron entre muertos, heridos y prisioneros, más de 400 hombres y a lo largo de la calle quedaron otros cien muertos o heridos; el desastre fue grande: lo más granado de los jefes y oficiales quedó en la Plaza Mayor, tendidos con la cara en expresión de angustia: heridos muchos y capturados otros, en cuenta las famosas vivanderas que no se sabe qué diablos venían a buscar a Guatemala, porque nunca se había visto que tras los ejércitos de entonces, caminaran tantas mujeres.

La mayor parte del asalto lo llevaron los montañeses de Jalapa comandados por don José Claro Lorenzana y sus segundos Remigio Aquino, Francisco Navas y Juan Lucero. Ante aquel cuadro, cuando la aurora se hizo día, Carrera no pudo perseguir inmediatamente a Morazán y éste alcanzó a llegar, destrozado, sin municiones, absolutamente corrido, a la Antigua Guatemala, donde los oportunistas de siempre, creían que llegaba victorioso y le ofrecieron ayuda en gran número; pero, al darse cuenta de que iba derrotado, dichos oportunistas ya no insistieron. A las dos horas de descanso, emprendieron la marcha hacia El Salvador, por la costa. Nunca Morazán sospechó este final trágico; siempre creyó que Carrera era un revoltoso cualquiera, que no había a su lado hombres capaces de medir sus armas con el "vencedor de Gualcho". Pero la dura realidad le demostró que el "porquerizo" era soldado, y más que soldado, patriota. Dejemos a Morazán en fuga hacia San Salvador y veamos qué sucedía en Los Altos.

CAPÍTULO III: CARRERA ÁRBITRO DE CENTRO AMÉRICA

Algunos liberales, en cuenta una mujer cuyo nombre callan, en cuanto Morazán tomó la plaza de Guatemala, en la mañana del 19 de marzo, enviaron correos expresos a Quezaltenango comunicando la derrota de Carrera, la toma de la plaza y la caída de los serviles. En Quezaltenango se echaron las campanas a vuelo y la municipalidad se reunió rápidamente, para anunciar al público aquellos sucesos y para atacar y derrotar al destacamento del Corregidor, que no pudo resistir. Inmediatamente declararon que el Estado de Los Altos surgía de nuevo a la vida, ya que Guzmán, su sostenedor, había sido libertado por Morazán y que de un momento a otro retornaría a organizar nuevas fuerzas y que el jefe, don Marcelo Molina, haría su aparición también en aquellas regiones.

Carrera, con este acontecimiento, no siguió a Morazán sino que, rápidamente, organizó sus fuerzas para marchar hacia Los Altos. La actitud de la municipalidad era una "puñalada trapera", asestada en los momentos más difíciles para Guatemala, que se jugaba su vida ante Morazán. Naturalmente no lo hizo el propio día, puesto que retornó el 21, dos días después de la derrota de Morazán, para pensar qué procedía hacer. Por eso es injusta la acusación de que Carrera personalmente asesinaba a los heridos que habían quedado en la plaza y Zúñiga Huete agrega que las vivanderas fueron ultrajadas escandalosamente; menos mal que, seguramente, no eran parte de las once mil vírgenes y por su propia condición, no iban a ser "bocado de cardenal" para los indios, como dice Zúñiga Huete quien, en una sola página, la 184 de su libro "Morazán", dice cuatro veces indios o indígenas; pero, lo más alegre, es que dice de Sotero Carrera "ese salvaje indígena", cuando se sabe que era el más ladino de la familia Carrera.

Cualquiera dirá que en Honduras no hay indios, que sus ejércitos no se integran con indios y campesinos; pero Zúñiga Huete ha sido atacado en Tegucigalpa por esa clase de soldados al mando de Gregorio Ferrera, de Vicente Tosta, de Tiburcio Carías. Es que estos liberales que tanto acusan a los llamados aristócratas o nobles por su cultura y raza, son los más orgullosos cuando están cerca de un campesino o de un indio. Estos liberales no huelen a chivo, sino a los más ricos perfumes. Morazán llegó a San Salvador con 400 hombres; pero sus aduladores todavía dicen que, en Ahuachapán, pudo derrotar a ochocientos hombres serviles que mandaba un tal Figueroa. Nunca se ha sabido que haya existido un lugarteniente de Carrera de ese apellido, y menos que comandara 800 hombres. Lo que se sabe es que era un guerrillero cualquiera con no más de cien hombres que pretendió defender aquella población.

El Salvador ya no recibió al general victorioso; ahora comprendían los salvadoreños que su causa estaba perdida, que Morazán no había afianzado nada y que, al contrario, había destruido a la patria, la había anarquizado, la había empobrecido, la había desgarrado. Y ante aquella seguridad, el pueblo salvadoreño, cansado y temeroso de una invasión global, pidió a Morazán que se alejara de esa patria y Morazán, que ya había enviado por delante a su familia, zarpó de las playas salvadoreñas con un grupo considerable de liberales patricidas, entre los cuales iban los guatemaltecos José Miguel Saravia, Pedro Molina y sus hijos, los hermanos Rivera Cabezas, Agustín Guzmán, Joaquín Rivera, Manuel Irungaray y otros...

Analicen con calma, con ecuanimidad, con patriotismo la actividad de Morazán, todos sus cantores y verán que en sus ocho años de administración irrestricta no deja nada cimentado. Si él hubiera sido un estadista de verdad, habría comprendido que la sede federal era una causa de discordias y por ello, habría reunido, por ejemplo, a Santa Rosa Copán a Esquipulas y Metapán, para formar el distrito federal; habría organizado un ejército propio de la Federación, habría desarmado a los Estados revoltosos y egoístas, habría afirmado el tesoro de la Federación, habría hecho caminos hacia Honduras, hacia El Salvador y hacia Guatemala y entonces sí habría amarrado a la patria grande. Pero no hizo más que guerrear sin fruto alguno, batallar sin el menor resultado patriótico, y sí provocando, con estas invasiones y contrainvasiones, odios profundos entre los Estados...

¿No se daba cuenta Morazán y los liberales que lo estimulaban de que no era llegada la época de las reformas liberales? Porque la insistencia en sostener y hacer triunfar a las minorías liberales, era provocar la discordia, el disgusto entre las mayorías donde la Iglesia actuaba con toda su fuerza. A don Rufino no le costó tanto cimentar la ideología liberal, porque ya México y otros muchos pueblos grandes habían entrado por tales carriles; pero en aquellos años de predominio conservador, era una tontería persistir en liberalizar al país de un solo golpe. Ya habían escarmentado cuando, por tales tendencias, Chiapas se anexó al Imperio de Iturbide, haciendo suyo el Plan de Iguala, eminentemente conservador. Pues ni con ese ejemplo, culpa de los liberales, éstos entraban en razón. Carrera, pues, fue obra de los liberales y por ello los derrotó en la forma que hemos visto. Dejemos a Morazán a bordo de la nave que lo lleva al sur y volvamos a Los Altos.

Montúfar dice que: "los alteños esperaban a Morazán como al Mesías. Sus corazones palpitaban de júbilo cuando supieron que el general Morazán, al frente de un ejército salvadoreño, marchaba contra Carrera. El horror que el guerrillero de Mataquescuintla inspiraba a los pueblos cultos de Los Altos y el entusiasmo que tenían por el ex presidente de Centroamérica, predisponía a todos a dar ascenso a lo que fuera favorable a Morazán". Pues bien, ya hemos dicho lo que hizo la municipalidad al ser informada por el padre Ugarte, a quien le llegó la noticia urgente de Guatemala, y Montúfar repite que "los deseos de emancipación de los alteños, después del 13 de abril de 1839, eran justísimos". Y se pregunta ¿Qué pueblo culto podría no desear emanciparse de Rafael y Sotero Carrera; de Gerónimo Paiz, de Chupina, ¿del padre Lobo? A esta distancia nosotros le contestamos que ningún pueblo con patriotismo desearía tal cosa, porque los hombres pasan y las patrias desgarradas no se recuperan nunca...

Pero no satisfecho Montúfar con su inclinación hacia los separatistas, todavía dice: "El pueblo de Ouezaltenango se agita entonces (con la victoria relámpago de Morazán), desarma a la tropa que sostenía a Carrera, y la municipalidad improvisa un acta entusiasta de emancipación, que es vitoreada y aplaudida por todos los ciudadanos que han visto horribles ultrajes al suelo patrio". ¿Qué haría cualquier gobierno con un escritor que así opinara ante la separación de un departamento de Guatemala? La respuesta es obvia...

"Carrera parte con su gavilla —dice don Lorenzo—. Los quezaltecos le envían una comisión para aplacarlo: al cura Ugarte, al alcalde don Roberto Molina, al alcalde segundo y a don José María Paz. Carrera va como un tigre hambriento: no escucha a los comisionados, hiere a los alcaldes, ataca al cura con una estocada...". Esta comisión queda encarcelada. Montúfar hubiera querido que Carrera les regalara dulces. "Llegan a Quezaltenango entrando a degüello sobre gente inofensiva, dice Montúfar. Ante un bando de Carrera el pueblo se reúne en la plaza. Paiz reduce a prisión a todos los miembros de la municipalidad: son fusilados Quirino Pacheco, Marcelino Pacheco, Roberto Molina hasta llegar a los concejales, inclusive el secretario...". Da grima seguir a Montúfar, porque éste debió correr la misma suerte de aquellos munícipes, si allá hubiera estado. Aquellos siquiera buscaban algo para su sección patria: Montúfar, nacido en Guatemala, se muestra como un verdadero separatista. ¿Cómo es posible que se diga que el año 82 defendía los intereses de Guatemala ante México? Nosotros, que lo habíamos creído, ahora lo ponemos en duda. Carrera retornó a Guatemala y es el único militar guatemalteco que puede decir patrióticamente: Fui, vi y vencí; o mejor dicho: integré a la patria Guatemala a como hubo lugar.

La entrada de Morazán en San Salvador fue triste, penosa. Había perdido en la guerra más de quinientos soldados y unas cien mujeres. "Los salvadoreños, dice Montúfar, no se sublevaron contra el jefe vencido. ¿Para qué iban a sublevarse, si ya estaba trazado el camino de aquel jefe que tendría que irse de Centroamérica? ¿No estaban ya los suyos en territorio ajeno a Centroamérica?". Naturalmente, estando Morazán en El Salvador y habiendo Carrera sometido a Los Altos, era lógico que los tres Estados mayores de la patria, marchasen sobre El Salvador, para echar al perturbador de la paz, al hombre que no estuvo quieto ni un solo momento durante diez años; pero que no hizo nada grande ni duradero, desgraciadamente. Centroamérica no debe perdonar a Morazán este tiempo perdido...

Diez años de dominio absoluto, diez años de obediencia ciega de los pueblos al caudillo victorioso, y nada formal dejaba tras su caída. Se dirá que los serviles no le dejaron en paz; pues un estadista debió comprender cuál era la mentalidad del pueblo que gobernaba, para no salirse de ésta en forma tan abrupta. Si Morazán no hubiera peleado por el liberalismo, habría podido organizar Centroamérica. Un estadista habría dicho: lo indispensable es tener una patria sólida, bien amalgamada, rica, fuerte... Después vendrá la lucha por las ideas; pero Morazán, secundado por aquellos demagogos que fueron Molina, Barrundia y demás liberales, primero quiso liberalizar al país para después unirlo, formarlo. Y lo que logró fue despedazar a los Estados y a la patria grande.

Estamos a más de un siglo de distancia y quien analice estas cosas fríamente, llegará a la finalidad de que aquel hombre que todo lo tuvo en sus manos, todo lo dejó escapar y, al final, se quedó con ellas vacías para salir al destierro a mendigar una ayuda. Quien todo lo tuvo y nada hizo, menos lo podía realizar desde abajo con una ayuda extraña. Entre el 19 de abril y el 18 de mayo, cuando Carrera llegó a San Salvador con carácter diplomático acompañado del señor Joaquín Durán, no había mediado más que un mes escaso. En ese mes, Carrera había echado a Morazán, afianzado a Rivera Paz como Jefe del Estado, y reducido a los departamentos separatistas de Los Altos. Ahora comenzaba la segunda etapa en aquel escenario donde se habían representado todas las tragedias del ex Reyno de Guatemala. En cambio, Arce, desde el destierro, contemplaba el epílogo de la última: Si aquel hombre no hubiese sido interrumpido en su labor por Prado y Morazán, Centroamérica estaría unida. Los caminos que seguía Arce eran los indicados. Ir sometiendo la altanería de los Estados, para alcanzar la máxima unidad federal...

Todos los países que acogieron la forma federal y que aún la mantienen, no son otra cosa que unitarismos férreos. Tenemos a México a la vista: México es una federación de Estados libres y soberanos; pero quien estudie su historia y observe su marcha política y administrativa, se dará cuenta de que es una nación tan unitaria como Guatemala en nuestros días. Pues a eso debimos llegar con Arce, con Beltranena, con los serviles; más los liberales, levantando y apoyando a Morazán, permanecieron en la utopía de la federación que, como hemos visto, no fue algo que ligara, algo que compactara, algo que diera sólida unidad a la patria. Y por sobre esto, había la desgraciada tendencia a subdividir a los Estados que, como Guatemala, tenían entonces más personalidad, más cultura y más riqueza por haber sido la capital y centro de la Capitanía General dentro de la estructura política del imperio español.

Montúfar odia casi personalmente a Carrera; pero a veces uno piensa que no es a Carrera, sino a Guatemala. De la misión de Guatemala a El Salvador, a raíz de la salida de Morazán, dice: "Los diplomáticos llevaban un adjunto, como dicen los españoles, o un attaché como dicen los franceses. Este adjunto o attaché era un personaje de alta categoría. Ceñía espada, y esa espada estaba teñida en la sangre de los quezaltecos". ¿No advierte el lector la tristeza, la pena que siente este viejo historiador por la recuperación de Los Altos? Se nota que le duele que Carrera haya destruido tal vanidad separatista y nadie como Montúfar para haber disfrutado de las libertades de la Guatemala unida que dejó Carrera. Y a los llamados serviles los acusa, en aquella ocasión, de inventar nuevas formas diplomáticas, porque el gobierno hizo pagar los gastos del viaje de su delegación a El Salvador.

En cambio, se calla que no se haya exigido una mayor indemnización por gastos de guerra. Por culpa de Morazán y del Estado salvadoreño que tanta ayuda prestó al caudillo, la economía de Guatemala había sufrido mucho. La misma destrucción que Carrera realizó en su guerra de dos o tres años, era una consecuencia de las actividades de Morazán; de suerte que otro caudillo habría exigido gastos de guerra en alguna forma. Recuérdese que Morazán exigió 16,000 pesos a San Miguel cuando entró en aquella pequeña ciudad diez años antes.

Montúfar, a estas alturas, no satisfecho con censurar y condenar la recuperación de Los Altos, señala como un error y un egoísmo, que los llamados serviles pensaran también en recuperar Sonsonate. Este territorio era de Guatemala, del Estado de Guatemala, y por una ocupación militar salvadoreña, se quedó formando parte de El Salvador. Montúfar para condenar la actitud de los llamados serviles, dice: "No todos estaban de acuerdo con la demarcación territorial. El Salvador no tiene puertos al mar de las Antillas, y su territorio es pequeño; los otros Estados tienen puertos en ambos mares y extenso territorio. Sonsonate, por un pronunciamiento, se había unido a El Salvador; el primer Congreso Constituyente salvadoreño incluyó a Sonsonate en su territorio, y el Congreso Federal aprobó esta demarcación, mientras no se hiciese otra más completa, conveniente y definitiva. Los serviles estaban siempre murmurando contra lo que ellos llaman pérdida de Sonsonate; pero no murmuraban contra la pérdida de la isla de Roatán, ni han murmurado después contra otras pérdidas".

Sonsonate era parte de Guatemala; Roatán lo era de Honduras. Esa es la diferencia, aunque no es verdad que no se protestara contra la pérdida de aquella isla. Y esos "serviles", que poseen muchos defectos, siempre han sido más patriotas que los liberales en esta materia. Por eso reclamaban al caer Morazán, el retorno de Sonsonate a Guatemala, y así lo pidieron algunos diputados en la Constituyente de Guatemala de aquel año. No se sabe, con seguridad, si se hizo moción formal de este caso, pero la verdad es que no prosperó la plática o la petición. Naturalmente Montúfar se deshace en expresiones de censura contra esa aspiración guatemalteca. (Página 494, Reseña Histórica. Tomo III). Prácticamente, después de la salida de Morazán, ya no hubo choques entre los Estados centroamericanos. Juan J. Cañas en El Salvador y Rivera Paz en Guatemala caminaron de acuerdo y en septiembre del mismo año 40, al primero lo sustituyó don Norberto Ramírez después de un pronunciamiento hecho por el comandante Francisco Malespín, a quien Montúfar llama "el tirano que Carrera impuso a los salvadoreños".

Morazán, pues, ha llenado más de una década de la historia centroamericana. Comenzó con la salida de Comayagua en busca de elementos para sostener a Dionisio Herrera contra el ataque de Milla y termina con la derrota que Carrera le ocasiona y que lo pone fuera de Centroamérica. Pero aún no se ha extinguido totalmente su estrella: todavía le veremos en Costa Rica donde epiloga su vida el inquieto personaje. Pero, por ahora, tenemos que Carrera, el "porquerizo" de que hablan los liberales, convertido en la figura cimera de nuestra historia centroamericana. Es verdad que ya no existía la patria grande, que ya los vínculos de la Federación estaban rotos todos; pero la acción de Carrera se siente en El Salvador y en Honduras tanto como en Guatemala. Entonces Carrera era un hombre patriota, sin ambiciones: tenía apenas 26 años de edad; es decir, muchos menos de los que contaba Morazán cuando inició su carrera militar y política.

Al ver terminada la guerra y establecida la paz, Carrera sintió que los conservadores ya no necesitaban de él. Era esto una cosa lógica. Pero Carrera, malicioso e inteligente, aunque fuera ignorante, presentó ante la Asamblea su renuncia al cargo militar de general en Jefe del Ejército. No le fue aceptada tal renuncia y entonces él se sintió más fuerte. Ya no era el guerrillero que salvaba la vida a salto de mata, triunfando aquí, perdiendo allá; ahora era el general Rafael Carrera, vencedor de Morazán, destructor de ese artificio del Estado de Los Altos, diplomático, y cuanto es necesario para no ser peón de los políticos. Por todo esto, los conservadores debían tratarlo mejor y no repetir que éste era un peligro. Porque los lectores observarán que en dos ocasiones ha entrado Carrera a Guatemala en los últimos tiempos y no se le ha acusado de realizar saqueos ni atropellos; lo cual quiere decir que en aquella ocasión de Gálvez, cuando entró por primera vez como coadyuvante de los liberales, se le calumnió ingrata e injustamente.

Montúfar se extraña de que Rivera Paz realice una obra destructora en la revolucionaria que había hecho Gálvez; pero no se da cuenta de que la guerra había tenido por motivo inmediato aquella serie de reformas. Era, pues, lógico y natural que al triunfar el llamado "Ejército de los pueblos'", deshiciera todo aquel andamiaje de innovaciones. Por otra parte, muchas de tales no eran convenientes ni necesarias. Por ejemplo, aquella famosa "Academia de Ciencias", no era más que una vanidad, ya que bien pudo darle a la vieja Universidad de San Carlos las normas modernas y revolucionarias que ameritaba su retraso. Por eso Rivera Paz disolvió tal academia y, en cambio dio nueva vida a la "Sociedad Económica de Amigos del País" que tanto hecho realizó por el progreso de Guatemala; también derogaron las reformas sobre el matrimonio civil y el divorcio; igual suerte corrió la libertad que los liberales abanderaban sobre el tipo de interés libre; los conservadores lo limitaron, fijándolo en el 6% anual.

En la Asamblea hubo una deserción completa mediante renuncias. Todos temían a Carrera y de ese temor brotaba una recóndita resistencia. Quizá era anarquía; nadie quería trabajar, nadie tenía valor para luchar. Ni el mismo Barrundia que acababa de regresar de su destierro con plenas garantías, quiso ser diputado. Con Rivera Paz, apuntalado por Carrera, no iba a hacer lo que hizo con Gálvez: ahora ya no podía esgrimir "el arma de los Casios". A todo esto, habían transcurrido dos años de la victoria de Carrera sobre Morazán, al cual todavía se esperaba; sobre todo, en estos días, cuando ya había intentado apoderarse de El Salvador, sin conseguirlo: pero sí logrando echar mano de Costa Rica, Estado que nada sabía de nuestras agitaciones y desórdenes. Esta década del 40 al 50 es muy oscura: los conservadores no dejaron memorias, ni dejaron apuntes históricos; no dejaron ninguna fuente para la historia... por eso dejamos a un lado la vida de Guatemala, para irnos en busca de la última aventura del general Morazán...

CAPÍTULO IV: MORAZAN SE APODERA DE COSTA RICA

Los hombres que han llegado a dominar un pueblo, no advierten el momento en que comienzan a perder terreno. Morazán es uno de estos hombres. No pudo comprender jamás que ya había pasado su hora, que ya Centroamérica estaba cansada de él, decepcionada de él; de la esterilidad de su administración, de la incapacidad en sus actos y, sobre todo, hastiada de la guerra que era él. Así, pues, al zarpar de las playas salvadoreñas con el grupo de sus seguidores, se encaminó a Colombia, es decir, a lo que ahora es Panamá, porque Costa Rica, Estado que había permanecido en paz, le cerró las puertas. Y por eso David, el puerto panameño de hoy, le sirvió de albergue, de patria, de piedra para reposar la frente, calenturienta todavía. Comenzó a escribir su alegato histórico que no otra cosa son sus "Memorias", y todo parecía en calma...

Pero el deseo de revancha le empujó al Perú donde tenía algunos amigos y admiradores y de allá retornó como veremos. Zúñiga Huete dice que Morazán ignoraba que Braulio Carrillo, Jefe del Estado costarricense, le había negado asilo a su esposa. Es posible que lo ignorase el expresidente; pero debía comprender que Carrillo no deseaba que la racha de anarquía llegara a su patria chica. Dejar entrar a su familia equivalía a obligarse a permitirle entrar a él. Y Morazán no estaba quieto en ninguna parte. En Costa Rica habría encabezado una rebelión con los descontentos de Carrillo. Sin embargo, cuando pidió que se dejara entrar a sus amigos, tiene frases arrogantes: "No es para mí, ciudadano ministro, para quien invoco la protección de las instituciones que rigen a ese Estado y que dicta la humanidad...".

Y después de un cruce de notas, se permitió poner pie en tierra tica a los siguientes: los Molina, padre e hijos, José Miguel Saravia, Gerardo Barrios, José Rosales, Isidro Menéndez, Mariano Quezada, Juan Orozco y otros más cuyo número llegó a 23, de suerte que siguieron con Morazán los siguientes: Diego Vijil, Daniel Álvarez, José María Silva, Trinidad Cabañas, Agustín Guzmán, Manuel Antonio Lazo, José María Cacho, Máximo Cordero, Máximo

Orellana, Manuel Merino y José Antonio Ruiz, su hijo, quienes llegaron a David con Morazán. Guatemala, que sabía por experiencia lo que eran algunos de los políticos citados protestó ante Carrillo por el asilo concedido, especialmente a los Molina. Zúñiga Huete, apasionado morazanista, liberal intransigente y paisano de Morazán, dice que las memorias de éste son "irrefutables", contundente réplica a las memorias de Arce y de Montúfar y Coronado.

La pasión política es mala consejera: las memorias de Morazán son irrefutables, dice Zúñiga Huete; las de Arce y Montúfar y Coronado no lo son. Estas son "falsas especies y falaces apreciaciones". El dogma liberal de siempre... Todas las memorias son inexactas, porque son documentos unilaterales, apasionados, que pretenden justificar actos propios. Nosotros hemos leído los tres documentos y afirmamos que los tres son apasionados, pero dignos de respeto, de aprecio histórico, fuentes de la verdad que buscamos: los tres fueron actores directos en aquellos dramas nacionales y por ello no se puede calificar así no más a unos de falaces, de inexactos.

Allá también escribió Morazán su célebre "Manifiesto de David", documento vanidoso, literario más que histórico: en el que fustiga con encendidos apóstrofes y patrióticos acentos, a los destructores de la unidad de Centroamérica y expoliadores del pueblo esclavizado. Sigue el error que, en realidad, no es error sino intención clara, de acusar a los conservadores de haber destruido la unidad patria. Los lectores han visto ya que esa unidad se destruyó siendo presidente Morazán, dueño del poder por más de diez años, sometidos a su poder muchos jefes de Estado y con buen ejército. ¿Por qué no evitó él esa destrucción? Porque Morazán ni siquiera tuvo la audacia de convertirse en dictador omnímodo para seguir sosteniendo esa unidad cuando no pudo lograr la elección de quien debía sucederle.

Si así mienten, si así engañan los liberales, ¿cómo vamos a creer en sus afirmaciones? ¿Por qué no tienen el valor de confesar que fue su pasión, su ceguedad por las innovaciones, su sed de mando, de monopolio de las ideas, lo que trajo aquella destrucción? ¿Cómo va a ser posible que todos los Estados repudiasen a Morazán, inclusive Honduras, ¿su patria menor? Porque en la hora dura, hasta El Salvador tuvo gestos de protesta contra Morazán. Y aún más, quizá fue el Estado que más le resistió con Cornejo, con San Martín, con casi todos sus jefes de Estado; con el pronunciamiento de San Salvador, con la despedida cuando llegó derrotado de Guatemala. Si algún movimiento tiene calidades de nacional, es aquel que se operó espontáneo contra Morazán... Morazán no tuvo más que un adversario poderoso: su incapacidad de estadista; por lo demás, tuvo todos los defectos y todas las virtudes de los hombres de su época, a los que sólo superó por su suerte, su audacia, su valor personal y cierta falta de escrúpulos que no se le acusan, porque fueron acaso necesarios...

En tal Manifiesto de David se comprueba el odio, el resquemor, la cólera de haber sido vencido por Carrera. No otra cosa dice estas frases: "Y para que nada faltase de ignominioso y funesto a la revolución que habéis últimamente promovido, apareció en la escena el 'salvaje' Carrera llevando en su pecho las insignias del fanatismo; en sus labios la destrucción de los principios liberales y en sus manos el puñal que asesina a todos aquellos que no habían sido abortados como él, de las cavernas de Mataquescuintla. ¿Pero cuál es el delito que no ha podido perpetrar ese malvado?". Y dirigiéndose a los conservadores de Guatemala, se contesta: "Existe uno, ¿quién lo creyera? que sólo estaba reservado a vosotros: dar a Carrera, en premio de tanto crimen, el poder absoluto que hoy ejerce en el Estado de Guatemala, por vuestros votos". Este manifiesto tiene la fecha del 16 de julio de 1840, esto es, a los cuatro meses justos de haber sido vencido por Carrera en la capital de Guatemala... Los conservadores le podían haber dicho que él, Morazán, era también un criminal que había sido abortado de las cavernas de Curarén o de Texiguat, de donde procedieron sus primeros soldados como se sabe. Carrera era para los liberales, lo que éstos, muchas veces mal nacidos, eran para los hombres del conservatismo, lo que era Napoleón para los reyes; lo que fue Morazán para los Aycinena...

"Morazán recibe el llamado de sus amigos", dice Zúñiga Huete; más no se cita una sola carta de esos llamadores. Sin embargo, allá por agosto Morazán emprende viaje al Perú. La vanidad de los morazanistas llega hasta inventar que del Perú se le llama para darle el Ministerio de la Guerra. Esto es pura invención: el Perú tenía plétora de héroes, de soldados de la independencia, y no iba a invocar la ayuda de un centroamericano al cual la independencia de América no le debía nada, absolutamente nada. La misma vanidad restacuera de los centroamericanos que afirman que en París hay un monumento a Rubén Darío y otro a Barrios en Cuba... Morazán fue al Perú en busca de elementos bélicos que algunos le prometieran; otros afirman que iba a ofrecer sus servicios para luchar contra Chile, y esto es lo más probable. El caso es que llegó a dicho país, cuando Chile le había dado la vapuleada militar del siglo y le había arrebatado territorios importantes...

Eso de afirmar que un desterrado que llega a una gran ciudad, se vincula con "gente de valía" es pura vanidad. Zúñiga Huete y quien esto escribe, estuvieron en México expatriados, y esas gentes de valía nunca brillaron junto a nosotros; al contrario, siempre nos vieron de jerga, como se dice. Nada nos dieron para nuestra causa, en nada nos atendieron... Fuimos "don nadie" para los mexicanos de "valía". Pero debo advertir que Zúñiga Huete fue el más altivo de los expatriados centroamericanos que se hacían una melcocha de servilismo ante Lombardo Toledano. Zúñiga Huete, cuando lo hicieron esperar en una casa de campo, donde recibía el líder comunista mexicano, les dijo a sus amigos, los que le llevaban ante aquel líder: "Yo soy alguien y no puedo seguir en esta humillante espera...". Y se largó. Nosotros felicitamos a Zúñiga Huete, porque habíamos hecho otro tanto ante todos los poderosos mexicanos que nos daban algunos abrazos; pero que nada hacían por nuestra causa...

Morazán, pues, llegó a Lima y allá el general Pedro Bermúdez le dio dinero y esto, porque Bermúdez se sentía centroamericano, ya que su esposa y sus hijos eran costarricenses, de la familia Escalante. No eran, en consecuencia, los relevantes méritos de Morazán los que abrieron aquellas puertas. Quizá, de este nexo de Bermúdez con Costa Rica, nació la condición de ir a la lucha contra Carrillo en dicho Estado centroamericano. Por eso se afirma que aquellos recursos dados a Morazán, llevaban la dedicatoria de revolucionar Costa Rica, no recuperar lo perdido en el resto de Centroamérica. Pretextando que Nicaragua había sido "amenazada por un pueblo bárbaro" (así califica Morazán, aparte de Nicaragua) ofreció sus servicios para "unir su suerte a la de los defensores de Nicaragua...".

Dicen que Morazán no se enriqueció en Centroamérica. Es verdad que no le vemos hacer grandes negocios ni explotar riquezas naturales; pero cabe hacerse una pregunta: "Para salir de El Salvador, con un barco fletado y con más de 32 ayudantes de alto rango, se necesitan muchos miles de pesos. Su capital propio y el de su mujer, no bastarían nunca para tal marcha y menos para sostenerse en el destierro y para arribar al Perú. Pero mucho menos para reforzar los 18,000 pesos de Bermúdez que le alcanzaron para adquirir municiones, armas, barcos y pagar los primeros contingentes de su tropa, aunque se diga que un fletador inglés Roberto Marshal del buque—transporte haya hecho causa común con Morazán. Si Morazán hubiera sido conservador, Montúfar habría dicho que por ese contacto, la mano de Inglaterra estaba tras Morazán...

En "El Cruzador" Morazán organizó su Estado Mayor de la siguiente manera: Trinidad Cabañas, José Miguel Saravia —quien no aceptó el asilo costarricense— Máximo Orellana, Alejandro Escalante, Joaquín R. Gómez, Miguel Molina y Ceferino Escalante. Obsérvese que vienen dos Escalantes de Costa Rica, hermanos de la esposa de Bermúdez, enemigos de Braulio Carrillo. Pasó a Guayaquil, siendo gobernante del Ecuador el general Juan J. Flores, quien también había estado desterrado en Costa Rica y era amigo de los Escalante. Morazán hizo velas hacia Chiriquí, donde seguía su familia y aquí recogió más amigos y partidarios. Al partir de Chiriquí sus amigos ascendían a 22 jefes. En su marcha hacia el norte, ancló un amanecer en la bahía de La Unión que estaba bajo el mando del coronel Aguado, quien se puso a sus órdenes.

Ya tenemos a Morazán de regreso en Centroamérica, a dos años escasos de su salida. Era el 15 de febrero de 1842, cuando Morazán tocó en aquel puerto que nosotros recordamos tanto, por haber estado confinados en él durante tres meses y quince días. De La Unión, Morazán envió una nota a todos los jefes de Estado haciéndoles un llamamiento para "defender la integridad de Centroamérica", ¿quién le iba a creer? Sin embargo, él dice: "Señálesenos el lugar que debemos ocupar y el jefe a quien debemos obedecer, y la manera con que cumpliremos las órdenes de los gobiernos de los Estados, y será la mejor garantía de nuestras sanas intenciones, si con el honor puede conciliarse el sacrificio que se nos exija".

Pero, repetimos, nadie dio crédito a tales proposiciones, porque todos sabían que no había tal sacrificio ni tal patriotismo; que tras esa promesa había una realidad; la de retornar a ser el jefe de la anarquizada y pobre nacionalidad que ya había dejado de existir. Morazán escribía extensamente para un pueblo que apenas leía y que si leía no entendía el alambicamiento del escritor. Quizá esto fue el mayor error de Morazán: su excesiva locuacidad política. Centroamérica necesitaba hechos, acciones en todo sentido; no discursos ni proclamas y sobre todo, para combatir a los indios moscos que no llegaban ni a los talones de los llamados tales de Mataquescuintla, aunque estuvieran ayudados por los ingleses.

Morazán se internó en las tierras salvadoreñas. Creyó que al conjuro de su palabra, de su presencia, de su retorno, el pueblo salvadoreño se levantaría en masa. Morazán creyó que el Jefe del Estado salvadoreño le iba a entregar el mando, puesto que todavía se creía él jefe efectivo y constitucional de dicho Estado; pero Cañas, aunque le ofreció enviar delegados para platicar sobre la situación, tales delegados se convirtieron en un ejército al mando de Malespín que marchaba sobre San Miguel, hasta donde había llegado Morazán. Este no hizo frente a Malespín, sino que, contramarchando, se dio a la vela, no obstante que había logrado reunir más de 200 soldados y los jefes siguientes: Isidoro Saget, Ignacio Rascón, Daniel Bonilla, Domingo Asturias, Eugenio Carías, Eduardo Avilés, Mariano Quezada, José Pardo, José Solórzano, Manuel Zepeda, Manuel Parrales, Francisco Rovira, Estanislao Valenzuela, Anastasio Mora, Francisco Hernández y Felipe Gallegos...

Saget agregó a su persona una goleta suya llamada "Isabel II", Francisco Giral dio otra llamada "Asunción Granadina", otra goleta llamada "Josefa" y el bergantín "Cosmopolita", suministrado por Juan B. D 'Iriarte. Zúñiga Huete dice que "habiéndose llenado los objetivos que llevaron a Morazán a la Unión y San Miguel", se hizo a la vela con rumbo a Acajutla. La Verdad ya la saben los lectores: esa verdad era Malespín que iba a atacarle, para rechazarlo, de conformidad con lo pactado entre Cañas y Carrera, relacionado con no permitir el regreso de Morazán. De Acajutla Morazán llegó a Sonsonate, de donde se dirige nuevamente a Cañas diciéndole: "mi arribo a este puerto (Acajutla) ha tenido dos objetos: hacerme de varias cosas que urgentemente necesitan mis buques, de cuya colectación se me privó en La Unión por una hostilidad no merecida, y la esperanza de recibir de ese gobierno una contestación clara y terminante, ya por escrito o ya por medio de los comisionados que Ud. tuvo la bondad de anunciarme".

Esta nota es una especie de ultimátum, puesto que termina diciéndole que no quiso armar en San Miguel la gente que se le ofreció, porque sus "intenciones son sanas y encaminadas al mejor servicio de la patria". Aceptó varios soldados a bordo y como Cañas no le diera la respuesta satisfactoria que él quería, se reembarcó, para establecerse en la isla de Martín Pérez en el Golfo de Fonseca... ¿Qué hacer aquí? Si El Salvador le rechazaba, que era su mejor baluarte, no debía esperar aceptación en Honduras, en Nicaragua, ni en Guatemala. Así, pues, sólo le quedaba libre la indefensa Costa Rica y hacia allá levó anclas...

El 7 de abril estaba Morazán y su tropa en Calderas. Carrillo, el jefe de Estado costarricense se enteró del arribo de Morazán al día siguiente en San José y, como Rivera Paz en Guatemala el 17 de abril, mes funesto y mal recordado por Morazán, tocó llamada general. Llamó 300 hombres de Alajuela, otros de Heredia, algunos cartagos, etcétera y al organizar estas tropas, cometió el error de ponerlas bajo el comando de un traidor, Vicente Villaseñor, salvadoreño que ya había militado en las guerras de aquel Estado y que ahora, no sabemos por qué estaba en Costa Rica. Morazán, siempre teatral y literario, lanzó una proclama a los costarricenses que dice así en su párrafo inicial: "Costarricenses: Han llegado a mi destierro vuestras súplicas y vengo a acreditaros que no soy indiferente a las desgracias que experimentáis. Vuestros clamores han herido por largo tiempo mis oídos y he encontrado al fin los medios para salvaros, aunque sea a costa de mi propia vida...".

Esos clamores y esas súplicas no eran más que las de los hermanos Escalante, hermanos de la mujer de Bermúdez, el general peruano de quien atrás hablamos, y lo cual viene a confirmar que los elementos allá conseguidos fueron para eso: para luchar contra Carrillo, el gobernante de Costa Rica, a quien Morazán llama "tiranuelo ignorante y sanguinario que ha esclavizado al pueblo moral, sensible y laborioso, después de haber despedazado las instituciones republicanas".

Carrillo recibía el duro pago de haber aceptado en Costa Rica a los morazanistas Enrique Rivas y Miguel Ángel Molina y, más aún, el haberles dado mandos militares; al primero haciéndolo gobernador militar del nuevo puerto de Puntarenas y al segundo del Guanacaste. Estos dos traicionaron a Carrillo en los momentos cumbre, pues se pronunciaron en favor del invasor. Villaseñor, en vez de presentarle batalla a Morazán, se entregó a él con todo y cartucheras, mediante un pacto vergonzoso. Aquí sí cabe esa palabra que tanto usa Jiménez Solís al hablar de las derrotas de los antimorazanistas. Vergonzoso y traidor, aunque todos los costarricenses que le acompañaban hayan aceptado dicho pacto, menos el señor Rafael Barroeta, quien gritó: "no hemos venido a tratar, sino a pelear".

El último historiador sobre los sucesos centroamericanos con Morazán a la cabeza, es el costarricense Guier, pero este joven, por la idiosincrasia peculiar de los ticos, aumenta las acusaciones de salvajismo, de indigenismo, de barbarie de las tropas de Carrera. Ahora verá él que los ticos que no son indios, obraron exactamente igual que los "indios" de Carrera al expulsar éste a Morazán de Guatemala. Los ticos no cantaban la Salve Regina, pero sus gritos y actos no desmerecen en nada a dicha Salve y a los actos de los soldados guatemaltecos.

Guier comienza por llamar a Carrera bastardo. Dice así: "El hombre providencial de la reacción separatista guatemalteca fue Rafael Carrera, hijo de la unión fugaz de una india verdulera del mercado de la capital con un vástago de la ilustre casa de Aycinena". Nada más falso, puesto que la ascendencia de Carrera es bien conocida: sus padres, sus hermanos, etcétera, son capitalinos del barrio de la Candelaria. Posiblemente Guier haya sabido algo del origen de don Mariano Gálvez y haya aplicado esto a Carrera. Carrera era él y no necesitaba ni de la sangre blanca del marquesado de Aycinena ni de más pañales que los de su casa, para ser lo que fue. Pero el blanco de ascendencia inglesa señor Guier se detiene mucho en esto... "Carrera, en su niñez había sido tambor de los ladinos que capitanearon los pulidos Aycinenas. Derrotados éstos, se retiró a la montaña a cuidar cerdos...".

"Desde entonces, obsesionado por un sentimiento de inferioridad ante el brillante militar hondureño de raza blanca, sintió por éste una pasión de bárbara grandeza, un odio tan profundo y pertinaz que ni la muerte logró atenuar, muchos años después profanó, en San Salvador, la tumba de su gran adversario y arrojó el polvo de sus huesos al viento". Más que nuestras cosas internas, fueron estos errores los que me empujaron a escribir estas líneas. Carrera no profanó tumba alguna, menos la de Morazán, y en cuanto al odio había muchos motivos que lo justificaban: la tendencia de Morazán de despedazar el Estado de Guatemala: la bárbara acción de cortarle la cabeza a su suegro Álvarez en Mataquescuintla, la de haber fusilado al padre Durán en el camino hacia San Salvador, la expulsión de todos los hombres ilustres de Guatemala, etcétera, todo esto y muchos otros actos, debían haber enconado a los guatemaltecos liberales que tenían, y aún tienen algunos, un alma esclava, un espíritu de sometimiento y no sólo a Carrera.

El Ejército de Guatemala nunca ha sido de ladinos o de indios exclusivamente. En sus filas ha habido y hay de todo: al lado de un coronel o de un general indio, hay otro blanco. Al lado de Estrada Cabrera cayeron Enrique Arias, Juan P. F. Padilla, Miguel Larrave, generales absolutamente blancos; pero no más generales que los indios José Reyes, José Claro Chajón, Teodoro Cifuentes y otros más. De suerte que cuando Guier dice que Carrera fue tambor de los ladinos que capitanearon los "pulidos Aycinenas", comete un error garrafal. Apena leer a Guier en estos párrafos más por lo que han dicho los guatemaltecos, que por lo repetido por él, ya que su información está en Montúfar y en todos los morazanistas que se decían antes hombres de izquierda y eran unos verdaderos aristócratas. Hasta los indios que se dedican a estas cosas históricas, llaman indios a los soldados de Carrera, los tildan de salvajes, de bárbaros, de antropófagos. Pero ya verá Guier que, en Costa Rica, los cholos blancos fueron los que hicieron con Morazán, algo más de lo que esos llamados indios bárbaros de Guatemala le hicieron años antes.

El libro de Guier es literario más que histórico. Por ejemplo, cuando dice: "Con la esposa a la vera, (Carrera) bajó de las escarpadas montañas sacudidas por los tamborones gigantes, hacia las ciudades de adobes y tejas, vestidos de lana y algodón, calzado con caites de cuero crudo y cubierto de escapularios. La bonita mestiza, de fino aspecto, hija de un riquillo gamonal cabalgaba a su lado adornada con sus mejores cadenas de oro y sus mejores chalchihuites de jade y en los avatares de la guerra fue violada por unos soldados federales. Tras de Carrera y su mujer trotaba al paso de las bestias, y entre los pantalones cortos de manta andrajosa, una chusma de indios, con ramas verdes en los sombreros de petate... Engrosando las filas iban, además, dos o tres mil mujeres con canastos y alforjas para llevar los productos del saqueo prometido... en medio de un tufo nauseabundo de chicha, sangre y pólvora".

Cuánta tontería, cuánta falsedad, cuánta imaginación. Y aunque Guier cita en su apoyo a Carlos Pereyra y a Stephens, no hay nada de verdad en lo citado. Carrera nunca se acompañó de su mujer en las campañas; nunca se hizo acompañar de mujeres, porque su táctica era de pegar y correr y las mujeres, habrían sido una positiva impedimenta; los soldados federales nunca forzaron a la mujer de Carrera. Por eso decimos que en el libro de Guier hay mucha literatura, mucha imaginación y un concepto tristísimo de Guatemala; cosa que no es culpa de su ignorancia de nuestro medio, sino de la lectura de textos de guatemaltecos ingratos que así han desprestigiado a su patria más que a Carrera.

Esta entrada que relata Guier es aquella que Carrera hizo al lado de los liberales para derrocar a Gálvez. Pero en todo domina la idea de que Carrera jefeaba una indiada ignara, totalmente salvaje y bárbara. Por eso, cuando habla de la tercera llegada de Morazán a Guatemala, dice Guier que dicho caudillo salió de San Salvador con 1000 "ladinos" salvadoreños. El conjunto racial salvadoreño y el del oriente de Guatemala, era exactamente igual en aquellos tiempos y lo sigue siendo ahora, no obstante, la emigración de las zonas orientales de Guatemala hacia la capital...

Pero estamos muy adelantados para retroceder y redargüir a Guier quien, entre otras cosas, no hace ninguna nueva interpretación de los sucesos de aquellos años. Guier hace novela histórica pero no hace interpretación histórica. Lo que ahora se busca es o rectificar los juicios sobre Morazán o confirmarlos; demostrar que hizo bien o que hizo mal a Centroamérica; combatió por la unidad patria o la destruyó. Nosotros, que tampoco pretendemos hacer historia, afirmamos en este "alegato", que Morazán no fue defensor de la unidad ni sostuvo ni buscó la manera de que la Federación se prolongara; al contrario, vio llegar su fin sin hacer nada, sin buscarle una salida al desastre que se acercaba y que llegó. ¿Cómo es posible que un gobernante vea llegar el término de su administración y no se preocupe de buscar sucesor, por encontrar un Poder legal que prolongue la nacionalidad? Pues eso sucedió a Morazán y eso es lo que debe buscar el historiador moderno, aún extractando de las propias fuentes liberales, partidarias todas de ese error, lo que hay de verdad.

CAPÍTULO V: COSTA RICA BAJO LA DICTADURA LIBERAL

Morazán, pues, olvidándose que Villaseñor le había rechazado de El Salvador en cierta ocasión, cuando él pretendía entrar a dicho Estado, le hizo llamar y, olvidando aquella lejana ofensa, le prometió su ayuda si éste se la daba antes. Ticos y salvadoreños ingresaron en San José de Costa Rica, mientras e1 jefe Carrillo se apartaba del Poder. Morazán siempre teatral, dirigió una proclama a los costarricenses, convocó a una Asamblea y se hizo amo de aquel tranquilo Estado. Veamos antes como sucedió todo esto: el pacto entre Morazán y Villaseñor dice textualmente:

"1°—Ambos ejércitos funden en uno solo sus efectivos. 2°—Se convocará una Asamblea Nacional Constituyente para que reorganice el país, el cual será gobernado provisionalmente por el general Morazán y en su defecto, por Villaseñor. 3°—Someter el Acta de El Jocote al conocimiento de Carrillo, quien debe salir del país otorgándole garantías. 4°—Que si Carrillo no acepta el plan aludido, éste tendrá siempre plena y total validez, con excepción de las garantías otorgadas al Jefe del Estado para salir...".

Fue José Miguel Saravia el que llevó este pliego al Jefe del Estado. Carrillo aceptó tal pacto y lo hizo extensivo al Vicejefe señor Bonilla. Morazán entró en San José con 1500 hombres, de los cuales setecientos eran centroamericanos de los otros Estados y los demás costarricenses volteados. A los catorce años de haber capitulado en Guatemala el Jefe del Estado Aycinena y el Vicepresidente de la República en ejercicio, Beltranena, Morazán lograba entrar en San José. En Guatemala pelearon duro los "indios" defendiendo a su gobierno; en San José los blancos pactaron con él, le entregaron todo, lo hicieron jefe de su Estado y después le fusilaron... Zúñiga Huete dice: "Su exaltación es uno de los actos más populares y espontáneos que registra la Historia del Nuevo Mundo". Nada más erróneo: que diga tal cosa un hombre de la calle, se acepta; pero Zúñiga Huete fue político activo, agresivo, valeroso y supo perfectamente bien que nada es más "espontáneo y popular", que el homenaje que se le hace a un caudillo vencedor, dominante, victorioso. Pero de espontáneo y popular nada tiene: así son las grandes desviaciones de la Historia.

En este caso obraba el miedo al soldado de la victoria, aunque ahora derrotado por los indios de Guatemala. Hasta Carrillo, el jefe del Estado, se entregaba al vencedor: ponía en sus manos la tropa suya e invitaba a seguir su ejemplo.

Hubo una plática entre Carrillo y Morazán. Más, como en la de los caudillos de la América del Sur: Bolívar y San Martín, nadie supo de qué cosas platicaron; pero se afirma que, al despedirse, Carrillo le dijo a Morazán: "General, hoy ha entrado Ud. aquí como el Señor del Triunfo; pero guárdese mucho de que lo sacrifiquen mañana. Ud. no conoce el terreno escabroso que pisa". Ubico, dicen que dijo al tomar el avión que lo llevó al destierro: "Guárdense de los cachurecos y de los comunistas...". ¡Profecías, nada más!

Se afirma que Carrillo era un déspota, porque estaba enseñando a sembrar café a los costarricenses. En atención a tal calificativo, los historiadores insisten en decir que el pueblo costarricense recibió entusiasmado a Morazán y mientras Carrillo salía solo y sin amigos hacia Puntarenas. Morazán asumió el mando del Estado por los tamaños de su tropa: la misma goleta "Izalco" que llevó prófugo a Morazán de El Salvador hacia el sur, llevaba al Ecuador a Carrillo: Cosas del destino inevitable... Pero Zúñiga Huete dice, para marcar una falsa diferencia, que "mientras Morazán abandonó espontáneamente y por motivos patrióticos el gobierno del pueblo salvadoreño del que fuera prestigiadísimo jefe, Carrillo, depuesto por sus conciudadanos, era extrañado del suelo patrio por aquellos a quienes había oprimido durante más de cuatro años".

Otra falsa apreciación de Zúñiga Huete: Morazán abandonó El Salvador empujado por la seguridad de que, de no hacerlo, se invadiría dicho Estado por Carrera, por Honduras, por Nicaragua. Fue, pues, echado indirectamente y debe advertirse que, fuera de sus amigos y admiradores, no hubo lagrimas ni pesadumbres al verlo partir, y prueba esto el hecho de que, al retornar del Perú, no estalló el levantamiento en su favor que él mismo esperaba. Gran equivocación de Morazán entonces y de Zúñiga Huete en nuestros tiempos. Pero el final no es sólo esto: a Carrillo lo mató un bandido en El Salvador, llamado Guadalupe Lagos, mientras a Morazán le fusilaban en la plaza de San José, tal y como Carrillo le había anunciado. Naturalmente Zúñiga Huete dice que "lo asesinó la fobia aldeana y ruin venganza del círculo familiar, irresponsable y semiforastero del dictador depuesto".

No se olvide que Zúñiga Huete fue liberal, paisano de Morazán y partidario siempre de la fuerza como argumento político.

Guier, al hablar del retorno de Morazán a Centroamérica, se pregunta, página 134 de su pequeño libro: "¿...cuál fue exactamente el objetivo original de la expedición que levó anclas en el Callao? ¿El Salvador o Costa Rica? Sostienen algunos que tras de la columna de humo del ofrecimiento generoso de La Mosquitia, ocultaba Morazán el propósito firme de establecerse en El Salvador y que sólo cuando vio rechazados sus servicios y se le amenazó con la fuerza, decidió poner proa a Costa Rica...".

Señor Guier: Esto no tiene oscuridad para un historiador que no solamente copia los hechos ajenos, opiniones ajenas, etcétera. Morazán fue al Perú a ofrecer sus servicios militares, como los habían ofrecido a Guatemala, es decir, a Centroamérica, decenas de soldados extranjeros: Raoul, Saget, Prem, Terrelonge, los Benítez, los Merino, etcétera. Perú estaba próximo a luchar con Chile y era el momento oportuno de ir hacia aquel sitio a ofrecer sus laureles de Gualcho y de La Trinidad. Allá se tropezó con los hermanos Escalante, cuñados del general peruano Alejandro Bermúdez, quien, habiendo estado en Costa Rica, casó con una hermana de dichos señores y había conocido lo fácil que sería derrocar a Carrillo, por quien estaban expatriados los Escalante.

Pero invadir Costa Rica con diez o doce hombres extranjeros, habría sido una locura. Por eso Morazán quiso matar dos pájaros de un tiro: llegar a El Salvador, su patio, su vivero de hombres, su tierra querida, y si allí le recibían, pues de nuevo a la lucha; y si no le recibían, como en efecto no le recibieron, tomaría soldados salvadoreños y guatemaltecos y vendría a cumplir su promesa a los Escalante de luchar contra Carrillo. Y así sucedió: en El Salvador, Cañas y Malespín le rechazaron, porque Carrera estaba ya en la frontera salvadoreña y los hondureños también. Entonces, con los seiscientos soldados que pudo reunir, se decidió por lo segundo: la invasión de Costa Rica. ¿No es claro esto? ¿Cuál la incógnita con que Guier se tropieza?

Ahora bien, Morazán no era él soldado que se iba a quedar quieto como Jefe del Estado costarricense que ya había acordado su plena soberanía. Además, Morazán, sabía o debiera haberlo sabido, que de Costa Rica no habría sacado soldados para ir a la lucha en Centroamérica, y por eso apresuró las cosas; es decir, sus preparativos bélicos, antes de que el tiempo despejara la sorpresa de los ticos y, lo obligaran a dejar aquel nuevo escenario.

Morazán nombra Ministro general de gobierno al guatemalteco José Miguel Saravia. El primer acto de estos dos hombres, fue dictar una amnistía para todos los perseguidos de Carrillo, cosa innecesaria; pero se hizo esto para dictar otro, declarando a Costa Rica refugio de todos los perseguidos por los cuatro gobiernos de Centroamérica.

Esto fue lo que primero llamó la atención de los costarricenses, pues hacer esto era llenar aquel Estado de gente inquieta, lo cual atraería la mirada de los cuatro gobiernos centroamericanos hacia Costa Rica. Otra medida tonta: el traidor de El Jocote, Vicente Villaseñor, fue nombrado por Morazán, jefe del Ejército costarricense. Esto es centroamericanismo para Zúñiga Huete, pero no lo fue para los costarricenses seguramente. En seguida puso en vigor la Constitución de 1825, pero dejando fuera de ella "lo incompatible con las circunstancias anormales imperantes". ¿No era esto una sangrienta burla? Sólo para la reforma en la legislación se acordó de los costarricenses organizando una comisión. Le aceptaron estos cargos ad honórem los señores Luz Blanco, Joaquín Bernardo Calvo, Rafael Gallegos, Francisco María Oreamuno, Ramón Jiménez, Pedro Mayorga y otros notables...

Pero Morazán no se corregía en su error de pregonar antes sus intenciones. Nunca quiso hacer algo "haciéndolo", sino anunciándolo. Ahora habló de la carretera a Puntarenas, pero dijo que no se indemnizaría a los dueños de tierras por donde pasara el camino. Y esto encolerizó a centenares de terratenientes que no apreciaban la ventaja de tener un buen camino en sus propiedades; pero lo que más desagradó a los nativos fue que todos los jefes del ejército fueron centro—americanos: Vicente Villaseñor, Nicolás Espinosa, Carlos Salazar, Máximo Cordero, Manuel Antonio Lazo, José María Cacho,

Gregorio Pinto, Domingo Guzmán, Gerardo Barrios, Cruz Lozano, Pedro Mora, Joaquín Alvarado, Salvador Mora, Juan Antonio Pantoja, Joaquín Rivera, Antonio Bonilla, Antonio Castro y un cirujano costarricense: don José María Montealegre... ¡Casi todos salvadoreños...!

El descontento que comenzaba en aquellos propios instantes lo atribuye Zúñiga Huete a los "carrillistas", como se hace siempre. Por ejemplo, a una especie de manifestación de protesta por los actos morazanistas, que encabezan costarricenses de cepa, le llama "algarada carrillista". Esto sucedía en los últimos días de mayo del año 42, y se buscaba apoderarse de un cuartel para iniciar una revuelta en forma, más nada consiguieron. Este primer brote debió hacer comprender a Morazán que el mar comenzaba a encresparse, a levantarse, y que debía medir bien sus pasos futuros. Pero Morazán o era muy valiente o sumamente confiado y nada hizo ante aquella protesta. Quizá creía sinceramente que había hecho un favor a Costa Rica. Pero, en vez de recapacitar, lo que hizo fue "dictar medidas represas muy duras contra los alborotadores".

Como Carrera no debía faltar y ya que no se le podía trasladar a Costa Rica, Zúñiga Huete reproduce parte de una proclama que Carrera lanzara a los costarricenses, la cual dice: "Para formar juicio de vuestra oprobiosa situación no se necesita más que leer los dos decretos fulminados por Morazán, el 30 de mayo, a consecuencia de la sublevación de la ciudad de Heredia, en los cuales os trata como a esclavos que le pertenecen en plena propiedad, disponiendo a su antojo de vuestros bienes, derechos y acciones".

Naturalmente Zúñiga Huete responde diciendo: "Las órdenes libradas por Morazán para castigar a los revoltosos, nada tienen de sanguinario ni de común, con los barbaros atropellos de Rafael Carrera, el salvaje de Mataquescuintla, quien, en Quezaltenango, cuando disolvió y sometió al Estado Libre de Los Altos, señaló su paso en aquella plaza con la ejecución de 40 distinguidos vecinos...". Y luego recuerda a Pierson, un aventurero que fue fusilado en Guatemala cuando Carrera todavía no estaba en escena. Naturalmente Zúñiga Huete, temperamento morazánico, bien conocido por su energía en su patria, dice que los decretos no eran malos ni ofensivos:

que sólo ponían a Costa Rica en estado de guerra y en vigor las ordenanzas del ejército.

¿Cuáles ordenanzas? Como no existían codificadas, éstas eran la voluntad de los militares que componían ese ejército, todos ellos salvadoreños, ajenos a los intereses de Costa Rica. Los tales decretos borraban todas las resoluciones que antes se habían dado en beneficio del país. Así jugaba Morazán con sus disposiciones: así había anulado las capitulaciones de San Antonio, Guatemala y otras. Para él no había nada firme, ni escrito ni de palabra.

Cuando se creyó afianzado, convocó a elecciones de diputados a una Asamblea Constituyente. Pero, así las cosas y mientras enviaba delegados a Nicaragua para terciar en la disputa de este país con Costa Rica, por la provincia del Guanacaste, el famoso Guadalupe Lagos, el mismo asesino hondureño que mató después a Carrillo en El Salvador, cuando aquél estaba indefenso y en el destierro, se llegó a Morazán para decirle que había una conspiración contra él. Nada era verdad; pero Morazán, siempre comediante, enjuició y condenó a Lagos a una pena que no cumplió nunca.

Practicadas las elecciones salieron electos los señores Juan Mora Fernández, Isidro Menéndez—salvadoreño—, Joaquín B. Calvo, Joaquín Rivas, Pedro Sancho, José F. Peralta, José Bonilla, Rafael Moya, Pío Murillo, Joaquín Flores, José León Fernández, Jesús Vargas y Ramón Gómez. Trece representantes: feo número, pero más feo era el papel que iban a representar. El 10 de julio estaba instalada dicha Asamblea. Naturalmente, su primer acto fue elegir jefe provisional de Costa Rica al general Morazán. Pero el servilismo tico no se quedó aquí: como cualquier Asamblea de Guatemala lo declaró Libertador y Benemérito de la Patria.

Después de esto tan opaco, viene algo más importante: declarar que Costa Rica seguía siendo parte integrante de Centroamérica; que el Estado se proponía y quería reorganizar la disuelta república centroamericana, para lo cual hacía un llamado al patriotismo de los amantes de esa reconstrucción. Que estaba dispuesta a concurrir a un Congreso Constituyente de todos los Estados centroamericanos y que Morazán —poder ejecutivo— quedaba facultado para obrar "como convenga" a fin de reorganizar la república...

Naturalmente este decreto, aunque instado por Morazán, lava la mancha del acto anterior; pero no era oportuno ni sincero. Morazán, de haber querido algo real, hubiera actuado callada la boca; pero él se dirigió a los gobiernos centroamericanos informándoles de lo hecho en Costa Rica, lo cual sólo sirvió para ponerlos en guardia y esperarlo. Más no iba a faltar la amenaza: termina así su mensaje de buena voluntad: "Pero si desgraciadamente fueren desoídos nuestros votos, si no encontrásemos en el seno de la amistad ni en el interés de una franca reconciliación los medios de salvarla, el poder irresistible de la opinión pública sabrá trazar a nuestras armas el camino que nos conduzca a la victoria, para proporcionar a los centroamericanos un gobierno de leyes que le dé paz y civilización".

¿Cómo se atrevía a demandar todo esto Morazán a un pueblo que le había visto durante más de diez años al frente de los destinos nacionales, y que no le pudo dar ni paz ni civilización, ni tranquilidad, ni riqueza, ni bienestar, ni nada que no fuera sangre, guerra, marchas y contramarchas inútiles, infecundas? Porque esto es lo que no se quiere entender del fracaso de la Federación. No fue Carrera, no fue Cornejo, no fue Ferrera, no fue Carrillo, no fueron todos los opositores a Morazán, los culpables de la quiebra patria, de la destrucción nacional. Fue Morazán que no asentó cabeza nunca, que no pudo organizar nada estable: sólo sabía de montar en el caballo y de correr a través de la patria esterilizada, miserable y llena de espanto. Pues no obstante esta realidad, todavía amenaza con que si se le resisten los destruirá con sus ejércitos...

La Asamblea de Costa Rica seguía hundiéndose en la podredumbre moral. Ahora rinde homenaje al traidor Villaseñor; lo hace general, le condecora con una medalla al mérito, aplaude su actuación de entregarse con todo y cartucheras, aplaude la traición de Miguel Ángel Molina y se olvida de Rivas que hizo lo mismo que Molina y declara que la columna de Morazán merece el título de "División Libertadora". Igual o superior vasallaje al de cualesquiera de nuestras Asambleas con Carrera, con Barrios, con Estrada Cabrera, con Ubico y con todos los que mandan sin Dios y sin Ley.

Morazán es teatral en todo: no quiso sancionar el decreto de esta Asamblea en que le declara Benemérito, sólo para que los diputados, humillados, le rueguen al Ministro general Saravia, que lo sancione él. Pura farsa, pura teatralidad. Morazán sabía que todas aquellas carantoñas de los costarricenses no eran sinceras sino hijas del miedo; necesarias para no caer en desgracia ante quien no vacilaba en encarcelar, confinar y sobre todo, confiscar los bienes de sus adversarios o desafectos. Pero así son todos nuestros llamados hombres grandes: necesitaban de tales adulaciones y nadie debe extrañar que, así como los blancos y civilizados costarricenses hacían a Morazán "Benemérito de la Patria", los indios, mestizos y blancos de Guatemala hicieran a Carrera "caudillo adorado de los pueblos", con la diferencia sustancial de que lo primero era falso, insincero; mientras que lo otro, era verdad: Carrera fue, efectivamente, caudillo de los pueblos...caudillo en el poder, caudillo cuando tenía fuerzas bajo su mando, caudillo cuando andaba prófugo, derrotado, herido, en la soledad de las montañas...

Hemos dicho que Carrillo, en un acto imperdonable para su causa, había acogido a los morazanistas que, al huir de El Salvador con Morazán, se habían quedado en Costa Rica. Pues no sólo los acogió, sino que puso en sus manos cargos militares importantes. Al general salvadoreño Enrique Rivas le designó capitán del puerto nuevo de Puntarenas, a Miguel Ángel Molina lo hizo Comandante militar del Guanacaste. Estos dos, salvadoreño el uno y guatemalteco el otro, se voltearon contra Carrillo al desembarcar Morazán en Caldera. Molina reunió quinientos hombres y marchaba a incorporarse a Morazán; pero, como los ticos no pelearon, tuvo que retornar a su puesto.

Morazán cambió los cargos. Elevó a Rivas a la calidad de Comandante de Armas del Guanacaste y dejó a Molina de ayudante de éste. Naturalmente, la vanidad de Molina, más ilustrado, más competente que Rivas, no iba a quedarse satisfecho al transformarse en simple ayudante de un jefe en el puesto que él había servido como tal. Cuando Rivas llegó a tomar posesión de su cargo llevaba, además, a dos ayudantes preferidos: Antonio Milla, hondureño y a Eduviges Guillén, salvadoreño. Eran tres contra uno, prácticamente, pues debe advertirse que en un grupo centroamericano —y yo he estado en muchos— los originarios de los demás estados hacen causa común contra el que sea de Guatemala. Un fenómeno que revive todavía las viejas rivalidades.

El hecho es que Rivas, valiente soldado, muy preferido por Morazán, designó a Molina como jefe de un destacamento lejano y sin importancia. Esto molestó al hijo del prócer de la independencia don Pedro Molina, en tal grado que dispuso beber. El alcohol, el clima duro, las fiebres palúdicas del lugar, todo trastornó la mente propensa del joven Molina y se pronunció contra Rivas. Nadie sabe los pormenores: no hubo proceso inmediato, no hubo testigos sinceros, no hubo nada que pueda explicar y detallar el suceso, pero el caso es que Molina, al frente de unos pocos soldados se presentó a Rivas, quien había ordenado su arresto por un fallido asalto a una hacienda con pretensiones de rapto. Rivas, que estaba con ganas de deshacerse de Molina, le descargó un sablazo, hiriéndolo de gravedad.

Los soldados de Molina mataron a Rivas e hirieron a Guillén, quien también murió. Herido Molina designó como sustituto suyo a José María Guerrero; pero contra éste se alzó traicioneramente un tal Manuel Gómez, quien capturó a Molina, a Guerrero y a Borbón, un costarricense adicto a Molina. En el camino Gómez mató a Guerrero, y entregó a Molina y a Borbón al comandante de Puntarenas, que lo era aquel desgraciado Isidoro Saget que tan conocido es en la Historia de Centroamérica. Se ha querido adornar esta serie de crímenes con una historia de amor, pero esto es secundario: en ella danza una bella muchacha a la que hacen aparecer como novia de Molina y luego de Guillén y hasta hacen ir a Molina a San José en busca de las donas para el matrimonio. Pudo haber existido esto; pero la verdad es que las rivalidades entre salvadoreños y guatemaltecos eran hondas, y aunque sirviesen a una misma causa, los choques no faltaban y esta vez, Molina, guatemalteco, estaba en minoría en aquel grupo...

Rivas estaba enojado con los guatemaltecos desde la toma de Guatemala el 18 de marzo del año 40, porque si bien es cierto que la Historia liberal da a Rivas la acción de penetrar a la Plaza, la verdad es que quienes realizaron la tarea fueron los hermanos Rivera Cabezas, los cuales, por ser conocedores del terreno, idearon la penetración al Palacio por la cuarta avenida, lo cual dio la victoria a los atacantes. Y nada extraño fue que, al ir a tomar el mando del Guanacaste, se llevara de ayudantes a quienes no podían amistarse con Molina: Guillén y Milla. Este es el verdadero origen de aquella tragedia que, ocurrida en los finales de agosto, fue como las vísperas del fusilamiento de Morazán ocurridla antes de un mes, a contar de tales sucesos.

En Puntarenas estaba Isidoro Saget con el grueso de las tropas que debían embarcarse hacia Nicaragua, para proteger a las que por tierra marcharían por el Guanacaste. A éste le entregaron los reos Molina y Borbón. Saget, con instrucciones de Morazán, les formó el consabido Consejo de Guerra, que condenó a Molina a la pena de muerte, sin tomar en consideración que él no había matado a Rivas, ni que Rivas le había descargado el sablazo cuya herida sangraba aún, ni que los soldados de Molina, ante aquella agresión, fueron los que vengaron a su jefe al que creyeron muerto. Morazán aprobó el fallo y Molina fue fusilado. No obstante que estaba desangrado, con la herida gangrenada, Molina llegó al lugar del suplicio en la plaza de Puntarenas, con todo valor y entereza; no quiso, hasta el último momento, que aquel ejército, en su mayoría de salvadoreños, dijera que los chapines eran todos cobardes, como repetían en bromás constantes.

Todavía en 1906, cuando la revolución acaudillada por el general Salvador Toledo había fracasado en el Cerro de Mongoy, en la frontera guatemalteca, Regalado y su tropa que había aceptado la guerra internacional, se mofaban de los chapines acusándolos de cobardes. Ante aquellas puyas, ninguno de los chapines se resistió a la pelea y fueron a la cabeza, muriendo casi todos. Toledo, a la par de Regalado, le dijo: General, adelante de mi persona, sólo irá la cabeza de mi caballo, ya lo verá... y así fue, hasta ver caer a Regalado en El Entresijo, en la batalla de El Jícaro. Son cosas pequeñas, pero inevitables. En Honduras han tenido fama de cobardes los guatemaltecos, no obstante que en la hora de las decisiones, han sabido morir como el mejor: al lado de la catedral de Tegucigalpa está enterrado un oficial guatemalteco, llamado Federico de la Peña, bravo entre los bravos... Pero la fama corre y se acude a la chinita hiriente en cuanto hay lugar...

CAPÍTULO VI: COSTA RICA FUSILA A MORAZÁN

Morazán perdía cuatro buenos oficiales con aquellos sucesos, Rivas, Molina, Guillén y Guerrero. Comenzaba mal la expedición. Y, así las cosas, Morazán puso en marcha casi todas sus fuerzas, permaneciendo él en San José en espera de salir tras la tropa, con sólo una guardia "imperial" de 200 soldados. Los historiadores dicen que fueron no más de 40; pero los datos de los archivos josefinos dicen que eran más de 200 salvadoreños aguerridos. En Alajuela comenzó la rebelión contra la "guerra". Los costarricenses, hasta esa fecha, no sabían gran cosa de la guerra; gustaban de vivir la paz de su tierra, disfrutar de la tranquilidad y del trabajo. Carrillo les había enseñado a sembrar café y todos, ricos y pobres, estaban dedicados al nuevo cultivo. ¿Cómo iban a salir gustosos a morir en lejanas tierras por una causa que no sentían?

200 salvadoreños y unos 50 hondureños, iban a hacerles frente a los costarricenses. Se habían organizado nuevos batallones en Cartago y las otras provincias y, de nuevo, Morazán comete el error de designarles jefes extraños a ellos: Angulo, Cordero, Cabañas, salvadoreños y hondureños todos, cuando debió dar esas jefaturas a costarricenses, aunque de segundos fueran los militares amigos de Morazán, ya muy aguerridos. Otro error de Morazán fue haber hecho llegar a San José los restos del general Rivas y no los de Molina, para darles sepultura juntos, ya que eran soldados de una misma causa, separados por motivos ajenos a los de la guerra que estaban emprendiendo.

Insiste Zúñiga Huete en decir que provocaban la rebelión los amigos de Carrillo, cuando ya hemos dicho que la resistencia procedía de que los "ticos" no querían salir de su patria, de que los preparativos de la guerra estaban costando mucho dinero y que los capitalistas no querían seguir sufragando aquellos gastos. También pensaban mucho en que, de perder Morazán la guerra, se vendría sobre Costa Rica la "retopada", la revancha, que dicen los franceses, y seguramente sufrirían mucho ante una acometida de los cuatro Estados fogueados en la guerra, al llegar a un pueblo inerme y de mujeres blancas, codiciadas por los "indios" guatemaltecos, por los "mulatos" hondureños y nicas y más aún por el mestizo salvadoreño. Por eso, al entrar el mes de septiembre, ya el descontento estaba en la calle y como nada es más fácil que "perder el miedo", los ticos comenzaron a coger valor y del valor saltarían al heroísmo, cosa sumamente fácil. Zúñiga Huete y los liberales, nunca atribuyen un levantamiento a personas de las villas o del campo. Cuando hablan de Carrera siempre dicen que lo movían desde la capital.

En el caso presente, dice Zúñiga Huete: "Aunque la revuelta se inició en Alajuela, lo probable es que sus directores intelectuales estaban en San José, cabeza y corazón del Estado...". Por poco dice que eran el Marqués de Aycinena, Pavón y los otros a quienes Montúfar atribuye siempre toda acción del adversario. Los Alfaro comenzaron la rebelión en Alajuela y seis horas después la chispa pegaba fuego al polvorín de San José. Morazán no advertía la amenaza o la subestimaba; el caso es que ni siquiera un motín en San José, efectuado el primero de septiembre, le hizo abrir los ojos a la realidad. Había calma en San José, dice el autor que comentamos en este caso; pero esa calma era precursora de la tormenta, y el que es marino de verdad conoce el lenguaje de esas calmas chichas. Morazán no era un buen marino, no obstante que, como militar, debía tener mejor visión de las cosas.

El 11 de septiembre entró Alajuela en franca rebelión. Hacía cinco meses que gobernaba Morazán, y nada de mejoras había sentido dicho Estado, como nada de ellas dejó en Centroamérica en diez años de poder absoluto. El acta de pronunciamiento dice, después de una larga consideración, que las fuerzas armadas y elementos de guerra que existen en aquella plaza, se conservarán en ella para su defensa; que si el actual jefe provisorio reconociese ese pronunciamiento, será respetada y tratada su persona, junto con su familia, con las consideraciones debidas, mientras sale del país; que mientras se reúne la Asamblea para que disponga lo conveniente, regirá el país don Juan Mora Fernández y terminan disponiendo que sea gobernador de Alajuela el coronel Florentino Alfaro...

Es necesario conocer los nombres de las personas que así se manifestaban, para que no se siga diciendo que fueron todos los carrillistas descontentos. He aquí sus nombres: "Manuel Castro,

Julián Jiménez, Domingo González, Manuel Francisco Soto, Rafael Vásquez, Cristóbal Mondragón, José Jinesta, Manuel Alfaro, Isidro Cabezas, Luciano Alfaro, Evaristo Fernández, Felipe Muñoz, Darío Orozco, Florentino Alfaro, Pedro Saborío, Ceferino Rodríguez, Francisco Aqueche, José María Bolaños, Manuel Solano, Ramón Fernández, Manuel Jiménez, Nereo Alfaro, Antolín Quezada, Francisco Toruño, Tiburcio Arana, Rafael Orozco, Luis Soto, José Soto, José León Fernández, Juan Pablo Castro, Juan Alfaro Ruiz, Lorenzo Solórzano, Joaquín Méndez, Ramón González, Sixto Arias, Juan Justo Solera y Casimiro Ruiz".

Aquí no está Zarco—gallo, no está Gerónimo Paiz; no está Chupina, no está Doroteo Monterroso, ni están los padres Lobo y Aqueche y demás que siguieron a Carrera. Pero el caso es el mismo, con la diferencia de que aquí la guerra iba a ser breve, mientras en Guatemala, aquellos indios desarrapados, aquellos mestizos hediondos, aquellos blancos sucios, habían peleado por más de dos años contra el morazanismo y los hombres que dominaban en el Estado de Guatemala. Los costarricenses apenas sentían hoy aquella presencia dominadora: Guatemala había sentido por cerca de doce años y había sido sangrada en su economía, en sus hombres, en su tranquilidad. Había sentido el saqueo, la confiscación, las condenas a muerte sobre la marcha, los extrañamientos de por vida, en fin, había sentido la humillación de su gobernante al darle con la puerta del Despacho en las narices...

Pero estos valerosos costarricenses, cansados de los pocos atropellos de que eran víctimas, sabedores de que todo aquel sacrificio a nada conducía, porque Morazán ya no podría nunca rehacer lo que él mismo había destruido, se levantaron en armas jugándose el todo por el todo. Con Morazán estaban muchos de sus amigos; pero ya no estaban sus brazos inteligentes y fuertes: ya no está Raoul, ya no está Prem, ya no está Terrelonge ni Jonama, ya no estaría Rivas, ni los Rivera Cabezas, ni muchísimos más que habían desaparecido en distintas formas en aquel remolino estéril. Zúñiga Huete condena el documento de los costarricenses y sobre la materia dice, ante el cargo de que la conducta de Morazán comprometía la seguridad externa de Costa Rica porque intranquilizaba a los otros Estados centroamericanos: "El cargo era injusto y tardío, ya que el caudillo unionista llegó a suelo costarricense llamado por los hijos de aquella tierra, para que los libertara del yugo opresor de Carrillo, a sabiendas de que su presencia en Costa Rica tendría que ser non grata para los carreras y ferreras que entonces despotizaban a Centroamérica...".

Y los ticos tenían razón, porque al fracasar en su campaña Morazán, el Estado costarricense tendría que ser invadido; y si esto hubiese sucedido, entonces sí podría hablar Guier de las indiadas del resto de Centroamérica...

Pero Zúñiga Huete dice que llegó a Costa Rica llamado por sus hijos, lo cual es inexacto completamente; y lo peor, es que dice "llamado para que los libertara de Carrillo". Naturalmente lo pactado en El Jocote y luego la confirmación por la Asamblea, era obra del miedo no de la libertad... Y además, argumenta que es falso que el Congreso Constituyente haya autorizado a Morazán para construir Centroamérica por la fuerza. Esto no podía decirse nunca en un decreto del Congreso; pero se dijo que se hiciera por los medios que era imposible hacerlo; y, más aún, por que fijaba que fuera un gobierno liberal sólido y fuerte. Y en cuanto a la autorización de la Legislativa qué quiere decir "autorizar al Ejecutivo (Morazán) para obrar como convenga, a fin de que tenga efecto la reorganización de la república?".

Más, dejando a un lado las cuestiones alegadas, el hecho es que la rebelión costarricense era natural, era lógica y acaso era conveniente, porque de persistir Morazán en su lucha, en su ambición, en su megalomanía, días muy oscuros habrían sobrevenido a Centroamérica: la matanza habría seguido, la exacción se habría aumentado, en fin, la zozobra general se habría apoderado de los pueblos y éstos no se habrían dejado dominar a voluntad de Morazán, porque ya sabían que su gobierno era inútil, incapaz de reorganizar lo que no había podido ni mantener en diez años de poder absoluto...

El caso real es que, por lo que haya sido, el pueblo costarricense se levantó en armas contra un invasor que había logrado dominar un Estado inerme al que su jefe militar Villaseñor, había traicionado ingratamente. Y la lucha comenzó recia, dura violenta, no obstante la impreparación militar de los levantados en armas. Zúñiga Huete escribe abundantemente para demostrar que lo alegado por los costarricenses era absurdo; pero se olvida que los pueblos, temerosos, frente a un adversario victorioso, aceptan y firman cuanto quiere ese vencedor; pero jamás se dan por vencidos. Y es lástima que dicho historiador insista en esto, porque él, siendo político activísimo, supo mucho de cómo proceden los pueblos en cualquier latitud y tiempo.

Los rebeldes de Alajuela, en vez de iniciar su marcha para Nicaragua se aprestaron a luchar contra Morazán, se apoderaron de los elementos de guerra que allá tenían y al mediar el 11 de septiembre Morazán estaba ya enterado del suceso y también los josefinos adversos a Morazán, encabezados por el señor Antonio Pinto. Zúñiga Huete, liberal hondureño, persiste en decir que los antimorazanistas hacían propaganda contra la acción de Morazán, asegurando que los adversarios en Centroamérica eran poderosos y que Costa Rica habría de sufrir las consecuencias de una segura derrota de Morazán. Y tenían razón quienes tal pensaban; porque ya el mito del Morazán invencible, estaba roto y ahora cualquier ejército pelearía frente a él con muchas esperanzas de vencer. Y hasta se copia un dudoso documento en que Carrera hace a algunos "recuerdos" a los costarricenses...

Naturalmente Zúñiga Huete acusa a don Pedro Molina de resentido, porque éste dice, poco tiempo después: "La revuelta fue popularísima: en ella intervinieron los pobres y los ricos y gente acomodada; los unos por la recluta forzada y los otros por el dinero; los eclesiásticos por los fondos de las obras pías". Irungaray, testigo presencial también, sostiene que: "Los jefes del general Morazán, con el auxilio de los comandantes locales, reunieron la gente, sin admitir excusas ni excepciones. Tales medidas surtieron sus efectos. Había ejército, había dinero; los cuerpos habían empezado a salir; pero no había voluntad ni opinión y sí muchas lágrimas y lástimas por todas partes. ¿Qué le importaban a este pueblo pacífico las miras grandes o estrechas de Morazán? El país no veía más que su gente sacrificada a los trabajos de la guerra y la muerte en expediciones lejanas, sus capitales consumidos, sus armas y pertrechos mal empleados y perdidos, y su buena armonía con los demás Estados destruida. No lo quiso sufrir y usó del derecho que compete a los pueblos oprimidos".

Esta es la absoluta verdad. Es cierto que Molina y su yerno Irungaray estaban resentidos con Morazán por el fusilamiento de Miguel Ángel Molina en Puntarenas, pero no por ese resentimiento se falta a la verdad, ya que, quien conozca la historia de Costa Rica y los hábitos de sus moradores, sabe que lo dicho es la verdad. Quizá por este conocimiento, el mismo Zúñiga Huete afirma: "Que la revolución contra el gobierno de Morazán había estallado en medio de un ambiente de escepticismo y repugnancia contra la empresa unionista y su caudillo, así como contra los elementos centroamericanos que formaban en el ejército que se preparaba para la expedición".

Verdad, absoluta verdad: los elementos centroamericanos, muchos de ellos borrachos, habían exacerbado al país, a sus hijos, violentando mujeres y atropellando civiles. Ya no les apreciaban, ya no les querían y por eso la revuelta fue popular y aceptada por todos... Sólo les faltaba, para ser igual a la de Guatemala, que cantaran la Salve Regina Mater...

¿Por qué censurar a Pinto y a los otros costarricenses que tomaron las armas o que conspiraron contra Morazán? ¿Por qué llamar extranjero, al señor Pinto cuando no era más que portugués, y los portugueses como los españoles habían sido los conquistadores de América y generadores de la raza criolla de la que se enorgullecen tanto los medio blancos que se dicen dueños de América? ¿No era más justo llamar extranjero a Saget que a Pinto? Asombra que Zúñiga Huete diga que de la casa de Pinto salió el yerno de éste a sublevar el batallón de josefinos... ¿Qué tanto poder tiene un solo hombre para sublevar un batallón? Lo que pasaba era que ese batallón estaba, como todos los ticos, descontento, resistiéndose a marchar y por eso pudo levantarlo y unirlo a la revuelta el señor Domingo Carranza... Finalmente, la ciudad de San José se echó a la calle y comenzaron a atacar los cuarteles de Morazán, los cuales cerraron sus puertas y se pusieron a la defensiva... Pero todavía hay más: Zúñiga Huete dice que Carranza quiso también levantar al batallón cartaginés, pero que éstos no aceptaron porque eran "leales a Morazán". ¡Ya verá Zúñiga Huete esa lealtad! Sin embargo, persiste este notable liberal en acusar a los carrillistas de ser los autores del levantamiento. Se disculpa esto, porque sigue a Montúfar en todo.

Todo el día 11 atacaron los cuarteles morazanistas. Morazán que gusta de amenazar dice al presbítero Antonio Castro: "Hablo a usted con franqueza: si no he batido a las pocas guerrillas que tirotean la plaza, es porque deseo, en lo posible, economizar sangre. No se me oculta que carecen de parque, y aún el que queman en sus débiles ataques, revela por su clase, la suma escasez en que se hallan...". Los historiadores morazanistas se extrañan de esta actitud de Morazán, porque su costumbre había sido la ofensiva rápida y violenta; pero se olvidan los que así piensan que Morazán se daba cuenta de que estaba frente a un pueblo de pie, colocado así por la desesperación y que sabía con claridad que, de perder, las represalias serían muy duras.

Destrozar una tropa en una batalla campal es cosa fácil. Destrozar un pueblo entero es cosa que ni Napoleón, ni Bolívar, ni nadie ha podido realizar. Y este era el caso de Morazán frente a los costarricenses de aquellos años. Quiso pactar con sus agresores, pero esa tendencia dio más valor a los que le combatían. Llegó el 12 de septiembre y la situación no cambió. Hasta por la tarde, cuando hizo su ingreso en San José el coronel Alfaro con los alajuelenses mejor organizados y entrenados, se aumentó el empuje. Estos desalojaron a los "cartagos" de su cuartel y los obligaron a replegarse a los de Morazán. Pero ni aun con esta derrota Morazán se atrevió a salir de sus reductos. Amaneció el día 13 y las cosas empeoraban a ojos vistas para Morazán, ya que los "leales" cartagos desertaron; de suerte que, puede decirse que Morazán tenía una tropa no mayor de 500 hombres, de los cuales la mitad era de salvadoreños u hondureños...

Lo grave para Morazán era que su familia: su esposa y sus hijos, estaban con él. Costó mucho sacarlos; pero al fin se logró esto. Quedaba, pues, sin trabas el caudillo. ¿Por qué no actuaba? Los morazanistas hacen subir el número de los atacantes a cinco mil, cuando bien sabido es que no pasaban del millar. Esto explica a los costarricenses las falsedades de los historiadores que hacen subir a millares y millares el número de "indios" que Carrera tuvo a sus órdenes el 13 de abril de 1839, cuando la verdad es que la tropa del caudillo no pasaba de 1500 hombres. En aquel momento de apuraciones, llegó el guatemalteco Ignacio Rascón con una corta tropa por el lado de Ochomogo, pero los josefinos lo derrotaron en La Nopalera. Ya en estos momentos Morazán estaba convencido de su derrota, puesto que comenzó a buscar un arreglo: ya no amenazaba con destruir a los alzados, pero todavía está soberbio cuando dice: "Tengo soldados, municiones y artillería numerosa, y sobre todo, mucha decisión; pero aún más que todo tengo un vivo interés en ahorrar sangre y víctimas al país". Esta expresión ya no es una amenaza: es una demostración de afecto, de cariño para enternecer...

Y comenzó a aflojar. Nada hay más grave para una persona acosada, para un militar sitiado, que comenzar a ceder. Todo paso hacia atrás impone dos del enemigo hacia adelante. Morazán, pues, estaba perdido. Pinto le ofreció garantías para su vida y sus propiedades; pero Morazán, con justicia y deber, pidió que tales garantías fueran también extendidas para los suyos, para sus jefes y oficiales. A esto se negó Pinto, porque más que contra Morazán, había odio mortal contra el traidor Villaseñor, y no obstante esto, Zúñiga Huete llama a Pinto "asesino de Morazán y de Villaseñor". Pero la situación de Morazán se agravaba y ya el 13 por la noche, sus efectivos se habían reducido, sus víveres, sus soldados aptos, porque había ya muchos heridos, mientras que los sitiadores acudían, aunque fueran de mirones, a aumentar el número de los atacantes. En esta situación, seguramente, recordó la noche del 18 de marzo del año 40 en Guatemala, cuando acudió al abandono de aquella ciudad y dispuso una salida salvadora en la misma forma que lo hiciera entonces: Cabañas, el aguerrido Cabañas, iba a la cabeza. La resistencia fue poco de parte de los sitiadores y Morazán y los suyos pudieron salir hacia Cartago. Esta salida de San José no le costó ni una docena de hombres ni llegaron a veinte sus heridos; no así en Guatemala donde dejó entre la plaza y las tres cuadras de su fuga, más de 400 muertos, no obstante que conocía Guatemala, sus alrededores y tenía a su lado una considerable legión de guatemaltecos militares que peleaban con él a su lado. En Costa Rica ese conocimiento era escaso y no tenía costarricenses conocedores que le señalaran el camino oportuno...

Por eso vaciló entre buscar Puntarenas, donde contaba con Saget e irse a Cartago, donde creía contar con Mayorga y su tropa. El hecho es que, cansado, agotado, seguramente preocupado por la suerte de su familia, Morazán se desmoralizó y no pudo imponer su voluntad. Por ello fue a Cartago, donde le apresaron fácilmente y le encarcelaron con severidad; dicen los historiadores que hasta lo engrillaron. Cabañas tomó el mando de la columna y se separó de Morazán... ¿Por qué? Nadie podría explicárselo. ¿Por qué se adelantó Morazán hacia Cartago con Villaseñor, Saravia, Molina, Vijil y su hijo Antonio Ruiz?

El caso es extraño y no admite explicación alguna fuera de la que algunos citan. Morazán pensó, quizá, que su tropa iba a ser perseguida y creyó que sería más fácil escapar con este pequeño grupo que con el ejército derrotado y sin esperanza de vencer.

Entre los jefes y oficiales que murieron en San José no llegan a 15 y son los siguientes: Manuel Antonio Lazo, Antonio Valencia, Isidro Melara, José Carmona, Vicente Alas y Guadalupe Cuchillas, salvadoreños: Francisco Gómez, Saturnino Ramírez, Estanislao Jiménez y Cipriano Alvarado, hondureños: el guatemalteco Mariano Morales y 4 cartagos y once heridos. El desastre, pues, no tuvo la magnitud del sufrido en Guatemala; pero en esta capital el jefe pudo escapar con vida, con tropa y con algunas esperanzas. En Costa Rica pudo romper el sitio; pero Morazán iba aturdido, se había desmoralizado y cayó prisionero de la manera más torpe, más ingenua, más inexplicable.

A las siete de la mañana estaba Morazán y su pequeño grupo en Cartago en casa de Pedro Mayorga, creyéndolo su amigo. La esposa de éste le hizo ver su error y ni aún así Morazán se echó a la montaña, escapando. La conducta de Cabañas, de Morazán y de todos sus hombres, es totalmente extraña, inexplicable: el desastre de su derrota fue completa...

Morazán fue engrillado juntamente con Villaseñor, Saravia y Vijil por las tropas que marchaban tras ellos desde San José. Todavía había para él algún respeto, pero luego el tratamiento fue de "prisionero de guerra". Villaseñor trató de suicidarse mediante una puñalada que se asestó en el pecho y Saravia mediante un veneno que llevaba consigo. Villaseñor sobrevivió para ser fusilado; pero Saravia murió rápidamente al estarle poniendo los grillos. Se ha sospechado que a Saravia lo envenenaron o que murió por causa de emociones enormes; pero todo es falso. Los adversarios que querían fusilar a Morazán y a sus amigos no iban a detenerse en buscar formas extrañas para conseguir su muerte; y en cuanto al veneno, era corriente en aquellos tiempos que la gente amenazada de muerte, o amiga de correr peligros, llevara consigo algún veneno activo.

El día 15 de septiembre, condujeron a Morazán a San José. Morazán, Vijil y Ruiz iban a caballo. Villaseñor en una camilla. Desde lo alto de la llamada Cuesta de Moras, los bajaron de los caballos y los hicieron llegar al centro a pie; algunos dicen que los descalzaron; pero la verdad es que no les hicieron nada, fuera de una que otra injuria. Era el medio día y sólo les notificaron que se les daban tres horas para arreglarse con su conciencia y disponer de sus asuntos personales. De esta manera, en el parque central, por donde estuvo mucho tiempo la Botica Francesa, fueron enfrentados al pelotón que los ajustició. Es decir, que ajustició solamente a Morazán y a Villaseñor, pues se respetó la vida de su hijo Antonio Ruiz y la de Vijil. Montúfar, como de costumbre, inventó aquello de Pinto sobre que si no se fusilaba a Morazán, se accidentaría su hija Petronila. Lo que se decía y era verdad, es que si no se fusilaba a Morazán, Pinto y los sublevados de Costa Rica, habrían pasado años de temor, en espera de una problemática victoria de Morazán en Centroamérica. Lo que hizo Pinto y los costarricenses lo habría hecho Carrera y los guatemaltecos: era una consecuencia lógica de la guerra y en ésta no había cuartel.

Naturalmente Zúñiga Huete dice "que el pueblo costarricense es inocente de las barrabasadas del coronel Antonio Pinto y sus allegados. ¡Qué vanamente se pretende descargar las responsabilidades de la muchedumbre! Todo el mundo sabe —dice— que las multitudes no tienen más ideas y propósitos que las ideas y los propósitos de sus dirigentes". De acuerdo, pero cualquier dirigente fracasa cuando no encuentra en la subconsciencia de esas masas el sedimento de una tendencia, de una idea sin plasmar, de un propósito que no puede aflorar simultáneamente en todos los hombres...

En el caso presente, los costarricenses se unieron porque les afectaba a todos aquella labor de Morazán, la cual nadie veía con patriotismo ni con entusiasmo. Todavía en nuestros pueblos escuchamos decir, cuando se les moviliza: "En la patria lo que quieran; pero fuera de ella, nada...". Y eso empujó a los ticos del pueblo; y las contribuciones y cargas a los de oposición económica también. ¿Qué les importaba a ellos Morazán, la unión patria, etcétera? Ellos sólo veían que se les arrancaba de sus hogares, que se les quitaban sus recursos y por ello aceptaron el llamamiento de Alfaro y de Pinto, como habrían aceptado la insinuación de cualquiera que la hubiere hecho...

Zúñiga Huete pretende defender del cargo de traidor que se vertió sobre Villaseñor. ¿Y qué otra cosa es aquel que recibe mando de fuerzas para defender una causa y en vez de defenderla se coloca bajo la bandera de aquel a quien debía combatir? Toda fraseología resulta inútil para pretender quitarle el cargo aludido a Villaseñor. Si hubiese sido un hombre honrado le habría dicho a Carrillo que nombrase a otro; que él no podía defenderlo o que no quería hacerlo; pero aceptar el cargo y llevar a los soldados sólo para entregarlos, es y será toda la vida una traición... ¡Ya vería yo a un militar cualquiera a quien Zúñiga Huete hubiese dado el mando para combatir al general Carías, por ejemplo, y que en vez de irlo a combatir se hubiese puesto a la orden de éste! Zúñiga Huete lo habría fusilado por la espalda, indudablemente...

Hay una enorme diferencia entre Barroeta y Villaseñor. Aquél dijo que habían salido a pelear, no a pactar. Ese hombre cumplió como los buenos. Villaseñor no. Pero no debemos insistir en esto, y veamos cómo después de la muerte de Morazán, la calma y la paz retornan a Centroamérica. Desgraciadamente en nuestros Estados no había ni estadistas ni hombres de poder dictatorial, y nada se pudo remendar. Había quedado la patria demasiado destrozada y los sentimientos demasiado exaltados, en los cuales germinaba el localismo, para poder rehacer lo que Morazán había destruido en más de diez años de guerras inútiles, costosas, sangrientas, pero absolutamente estériles.

Morazán fue un caudillo, indudablemente. Tuvo, como tal, contornos de héroe, de soldado valeroso y audaz, aunque su excesiva confianza lo hizo, dos veces, perder las acciones definitivas, como ésta de San José de Costa Rica que puso término a su vida. Cuando dejara El Salvador, al ser derrotado por Carrera, él mismo comprendió que su ausencia del país "era una necesidad", una "urgente necesidad". "De esta expatriación creía él que dependía la integración y la salvación de Centroamérica". Pero esa integración ya estaba destruida porque Morazán fue el campeón del distanciamiento de los Estados. Siempre que destituyó a un jefe de Estado, lo hizo por cuestiones personales, más no con el objeto de fortalecer el poder de la Federación que era lo que Arce había pretendido y que seguramente habría conseguido.

Un hombre con visión amplia y bastante, habría buscado el centro de los tres Estados limítrofes y habría establecido la capital federal en Chiquimula, en Santa Rosa Copán, o en Esquipulas. Habría construido caminos, edificios, etcétera, y en este sitio hubiera organizado un gobierno federal fuerte, muy superior al de los Estados, a los cuales había que ir debilitando paulatinamente para que sobre saliera la fuerza única de la Federación. Era ésta la única manera de salvar al país, y esto no lo pensó jamás Morazán. Por eso yo califico de estadista a Arce y lamento que no se le hubiese ayudado en su campaña unificadora. Si Arce logra —como lo estaba logrando ya— que Guatemala, Honduras y El Salvador se sometieran al poder federal, la patria se hubiera salvado. Morazán pudo hacer esto, porque tuvo más fuerza; pero toda ésta se desvió hacia los Estados, con lo cual destrozó el poder de la Federación que, sin armas, sin dinero, sin territorio propio, nada pudo ante las fuerzas egoístas de las viejas provincias. Al contrario, el odio que fomentó contra Guatemala ahondó más la separación. Su inclinación hacia los liberales, que eran los débiles, lo empujó a reformas que el país no aceptaba de momento.

Si él hubiese aceptado la dictadura, ya que de hecho era dictador, de parte de los conservadores, posiblemente éstos le habrían empujado por los caminos lógicos de la unidad patria. México —y esto lo hace observar García Granados en sus memorias, cuando relata su llegada a San Cristóbal, en Chiapas— vigorizó el poder militar de la Federación y dejó inermes a los Estados. García Granados observa que esta política salvó la unidad mexicana. Pues eso era lo que convenía a Centroamérica; pero aquí estábamos borrachos de independencia entre los Estados, y el resultado fue el desastre que ha durado un siglo y tercio, sin que haya siquiera la esperanza de lograr la unidad nacional.

¡Qué fuertes son las pasiones! Zúñiga Huete ocupa varias páginas para detallar los sucesos que pusieron término a la existencia de Morazán y hace duras acusaciones a los victimarios; defiende la traición de Villaseñor y condena al padre Blanco que fue, según dice, a exhumar los cadáveres sólo para verlos de nuevo. También señala que los curiosos que querían ver a Morazán en la entrada de la noche, cuando los cuerpos permanecían tirados en el sitio del fusilamiento, llevaban candelas para mirar mejor. Esas velas las colocan siempre los espíritus católicos como faros que alumbran el camino de la eternidad. Pero lo que no señala Zúñiga Huete es que hubo alegría en el pueblo costarricense; la hubo en Honduras, cuna de Morazán, la hubo en Guatemala y, asómbrese el lector, la hubo en El Salvador, porque millares de hogares salvadoreños, que habían quedado en la orfandad por la muerte de algún varón en los campos de batallas constantes, a los cuales les llevaba Morazán, se sintieron libres de ese temor con los muchachos que alcanzaban la edad militar.

Si Morazán, al entrar a Guatemala, el año 29, no comete los actos que le distanciaron de los hombres ilustres de dicho Estado; si en vez de entregarse a ratificar las venganzas de los liberales, hace un gobierno nacional, los conservadores le habrían rodeado y éstos le hubieran sacado por el buen camino. Don Rufino Barrios, cuando llegó a la presidencia de Guatemala, dijo que los liberales eran buenos para las realizaciones materiales, para bullangueros; pero que el país necesitaba de los conocimientos de los conservadores y con éstos realizó todas las reformas administrativas e ideológicas que hicieron brillar la revolución del 71. Los Códigos, la Constituyente, las reformas todas, fueron obra de los conservadores. Los liberales no servían más que para atormentar, para perseguir adversarios y para hacer las fiestas conmemorativas de la revolución. Pues Morazán cometió el primer error al expulsar más de 60 familias cuyos representativos valían tanto.

Desde el momento en que anuló la capitulación de Guatemala, firmó su derrota definitiva cuyo epílogo acabamos de ver en San José de Costa Rica. Era bastante el heroísmo de los conservadores guatemaltecos para haberlos tratado con decoro, con respeto, no como se hace con los hombres de un país conquistado. Después de aquel acto, vino la expulsión, la cual también se produjo en Honduras con los elementos valiosos de tal Estado. Después de esto toda reconciliación era imposible. Y aún así, cuando el país estaba zozobrando, le ofrecieron la dictadura; naturalmente, una dictadura con ellos, lo cual no admitió Morazán que ejercía la dictadura estéril con los liberales. Sin el pleito de Morazán con los conservadores, el gobierno del Estado se habría trasladado a la Antigua Guatemala y la ciudad capital del viejo Reyno habría seguido siendo siempre la capital de la República.

Fue, pues, culpa del liberalismo la derrota política de Morazán, la anulación de su administración y la causa de su caída y de su muerte. Las ideas liberales en Guatemala habían empujado a los chiapanecos a la anexión de su Provincia a México, estas mismas ideas rompieron la unidad de las provincias que quedaban unidas. Examínese sin pasión este proceso y se comprenderá que decimos la verdad; verdad que los liberales ocultan culpando a los conservadores. La misma tontería de trasladar la capital de la Federación a Sonsonate, demuestra que fueron tales errores los que minaron tan hondamente a la nación.

CAPÍTULO VI: EN EL PATIO SOLO QUEDA CARRERA

Termina, en consecuencia, la obra del primer actor en estas páginas. Sólo queda el otro, dueño de Guatemala, aunque todavía no convertido en árbitro de tal Estado y de una parte de la muerta Federación. Hacia allá volvamos nuestra marcha, para ver qué hizo el "porquerizo", cuáles fueron sus pasos y hasta dónde llegó. Naturalmente, esta es tarea dura porque todos los documentos que revelan la grandeza de Carrera se han perdido; mejor dicho, los han destruido los liberales que, después de su muerte, gobernaron el país sin la menor interrupción, y en las escuelas fue obligatorio el dogma que condena a Carrera como bárbaro, como destructor de la Federación y como el representativo de la barbarie y del oscurantismo. Porque siempre se nos enseñó eso: en cambio nunca se nos dijo nada contra Barrios, nada contra el tratado del 82, nada contra el fusilamiento de varias municipalidades de San Marcos, nada de nada. Era la conspiración del silencio, del ocultamiento de todos los errores y fallas del liberalismo: pero, en cambio, nos grabaron en la memoria frases lapidarias: los "treinta años de oscurantismo", "la hidra conservadora", el "indio bárbaro y salvaje", etcétera.

Menos mal que Barrios no permitió retornar al pretendido proyecto del Estado de Los Altos, ni permitió otras cosas que habrían empequeñecido a Guatemala; tampoco lo permitió Estrada Cabrera, quien hasta los arcos que se construyeron en Quezaltenango, para conmemorar los heroísmos del 97, mandó suspender, y Ubico hizo destruir la famosa torre de la Federación. De suerte, pues, que a Carrera debemos nosotros esta pequeña patria que nos enorgullece y por ese solo hecho, Carrera merece no sólo estatuas, sino el respeto de los historiadores que, envenenados por el liberalismo, se dedican a injuriarlo, a menospreciarlo, a reducirlo a nada. ¿Qué nos dejó Morazán? Nada, absolutamente nada; en cambio su adversario nos dejó a Guatemala extendida hasta México y eso vale más que todas las falsas victorias de Morazán y del liberalismo.

Montúfar critica acerbamente la situación fiscal de Guatemala en los días recientes a la victoria total de Carrera. La situación, en verdad, era mala. Pero no era consecuencia de la presencia de Carrera, sino de la pobreza general del país. ¿Había estado mejor en los días de Gálvez? ¿Había estado mejor en los días de Morazán? No; al contrario, estas administraciones habían sido la causa del empobrecimiento. Debe recordarse que la revolución de la montaña había destruido fincas, ganaderías, aldeas, y el gobierno de Gálvez había llegado hasta ordenar la evacuación y abandono de pueblos enteros. Y una revolución triunfante no reforma toda esta situación en un par de meses. A todo esto agréguese que los liberales hacían una resistencia terrible a la reconquista conservadora del poder. Los mismos magistrados renunciaban por falta de pago de sueldos y ninguna gente de claro talento se permitía hacer una reforma fiscal porque el país no podía servir de base a ninguna, ya que estaba empobrecido, amenazado de guerra y desorganizado en diez años o más de agitaciones constantes.

Por otro lado ¿qué país de América estaba en mejores condiciones que Guatemala? México, tan rico, tan extenso, tan poblado, pasaba por la misma pobreza. García Granados había estado por aquel hermoso y gran país y cuenta cómo andaba la economía en general en aquellas tierras. De suerte que Montúfar es injusto cuando critica aquella situación, y más aún cuando la achaca a Carrera, a los serviles, a la Iglesia que recobra sus diezmos, sus privilegios. Si los recupera hoy, a más de cien años de distancia y de liberalismo crudo, ¿cómo no iba a recuperar entonces sus privilegios perdidos hacía menos de una década? ¿Qué podía hacer un gobernante con un país como Guatemala, donde los escollos a la reorganización surgen a cada paso? Los Altos, resentidos, no prestaban su colaboración; los liberales, caídos, saboteaban todo intento reorganizador; los conservadores, ocupados en afirmar su poder, no se preocupaban de la economía productora. Igual sucedía con la Iglesia. El fusilamiento de Morazán daba siquiera la esperanza de una era de paz larga; pero no del todo ideal para recuperar todo lo perdido...

Ni siquiera tenía el gobierno sus viejos edificios. Morazán había vendido a don Basilio Porras y a unos franceses el Palacio de los Capitanes Generales, así como casi todos los bienes de la Iglesia, y el dinero no había entrado a las arcas del Estado: unos compradores no pagaron; otros pagaron la mitad de lo pactado; poquísimos pagaron todo en los plazos convenidos, y eso que los precios de venta fueron irrisorios: precios de quemazón, porque nadie quería comprar en precios legítimos, por temor a la revancha de los despojados. Sin embargo, la Iglesia no reclamó nada y sólo se conformó con que le devolvieran sus diezmos, sus privilegios y a algunos edificios. Lo demás lo dio por bien perdido.

Entramos en esta década oscura de nuestra historia, porque del año 40, después de la derrota de Morazán, al año 50, poco es lo que hay como documentación histórica. Pero debemos advertir que la lucha de Carrera en estos momentos, no es ya contra el liberalismo. Los conservadores, los serviles como dice Montúfar, odiaban a Carrera y se burlaban cuanto podían de él. Le odiaban, pero le temían y en más de una ocasión hablaron ciertos políticos de tal partido de eliminarlo; pero Morazán estaba vivo aún y para enfrentarse al caudillo liberal, sólo se contaba con Carrera. Lo demás era impedimenta. Los diputados a la Asamblea del Estado llamaron a una junta de notables y aquí se habló de que había que salir de Carrera, que devolverlo a sus montañas; y esto, que fue sabido por el caudillo, le disgustó mucho. El más audaz para tales proposiciones era el padre Viteri, quien proponía capturar a Carrera y liquidarlo, tal como Zavala propusiera, años más tarde, una "acción" para salir de don Rufino Barrios.

Y Viteri estaba en el gabinete de Rivera Paz. Este personaje, cansado de tanta dificultad, pues le había tocado el tiempo más duro, renunció al cargo de presidente, y la Asamblea se la aceptó, pero con la triste condición de que siguiera ejerciendo sus funciones mientras se encontraba sucesor. Y quizá por mofa o quién sabe por qué, se eligió al caudillo Carrera; pero éste no era lo tarugo que piensan muchos y respondió con su no aceptación y unas frases muy reveladoras: "Yo he sido nombrado por los pueblos para sostener sus derechos, no para ocupar la silla presidencial". Esto, en buen romance, quería decir que de él no se mofaban fácilmente.

Pero la Asamblea no cejó y nombró una comisión integrada por Aycinena, Pavón y Porras para que fueran a la casa del montañés para suplicarle que se hiciera cargo del mando supremo. Carrera no se dejó convencer y despidió a la comisión con alguna dureza. No podríamos saber si este acto de la Asamblea era sincero; pero lo hace suponer el hecho de que se insistiera tanto. Por fin aceptaron la renuncia de Rivera Paz y eligieron a don Venancio López. Más, en aquellos días, la presidencia no era cargo apetecido y López renunció insistentemente hasta que le fue aceptada tal renuncia. Eligieron a don Bernardo Lemus a continuación y tampoco éste aceptó. ¿Qué pasaba con aquella Asamblea que no consultaba antes con los candidatos? Por no hacer esto, sufría tanto desaire al grado de hacerse mofa de tales elecciones, pues hasta hubo alguno que propusiera a su caballerizo para el cargo. Como nadie aceptaba, Rivera Paz tuvo que seguir en el potro.

Montúfar dice: "Rivera Paz continuó al frente del gobierno en apariencia; pero quien en realidad mandaba era Carrera, cuyas exigencias eran incompatibles con el genio fogoso de Viteri. Este solía emitir conceptos muy claros sobre la miserable situación del país. Carrera lo sabía y lanzaba terribles amenazas".

No había tal. Lo que sí había era una profunda desconfianza de Carrera, porque los conservadores la querían eliminar. Viteri le llamaba "Ñor Rafail", y esto, por muy ignorante que fuera Carrera, lo indignaba. Llegó el caso bien penoso en que, cuando Carrera pedía el pago de sus fuerzas en los primeros días de diciembre del año 41, Viteri reprendió a Carrera como a un mozo cualquiera y Carrera estuvo a punto de matarlo; pero, variando de actitud, prometió firmemente destruir al gobierno con la fuerza a su mando, a lo cual contestó Viteri, siempre burlón: "Nosotros tenemos las fuerzas de la razón, que pueden más que la fuerza bruta". Ante esto, Carrera exigió al gobierno y éste tuvo que darle amplias satisfacciones. Carrera había dado entrada a sus ayudantes. Naturalmente Montúfar hace amarga broma de este incidente, diciendo que Carrera creyó que las fuerzas de la razón era un ejército y que Rivera Paz tuvo que darle explicaciones satisfactorias. Cosas de don Lorenzo para empequeñecer a Carrera, sin fijarse que empequeñece a Guatemala y no al caudillo que, ignorante, supo ser algo más que otros nacidos entre "sedas y encajes".

Que el gobierno todo estaba limitado en su acción, era verdad. Pero no lo ha estado siempre así, cuando hay un gobierno débil y un ejército, no de montañeses, ¿sino de tropa de línea y aun de escuela? ¿Qué podía García Granados frente a don Rufino? Pero Montúfar quería que se procesara a Carrera. ¿Vio alguna vez don Lorenzo que alguien le pusiera el "cascabel al gato?". ¿Qué habían sido todos los liberales ante Morazán? Aquella situación cansó a Rivera Paz y repitió su renuncia y de nuevo eligieron a don Venancio López presidente del país, en su calidad de consejero. Entonces no se exigía la calidad de nacional por nacimiento para ser presidente y López, que era nicaragüense, asumió el mando porque era un hombre de fama como jurista. Montúfar pinta un cuadro bastante desconsolador de este personaje, pero con todo, le hizo frente a la situación. Comenzó por autorizar un préstamo forzoso de 40,000 pesos y luego con intervenir los bienes de la mortal del presbítero Bernardo Martínez, personaje sumamente rico y sin herederos. Montúfar acusa a Carrera de estos atropellos, pero se calla que fue el presidente Martínez, jurista notable, el que dictó el acuerdo de incautación de tal herencia.

Carrera seguía acosado por los temores: esperaba un asesinato, una detención inesperada, una emboscada cualquiera. Sus adversarios eran muchos; los galvistas liberales, los liberales barrundistas, los morazanistas, los propios conservadores y hasta la gente de Iglesia que quería de Carrera más de lo que había recuperado de sus privilegios y propiedades. Era tal la situación en aquellos días, que ni un edificio propio tenía el gobierno y sus oficinas estaban en la. décima avenida y octava calle, en la esquina opuesta a Santa Rosa, casa donde tuvo lugar el choque de Carrera con Viteri. En esta situación Carrera anunció su retiro del país, pidiendo pasaporte, como lo haría años más tarde. Montúfar dice que "No era cierto que quisiera irse. Él quería que se le rogara y que se le colmara de honores y dinero" y que por eso, el diputado Murga mocionó en la Asamblea para que se le dieran terrenos abundantes.

Aquí hay un párrafo de Montúfar muy interesante, muy revelador. Dice así: "Tramitándose estaba —la moción de Murga— cuando se recibieron noticias falsas, comunicadas de El Salvador por Malespín, de que el general Morazán había desembarcado en Nicaragua y que estaba en Granada. Carrera ya no volvió a pedir pasaporte, ni a solicitar que se reuniera un concilio, ni a reñir al señor Larrazábal, ni a dar proclamas contra la excelsa aristocracia. Todos los elementos de discordia desaparecieron, y sólo se pensó en Guatemala, en conservar el orden, la tranquilidad, la paz, la justicia, la legalidad de que el país felizmente disfrutaba, y en prepararse para combatir al monstruo, cuyo arribo a nuestras playas anunciaba el probo y benéfico Francisco Malespín".

Pues todo esto que Montúfar cita sarcásticamente, era verdad. Carrera no iba a salir del país en una hora de peligro; no iba a tomar otras medidas con el enemigo en Centroamérica. Si lo hubiese hecho, le llamarían hoy cobarde y, como dice sarcásticamente Montúfar "sólo se pensó en Guatemala...". Sí, sólo se pensó en Guatemala porque si Morazán volvía a dominar, vendría de nuevo la anarquía, el Estado de Los Altos, las luchas, la guerra en la montaña. ¿Era eso conveniente para la patria? Para los liberales, sí; para los patriotas, no.

Uno de los cargos que los liberales hacen a Carrera es el de la muerte de un "marimbero" llamado José María Andrade. No hay ataque escrito contra Carrera que no contenga este cargo, especialmente por don Lorenzo Montúfar, que lo cita millares de veces. Y el caso no es para tanto, dada la época y los sucesos que lo motivaron. Carrera, caminando por las calles, fue agredido por un hombre. Los acompañantes de Carrera rechazaron al agresor; pero no pudieron evitar que le hiriera. El "marimbero" fue asesinado, dice Montúfar... ¿Qué habría hecho el señor Montúfar, si como ayudante de un jefe militar no defendiera a éste de una agresión? Cuando al general Barrios, en Sacapulas, lo agredió el padre Pagés con motivo de recibir unos chicotazos del presidente, sus ayudantes le mataron.

Cuando un cadete, Víctor Vega, disparó su arma contra Estrada Cabrera, los ayudantes de éste, atacaron al cadete y lo hirieron, fusilándolo al día siguiente, y en la propia hora al capitán de la compañía, Emilio Maldonado..

Pues eso hicieron los ayudantes de Carrera. Posiblemente el marimbero no sabía quién era aquel hombre a quien atacó, aunque por el acompañamiento, debió entenderlo. Nadie sabía qué clase de herida había recibido Carrera; le vieron sangrar y atacaron al agresor matándolo. Así, pues, ¿merece que la historia llame "asesinos" a estos defensores de su jefe? Pero la rabia de Montúfar no se detiene en este vocablo: carga duro contra Rivera Paz y contra su ministro, el padre Viteri, de quien dice que mandó que el cadáver del desgraciado marimbero fuera llevado a la Plaza de Armas, donde le descuartizaron y sus pedazos fueron colocados, como escarmiento, en los sitios públicos. Esto sucedía en el mes de agosto, en los días primero; pero no se hizo esto ni por cuenta de Carrera, ni de Rivera Paz, ni de Viteri: lo hizo la soldadesca, los fieles montañeses de Carrera que esperaban este atentado de un momento a otro, no procedente de un marimbero, sino de altos dirigentes políticos. Ya lo habían dicho: quien toque al jefe, será muerto por nosotros, y así lo cumplieron. ¿Quién garantiza que el marimbero no era un asesino contratado para el crimen? Pero hay algo más: recuérdese que Morazán, a sangre fría, con notoria injusticia, ordenó el fusilamiento del suegro de Carrera en Mataquescuintla, que después lo decapitaron y colocaron su cabeza a la entrada del camino cerca de su casa. Y aquel hombre era honrado, el más respetado y querido en Mataquescuintla y nada había hecho contra Morazán... ¿Por qué Montúfar no llama asesinato aquel acto cometido por el caudillo liberal?

Pero la lógica de don Lorenzo es extraña: Dice él "el padre Viteri atribuye a la tropa los atentados que al gobierno se imputan. ¿Y quién mandaba la tropa? ¿La mandaba el gobierno o se mandaba ella sola? Si la mandaba el gobierno y el no pudo impedir el acto de caníbales imputado al gobierno, éste no daba seguridad, no daba garantías, era un ridículo y miserable simulacro. Si la tropa estaba mandaba por el gobierno, éste es responsable de los mencionados actos de barbarie".

Páginas atrás ha dicho don Lorenzo que el gobierno "no era más que un parapeto, que la única voluntad respetada era la voluntad de Carrera...". Pues eso era en realidad. Don Lorenzo sabía cuándo escribió esta acusación histórica, que Rivera Paz no tenía la fuerza del caso para imponerse a Carrera; sabía que Carrera era una necesidad y, por lo tanto, la tropa de Carrera, cuando hirieron a su jefe, se tomó la atribución de castigar al hechor y lo castigó con menos crueldad que Morazán había creído castigar al inocente Pascual Chúa... La tropa pidió el cadáver y no hubo más remedio que entregarlo. ¿Pero fue verdad lo del descuartizamiento? No, señores, fue sólo la mutilación de las manos, a las cuales se quería dar el símbolo de culpabilidad. A un acto sin mayor importancia ante los que se han visto después en pleno "siglo de las luces", le da Montúfar una extensión considerable. Es la saña temible y cuando don Lorenzo escribía estas páginas, estaban cercanos los sucesos sangrientos ejecutados por don Rufino y por Barrundía—don Martín— en las personas del llamado atentado de la Bomba del Teatro. Ya habían pasado los asesinatos de Kopesky y sus numerosos compañeros, quienes no fueron descuartizados, pero sí fusilados en esa misma plaza principal, al pie de la estatua de Carlos IV, por delitos no realizados en ambos casos. ¿Qué habría sido de los que hubiesen derramado la sangre del caudillo del 71? Ya había sido quemado Sixto Pérez en las bartolinas de la Segúnda Sección de Policía (convento de Santa Catarina), ya habían ocurrido centenares de hechos bárbaros de parte de los esbirros de don Rufino y de ellos nada dice don Lorenzo; porque Barrios fue para él un criminal y un asesino, hasta que lo reprendio en Nueva York, por las cosas del tratado de límites del 82.

Ochenta años después nosotros vimos despedazar más de una veintena de ciudadanos que no eran simples marimberos en esa misma Plaza de Armas, por las turbas de la capital, ebrias de libertad, a la caída de Estrada Cabrera en abril de 1920. Y esas turbas no eran los montañeses de Carrera, ni vengaban el atentado contra un jefe querido, casi tenido como un dios. Vengaban a miles de ciudadanos que habían sufrido bajo aquel régimen. Esas turbas estaban integradas por gente de la ciudad más culta del país: eran "chancles aguacateros", religiosos fanáticos, gente de todas las clases sociales que pedían "otro toro", después de matar a cada hombre despedazado por sus manos. ¿Cómo no iban a ser brutales aquellos montañeses que veían herido a su jefe, a su dios? No cabe duda que don Lorenzo se extiende en esto, porque es un cargo contra Carrera, el hombre por quien Guatemala puede todavía ufanarse de ser el país más poblado y grande de Centroamérica...

Estos cargos corren pareja con los ataques al mismo Carrera, a quien se acusa de haberse raptado a una muchacha en Atescatempa. Y por esto se le llama salvaje, inmoral, despreciable; pero Morazán que engendró un hijo en una dama casada, viviendo ésta con su marido, sigue siendo un hombre de gran moralidad. Y esto de Carrera lo inserta Morazán en su manifiesto de David, callando lo suyo, que puede comprobarse en las páginas de Zúñiga Huete. Así son las cosas y por eso nunca dejará de cobrar veracidad el adagio de que siempre los "patos tiran a las escopetas". Pero quienes más hacen resaltar estas pequeñeces, son los historiadores liberales, muchos de los cuales tienen buenas páginas de inmoralidad, tan visibles como la del peor cachureco. Pero la vida privada de un hombre, sobre todo en materia de amores, no importa ante sus actos públicos, si estos llevan el sello de un desbordante patriotismo, como en el caso de Carrera. ¿Qué valen cien muchachas de Atescatempa ante la integridad de nuestra patria?

CAPÍTULO VII: SIN MORAZAN, CARRERA DESMERECE

La figura de Rafael Carrera se había levantado, más de lo natural, por la existencia de Morazán. Una vez desaparecido este valeroso jefe, nadie podía enfrentarse al caudillo guatemalteco; pero la misma ausencia de su adversario le colocaba en una difícil situación. Los conservadores, muerto Morazán, ya no necesitaban de Carrera, y era lógico que muchos pensasen en deshacerse de él. Carrera lo advirtió sin duda y por eso fue más cauteloso, más lleno de malicia y de sospechas. Pero antes veamos lo que sucedió en Guatemala en el paréntesis comprendido entre la derrota de Morazán en Guatemala y su derrota y muerte en San José de Costa Rica.

Más de un mes se llevó en llegar la noticia de la muerte de Morazán. En Guatemala se tuvo relación de ella hasta el 17 de octubre. Confirmada la noticia, Rivera Paz lanzó un breve manifiesto al pueblo, en el cual campean estas dolorosas frases: "Morazán, el enemigo obcecado del orden, de la prosperidad y de la libertad de los pueblos, ya no existe. Terminó su carrera de un modo desastroso en Costa Rica, en la ciudad de San José, el 15 de septiembre, aniversario glorioso de nuestra independencia...".

No cabe duda que en Guatemala, en Honduras, y aún en El Salvador, hubo cierta satisfacción ante aquella muerte. Todos sabían que viviendo Morazán la paz de Centroamérica no podía existir. Y nosotros pensamos que de nada habría servido que Morazán hubiese vuelto a dominar en a algunos Estados o en todos de la muerta Federación, porque si era buen guerrero no era igual estadista. Y de nuevo, para fundar este juicio, nos preguntamos: ¿Dónde estuvo el estadista durante diez años que gobernó a su antojo estos pueblos? ¿Qué dejó sólido y durable? Por eso creemos que, ya con más edad y menos fama, nada habría hecho por la reconstrucción de la patria que había muerto en sus manos.

Derrotado y fusilado en San José, Morazán dejó al garete a sus amigos, a sus soldados. Saget, el famoso aventurero, pensó en volver a El Salvador, y después de sus idas y venidas en Puntarenas, donde estaba con tropas suficientes para enfrentarse a los costarricenses, aceptó la ayuda de aquéllos para retornar a El Salvador. A bordo del barco costarricense llamado "Coquimbo" retornaron los soldados de Morazán. Eran ellos, entre otros muchos, Saget, Cabañas, Gerardo Barrios, Álvarez, Espinoza, Angulo, Cordero, Asturias, Bulnes, Pardo, Bonilla, Ignacio Zepeda, Manuel Zepeda, Ruiz, Lozano, Joaquín Rivera, José Antonio Milla, Cacho, Souza y Orellana. Citamos la lista que nos da Montúfar, porque queremos señalar que casi todos estos fueron después los generales que invadieron Guatemala con Vasconcelos y que Carrera derrotó en La Arada.

Gobernaba en El Salvador don Juan José Guzmán y estaba en vigor el tratado firmado entre El Salvador y Guatemala, por el cual ambos países se comprometían a no permitir el regreso de Morazán, ni de sus amigos y colaboradores. ¿Qué podría hacer este gobernante? ¿Abriría los puertos a los caídos o se los cerraría? Porque lo grave era no sólo la presencia de aquellos 206 soldados, sino que portaban, además, mil fusiles y sus municiones: eran, en consecuencia, una fuerza armada. Guzmán contestó a Malespín, comandante del puerto donde atracó el "Coquimbo", que consultaría con los gobiernos de los otros Estados con los cuales lo ligaban compromisos formales. Esta negativa era exclusiva para los jefes, pues los soldados salvadoreños fueron recibidos inmediatamente y aun los no salvadoreños. Así, pues, sargentos, cabos y soldados con el armamento citado, fueron desembarcados.

Honduras protestó contra el asilo citado y otro tanto hizo Guatemala. Honduras no tenía suficiente razón, pero Guatemala sí, y lo prueba el hecho de que diez años más tarde, todos aquellos famosos "coquimbos" fueron soldados invasores de Guatemala. Pero, de todos modos, nuestra opinión es que hubo excesiva dureza con los derrotados en Costa Rica. Por esa misma dureza, el presidente Guzmán aceptó a todos los perseguidos, a los que no tenían por aquel entonces más patria que el mar. Lástima que hizo todo después de haber consultado con los otros Estados: porque si no lo hubiese consultado, la acción no habría tenido la oposición que tuvo. De todas maneras, es digna del recuerdo esta actitud generosa de Guzmán, especialmente porque la mayoría de los "coquimbos" eran salvadoreños. Morazán, al ser derrotado en Guatemala, había dejado

480 muertos salvadoreños en la plaza de la capital; al ser derrotado en Costa Rica había dejado allá 300 y la mayoría eran salvadoreños, pues los hondureños y guatemaltecos no hacían ni el quince por ciento de sus fuerzas.

En Honduras fue gobernante dos veces el general Francisco Ferrera, sobre quien Montúfar vierte tantos epítetos virulentos y calumniosos que quizá sólo Carrera le supera en tales honores. Ferrera peleó siempre contra Morazán y, aunque con mala suerte, no por ello deja de ser un buen soldado. Ferrera y Carrera caminan de acuerdo y esta unidad que llegó hasta tener ambos Estados la misma representación consular y diplomática, merece a Montúfar duros reproches, duras cargas de odiosidad contra ambos. Debe advertirse que en Honduras se combatió más a Morazán, donde se le atacó más sistemáticamente y cuando su muerte, no sólo hubo alegría, sino que se comentó agriamente su testamento. Y debe recordarse que Honduras era la patria chica de Morazán, el patio de sus primeros triunfos...

En cambio, El Salvador, con Guzmán al frente, comenzó a alejarse de Guatemala y también Malespín, que era personaje de los afectos de Carrera, comenzó a dar muestras de alejamiento. Ya en junio de 1843, don Norberto Ramírez, especie de ministro general salvadoreño, dice: "...El general Carrera y los que le dirigen, quieren destruir estos bienes por medio de una agresión injusta a todas luces con el fin de extender su dominación arbitraria, y lograr por vías tan ímprobas y tan opuestas a los principios que profesamos, y que sostiene la cultura del siglo; no una organización cual conviene a pueblos libres y civilizados, sino un sistema de degradación oprobiosa contra la voluntad pública...".

Se mantenía en El Salvador una ruda campaña en un periódico oficial llamado "El Amigo del Pueblo", donde se hacía mofa de Carrera, del gobierno de Guatemala y de la supuesta intervención del cónsul inglés, el famoso Chatfield, y era natural que esta campaña demostrara a los dirigentes de Guatemala que no debían ser amigos de los que dirigían El Salvador, no obstante que allí estaba Malespín, a quien se llama "hechura de Carrera". Entonces, se dice, que de Guatemala comenzaron a levantar los ánimos de los llamados "volcaneños", o sean los campesinos del macizo montañoso de Santa

Ana y Ahuachapán. Efectivamente había en tales sitios alguna agitación y de ella se acusa a Carrera. ¿Pruebas? Ninguna; más por lo que fuere, se realizan por parte del gobierno salvadoreño algunas ejecuciones en gente que se suponía de acuerdo con Guatemala. Pero don Manuel José Arce que, ya anciano y abatido, todavía intentó actuar en la vida salvadoreña por aquellos días, hizo una formal denuncia de toda esta tramoya, mediante una hoja suelta publicada en Honduras. Montúfar la reproduce íntegra, pero carga duro contra Arce, quien no merece esa agresión. Debe advertirse que don Lorenzo, amigo de los documentos, inventa algunos, según opinaba don Manuel Cobos Batres, pero este papel sí parece ser auténtico.

Nunca nos hemos explicado el odio manifiesto que don Lorenzo expone contra la familia Aycinena. Aunque fuera verdad cuanto se dice de tal familia en la política, no amerita tal actividad, esencialmente política, la dura carga que don Lorenzo hace contra ella. Mal que bien, dicha familia, mejor dicho, sus mejores elementos, han sido personas de cierta importancia en la vida nacional y no merecen que se les trate en tal forma. ¿Habrá algo personal y desconocido por nosotros que imponga esa conducta en don Lorenzo? Pensamos esto porque el sectarismo político no puede llegar hasta tal grado. Para don Lorenzo hasta los temblores deben cargarse en la cuenta de los serviles, y éstos son representados por Aycinena, Pavón, Batres y, desde cierta fecha, Carrera...

No hablamos a ojos de buen cubero. Toda la Reseña Histórica de don Lorenzo está cargada de estas acusaciones. Hay párrafos como éstos: "En marzo de 1823 concluyó la desastrosa guerra que los nobles hicieron a las provincias centroamericanas para uncir el país al yugo imperial de Agustín".

"La casa Aycinena estuvo de júbilo. Su mayorazgo, herido a muerte, como todos los mayorazgos españoles por sabios decretos de las Cortes de España, quedaba asegurado y el título de marqués subsistía sin que nadie pudiera profanarlo".

"Don Juan José, no sólo era marqués de Aycinena, sino Gran Cruz de Guadalupe, y Grande del Imperio mexicano...". Pues esto debe demostrar a Montúfar que el referido marqués, no era cualquier cosa y es lástima que sus familiares no hayan publicado toda su obra literaria y política, porque entonces se comprobaría que tales condiciones no eran producto de su riqueza, sino de su talento. Pero don Lorenzo persiste en la carga contra la referida familia, lo cual hace pensar que algo más hondo hay en esa enemistad...

Pero volvamos a Guatemala, donde Carrera sigue de comandante general de las armas. No cabe la menor duda que los conservadores pretendían ir más lejos hacia atrás en la reivindicación de sus tendencias, y por ello el liberalismo trataba de quitarle a dicho partido el gran baluarte que era para los llamados serviles el general Carrera. Pero Guatemala tenía otros muchos problemas que atender...Mientras Morazán agitaba con su presencia a Centroamérica, México ordenaba al coronel Aguayo que ocupase militarmente el territorio de Soconusco, el cual, al practicarse el plebiscito que sirvió de pretexto para que México se anexara Chiapas, mantuvo su independencia, obligando con tal actitud a que se celebrase el año 25 unos tratados preliminares entre ambos gobiernos, por los cuales ni México ni Guatemala tendrían derecho territorial pleno sobre el territorio, pero que las leyes de Guatemala normarían su administración, mientras se resolvía en definitiva lo fundamental.

Esto sucedía en agosto de 1842, cuando el general Morazán ocupaba Costa Rica y hacía preparativos para la guerra en Centro—américa. Todavía con el peligro de la guerra inminente, don Juan José Aycinena protestó ardientemente por la ocupación de Soconusco por el ejército mexicano, pero Santa Anna, el dictador de México que ordenó la ocupación, no prestó atención a aquella protesta nuestra y Guatemala perdió esos 16,000 kilómetros cuadrados de tierras que son tan ricas y codiciadas. ¿Qué podía hacer Guatemala? ¿Qué podía hacer Rivera Paz y qué podía hacer Carrera? Los liberales combatían las actitudes de Inglaterra sobre Roatán; pero no protestaban por esta mutilación patria. ¿Dónde está la protesta airada de Barrundia o de Montúfar? En cambio, hay cargas terribles contra Carrera porque no acudió a defender Roatán que era, prácticamente, tierra extraña para Guatemala.

Cuando se quiere atacar a Carrera se dice que él trajo a Guatemala a los jesuitas y esto no es verdad. Carrera había peleado contra las expulsiones del arzobispo, de los sacerdotes y de las hermandades; pero él no tenía una clara conciencia de quiénes eran los jesuitas. Estando reunido un Poder constituyente el año 1843 fue ante éste que pidieron el retorno de los jesuitas. Y lo pidieron el Cabildo Eclesiástico, la municipalidad, y otras muchas instituciones y personas. La Constituyente accedió a tal petición. Se creía entonces, como se cree ahora,120 años más tarde y después del imperio completo del liberalismo y de la escuela laica, que los jesuitas son indispensables para orientar la cultura del país. Y pensando que los empujes liberales de aquellos años tenían su base en la ignorancia de muchos sectores, la Constituyente accedió a tal petición. ¿Qué tiene que ver Carrera con esto? Él no era más que el jefe militar y no era gobernante, y suponemos que, al hablarle del poder de los jesuitas, haya creído realmente en su poderosa actividad.

Pero el decreto está en tal forma emitido que los jesuitas no llegaron por entonces. Una nueva Asamblea, a donde llegaron más liberales que conservadores, dos años después, como veremos, derogó este decreto y ordenó la expulsión de los jesuitas que ya hubiesen llegado o que esperaban en los puertos la confirmación del permiso. Naturalmente Montúfar se desfoga contra los jesuitas y habla de la doctrina del padre Salmerón y recuerda lo que dice el jesuita Molina sobre el asesinato de Enrique IV. Cita la expulsión que sufrieron de Sicilia, de Malta, de Venecia, de Praga, de Holanda, de Portugal, de España, de Francia, etcétera. Recuerda que Estados Unidos era entonces una nación de 50.000,000 de habitantes, de los cuales ninguno se confiesa y que los jesuitas no pueden manejar una nación donde no existe la confesión auricular, porque su alma es el confesionario...don Lorenzo, siempre erudito, hace sobre esta materia una larga exposición.

Dice Montúfar que los nobles festejaron el decreto de la Asamblea y que en La Gaceta se publicó este escrito: "FUNDACION DE SAN IGNACIO. El 31 del pasado, día de San Ignacio, a los 76 años (3 de julio de 1843) de la expulsión de los jesuitas de la monarquía española, y por consiguiente de Guatemala, se celebró en esta Santa Iglesia Catedral, con la mayor solemnidad, la función que se hace todos los años a este patriarca, habiendo predicado el señor don Juan José Aycinena: concurrieron a ella las autoridades y una diputación de la Asamblea Constituyente, en acción de gracias por el restablecimiento de la Compañía de Jesús, de quien espera el pueblo católico de este Estado los beneficios inmensos que en otro tiempo hicieron florecer la paz y las buenas costumbres, que son el fundamento de la felicidad social. Un concurso numeroso ocupaba el templo. La víspera, por la mañana, pasó en procesión la imagen del Santo del Oratorio de San Felipe Neri a la Catedral, con asistencia de los colegios, clero y gran número de particulares".

Carrera, no sabemos por qué lanza un manifiesto en el cual hace conocer al país que no habiendo logrado el regreso del arzobispo Cassaus y Torres, el Papa acaba de designar arzobispo auxiliar de Guatemala a monseñor García Peláez. Esto sucedía el 29 de agosto del año 43. No cabe duda que le hicieron firmar este documento mediante algunas explicaciones poco afortunadas, pero el caso es que Montúfar consigna el documento y no dudamos de él. ¿Pero acaso no tenía derecho Carrera para señalar aquel acontecimiento, puesto que, en su proclama de Mataquescuintla, cuando formuló su pequeño programa de rebelión, señaló que uno de los motivos de aquélla era exigir el regreso del arzobispo expulsado por Morazán, por Barrundia, por Rivera Cabezas...?

También señala Montúfar que por estos tiempos se hizo venir a Guatemala a las hermanas de la Caridad (de San Vicente de Paúl) pero de éstas señala el elogio que se hace de ellas en un escrito de entonces. Montúfar no se atreve a decir que estas hermanas hospitalarias son una rémora para el país, ni que ellas vienen a servir al partido conservador. Y así se pasó todo este año de 1843, pero El Salvador ya estaba en franca oposición a Guatemala, y Carrera, organizando una pequeña fuerza, marchó a la frontera, situándose en Jutiapa. Montúfar acusa a Carrera, de aquella provocación porque así lo acusaron en aquellos días, de instar a los volcareños a que se levantaran en armas; acción que más fue una asonada que una rebelión, y los pocos muertos que hubo se exhibieron en Santa Ana para acusar con aquellas pruebas al gobierno de Guatemala y levantar los ánimos contra Carrera. Era ésta la obra de los "coquimbos"; es decir, de los morazanistas que, como hemos visto, fueron acogidos en El Salvador.

Pero entonces el ya obispo de El Salvador Viteri y a algunos sacerdotes que le rodearon comenzaron a minar el poder de Guzmán, metiendo entre él y Malespín la primera cizaña. Montúfar dice que fray Veneno, como llamaron a uno de los clérigos que llevó Viteri, elogiaba a Carrera en sus sermones y condenaba a los periodistas libres de San Salvador; es decir, a Guzmán, puesto que los periódicos eran oficiales. Naturalmente El Salvador y Nicaragua entraban en alguna alianza contra Guatemala y Honduras, porque tras la visita que hicieron a Guzmán los delegados de Nicaragua, los militares Quijano y Fonseca, Guzmán fue hacia San Miguel a donde irían otros delegados nicaragüenses. De esto no dice nada Montúfar; pero es lo natural, era lo lógico. La lucha entre el obispado y la prensa salvadoreña fue creciendo al grado que Guzmán ordenó desde San Miguel que capturasen al padre Vásquez (Fray Veneno). Viteri se quejó con Malespín de aquella disposición del presidente Guzmán en nota que comienza así: "Cansados ya de sufrir los atentados atroces que continuamente experimentamos de parte del gobierno...".

Y le pedía una escolta designada por Malespín para seguridad del fraile... Pero Malespín supo hacerse a un lado y objetó que, aunque le dolía aquella disposición, no podía variarla y que iría él mismo a ver a Guzmán para que entraran en un entendido ambos poderes. Más todo esto culminó con la caída de Guzmán y el arribo al poder de don Pedro Arce.

Pero así como en El Salvador se había festejado el arribo de su primer obispo, en Guatemala se recibía con entusiasmo al arzobispo coadjutor García Peláez. Carrera, quizá por algún disgusto que ignoramos con los conservadores y el Clero, no asistió a ninguna de las reuniones y festejos tributados al referido arzobispo. Había también un sordo choque entre Carrera y la Asamblea, la cual, no obstante, había decretado la lista de los consejeros del Gobierno, siendo el primero el general Carrera y otros notables conservadores. Se ha dicho que Carrera no quería el establecimiento de los jesuitas y que al haberlo autorizado la Asamblea, se disgustó mucho. Esto tiene una explicación. Los jesuitas no son queridos por el Clero jerárquico, y menos por los cleros nativos de muchos pueblos, porque la Compañía, al monopolizarlo todo y adueñarse de la voluntad de los poderosos y ricos, desplaza completamente a los pobres curas y aun a las hermandades de más prestigio como los franciscanos y dominicos. Con Carrera habían hecho la revolución de la montaña sacerdotes criollos y es natural que, al venir los jesuitas éstos se adueñarían de las actividades de la Iglesia desplazando a los nacionales. La Iglesia de Guatemala tenía muchísimos años de pasarse sin jesuitas y había estado bien. Pero los conservadores creían que el atraso cultural de Guatemala ante Colombia, por ejemplo, obedecía a que no teníamos jesuitas y de allí su empeño en traerlos.

Carrera, pues, no estaba contento con aquella Asamblea y buscó la manera de deshacerse de ella. El arribo de los jesuitas se detuvo algunos que habían llegado a los puertos del norte, fueron detenidos y reembarcados pronto. Pero aún así, la disolución de la Asamblea estaba ya resuelta en los cuarteles de Carrera. Debe advertirse que, a estas alturas, los conservadores estaban muy envalentonados. Ya no existía Morazán y por lo tanto Carrera ya no era el necesitado militar. Carrera comprendía esto, pero por entonces tenía nuevos amigos que le señalaban los peligros. La campaña de los liberales para distanciar a Carrera de los que ellos llamaban serviles, comenzaba a dar frutos y estos frutos, al madurar, provocaron lo que se llama "revolución del 48", la cual arrojó a Carrera al destierro, eliminó mucho a los conservadores y puso el mando en manos del liberalismo.

Antes de cerrar sus sesiones aquella Asamblea, decretó el nuevo escudo de armas, donde campea esta leyenda: "Guatemala en Centroamérica", disponiendo reanudarlas en abril. Esta asamblea no fue grata para ninguno: los conservadores la calificaban de inclinada a los liberales; los liberales la creían inclinada a los conservadores y la gente de la llanura, la creyó como era: una Asamblea acomodaticia y apropiada a las circunstancias. Ya veremos su triste final. Carrera, no obstante su indiscutible ignorancia sobre estas cosas, se extrañaba que aquella Asamblea llamada a dictar una Constitución, no hacía nada en este sentido y hablaba ya de llamar a otros hombres más acordes con las aspiraciones de los pueblos.

Y como no se le hacía caso, y también para asustar a los conservadores, dio el golpe militar de aquellos días, simulando un ataque a la villa de Santa Catarina Pinula, realizado por un grupo de labriegos que pedían el cumplimiento de las promesas hechas a los pueblos. No se sabe a ciencia cierta, si, en realidad, había algo serio. Los historiadores liberales dicen que fue sólo un pretexto de Carrera para destruir aquella Asamblea, pero el caso es que hubo una pequeña refriega. Montúfar dice que "Ese fuego no era sólo de pólvora. Los fusiles de uno y otro bando estaban cargados con bala y cayeron muchos muertos y heridos", pero le llama "sangrienta y criminal farsa que concluyó por una capitulación fingida".

En efecto, hubo un pacto entre los dos bandos y se acordó: 1º.— Que la Asamblea fuera subrogada por un Consejo de Gobierno con las mismas atribuciones constituyentes, puesto que se le encomendaba la organización del Estado. Ya no se quiso que sus diputados fueran electos por los viejos distritos electorales sino por cada departamento. Estableció, de una vez, quiénes podían ser esos consejeros constituyentes, aunque su Ley suprema, para serlo, debía ser sancionada por otro consejo constituyente... Se estableció también, que el Presidente de la República tuviera más atribuciones; que se diera preferencia al arreglo de la hacienda pública, etcétera, pero con especialidad que se gravara bastante la importación de efectos extranjeros que pudieran fabricarse en el país y, lo más importante, que los eclesiásticos no fueran ciudadanos: esto es, que no pudieran elegir ni ser electos.

Por ser todos los pactantes hombres de la tropa de Carrera, puede creerse que realmente aquella montonera haya sido una broma política, trágica; pero por las finalidades, debe aceptarse que había algo más en el fondo. No eran ellos capaces de forjar por sí solos aquellas resoluciones. Los firmantes del pacto en cuestión fueron: Rafael Carrera, Antonino Solares, José Claro Lorenzana, Manuel Figueroa, Pedro León Velásquez, Manuel Solares y Manuel Álvarez. Todos estos nada entendían de cuestiones políticas ni de legalismos, y sin embargo, lo pedido era conveniente en aquellos momentos. Por eso decimos que algo había más adentro. No cabe duda que aquí había mucho de la maniobra liberal, porque negar de un golpe la injerencia directa de los sacerdotes en los poderes fundamentales de la nación, era acometer al partido conservador en lo más fuerte de sus posiciones. Montúfar señala esta actitud y la compara con lo resuelto en el año 38.

El paso dado por Carrera, si éste tendía a demostrar a los conservadores que él podía echarse en manos de los liberales, hizo que aquellos aceptaran el pacto de Pinula y lo ratificaran. Montúfar dice que esto demuestra "que los nobles se hallaban bajo el caite de Carrera". Este, por su parte, explica el suceso, diciendo que una parte de su ejército, compuesto de 2,300 soldados se había pronunciado para reclamar la reorganización del gobierno. Es verdad que Carrera no estaba en la capital cuando ocurrió el levantamiento y así lo confiesa él, pero dice que ante tal suceso, llegó el día 10 de marzo a las garitas de la ciudad y desde luego se puso a la defensiva hasta conseguir, el día siguiente, lo resuelto que ya comentamos. Pero lo más curioso, aunque no extraño en nuestra vida política, es que la misma Asamblea contra la cual se daba el golpe, se reunió para aprobar el Convenio y lo aprobó el 14 del propio marzo, declarándose disuelta "dejando encargados los destinos del Estado y de sus habitantes al mismo gobierno y al señor general Carrera".

BRAULIO CARRILLO por Emilia S. de Wilson

El diáfano y hermoso cielo de Costa Rica cobijó en Cartago la cuna del benemérito Carrillo en el primer año del siglo XIX; y como en aquella época la Universidad de León (Nicaragua) era la más cercana, notable y a propósito para que la juventud costarricense recibiese esmerados estudios, a ella concurrió el niño Braulio hasta recibirse de abogado.

El estudiante presenció en Nicaragua los primeros esfuerzos de los patriotas La Cerda, Soto y Argüello para dejar de ser colonos y convertirse en ciudadanos, y las terribles persecuciones, los destierros y, por último, el triunfo de las ideas liberales proclamadas el 15 de septiembre de 1821.

Braulio Carrillo albergaba alma grande y enérgica en pequeña estatura, inquebrantable fuerza de voluntad, carácter resuelto, serio, honradez a toda prueba y modestas costumbres. Concluida su carrera y deseoso de conocer todo Centroamérica, visitó El Salvador, Honduras, Guatemala y dio vuelta al suelo patrio en 1830.

Su notable instrucción, su amor al trabajo y la austeridad que demostraba en el cumplimiento de sus deberes, le conquistaron popular reputación y el honroso cargo de fiscal en la Suprema Corte de Justicia, de la cual fue poco después presidente.

Mandaba por aquel tiempo en Costa Rica el honrado ciudadano don Juan Mora, que a raíz de la independencia había sido electo Jefe Supremo, y era liberal conservador y hombre de prestigio y popularidad.

Carrillo, asociado con otros jóvenes, intentó algunas reformas en la administración judicial para los nombramientos de jueces y magistrados; pero juicioso y reservado, rechazó la idea de atropellar el orden y de crear conflictos y desavenencias.

En 1834 fue nombrado Representante de Costa Rica en el Congreso Federal que se encontraba reunido en Sonsonate (San Salvador), y el que poco después se trasladó a la capital en abierta pugna contra el jefe San Martín, que fue derrotado por las tropas federales y las del Estado de Guatemala el 23 de junio de 1834, y completamente dispersas sus fuerzas el 4 de julio.

Don Braulio Carrillo se ausentó de El Salvador y llegó a Costa Rica en 1835, precisamente en momentos en que don Manuel Fernández había sido nombrado Vicejefe, y que por dimisión del jefe don José Rafael Gallegos desempeñaba provisionalmente aquel cargo.

Carrillo fue electo primer Jefe del Estado durante los dos años que faltaban para concluir el período de Gallegos.

La Asamblea del Estado había decretado la supresión de diezmos el 31 de marzo de 1834, y Carrillo expidió otro decreto el 20 de agosto del año siguiente, suprimiendo varios de los días festivos y las procesiones por las calles en los destinados al trabajo. Ambos acuerdos fueron desaprobados por el clero, y como también había producido verdadero descontento y seria alarma la traslación del Gobierno desde la capital Cartago a San José, se alteró el orden y don Desiderio Cuadra, Vicario Capitular de Costa Rica y Nicaragua, que componían una sola diócesis, tomó parte en contra de Carrillo por los decretos ya mencionados.

El Gobierno resistió con entereza y triunfó del pronunciamiento, dejando afianzado el principio de autoridad y consolidada la tranquilidad pública.

Al concluirse la lucha, presentó Carrillo su renuncia del mando a la Asamblea Constituyente; pero esta Corporación creyó que podía ser perjudicial a los intereses del pueblo admitir la dimisión del Jefe Supremo, manifestándole en nota oficial cuán necesarios eran aún sus servicios para el país, y restablecidos los diezmos por acuerdo del 11 de marzo de 1836, continuó el primer Magistrado ejerciendo el poder hasta 1837, época en la cual concluía su corto periodo, después de haber sofocado un conato de revolución acaudillada por el Coronel Quijano, que había invadido Guanacaste con algunos nicaragüenses.

Carrillo desplegó en aquella intentona no sólo gran actividad, sino severa entereza para castigar a los culpables, y promulgó un decreto poniéndolos fuera de la ley y sometiéndolos a la justicia pública, pues el artículo 1° dice así:

"Se ponen fuera de la protección de las leyes a Manuel Quijano, Pedro Ávila y Manuel Dengo, por haber invadido con armas el

Estado, y a los que en esto les acompañen; en consecuencia, cualquier persona puede quitarles la vida sin responsabilidad, y ejecutándolo con alguno de los tres primeros, si fuese de sus mismos cómplices, queda indultado de la pena que por su complicidad mereciere".

Don Manuel Aguilar sucedió a Carrillo como Jefe Supremo y don Juan Mora como vicejefe, pero a pesar de que ambos atendieron con paternal esmero para contrarrestar los terribles estragos del cólera, ocupándose eficazmente de la higiene pública y en auxiliar a las poblaciones durante la desoladora epidemia, reinaba profundo descontento, y la oposición contra Aguilar era base de serios conflictos.

El 26 de agosto de 1837, estalló un pronunciamiento que el Gobierno paralizó con mano fuerte, expulsando a varios de los sediciosos; pero la revolución no estaba sofocada; don Braulio Carrillo atizaba el fuego de la discordia aspirando de nuevo al Supremo Poder.

El 27 de mayo de 1838, estalló el motín provocado por Carrillo, que vestido con la mayor sencillez, se había presentado en la plaza en momentos en que tenía lugar una parada y, arengando a los soldados y excitando su amor propio con el recuerdo de pasadas glorias, los impulsó a la revolución al grito de "¡Viva el Jefe del Estado don Braulio Carrillo!".

La sedición triunfó, y Aguilar y Mora salieron desterrados por el hombre que con censurable afán de mando mostraba la nueva senda para violar las instituciones y atacar a la legitimidad y al derecho. ¡Lamentable ejemplo seguido con frecuencia y que ha dado resultados de gran magnitud en contra de los países americanos, dañada semilla que al brotar ha sembrado la ruina, la paralización y el luto!

Había sido Aguilar hombre conciliador, amante del cumplimiento de su deber, recto en sus disposiciones, todas aprobadas por la Asamblea; y aun para castigar a los perturbadores del orden público, se sujetó a la opinión del Alto Cuerpo Nacional. Nada autorizaba la insurrección; nada podía absolverla. Los pueblos no protestaron, por debilidad tal vez, y numerosas firmas llenaron las actas.

Esta falta de Carrillo, si bien influyó desfavorablemente en la opinión pública, no impidió reconocer este mismo folleto, la señora Wilson, al igual que nota del artículo aludido.

Que el golpe inconstitucional que le investía de nuevo con la suprema autoridad era base de la organización de Costa Rica, tirada hasta entonces y formando un todo con los demás Estados de Centro América.

Estableció los Códigos Civil, Penal y de Procedimientos; reglamentó la policía, organizó los Tribunales y la Hacienda Nacional. Las disposiciones, planes y decretos de Carrillo tendieron a la completa autonomía del país; siendo su constante afán engrandecerlo y mejorarlo dotándolo con puentes, caminos, edificios, alumbrado en varias poblaciones y haciendo reformas para embellecerlo y poniendo los cimientos para su progreso y riqueza.

Entre los acuerdos de Carrillo hay varios que le hacen merecedor de justos elogios, por más que en ellos se encuentre el deseo de contar la iniciativa, más bien que la madurez de planes destinados a desarrollar la instrucción popular y a formar ciudadanos útiles e instituciones benéficas.

Algunas tentativas de revolución provocaron terribles castigos y sentencias de muerte conmutadas por destierro. La severidad y dureza contra los revolucionarios oscurecieron acciones bellísimas y sobresalientes hechos de la vida de Carrillo; muchos de sus decretos fueron arbitrarios, y en marzo de 1841 se había declarado Jefe Supremo perpetuo, promulgando la célebre ley de garantías, sobreponiéndose a libertades, derechos y leyes, e imponiendo omnímoda su voluntad.

El mando de Carrillo puede considerarse como una dictadura, y a pesar de que en ella resaltaran grandes condiciones de mando, sin embargo, pesaba sobre los pueblos y creaba descontentos y enemigos, precisamente cuando la América Central atravesaba por una serie de acontecimientos políticos que la conducían a la ruina y a la anarquía.

Los pueblos, en tal conflicto, no vieron su salvación sino en el invicto Morazán, y llamado por beneméritos patriotas centroamericanos, se presentó en 1842 en aguas costarricenses.

La noticia alarmó a Carrillo que expidió correos a todas partes para organizar la defensa, y setecientos hombres, puestos a las órdenes del General Villaseñor, salieron a batir a Morazán.

No repetiremos detalles que ya hemos consignado ni acontecimientos que dieron por resultado el convenio de Jocote, la caída de Carrillo y su expatriación que le llevó a las repúblicas del Sur, y por último, a San Salvador. En San Miguel vivió durante algún tiempo ejerciendo la abogacía y deseando en vano volver a Costa Rica.

Un decreto fechado en San José en 8 de octubre de 1842, prohibía volver al suelo patrio a los proscritos, y Carrillo estaba sentenciado a la triste vida del destierro.

Tres años más tarde fue víctima de un crimen y de una venganza personal.

Las luchas civiles dieron facilidad al hombre que, resentido por la pérdida de un pleito, se asoció con algunos facinerosos y, sorprendiendo a Carrillo en un bosque, solo e indefenso, lo asesinó villanamente.

Contaba cuarenta y cinco años. Su trágica muerte despertó en Costa Rica profunda piedad y generoso interés hasta en el corazón de sus enemigos políticos. Se recordaron sus servicios, su honradez y sus sencillas costumbres, lamentando que hombre de tantos méritos hubiera tenido tan prematuro y desastroso fin.

Sus restos fueron transportados en 1849 por orden del Gobierno de Costa Rica, y descansan hoy en San José, en el seno de la patria, que venera y respeta la memoria de uno de sus hijos más notables.

Enemigo del hombre vicioso, admirador del hombre de talento y amante del trabajo, premiaba y estimulaba con largueza al último, a la par que anatematizaba y perseguía tenazmente al primero.

Sus errores y la sombra de su mando desaparecen ante las brillantes cualidades de ciudadano probo y abnegado.

LA CASA DE LOS AYCINENA por David L. Chandler

Juan José de Aycinena nació en la capital de Guatemala el 29 de agosto de 1872. Fue el hijo de la, probablemente, única familia noble en la América Central, y en tal concepto heredero de una gran fortuna e influencia. Debía su prominente posición en gran medida a su abuelo Juan Fermín, el fundador, en Centroamérica, de la casa de Aycinena; era originario de Navarra, de donde emigró al Virreinato de Nueva España, en donde se estableció en el comercio, usando mulas para transportar mercancías de la costa al interior del país. Más tarde, disgustado por ciertas medidas del Virrey, vendió su negocio y se trasladó a la Capitanía General de Guatemala, en donde invirtió su dinero en haciendas en Guatemala y El Salvador. Se dedicó a la explotación del índigo, rehabilitando esa industria. Su fortuna creció rápidamente, reinvirtiéndola en préstamos, llegando a establecer una especie de institución bancaria en la ciudad capital de Antigua.

La influencia de Juan Fermín creció con su fortuna, llegándose a considerar como un prestamista indulgente, generoso, caritativo y cristiano. Cuando la capital fue destruida por un terremoto en 1773, fue nombrado por el Capitán General Mariano de Mayorga para ayudar a fundar una nueva capital y a formar parte del Ayuntamiento de la nueva ciudad.

En reconocimiento de sus servicios públicos y sus donaciones en dinero para trabajos públicos, sus colegas entre los fundadores de la nueva ciudad cedieron a él la parte sur de la plaza mayor, en donde Aycinena construyó una casa y facilidades de comercio. Únicamente se impuso a Aycinena la obligación de que sus construcciones se hicieran de acuerdo al estilo arquitectónico del palacio real, la catedral y el edificio de la alcaldía, que también blanqueaban la plaza.

La corona española también decidió reconocer las contribuciones de Aycinena: una de las razones de la corona fue fortalecer la lealtad de las principales familias del reino, para contrarrestar el ejemplo revolucionario dado por las trece colonias inglesas. El rey, en consecuencia, ofreció títulos de nobleza a Aycinena y a otras importantes familias. Todos, menos Aycinena, rehusaron los títulos, y sin embargo Aycinena manifestó falta de recursos para llevar dignamente el título nobiliario. Aycinena aceptó el título de Marqués, el único título nobiliario otorgado en la América Central.

Juan Fermín sobrevivió a tres esposas y procreó una numerosa descendencia. La alta posición social proporcionada por su título de nobleza, combinado con su prestigio y riqueza, permitió que los miembros de la familia contrajeran alianzas matrimoniales con las otras importantes familias del Reino. De esta manera, la influencia de la familia creció en su influencia y riqueza, y por el año 1820, sesenta de sus miembros formaban la base de la aristocracia en la América Central. Juan José de Aycinena se reconocía como el jefe de la familia hacia el año 1814, cuando heredó el título de tercer marqués de Aycinena debido a la rápida sucesión de las muertes de su padre, el segundo marqués, y de su hermano.

Los Aycinena dominaban la vida social y comercial de la colonia. Ellos fueron los promotores del establecimiento en Guatemala del Consulado de Comercio, que dominaba y controlaba el comercio de ultramar; aún después de la independencia, dicho Consulado fue controlado por miembros de esta privilegiada familia.

Pedro Molina, un liberal, criticaba a estos "nobles" de Guatemala "como más tiránicos que el Rey de España", acusándolos de haber formado un monopolio para la compra del índigo, ya que era ilegal vender el índigo a otra persona que no fuera el Consulado.

La situación prevalecía en la actividad ganadera, en la que los enormes precios del transporte obligaban a los productores a aceptar los precios de los monopolistas locales.

En el gobierno y en los círculos eclesiásticos, la preponderancia de la familia Aycinena era no menos importante. Una petición formal firmada por nueve ciudadanos de la capital el 21 de octubre de 1820 tenía un listado de setenta y un puestos públicos, incluyendo eclesiásticos, detentados por miembros de la "familia" que juntos hacían en salario la suma de más de 2 millones de pesos. Los peticionarios indicaban que también "en otras familias de la capital había individuos de mérito".

El dominio de los Aycinena no terminó con la independencia de Centroamérica. Miembros de la familia fueron dirigentes de ese movimiento, y pocos años más tarde, cuando Mariano de Aycinena encabezaba el gobierno conservador de Guatemala, nombró tantos "nobles" en puestos claves del gobierno del estado miembro de la recién fundada República Federal, que corrió el rumor de que Aycinena tenía planes de crear una República aristocrática. No obstante, cuando los liberales triunfaron en la guerra civil de 1827-1829, cayó el gobierno de Mariano, y la "familia" perdió su posición, su fortuna y muchos miembros de ella fueron al exilio.

Durante el gobierno liberal, la mayoría de los Aycinena permanecieron sin mayor importancia en los negocios públicos. Sin embargo, con el triunfo de Rafael Carrera en 1838 y principios del 39, la "familia" recobró su preeminencia. Muchos miembros de ella fueron escogidos como miembros de la Asamblea Constituyente conservadora, y durante los 30 años de gobierno conservador, de nuevo fueron influyentes y poderosos. Hacia 1842, numerosas posiciones dentro del gobierno y fuera de él estuvieron controladas (la Corte Suprema) y, por lo menos, nueve de los 45 delegados a la Asamblea Constituyente.

En 1851, posiciones en el campo eclesiástico también estaban en manos de los Aycinena. El Decano y el Archidiácono del Cabildo Eclesiástico, el Vicario General del Arzobispado y el obispo, eran todos Aycinena. El año siguiente, casi un tercio de los miembros de la Cámara de Representantes eran Aycinena (diez de treinta y cuatro), dos de los cuales eran Co-Vicepresidentes. El año siguiente, la mitad de los miembros de la Municipalidad de la ciudad de Guatemala eran miembros de la familia (siete de trece). No obstante, en el año 1860, la proporción de asientos en dicha institución había disminuido a un cuarto.

Cargos en el gabinete presidencial fueron también dominados por la familia. Juan José de Aycinena sirvió primero como Ministro de Gobernación, Justicia y Asuntos Religiosos. Su puesto fue tomado por Manuel F. Pavón, su sobrino, quien sirvió este cargo y otros en el gabinete por once años (1844-1855). El hermano de Juan José, Pedro Aycinena, fue miembro del gabinete casi veinte años (1852-1871). En 1855, tres puestos del gabinete, el Ministerio de Negocios Extranjeros, el Ministerio de Gobernación, Justicia y Cultura, estuvieron en las manos de Aycinena: Manuel F. Pavón, Pedro

Aycinena y Manuel Echeverría, respectivamente. En el Consejo de Estado y en otras corporaciones del Estado, tales como la Sociedad Económica, el Consulado de Comercio y el Colegio de Abogados, prevalecía el dominio de la "familia".

La "familia" Aycinena era muy unida para el logro de sus fines. Esta característica fue bien ejemplificada en la Guerra Civil de 1827-1829.

La hermana de Mariano de Aycinena, María Teresa de la Santísima Trinidad, una monja del Convento de Santa Teresa, adquirió una considerable fama por las divinas comunicaciones que ella decía le habían sido concedidas. En realidad, circularon rumores que recibía cada viernes cartas de los ángeles y que el Señor, en persona, se le aparecía en el convento. El arzobispo Ramón Casaus y Torres, y otros dignatarios de la iglesia, daban apoyo a tales aseveraciones: el pueblo se agolpaba en las puertas del convento para oír la palabra de Dios. Cuando llegó la guerra civil, la monja Teresa, en nombre del Todopoderoso, prometió la bendición eterna a todos aquellos que ayudasen a su hermano, en esa época, jefe de Estado en Guatemala, en la "guerra santa" contra Morazán y los Liberales. Aquellos que rehusaron ayudar a su hermano, ella los amenazaba con las "profundidades del infierno".

Cuando en 1840 se restableció la posición preponderante de Aycinena, la "familia" estuvo en condiciones de alcanzar cualquier objetivo. En 1854, Pedro de Aycinena, como Ministro de Gobernación, propuso a la Cámara de Representantes que Rafael Carrera fuese proclamado presidente de por vida de Guatemala. Juan José de Aycinena (hermano de Pedro) y Luis Batres (cuñado de ambos), eran co-vicepresidentes de la Cámara de Representantes, de quienes se decía que "manejaban como una manada de ovejas".

La Cámara mandó oír a las corporaciones del Estado para conocer los sentimientos del pueblo en esta materia. Por lo menos dos de las corporaciones, la Universidad y el Cabildo Eclesiástico, estaban bajo la dirección de los Aycinena: Juan José y Antonio Larrazábal, respectivamente. El departamento de Guatemala, el más grande y más importante, estaba bajo la presidencia de Ignacio Aycinena, hermano de Pedro y Juan. Un coro unánime de aprobación sancionó la proclamación de Rafael Carrera como Presidente Vitalicio de Guatemala.

No se puede asegurar que todos los miembros de la "familia" Aycinena tenían idénticos puntos de vista en todos los asuntos o que todos ellos compartían los mismos intereses. Un ejemplo de división. Pero la división era más bien la excepción que la regla, especialmente entre miembros de la familia como Manuel Pavón, Luis Batres, José Nájera y los hermanos Aycinena, Juan, Pedro y José, quienes ejercían poderosos puestos gubernamentales de alta categoría.

Juan José de Aycinena fue quizás el más ilustre e inteligente miembro de la "familia". A través de toda su vida fue reconocido como el jefe de la ilustre "familia". Por educación y habilidad, era el más indicado para este papel. Ingresó en la Real y Pontificia Universidad de San Carlos, de Guatemala en 1806; y, en 1809, a la edad de 17 años, obtuvo el título de Bachiller en derecho y fue nombrado Teniente de carrera eclesiástica y rápidamente alcanzó posiciones de importancia en la Iglesia.

Con la Independencia de Centroamérica, en 1821, Juan José inició una larga carrera política, siendo electo al gobierno provincial. Incluso, en 1821, alcanzó notoriedad en el campo académico cuando fue admitido como Doctor en Derecho Canónico. Cuatro años más tarde, fue nombrado Rector de la Universidad.

Después del triunfo militar y político de Morazán en 1829, Aycinena se fue al exilio a los Estados Unidos donde permaneció por ocho años. Allí sus observaciones y experiencias influyeron en sus ideas políticas, religiosas, económicas y culturales. Desde los Estados Unidos escribió panfletos denunciando al gobierno central y a las llamadas reformas de la Federación. Estos panfletos circularon libremente en el istmo y sirvieron para establecer su reputación tanto en el campo liberal como en el conservador como un hombre público, bien para ser seguido o para ser temido.

Cuando Aycinena regresó a Guatemala en la primavera de 1837, el presidente Federal Morazán inmediatamente lo nombró Ministro en España para lograr el reconocimiento y negociar un tratado de paz y amistad. Morazán seleccionó a Aycinena como un hombre cuya sofisticada educación lo ameritaba para negociar con España y como un centroamericano cuyo catolicismo e ideas conservadoras no serían vistas con desconfianza por la Monarquía española. Probablemente Morazán confiaba en el patriotismo de Aycinena y su buena voluntad hacia la República, no obstante que Aycinena no estaba de acuerdo con las ideas liberales. Pero es posible que también Morazán tratase de alejar de Centroamérica a un crítico severo de la Federación.

Aycinena aceptó el nombramiento, pero nunca llegó a ejercer el cargo. Su misión fue interrumpida por la aparición de la epidemia de cólera en 1837, durante la cual Aycinena aceptó el nombramiento del jefe de Estado de Guatemala, el liberal Mariano Gálvez, para dirigir la Junta de Sanidad, un cuerpo de emergencia creado para evitar que la epidemia llegase a la ciudad capital y para socorrer a las víctimas de la epidemia. Después de terminada la peste, la misión diplomática de Aycinena fue cancelada sin dar razones para ello.

En los meses que siguieron a la epidemia, Juan José no tenía cargo oficial, pero él estaba, aunque informalmente, en la actividad política. En diciembre de 1837, cuando el Estado se encontraba al borde de la guerra civil, Gálvez nombró a Aycinena Ministro de Gobernación y Justicia, en un gesto conciliador para evitar la crisis. Aycinena renunció a los pocos meses de su puesto ministerial, alegando que sus opiniones no eran tomadas en cuenta y se convirtió en vocero en contra de la política del Estado. Él y otros asociados desconocidos iniciaron en febrero de 1838 un periódico bisemanal, El Observador, en el que proponían soluciones al Estado y a los problemas nacionales.

El periódico también atacaba el despotismo, las arbitrariedades y la tiranía que los editores veían como características del Gobierno. En mayo de 1838, Aycinena fue electo representante de Guatemala en el Congreso Federal, el cual fue el último en reunirse. En el Congreso, él puso todo su esfuerzo para lograr la disolución de la Federación.

El triunfo de Rafael Carrera, en 1838, retornó a los conservadores al poder. Aycinena encontró el clima político oportuno y de esa época se inicia su período de gran influencia en la política y en la sociedad de Guatemala. Fue electo diputado a la Asamblea Constituyente y, como Vicepresidente de este cuerpo, jugó un papel preponderante en reorientar a Guatemala sobre la base de ideas conservadoras. Al año siguiente fue nombrado Rector de la Universidad, puesto que ejerció hasta su muerte en 1865, excepto por un período de 5 años de 1834-1859. De 1842 a 1844 sirvió como Ministro de Justicia, Gobernación y Cultos en el gabinete del Presidente Mariano Rivera Paz, y después de un período de seis años de inactividad política, volvió a la política como diputado en la Cámara de Representantes (1851-1865) y actuó como Vicepresidente de este cuerpo.

En 1856, la Cámara de Representantes lo designó como miembro del Consejo de Estado, por un período de 7 años, siendo reelecto en 1862. En 1856, Aycinena fue nombrado obispo in partibus infidelium de Trajanópolis.

El exilio de Aycinena fue un estímulo que dio forma a sus ideas filosóficas y políticas. Sus posteriores intervenciones en la política le dieron oportunidad de poner sus teorías en práctica. La jefatura de la grande y poderosa familia Aycinena y su importancia personal en la carrera religiosa y académica, que coincidían con su exitosa carrera política, le dieron a él, a menudo, la oportunidad de ocupar altos cargos donde se decidía la trayectoria política en el gobierno, en los círculos académicos y religiosos, dando a Aycinena una enorme influencia en la vida de Guatemala.

EL CÓLERA por Eduardo Martínez López

Desde 1829, época en que el partido servil dejó de ser el árbitro de los destinos de Centroamérica, no dejó de conspirar contra la tranquilidad, manteniendo al país en continuo movimiento, valiéndose para ello de todos los medios que le presentaban, y aun hasta de los sucesos que la naturaleza produce y presentándolos como castigos del cielo. Pero ni la erupción de volcanes, ni los terremotos, ni los eclipses, ni los milagros de María Teresa de la Santísima Trinidad (no obstante la estrecha y permanente correspondencia de esta con Dios), pudo levantar a los pueblos contra el Gobierno hasta que el terrible azote del cólera vino a infundir el terror en todos los habitantes de la República y particularmente en el Estado de Guatemala, donde hizo estragos en la clase indígena.

Un horizonte lúgubre cubría nuestro extenso territorio, y aquella terrible peste, sembrando la muerte por todas partes, vino a diezmar la población.

El cólera fue una arma poderosa de que se valió el clero para indisponer los ánimos de los sencillos campesinos, inculcándoles que aquella enfermedad era el resultado del envenenamiento de las aguas por los liberales.

Los padres Lobo, Sagastume, Durán, Aqueche, Aguirre, González y Arellano, se ocupaban de andar de pueblo en pueblo sublevando sus habitantes contra el orden constitucional y fomentando hasta tal grado la discordia, que las masas se levantaron armadas, habiendo encuentros entre ellas y las fuerzas del Gobierno, derramándose la sangre a torrentes por culpa del clero, que quería inmiscuirse en los asuntos que no eran de su competencia.

Si estos revoltosos sacerdotes, en lugar de andar excitando al pueblo contra la paz y la tranquilidad, se hubieran ocupado en su ministerio, atendiendo a los infelices que eran atacados del cólera y procurando salvar de sus garras a cuantos seres hubieran podido; si en lugar de mezclarse en la política se hubieran ocupado del aseo de las poblaciones y de proteger a los desgraciados que postrados en su lecho de dolor morían sin recibir el último sacramento y que hace que el hombre pase tranquilo a la eternidad a recibir su premio o castigo de aquel que le dio el ser; si en lugar de lanzarlos al robo y al exterminio les hubieran imbuido las ideas redentoras que proclamó el Mártir del Gólgota, y si en el corazón de esos predicadores (emisarios de Carrera) hubieran tenido cabida las máximas del moralista, de Jesús, el redentor de la humanidad, los asesinatos, las violaciones y en general los crímenes más grandes que se cometieron durante el gobierno del caudillo adorado de los pueblos, no habrían tenido lugar.

CONTENIDO

www.ingramcontent.com/pod-product-compliance
Lightning Source LLC
Chambersburg PA
CBHW061551120626
46550CB00004B/1443